U0563509

中国现象学文库

现象学原典译丛·海德格尔系列

《思索》二至六

（黑皮本1931-1938）

〔德〕海德格尔 著

靳希平 译

Martin Heidegger
Überlegungen II–VI
（**Schwarze Hefte 1931–1938**）
Gesamtausgabe Band 94
Herausgegeben von Peter Trawny

本书根据 Vittorio Klostermann 出版社 2014 年版海德格尔全集第 94 卷译出

《中国现象学文库》总序

自20世纪80年代以来，现象学在汉语学术界引发了广泛的兴趣，渐成一门显学。1994年10月在南京成立中国现象学专业委员会，此后基本上保持着每年一会一刊的运作节奏。稍后香港的现象学学者们在香港独立成立学会，与设在大陆的中国现象学专业委员会常有友好合作，共同推进汉语现象学哲学事业的发展。

中国现象学学者这些年来对域外现象学著作的翻译、对现象学哲学的介绍和研究著述，无论在数量还是在质量上均值得称道，在我国当代西学研究中占据着重要地位。然而，我们也不能不看到，中国的现象学事业才刚刚起步，即便与东亚邻国日本和韩国相比，我们的译介和研究也还差了一大截。又由于缺乏统筹规划，此间出版的翻译和著述成果散见于多家出版社，选题杂乱，不成系统，致使我国现象学翻译和研究事业未显示整体推进的全部效应和影响。

有鉴于此，中国现象学专业委员会与香港中文大学现象学与当代哲学资料中心合作，编辑出版《中国现象学文库》丛书。《文库》分为“现象学原典译丛”与“现象学研究丛书”两个系列，前者收译作，包括现象学经典与国外现象学研究著作的汉译；后者收中国学者的现象学著述。《文库》初期以整理旧译和旧作为主，逐步过渡到出版首版作品，希望汉语学术界现象学方面的主要成果能以《文库》统一格式集中推出。

我们期待着学界同人和广大读者的关心和支持，藉《文库》这个园地，共同促进中国的现象学哲学事业的发展。

《中国现象学文库》编委会

2007年1月26日

目　录

黑皮本中记下的 1

就其核心而言
是一种进行直白称谓的尝试
而不是为计划好的体系而作的
表述甚或笔记[①]

① 原文为：Die Aufzeichnungen der schwarzen Hefte
sind im Kern
Versuche des einfachen Nennens —
kein Aussagen oder gar Notizen
für ein geplantes System.

《海德格尔全集》第 94 卷第 1 页上的这段海德格尔评价《黑皮本》的话并不见于《黑皮本》原稿，是编者特拉乌尼选自海德格尔晚年写的一些说明性的文字，放在整个《黑皮本》内容之前，以彰显该类文字的性质。编者推测，这段文字的成文时间应该是在 20 世纪 70 年代初期。见《海德格尔全集》第 94 卷第 529-530 页编者后记。——译者注

暗示十思索(二)[1] 以及提示 3

1931 年 10 月

M. H.[2]

πάντα γὰρ τολμυτέον[3]

(因为，人必须什么都敢)

参见[19][4] 页与[132]页 。

---

① 《暗示十思索》(一)丢失了。——译者注

② 马丁·海德格尔名字的德文缩写。——译者注

③ [Platonis opera. Recognovit brevique adnotatione critica instruxit Ioannes Burnet. Clarendon: Oxonii 1900, Tomus I. Theaetetus, 196d2.](此为原全集的脚注，我们只译出其主要内容，版本信息从略。下同。柏拉图:《泰阿泰德篇》，柏拉图全集标准页码 196d2。——译者注)

④ [ ]内的数字标示的是该册黑色防水布笔记本原来由海德格尔手编的页码。——译者注

我们应该做什么？ 5

我们**是**(sind)谁？ [1]

为什么我们应该去**是**[1]？

什么是(ist)实存？

为什么是(Sein[2])会出现？[3]

由这些问题出发，再前进一步，统而为一，就是哲学思考。

1

我们把那个东西当作恩赐来赞美，就在于，它作为艰急[4]逼迫着我们。

而**艰急**确实在真实地逼迫我们，也就是说，在**逼迫**我们**远离**对处境的呆看和谈论。

真正地去探寻——那个最高的艰急——即我们必须最终将我们的“处境”和我们自己置于不顾。

---

① sein。脚注中的德文（方括号内德文除外）均为译者给出，以便于懂德文的读者更准确地理解原文。后文脚注给出原文，一律不再说明。——译者注

② Sein 为德文动词“是”的不定式，相对于英文的 to be。我们常翻译为“存在”，但实际远不能转达 Sein 原来的意义。书中我们通常按惯例译为“存在”。——译者注

③ 意思是：为什么会发生“去是这、是那”这件事呢？——译者注

④ Not 译为“艰急”，取自《国语·鲁语·上》：“……固国之艰急是为。”——译者注

离开那些弯路，离开那只会带[我们]回到同一轨迹的弯路；许多十足的**迂回绕路**——在那条“绕不过-之路”面前，远离且逃避之。

[2] 人应该来到他自身！

为什么？因为他“是”一个自身——但他是**这样**是[一个自身]的：他遗失自身，或从未获得自身，且四处蹒跚无定所，或蜷曲囚坐于某处——我们处在那些可怜的复制品或干瘪、不可理解的模型中—在被杵在那里的“式样”中，几乎看不到一切这些伟大的存在(Sein)和存在的可能(Seinkönnen[1])。

6 但是：人是如何到他自身的呢？

他的自身及其自身性是通过什么得到规定的呢？

难道**它**(das)不是已经隶属于某个第一次选择了吗！

根据他不去选择以及他为自己创造替代物的不同的具体情况，人们通过下述方式看自身：

1. 通过习常的反思；
2. 通过与那个(大写的)你的谈话；
3. 通过对处境的沉思；
4. 通过偶像崇拜。

[3]

但如果假定，人进行了选择，而选择确实又把他撞击回到他自身，并**炸开了**自身——

也就是说，如果假定，人选择了实存之存在的“祛隐匿性”，而

① 通常译为“能在”。——译者注

且通过这一选择他又被置回到人生達在[1]之中，那么，此后难道他不应该继续前行，走入那具有自己的时间、具有自己的沉默之“存在之发生”的寂静中吗？

难道他不应长期地保持沉默，以便再次发现语言的力量和权力，让它们承载起自己吗？

难道不应该把一切框架和隔断和界别都打碎，把所有踏出的阡陌都撂荒吗？

难道不应该让可以回溯到很久以前的勇气来决定其情绪吗？ [4]

那只站在山脚下不动的人，他怎么会想到要看这座山呢？

除了山壁还是山壁。

但如何到山上呢？

只有从另外一座山上跳过去。但如何到另外那座山上呢？

已然是曾经到过[2]那里了；已然是被置于山上了的，且是被订-置（制）[3]在那里了的。

有谁已是如此了？而且现在仍在是（如此），因为从没有任何其 7

① Dasein。依照 Dasein 在海德格尔哲学语境中的含义，译者认为 Dasein 本应翻译为“人生彼在”或者“人生在彼”，它用于标识海德格尔对人之生命过程的特征的特殊理解：人生之存在是“在”到世界中去、“在”到外面去的专用概念。但未经解释，容易造成理解的混乱。尽管学界中人生“此在”已为成译，但与海氏原义相左，故现将 Dasein 音译加意译，移译为“人生達在”，或简称为“達在”，把 Da-sein 译为“達-在”。“達”使用繁体，以示其特殊的“音意二重性”：汉字“達”原本表示“大道畅通”，意义多少涉及点“達于外”的意思，但愿有助于对原文的理解。——译者注

② gewesen sein.

③ be-stellter sein.

它东西能排挤掉他。

哲学的开端和再次开端！

2

[5] 我们站在無[1]* 面前——然而，是这样地[站在無面前]：我们并未严肃对待無以及这个“站在”，我们也不知道要严肃对待它们——面对**存在**——它把我们载到了实存中——之开启而胆怯且盲目。

* 完全不是在無面前——而是[在]所有和一切[东西面前]，但是**作为非-实存的**[东西面前]（参见[50]页）。

3

必须敢于伟大的孤独之行，缄默地——到達-在里去，到那实存变得更为实存之处？根本不顾一切处境？

很久以来，只懂得跟在“处境”后面狂奔，难道不是愚蠢、迷-失和无根基吗？

“处境”——被冲到海滩上、冲到沙子里的小蚌贝们，我们在其中看到的是焦躁不安的跳动和跳动者，却从未见到那些实存的波涛汹涌和排空怒卷！

---

① 用繁体的“無”字来翻译海德格尔的特殊概念 Nichts，是我们刻意为之，以区别于一般意义的否定性副词与形容词“无”。——译者注

4 [6]

那个無——它比非-实存更高、更深——它太过伟大且太过尊严，以至于并非随便什么人就被允许——乃至即便是所有人一起都不被允许——这样站在它面前。

非-实存——那比無还少点儿什么的东西——因为它被驱逐出 8
了存在——那无掉了一切实存的存在。

少点儿什么——由于未决断：既没有在实存处——那样它会变得更实存些——也没有在無这儿。

5

启动对处境的蔑视，但要出自对“绕不过的东西”的正面肯定——对处境的蔑视以及蔑视的权利。

当我们不再对处境发问时，我们才再次是我们的处境。

回到“非-意识的[事情]”之中——也就是说，不是回到“错综复杂的[事情]”中，而是回到真正发生“转向-艰急的”①“精神”之中。

这种被妖魔化了的——或者更恰当地说，被偶像化了的处境管控②！这种严肃认真之假象。

---

① not-wendig，该德文词原来是“必然”的意思，海德格尔做了拆解而强用之为“转向-艰急”。——译者注

② Meier，是封建地主的管家，Meierei 是管家管理的土地或者产业。——译者注

[7] 6

人已经不知道该拿自己怎么办了——且因此最后便误以为自己知道“一切”。

7

人类认为，他要开始让自己做点什么了——却不懂得，那達-在已经开始过了，即已经让他做了一回什么（哲学的开端）了——他早就从達在那里跑丢了。

这个達-在——即*在達在中*实存实存着①——也就是说，越来越实存化了，也越来越无去了②那人类于这发生中的使命之内容。

9 8

《存在与时间 I》③确实是一个未完成的尝试：试图进入到人生達在的时间性里，重新去追问那自巴门尼德以来的存在问题，参见[24]页。

9

对那本书④的批评：时至今日我还没有[遇到过]够格的敌

① das Seiende seiend.

② Nichtender.

③ [Martin Heidegger: Sein und Zeit. GA 2. Hrsg. von Friedrich-Wilhelm von Herrmann. Frankfurt am Main 1977.]（海德格尔：《存在与时间》，《海德格尔全集》第2卷，弗里德里希-威廉·冯·赫尔曼编，美茵法兰克福，1977年。）

④ 指《存在与时间》。——译者注

人——它没给我带来过强大的敌人。

10 [8]

面对过去的东西过敏式的畏惧,包含着对所谓“传统”的冷漠,以及对今天的东西的轻蔑。

11

在从事创作活动的单本的著作中,当哲学涉及正事儿的时候,哲学对其就是这样保持缄默不言(缄默),而对此,雅斯贝尔斯却漫不经心地写了三大卷鸿篇巨制。于是,每个卑鄙的家伙和写手手里都有了一张良方,也都能对什么是哲学的终极任务瞎说一气了。这样,“今天的”人类之于哲学思维——也包括仅仅向古典希腊的回归——的无能,不仅得到证明,而且获得了完全的正当性。“存在”现已被带入到最广泛的谈论中,并且每个人都被允许以同样的权利——在他突然想起[存在是啥个意思]的时候——随意发表自己的意见。

12 10

然而,在你的沉默中,它天天向你“说”:对缄默不言要沉默。参见[17]页。

13 [9]

首先,真理的本质必须变型,必须将其置于一种新的锋利敏锐和坚强不屈中，以便使实存发现入口。

让实存“通过”達-在而入内——并让其通过。这是“通过”的意义双关性。

14

也就是说，《存在与时间》的一个误解是认为，能够**直接**克服“存在论”。其糟糕的“结果”只是，关于“存在”的嚼舌更多了，也**更加**没底了。

14a

首先把一切放于更深的地方；这样才能做熟到去变型。

一切——也就是说，首先是且唯一的就是哲学的开端。

15

我们没有强大到、源初到，足以**通过**缄默和畏惧来率真地“谈话”。因此，人们必须谈话，也就是，对一切喋喋不休地嚼舌头。(参见[93]页)。

11 [10] 16

通过对**语言**的本质的真实的追问，存在更深地被置于達在之中。这样就用達在来强迫真理及存在发生变型。

这就是本真的历史之一种发生[①]，对于历史而言，“单个个体”

---

① Geschichte（历史）与 Geschehen（发生）有语音上的相关性，在词源上有内在

是无关紧要的，并且个体只有在发生影响的作品中，自己所具有的可重复的主动性之可能性能够得到保障时，才被视为单个个体。

17

存在离不开语言——但是恰恰因此，它不是“逻辑的”。

语言离不开存在。

18

法则之唤醒，其发生必须来自達在的深处，彻底通过单个人的、完全承继下来的有条件性。

人性的东西是出于对達在的深度的信任！承受起对人的片面性的非难。

发生影响者不是那种对认可进行赞赏者。

19 [11]

“今天”谁——对此我理解的是：在西方哲学之古典希腊的开端之不可逆转的力量之下——还一定要进行哲学思考，那么他就被要求在一切坚贞不屈和决断性中，坚持一种双重姿态，让这双重姿态持续不断地在自己身上发生影响：一方面对古代的东西进行解
读，让其显得只有它才算数，因为只有它被容许开口说话（存在问 12
题的开端和历史）；然后是从達在之根基出发的从事最宽广、最深

联系。动词“发生”（geschehen）的结果，出的那些“事儿”，就是“历史”（Geschichte）。——译者注

刻解读的追问活动之姿态——让它们显得，此处涉及的无非是，在最初的孤独性中，帮助“存在”发轫去进入到现实的作品中（存在问题的克服）。

但是这“双重”其实是“**一重**”（参见[14]页）——这个“一”却是天赐恩典[让他]去承接那无可比拟的命运。

20

我们只管驱动耕犁穿过农田，据说这样此命运就会发现那个地方，在那里它就可以把胚芽带到自身，将其保护起来。

21

或者甚至：在荒芜的农田里我们只是收集着石头和杂草，清理
[12] 它，以便让耕犁能找到好的路径。

22

理解**存在问题**的时代尚未成熟，不管是从活生生内在地掌握其本真的完全的历史这个方面看，还是从其对達在之可能性（艺术-信仰-自然）的本质性处理能力这个方面看，都是如此。

但是，对于实际上只是为存在问题做准备的工作而言，这个时代就更为乏力：对它[①]的克服——以开端来真正地重新开端这个意义上的克服。

真理的本质首先必须重新发生变型，并且真实地、起作用地生

① 指这个时代。——译者注

成于人生达在之中，对此，预感本身还远不能及。

23 13

只有当我们真正的迷失——走入迷失中，我们才能撞到“真理”。

迷失者那深邃的、不可思议的，也就是说，同时也是伟大的情调之整体：哲学家。

24

只有在不断成长的深邃中，真正的广度才能扩展自身。

但只有那深邃——再次闭锁于已经构型了的作品中之深邃——才能在未来张力的变换中坚守这种广度。

25

然而，哲学家向何方推进；对他而言，整个实存的什么东西变成了新的——这正是他最后的东西，然而他必须有能力将这最后的东西做成源初性的、第一性的东西。可是恰恰此事又必然无法如愿。

因此，从最深邃出发，哲学家正好是源初地可克服的。

知道了这一点，于是，才**在**作品**中**有了对作品的富有成果的、清楚的直接起作用的定位，并因此对发生影响的定位，以及对无影响力者的蔑视。

26 [14]

探问清楚**时间**的本质，以便处身于我们的瞬间。

[14] 27

对历史作真正的思考，也就是说，[对]那种停留于未发生的东西，而且此后自身锁闭的东西，以至于喜欢显示为根本就不在那里、好像也从来不曾在过[的东西加以思考]。

28

首先重新唤醒那种自由：它呵护放任着那种未发生的历史。

并非好像能去重复早先的东西——而是它现在且很快就会从我们自身那里，依据我们自己的必然性，来到我们这里。

29

通过好奇和钻牛角尖，我们不能使任何东西的本质进入显现。

30

下一个到来的哲学必须成为一种劝赞[1]——对“達”之存在之劝赞。参见[11]页。

31

新开端的巨大困难：让声调[2]讲话，且唤醒情调[3]；但是同时又

---

① Zuspruch.

② die Stimme.

③ Stimmung.

是为了从事创作者——把这一切都预先思考清楚，并将其带入从事创作的概念中。 [15]

劝赞（Zuspruch）向人鼓励赞扬（spricht...zu）其更高的归属性和更深邃的生根活动。

32 15

这种劝赞——哲学的劝赞——是存在的**诗作**[①]。存在的诗作早于（为我们的）实存，然而只是为了让实存作为更古老者突显出来。存在发轫于它的诗作活动的诗作[②]之中。

“诗人”[③]——“仅仅”届时地吟咏着[④]实存！然而**存在**也如此！

33

难道哲学真的不该去率先吟咏实存？应该！甚至［吟咏］作为实存的实存本身——在整体上。

34

什么样的吟咏？如果没有创造活动——即为達-在而吟咏——那么就根本只有**存在**在那（達）[⑤]。存在成了诗赋[⑥]，为此，终于如此

---

① Dichtung.

② Dichte.

③ Dichter.

④ Dichten.

⑤ da，译为“達”，含义是“那”。在陕西方言中，“那達”即“那里”的意思。——译者注

⑥ Gedicht，也可译为“诗意地被创者”、“被吟咏出来者”。——译者注

了！而不是相反：吟唱虚构[1]实存，**这样**才［使得实存］得到权力；也就是说，同时使得达在为了权力而成熟，且成熟得甘愿服务于权力！

35

从事吟咏的劝赞，引导到进行呼应者[2]之前——它呼应着那被吟咏出的东西，这样此种［进行呼应的］“言说”才展示出了自身。

16 36

单个人还能去逼迫出一些本质性的东西吗？

为此缺少的难道是承担此任务的少数人的团体吗？

哪儿［能找到］决心待命——去接收本质性的东西并坚守它——的那种单纯性？

但是，这些难道不是仅仅来自**虚假的**深思性[3]的追问吗？

难道不应该直接去承担起责任吗？

那是什么东西？——一种责任？

为某种东西担当且牺牲自身！

为什么东西担当？在做人中使達-在变得强大，使它成为对人而言的标准和权力！

但如何实现这种担当？

［取决于］存在问题中達-在介入[4]的深度和广度！

---

① Erdichten.

② Ent-sprechendes.

③ Nachdenklichkeit。

④ Da-seinseinsatz。

用这个问题向**何方**追问？向 И[①]。

这个“向何方”不是“向什么”；“向什么”是属于追问活动本身的，这种追问作为整体的追问本身——作为“向存在进行追问”的这个整体，有其自己的“向何方”。

但是 И 必须通过追问［保持］**缄默不言**，并且在特定的缄默不言中，通过斗争成为恩典。参见［8］页。

37

这个“向何方”，乃是在最求祛隐蔽的努力中的那被追求者。

38 ［17］

首先对整个缄默进行测评[②]，以便经验到什么是被允许说的，乃至什么是必须说的。

39 17

科学：我们还需要科学——也就是那今天还有效、受支持的东西吗？谁是这个“我们”？

谁需要本质性的求知成瘾[③]（像受苦成瘾[④]一样）？

那些领袖们和卫士们——他们是谁？——他们应该作为什么

① ［无名符号。］（《海德格尔全集》编者也不知道这个符号的意思。——译者注）

② er-messen.

③ Wissenschaft，通常译为“科学”。——译者注

④ 德文 Wissenschaft 和 Leidenschaft 有同样的后缀-schaft。Leidenschaft 是指受罪吃苦（leiden）成瘾，以此比附到 Wissenschaft 上，就是求知-成瘾，欲罢不能。当然，Leidenschaft 也可以译为“激情”，即一种被动承受的情绪状态。——译者注

样的人，站在何处？

科学只剩下方法上的把戏，兢兢业业于不断拓展学术事业的天真忠厚和自以为无所不知、好为人师的自负。

40

“**求知成瘾**”与受苦成瘾和领袖成瘾①一样。

41

应该如何使得这种**担当**起作用？它有它自己的——被遮蔽的方式，在这种方式中它自己向四周辐射。而最后便是那个后续问题。

当那责任被承担下来时，就太过了。

42

担当作为起源的开端——源初性的开端！

[18] 43

科学［求知成瘾］必须再走一遍它的路——重新从源初的担当而来——并以此，于其存在及其评估中改变着［自己］。

18 44

哲学——是为了**教育**，还是为了单纯的**事物性知识**？既不是前

① Führerschaft。原义为领袖性，领袖集团。“领袖成瘾”不是该词的本义，只适用于海德格尔这里的语境。——译者注

者，也不是后者；既是前者，也是后者。

这里要说的是：它绝不可能从这二者这里初地把握它——因为二者的后代和来源［有其］更深邃的基干。

45

只有有着负荷的概念[①]——“构成”预先-把握以及啮合的把握[②]。“空间与时间”——一个流行了很久的文字游戏，还只意味着一个关于形式的中性图式，得益于康德和科学。

但是：《没有空间的人民》[③]以及它的没有时间的最孤单的个人。

什么是那里的“空间”？

什么是那里的“时间”？ ꟷ 的起源。对于一个“人民”[④]来说，它也是作为时间的空间吗？

空间与时间，不是彼此相邻，不是如此现成“给予”的，而是存在之爆发[⑤]与展露[⑥]，这是必须经过斗争才能获得的。

---

① Begriffe，即“把握”。这句话的三个词：Begriffe，Vorgriffe，Eingriffe 都有词根 Griffe（“抓握”）。——译者注

② greifen 是“抓住”，eingreifen 是咬到里面，抓到肉里，啮合咬合到一起，转义为侵犯，所以，Eingriffe 是啮合在一起的把握。——译者注

③ ［Hans Grimm: Volk ohne Raum. Albert Langen u. Georg Müller Verlag: München 1926.］（汉斯·格林：《没有空间的民族》，慕尼黑，1926 年版。）

④ Volk，也可译为“民族”。——译者注

⑤ Ausbruch。突然的喷发、喷溅叫作 Ausbruch，比如火山爆发和井喷。——译者注

⑥ Anbruch。矿脉露出地面叫作 Anbrcuh。——译者注

46

现在每个人肯定都要出卖被积累为“大部头”著作的半吊子思想——这思想还不知是从谁那里剽窃来的——而不是去保存真正的洞见。这种洞见会产生本质性的东西，并自己因此而消失不见。仅当许多东西并**不进入**光明之中，而是被保存起来而忍隐不露，才能保证有**某种**机会让伟大的东西得以形成自身。

47

“生存哲学”[①] 之可笑程度，与“生活-哲学”不差毫发。

48

哲学思考：没有先驱。

那种新的，不是开始性的、有终性的**开端**。

哲学！终于把它的本质置于言谈中了：它是：

将达在带入缄默不言（积极的）

将存在带入语词（语言——真理）

将人的装腔作势带入消失——也就是说，将［人］带去冒险（积极的）。参见［21］页。

① 这里应该是指雅斯贝尔斯的哲学。——译者注

只是：把存在带入到语词①——指的绝不是去建立一种“存在论”并加以传播。（参见［22］页）。

49

如今（1932年3月）对那地方我最清楚不过了：在那里，我以前的整个写作（《存在与时间》、《什么是形而上学？》②、《康德书》③以及《论根据的本质 I, II》④），对我来说都变得十分陌生。就像废弃了的道路那样陌生：杂草丛生、荆棘遍地——这道路还保留在那里，它在达-在中作为时间性继续着。在该路边，许多同代人、骗子经 20
常站在那里，把“这些标记”⑤看得比道路本身还重要。（参见［102；104］页）。

对道路本身，至今还没有人把握过——没人向前以及向回走过它——也就是说，没人尝试过反驳它。要否定它，就必须理解它的“目的地”，或者，更谨慎地说，理解该空间（那个达）：应该引导到

① 即“让存在说话”的意思。——译者注

② ［Martin Heidegger: Was ist Metaphysik? In: Wegmarken. GA 9. Hrsg. von Friedrich-Wilhelm von Herrmann. Frankfurt am Main 2/1996, S.103-122.］（海德格尔：《什么是形而上学》，载《海德格尔全集》第9卷《路标》，弗里德里希-威廉·冯·赫尔曼编，美茵法兰克福，1996年第2版，第103-122页。）

③ ［Martin Heidegger: Kant und das Problem der Metaphysik. GA 3. Hrsg. von Friedrich-Wilhelm von Herrmann. Frankfurt am Main 1991.］（海德格尔：《康德与形而上学问题》，载《海德格尔全集》第3卷，弗里德里希-威廉·冯·赫尔曼编，美茵法兰克福，1991年。）

④ ［Vom Wesen des Grundes. In: Wegmarken. GA 9. Hrsg. von Friedrich-Wilhelmvon Herrmann. Frankfurt am Main 1976, S.123-175.］（海德格尔：《论根据的本质》，载《海德格尔全集》第9卷《路标》，弗里德里希-威廉·冯·赫尔曼编，美茵法兰克福，1976年，第123-175页。）

⑤ 指这里提到的他的几本著作。——译者注

并置身于该空间中。但实情并非如此——尽管一切关于“存在论”的讨论都在喊叫：那是众所周知的东西。

[21] 这样也挺好：乱糟糟的热情，毫无理解的赞美和讨论，慢慢得到了同样的流行的“拒绝”，当然，这种“拒绝”同样既盲目，且排斥任何分析辩论，也就是说，排斥对问题作同样源初的领会把握。

但是，干吗还要去注明这一点：对我而言，那个问题变得越来越值得去追问了[①]。参见[22]页；[44]页。

50

从闲谈处境的愚蠢出发，“反射”到源头之权力的那种最遥远的保护之中。(参见[81]页)。

权力授予作为保护。(参见[24]页)。

51

我们必须从“哲学”中出来，思考到“哲学”之外去。(参见[19]页下面；[35]页上面；[89]页)。

52

是领袖[②]——不是：走在前面，而是：能够特立独行，但，这也就意味着：把達在之孤独-性带入缄默，积极地对抗单个“生存”的无谓装腔作势。

---

① fragwürdiger。这里是海德格尔对 fragwürdig 的独特解读，不是正常德语的原义。——译者注

② Führer-sein，就是“当领袖”的意思。——译者注

53 21［22］

假如人们对存在问题哪怕只有些粗糙的把握，也就是说，只认识到，这是那唯一重要的问题——从柏拉图直到黑格尔均已经不是如此了，而后面来的东西，更不能算数——假如人们只把握［领会］了这一点，那么，《存在与时间》也就不会被误读为和误用为人类学或者“生存哲学”。

人们几乎没有看出，对单个人和对生存的单个性的强调，只是为了对抗把达-在误解为“意识”和“主体”、“灵魂”和“生命”等的各种误读。也没人看出，生存着的单个人的单个性根本不是关注的论题，它只是达到达-在之独壹-性[①]的偶然的通道，那通向存在之“万有-统一性”[②]发生之处的通道。

（参见1932年夏季学期讲稿，［25］以下各页。[③]）

54

我为阿那克西曼德一句难懂的话，写下好几本的“哲学”——仅仅凭借着下面这一点：因为这句话强迫着我们，且强迫我们去检

---

① Allein-heit，也可译为“孤独-性”。但是这里的Allein-heit和后面的All-einheit构成文字游戏：Allein在字面上是“所有的壹”，意思是“一切都是一个，是单独”，而einheit，字面上是“一之性”，意义是“统而为一”，所以，All-einheit是“一切-统而为一之性”。——译者注

② All-einheit.

③ ［Martin Heidegger: Der Anfang der abendländischen Philosophie. Auslegung des Anaximander und Parmenides. GA 35. Hrsg. von Peter Trawny. Frankfurt am Main 2012, S.74ff.］（海德格尔：《西方哲学的开端》，载《海德格尔全集》第35卷，彼得·特拉乌尼编，美茵法兰克福，2012年，第77页及以下。）

验，我们是否能筹集力量，去理解，以及在多大程度上能理解——也就是说，从对存在的追问上去理解我们自己，以及在此追问中去理解我们自己的去存在。

当我们能够如此舒服地沉溺于以后的和今天的多种多样、广博丰富的内容之中时，以致那最虚弱者也能捕获到不少的东西，并以此得以登台露脸，并能靠某种技巧伪装成本质性，尤其是支持着并引领着它的所谓"具体生存上的严肃"，而且还怀着完全的善意和真诚。[①]

靠这个东西就能使哲学发生点儿什么变化，对此我非常怀疑。

但是，在这里，总是首先要选边站队，即站在真正的"生存的"立场上，对抗"科学的"庸俗不堪，这是在"讲政治"。

[24] 55

关于《存在与时间》(参见[7]页)——如果要我以学者的"身份"讲话的话，那我就必须说：这本书出新版，就意味着重写。但是，为此"没时间"；另有任务。

好像那本书是个失误似得！除了在这里提出的问题——哪怕只是部分地处理过的问题——之外，哲学中还有其它问题吗？[只有]存在问题。没有其它选择，只有对该书不断地重写，仅此而已。冒着"一辈子一本书"[②]的危险。除了 unum(这一本)，没有 aliud

① 这是对存在主义等人生哲学的批评：信息、生活方式多样；从中提取出某些东西并将之当作理论、世界观，将之视为本质，这种工作怀有真诚和善意，有对生活的严肃态度(这只是生存环节，即 ontic 层次上的生存态度，不是存在论的态度)。这种态度支撑着、引领着人的生存的所谓本质。——译者注

② ein homo unius libri，拉丁成语：读死书，坐井观天。——译者注

（别的）。

也就是说，对那个追问进行更深入地加工处理，并且仅仅如此而已；根本没有答案。其答案之出现，最终乃为某种完全古怪的东西！加工处理表面上看去似乎是分解唯一令人信服和持久的授权活动！

56

哲学只是伟大诗作的变了调的回声而已。变-调到概念中——即存在的变-调。

57

变-调到“到里面-把握”的探问里面去——但是干吗？干吗？为什么需要概念的坚硬和冰冷？为了把实存那里的整全的授权加以分配，以及把人引导到一种更源初的诗作那里去——也就是说，引导到可以使人变成伟大，并且能去体验超-勇气[①]的欢乐那里去。

单个人！——而多数人呢？他们喜欢走他们来时的路。

58

现在人们到处都在瞎扯什么“新的科学概念”，而又根本没注意到，这类东西是根本发明不出来的，之所以不能，首先是因为，完全缺乏形成概念的力量，而这又是由于，“有待概念把握的内容”（存在）一直保处于未被领会的境地。

---

① Über-mutes.

59

整全内容[①]的源初性、坚硬性和规定性，意味着完全不同于数学符号运算的表面严格和数学所宣告的知识理想。

60

在真正的“逻辑学”（参见[35]页）名下，我能想象出来的是什么呀！
[26]（逻各斯）不是表达出的“命题”——而是作为实存本身向自己进行询问的召唤，也就是说，在存在中实存的表述是真理（ἀ-λήθεια[②]）之“本质”的基础性事件之发生。（参见1934年夏季学期讲稿[③]）。

61

不是那有内容的学说，即追求人们的认可、为了自己的影响而沾沾自喜的学说——也不是可供选择的可能性的无价值呈现——即那轻率的、不负责任的“由他人视情而定”——而是去努力获得和加强的某种果断的立场——它不应该只是空虚-形式性的，相反，它使实存的真理紧紧接合在、“奠基”于完全确定的广阔视野和行为的活动空间中，由此，它才占有了决断性。

① Inbegriff，也可译为“包含全部细节的整体”。——译者注

② 古希腊文的“真理”一词，将否定性前缀与词根分开，就成了：“祛-藏匿”。——译者注

③ [Martin Heidegger: Logik als die Frage nach dem Wesen der Sprache. GA 38. Hrsg. von Günter Seubold. Frankfurt am Main 1998.]（海德格尔：《作为追问语言之本质的逻辑学》，《海德格尔全集》第38卷，君特·索博尔德编，美茵法兰克福，1998年。）

为此需要整全内容之“逻辑学”的最高的概念性。

62 [27]

慢慢地——且因此恰恰不要给予任何真正的冲击——人们就被带向，把存在的理解同人的——生存着的人的——**对于我们**来说本质可能的本质联系在一起，并且由此，开始去**是**那被反复说起的“整全”的人。

63

哪里有生存，哪里存在就有被追问的尊严，反过来也一样。（语言的型变）。二者的不离不弃[①]是源初的，且发源于**自由的进程**——那里自由构建着自己——靠它才有了为统治权和位价［而进行的］斗争、保卫与丧失。

64 25

当存在受到探问时，遮蔽性才形成。哲学创造了遮蔽性。

语言在本质上发生着改变——最先不是词汇——而是说与听的方式。

65 [28]

如何才能处于“去实存的**存在之**中”！在此之前呢？

哲学，依其本质，把自身置于哲学的“**批判**”之下——也就是

① Verhaftung.

说——置于基本问题之中：通过存在能把实存解放到什么程度，也就是说，能在多大程度上重新*诗意地创作*(dichten)实存？

66

哲学：

通过存在到实存之最高级的路径安全性——

最内在的事物关联性——

最源初的被定调——

最坚实的概念性——（包含全部细节的整体性）——

不可动摇的简明性——

最深邃的本质性——

且还有——所有这一切也许已经在那里了，而同时又成功不了。参见[29]页*。

67

以前被打磨的(geschliffen)只是武器，然而毫无威胁、短兵相接——现在被调整音准、共同对音的(gestimmt)只是“各种乐器”了，也许真的很便宜、很粗糙——然后所有的人都咂吧着那些声音(Stimmungen)。

这种打磨(Schleifen)和调整对音(Stimmen)形成了协奏音乐
[29] 会，而公众甚至认为，这很消遣，似乎听到了些什么东西。

26 到底什么时候我们才去演奏，而且去为战斗奏乐？

调整对音和打磨就够了！或者还不够？

总之，所有这些都只是语词的**书写者**。

* 如果非如此不可的话，那就通过理论的纯粹的客观性使这一切发挥作用——一块儿一块儿地来。

68

这种关于曾经存在过的伟大的可能性的惊人认知，以及关于可能性的解放和构型的任务——还有再次重走那条路径的同样强有力的**必然性**。

69 [30]

我所有的工作总是双向的——**有时**仅作为在路上的持续前行和道路的制备测试——而对于在其间——由于突然冲击——什么落在路旁，什么被铲走了，根本无所谓。

然后——这些“裹带-出来的东西”本身作为存留下来的“结果”——当然任何时候都不允许在路上把沟渠封死，然后构造一幅关于它们的图像——即便从全部前冲的最内在的特征以及它内在的自身不断变型的视角出发去制作图像[也不行]。

70

世界在改建中（参见[36]页）——但从事诗意创作的力量仍在黑暗中——然而毕竟它还在那里！

谁去解放这种力量？不是——那想要通过匆忙的实验得到良药，以便把此良药夸赞为人们的最爱的那些人——而只能是，那认

[31] 识来源的规则的人，也就是说，服从规则的人[①]。

于此，嵌入[②]祖传本质之地基的机缘中。

71

唯独德意志人能够源初地重新诗意地创作和讲述存在——唯独他将重新占领 θεωρία[③] 的本质，并最终创造逻辑学。

72

在工作中总有清楚的计划和行动，甚至［任务的］解决，然而通过它们究竟将达及什么，发生什么，还从来没有被远远瞄到过，更不要说认真看清楚过了——而大多情况下，甚至连见过一次都没有过；总是在前部挖掘、开凿——但是，没有这些，隐蔽的东西则永远达不到那适合于它的——即恰好充满神秘的解放。

——

一种伟大的信仰穿越着年青的土地。参见［41］页。

[32] 73

更加源初地去诗意地创作存在，“我们的”存在。

“我们的存在”，也就是说，实存整体通过我们，并已经在我们中发生的存在。

---

① ihm sich fügt。其中动词 fügt（接合）与下面的动词 einfügt（嵌入）和名词 Fügung（安排、搭配，此处翻译为“机缘”）又构成文字游戏。——译者注

② sich einfügt，也可译为“插接到”。——译者注

③ 古希腊文：理论，现代西方各种文字中的“理论”一词都是它的拉丁转写，比如英文的 theory，但其含义是由“静观”衍化出来的。——译者注

“更加源初地”——先前根本上以从事把握之方式追问那未被追问的问题。

74 28

在哲学思考中从来不思考“他人”——“你”，而对“我”，这存在之唯一的自在自为的源泉，［问得］同样的少——这点对于事情和道路的情况以相同的程度有效。[1]

75

今人的迷误；他们不知道物之漫长的、坚定持续的生长，而认为，可以强迫它们在一夜之间成为可任人随意取用的日用百货。

76

脱离根基-性的本质性，只能是纤弱无力——脱离本质性的根基-性，只能是虚荣炫耀。

77

从一种伟大的缄默性出发来书写。

78 ［33］

我之所以说：哲学不是科学，因为这样［人们］就不会到哲学

① 箭头是海德格尔自己使用的符号。——译者注

身上去索取科学的特征——科学的本质——而是从一开始，就在那唯一可能的形式中将其保护起来。

哲学是*如此*的科学：就像科学从来不可能是的那样去是科学。

而且，它*作为*哲学而是科学——这个别名只是一种误解——而且是以谈论“生活哲学”——或者“生存哲学”的方式[进行谈论]（参见[34]页）。

29 此外，打理这类“追问”可谓百无一用——如果不预先产生出有关信念、要求、标准和能力的作品的话。

79

更清楚的是：不是“源泉”，而是*存在事件之发生与真理事件之发生*——不仅仅是“超越”，而是*世界的世界化*（Ver-welten der Welt），关于它们的开端以及生存。

80

存在的生长，在古代死亡与僵化得如此之快，如此之彻底。

[34] 对存在的探问需要本质性的前-跃，也就是说，要求一种穿透性视力，它在向前跳跃中为自己开道，并在开道中开启存在；在此，本质性的片段：“诸模态”和“系词”——从事标识的称谓就已经是对事物的误解。

81

哲学思考：*存在事件之发生的进行构建的发动*。在真事（das Wahre）之前建立真理，对流传下来的“真理”加以变型。（参见

[36]页）。

存在事件之发生的这类发动，需要概念在其丰富性中占支配地位的清晰性——这种清晰性又会挤压出不可把握的斗争性的释放。

哲学思考就是这样影响着存在事件发生之内在的升级，并且藉此在广度和深度上影响着人生達在的升级。

这种发动对我们而言只能是重复性的发动——在每次发起处，发动都业已吸纳了“实存”，并且献身于它自己的历史中——因此，哲学自身——不仅仅附带地**是**——而且在实施中就**是**历史。

82　[35]

哲学事务——**何处看出来**？

某某是否描述且整理了看法，

某某是否改善了流传下来的东西，且将其推延下去了，

他是否把所有可知的东西进行了分解和分派整理，

他是否理解届时的当今（处境！）并且藉此紧跟其后。

所有这一切研究活动都需要从外部来论证自己的合理性——通过教育、“普及教育”、“世界观”、“基础科学”等方面取得的绩效。

所有这类东西都只是外在的和事后追加的外部的“视角”。（参见[21]页）。

83

“**逻辑学**”（参见[25]页）。——如果谁的達在**不是**根据整个实存的本质去校准自己，去协调自己的沟壑和“根基”，那他就不需

要“逻辑学”，他也配不上“逻辑学”。他“健康”的思维每次正好够用。但是，谁要是生活在本质中的话，他出自本身就需要“逻辑学”。因为逻辑学——正确理解的逻辑学——不是形式性的技术——而是解放真理的力量和内在演练。

[36] 因此，某种真正的逻辑学课程——不是流行的、“业已僵死的”且从来没有鲜活过的陈词滥调——而是为了严肃认真者和“有天赋者”——不是为了无天赋者和在思维上无可救药者。[逻辑学]根本无法为他们提供帮助。

31 84

世界在改建中。(参见[30-31]页；[45]页)。

想要变成什么——急于领受什么任务——这些任务必须服从什么样的透视；在实施中发生了什么事件(存在-真理)——在其“趋前-影响”中观瞧并解放这个“工作”。

85

哲学从来不处理什么“的”什么和“关于”什么的什么——从来只“为了”什么而干事——为了存在而干事。

所有的追问都是[于某某处的]探问活动；所有的研究和分析都确实是一种[于某某处的]收获活动，首先作品(Werk)的一切布局与构建都是此种收获活动(Erwirken)。(参见[40]页)。

这首先不是“在”别的东西“上”“发生影响”；实践的！——相反，正是在存在发生影响中，作品才有所收获。[①] 在引申的意义上，

① 此句话只是意译，原文为：das Werk ist erwirkt, daß es das Sein wirke。——译者注

这对科学也适用。因此，如果从“对象”和“论题”出发，并且滞留于此，就已经是一种错会①。

来自作品的这类源初召唤，且只有来自它，才[有]这个概念 [37]
的清楚的坚实性的首次神圣奠基（Weihe）和不可避免性。

86

当我们不再丢失掉**世界**，并且真正生存于**世界建设**的力量中的时候，我们才会重新找到神。

87 32

热情勤奋的评论家和写手们如此协同一致，纷纷回避那重要的作品《论根据的本质》，这是出于何种原因？

这里一切都了结了，即胡塞尔、狄尔泰、基尔凯郭尔以及所有其他随便叫什么的人们，推算评估他们的“影响”和依赖性的工作都了结了。这里[的任务]，如果还有的话，就是严肃地对待同古希腊的某种交手-讨论-分析，严肃地对待存在难题（Seinsproblem）的反复重复。放着此事不做，却公开地周复一周地去闲扯。

而现在甚至有关于“生存哲学”的闲谈。——那些先生们还是想让基尔凯郭尔、康德、黑格尔来“影响”他们自己——；人们不难看出，他们会陷在哪里。“影响”是一个古怪的话题。他们认为， [38]
[那就是]要跟在哈特曼和卡西尔或者什么别的人后面学舌，或者甚至，像大多数人那样，[讲些]随便什么无根基的、无家可归的“一般意见”——这不是什么影响。但是这类闲扯是从来不会被根

---

① Mißgriff，也可译为“错误的领会把握”。——译者注

除的。

88

实存的存在与“真理”的历史具有同样的“**时间**”。

作为“实存”的“毁灭”(Vernichtung)的存在的“熄灭”(Verlöschen)。

89

(以规划的方式构建着地)**向前突进到**存在事件之发生之中,以及从其中出来的诸多爆发。

33 90

哲学是唯一**真正的**(die)科学,而恰恰因此,谈论“**科学的**哲学”是无意义的。

“诸种科学”都是“哲学”(亚里士多德)。故此我才说:哲学不是“科学”,然而此话不单意味着,哲学不是“个别的科学学科”,而且还意味着,它不是多元主义主张的各类哲学中的一种。

“科学”对于哲学来说不是它的上位概念(Oberbegriff);相反,哲学是科学的[上位]概念。

科学的概念不能从诸种现成“科学”的实际组织中抽取出来的,而是从理念中,抽取出来。

[39] 91

对把我的尝试全盘错误地标识为“生存哲学”或者“生存论哲

学”进行反驳之必要性：

1. 生存概念的说明与论证。

2. 哲学概念的说明与论证。参见上面[33]页。

92

那种流行的——今天完全陷入其反面的——对科学及其成果的神化[崇拜]。仔细观察后，到处展现于人前的都是高科技，在任务和最切近的“成果”总汇中，到处都是协调一致和“所谓进步”——但是在一切本质性的东西中，在关涉到真正意义上的认知的地方，却纷争四起，特别是那些可怜的一知半解[①]。

这样，哲学便没有任何理由把科学当作榜样；数学也不例外——参见其“基础”的不安全性和脆弱性。

以“沉思”和单纯的（人工的）“扎根”于“人民”来取代其事业 34
的可怜性和偶然性[的努力]，根本于事无补——而这里唯一起决定性作用的是：“生存”之可能性的力量；（不是伦理（ethisch）意义上的）。

93 [40]

在雅斯贝尔斯那里，一个错误的、无根据的，对根本不存在的、自身十分脆弱的“无可辩驳的可知性”[②]的尊重。

---

① kläglichen Dilettantismus.

② [Vgl. Kerl Jaspers: Philosophie I. Philosophische Weltorientierung. Julius Springer Verlag: Berlin 1932, S. 147.]（参见雅斯贝尔斯：《哲学（一）：哲学的世界走向》，Julius Springer 出版社，柏林，1932 年，第 147 页。）

94

在不可避免之事中的不可迷惑!

95

秋——不是垂死和衰亡,不是逝去——而是渐渐熄灭着的、收集余烬的进入过程:进入安全的缄默,即进入向着全面发展去成长的新时代的缄默——这是一种对待坚定不移的狂欢的谨慎态度的赢得:是对存在取之不尽的伟大力量(Größe)[1]的狂欢之大爆发的谨慎态度的赢得。

96

由于哲学没有“对象”(参见[46]页等),而且存在从来也不是“论题”[2],所以,在所有的追问和工作中哲学家从来没有进行过“单纯的”研究(参见[36]页),相反,当他对发挥影响的作品进行思考时,他只是工作;然而作品形态(Werkbild)能够而且必须不断地改
35 变,直到有一天,它自己变形为铆足了劲的充分一击。但这一击总是同时意味着对其它可能性的放弃。这种勇于放弃的伟大必定会给予哲学家以真正的推动力和无情的艰辛。这种放弃赢得了伟大能量(力量),并在此过程中,此任务试遍了它丰富多样的可能性。

作品形态既不是“体系”,也不是“需要写作的著作”。

---

① die Größe兼有“量”、“大小”等义,转义为“伟大”。在黑格尔哲学中译为“量”,在海德格尔这里常译为“伟大”。请教谷裕教授后,决定依上下文选择不同的翻译。——译者注

② 黑格尔哲学中的正题。——译者注

97

奠基基础[①]！关于基础的奠基[②]。参见[80]页！

98

知道和相信——我无力知道，而且绝不会知道我知道——即使我知道——我只能相信我知道。这种**相信**就是那种源初地被定了调的、对基础的信任——那种在基础情调中从事奠基的振荡。因此，有悖情理：把绝对的确定性，即对自己自身进行认知的认知（自明性），设置为存在和存在问题的标准。

出自这种相信（基础的奠基）的，在存在的探问中从事诗意创作的思维。参见[31]页等。 [42]

99

我们很乐意大声讨论，关涉到什么，而不去注意，**允许**什么。最后，对我们来说，主要的负担是，我们应该“许”什么；而且还是在涉及那从事构建的作品的地方。但是这类“许”**从来就不**仅仅是“否定的”，而是从根本上只是翻转来的那一面，就像我们对待本真的力量和真正的“认知”那样。

100 36

每个追问[都是]一种兴致——

① Gründet den Grund.

② Vom Gründen des Grundes.

任何回答[都是]一种败兴。

101

那*存在之权利授予*！仅此算数。这不是通过对“存在论”和类似的东西的描述所能做得到的，而只能通过存在之本质(Seinswesen)自身之从事构建的冲压铸造才能做到。参见[48]页。

此事人能行吗？他*必须*如此。否则他就会在对人生達在的冷漠中*走向毁灭*——但是，这意味着，*如此还能过得去*。

[43] 102

哲学至少还有能力排除增长过快的艰急(外在的)，还是说哲学只能为此指指路径。与此相反——哲学必须对此保持坚强，在它的①风暴之狂飙中岿然不动。因为瞬间的、追求适应处境的一切瞎忙，只能够暴露出：哲学尚无什么重要性可言。

在“哲学”里，面对自己的任务而仓皇逃避，这情况已经统治了太长的时间了；对本质性事物的生长的静候能力的荒疏大肆蔓延开来。之所以如此，是因为，与非本质东西的结交占据着话语权，并且试图使我们相信，通过与非本质东西的结交，我们最终总会到达本质。

只有在首要的不可避免性之狂飙中坚强执守的人，才能“亲历到”，当遇到那种对今天国家与人民所处的态势漠不关心的冷酷和假象时，他所能拥有的权利。

37 哲学——充其量——也就只能置身于不可避免的毫不动摇的
[44] 可能性之边缘。

---

① ihres，指“外在的艰急的”。——译者注

但是，大多数情况下，都滞留于对变动不居的无足轻重的东西之现实性的舒服安逸的泥沼里。

103

事实上，《存在与时间》作为一本书，它期望的东西一直未能如愿，所以，作为现实的“作品”，它一直被搁置于阴影之中。这是[对该书的]真正的反驳。

104

走向不可避免的毫不动摇的担当之朴质单一性的力量。

105

在单纯“客观性”(Sachlichkeit)的面具下的最高的内立性(Inständigkeit[①])；的确也只有通过这个[急切性]，那个[客观性]才得以贯彻。

---

① Inständigkeik，一般是指：紧急。孙周兴译为“内立性”，英译为 the steadfastness。孙译有道理：在 Grundriss Heidegger 中，Inständigkeik 条指出：海德格尔在《路标》中说“以 Existenz 的名义进行思考的内容……最好用 Inständigkeit 这个词来称呼”。在《海德格尔全集》第九卷第 374 页上全文为：“Das, was im Namen»Existenz« zu denken ist, das Wort innerhalb des Denkens gebraucht wird, das auf die Wahrheit des Seins zu und aus ihr her denkt, könnte das Wort »Inständigkeit« am schönsten nennen.” 大意就是，当他联系到存在之真理谈生存 Existenz 的时候，Instaendigkeit 是对生存最好的称谓。所以孙周兴译为“内立性”，即，坚持存在之真理的显示的使命中，实际上是指：站到世界之中去，等于“生存”。《存在与时间》之后渐渐启用这个新词，也许不想与生存哲学(Existenzialismus)同流合污。还可参见 GA 49，第 54 页。

106

“自由主义者”以他的方式看待“限制”。他只看到了“依赖性”——“影响”，但从来不理解，可能有一种影响，可以起到所有
[45] 流淌的本真的基础形式的作用，并且能开辟道路与方向。

面对这类作用，对原创性的寻求，早已经作为无价值的雕虫小技，被弃之不顾了。

38 107

再者——世界在进行回归自己的改建。我们又再次接近真理和它的本质性——我们打算，去承受真理所要求的一切，并支持呵护它——使之变为脚踏实地的东西。

只有来自实地者，接地气者，站在实地上者，才可能是脚踏实地的——这才是源初的——这才是——经常通过躯体和情调来振荡着我的东西——当我扶犁走过田畴，穿过成熟禾穗间那孤寂的阡陌，透过风、雾、阳光和瑞雪，这些东西持守着母亲和她们的祖先的血液于循环中和振荡中……

另类的脚踏实地——在那里根已经坏死，但是它们还在那里坚持于回归土地的进程，等待对于进程的评估。

[46] 108

奔波颠沛总该有个终点——进步已太过而[为人]厌恶——我们想要停下来。

停！而且这里就是那历史之源初的界限——不是那空虚的、超时间的永恒——而是生根活动的持久性。

时间将成为空间。

但是，源初的时间成了光阴①的前-空间（Vor-Raum）。

109

那发育生长之处，就是缄默之处，而不是叫卖之噪音和利益喧嚣之处，也不是精心维护的师生关系，以及相互拜谒、宾客盈门的喧闹之处。

谁要是追求诸如此类的东西，或者甚至——与前者无异——为缺乏［此类东西的］抱怨不已，那他就什么也没有理解，而且根本就没有任何任务。

110 39

存在之授权（Seinsermächtigung）——不是把我们反正已经占有的东西，事后捕入、绑缚到概念中，而是把刚刚赢获到、还未“曾活生生的本质过”的东西［捕入概念中］。因此，哲学依据其本质是无对象的。（参见［40］页；［101］页）。

111 ［47］

“对新的现实性的一种构型”？用老旧的、用废了的手段和意图——根本不知道，或者只知去追问，什么是那作为存在之方式的

① der Weile，也可译为“一段时间”。——译者注

现实性。然而前辈们已经做了此事吗？显然没有——但是前辈们的构型还是适当的，而且从来没有像我们今天这样处于無之边缘。由于还没给出［这种东西］——基督教的和新教的学说与手段，就去如此尽力地进行干预。

112

将本质性内容捍卫到底！

但是我们对它哪怕是有一点儿预感，甚至理解也好——而我们已打算彻底地献身此事。

只提及一个人——尼采！他被任意地、随机地抢劫一空——却没有认真努力地去为他的最内在的意志奠基，将其带入工作状态，带它上路。

[48]

113

对存在的授权——通过文章？肯定不是——而是只有通过那种事件的发生，那种于被抛中的自身领会，这种发生要求对存在的授权，为它拨时间(zeitigt)，腾空间(einräumt)。

对存在的**这**一授权的任务就是**以这样的方式**同时去宣示，并以此使其得以发挥某种作用。参见［42］页。

40 这一授权——不是什么单个人能做到的事情——也不是一个共同体的团结一致能做到的事情——甚至不是共同体在其脚踏实地性中的生根活动所能做到的事情。

因为所有这一切都必须已经在那个体中“活生生的本质过”——否则的话，他就不是那具体个体了，而只能是空虚的普遍性的吹胀了个例而已。因此，共同体和“交往”的行进在这里只能是一种误解。

因为，还有一种经由本质而来的隐秘的交往——因此无需将其称为交往。而来自物的本质根据之个体的独壹-性，不让自己被挤压为共同体之“个体性”[1]，即便这种独壹-性是如此热衷于“你-关 [49]
系”，甚或还表面上贪婪于“权威”，亦是如此。

而那些都只是为某种初级的本质性东西之终极空虚提供的遁词而已。

如果有人把对他来说不可避免的个体性中的这种从事源发的本质特性也称之为“自由主义”的话，那么，这个人不仅过于慷慨地使用这个口号，而且这还证明，在涉及本质性的东西时，能够胜任参与其事的人是何其少也——尽管大家都竭尽全力而为之。

谁要是公开地着手“对现实性进行构型”，他就不应该把什么“新的价值秩序”说成是他的终极者和首要者；[因为这样]他自己就已陷入下述危险：暴露出巨大无能，不管他多么博学、多么聪敏灵巧和勤奋努力，都难以遮掩这种无能。

114 [50]

在终极者这里，我们甚至还没有通过测试，甚至对这样的测试还没有什么准备——甚至对如何准备测试的途径都一无所知。实际情况是，人们经常是躲避到基督教里，或者把自己交付给随便什么其它的狂热梦想，人们围绕着表面的东西打转，热衷于这类喧闹。

---

① Einzelnheit，也可译为“细节”。——译者注

41 所有这一切都处于对存在的麻木的和无领会之中；在那里，整个实存怎么可能会困扰胁迫到我们呢？

人们在谈论無，人们说，人们被置入無中——似乎这只是一个词儿似的，或者认为这就是：在这里，最无根的麻木性根本行不通了。

我们甚至不再有什么可保卫辩护的东西了——甚至我们的人生達在的这份遗产——希腊古典——我们也必须去争取赢得——我
[51] 们如何真地去意愿那正在到来的存在之权力。

115

人——不断增强的疾风中的一条陡峭山路！

116

希腊人——完全没有“科学”并且在有科学“之前”——已经创造了**哲学**！希腊人尚没有受到来自堕落的科学的攻击，尚未被指责为“纯粹的思辨”。这种指责使得哲学丧失了勇气，不断地受到质疑。于是，向科学的“踏实认真的工作”看齐的风气到处蔓延，同时使得它的技术以及整个机制得以运转——于是几乎没有可能，不让哲学成为这种到处潜伏着的对哲学的丑化篡改的牺牲品。哲学已经完全失掉了它自己本来的内在的形式，因为它已经没有了自己的问题，而且它贫困到如此的程度，以至于只会跟在科学的后面亦步亦趋。（由此而来，才产生了趋向于“系统化”的意志，以及逐年增加的、规模日益庞大的书籍：它们只在时髦发型的意义上是“新的”而已。）

存在的本质：它本质着，活在可能性、现实性和必然性之间的分切裂隙中，以不可避免者的授权为基础。参见下面带＊号的内容！

作为诗作的授权

诗意创作与思维。（参见［88］页）。

全然不论，它是否之后又会成为“科学”——创造经过奠基的视野，并且使其值得信赖，由它出发来进行体验，并且初次被谈论——这一切才会又算数了。而与此相反，今天有的仅仅是应急救助；对应急救助的启用，人们只剩下感到遗憾；人们觉得，一切都“完全精确”[1]，根本不用应急救助就能过得去，是最好不过的。

＊不可达及且因此造成误导的是：（参见［62］页）

a）对存在的那种只是从事描述的——进行意义分析的——态度，被臆想为无先入之见的，因此是“源初的”态度；

b）向可能性的条件的回溯，以某种“本构式”（konstitutiv）观察为基础——在此过程中，回溯的方向还未被澄清，也未被奠基，——而是好像仅仅［需要］——“逻辑地”去追求回溯更进一 ［53］
步的诸条件——；

c）在某种所谓“范畴学说”中，对获得的，或者收集编排、改善过的存在规定性（诸范畴）进行分类的理论体系；

d）甚至不是明显地采取（以上 a，b，c 三点）这些立场，对本构和理论体系之方向进行反问。参见《康德书》源初方向；

e）更不是去激活那种与更广泛的道德-实践意义上的“生存”和“生命”联系在一起的观察。（科学行为的道德化）；

f）同样不是外在的，从基督教传统那里接受来的，向绝对的升

① ganz exakt。注意：严格不等于精确。——译者注

华。(参见[66]页);

>[1] 这样,在传承下来并已被捕捉到的提问方向和材料中,所有这些东西都这样推来推去,任何一个同从来没有“新过的”东西的相反者——也就是说,同从来没有源初过的“古老东西”的相反者,给人们留下的廉价印象,充其量也就是一种进步和“接近生活”——
[54] 但是最终仍只不过是被一种不负责任的无足轻重所吞。

其实能算数的是:

43 117

把对存在的授权构建为从事支配的、进行统治的、实干的实施-进程(Er-fahren)和操作过程,在其中并由此出发,所有那些以前曾有的立场中的真实者,才第一次发挥它们的影响,使它们与自己的自发的绩效融为一体。

虽然为了这条路和它的被选取,业已创造出了第一个和最切近的空间——在哲学之开端处并且作为哲学之开端——但是,这仍然是一条尚无人迹之路。[2]

走上这条路就意味着:做好不断返回的准备,做好举步维艰的准备。尤其是当每一步都赢得一个作品和表达的时候——尤其是因为,必须抢先地、持续地准备好、控制好对路径的剖析分解。(参见[76]页)。1932 年的“教堂落成纪念庆典”[3]。

---

① 海德格尔自己的标记。这个符号的含义可能类似于形式逻辑中的“蕴涵”符号⇒,其意义相当于“从前提推出结论”。——译者注

② 这段话也可译为:这是从来没人走过的路,尽管选择走它的空间已经创造出来了,这个空间就是在哲学开端处,而且它就是哲学的开端。——译者注

③ Kirchweih 原本指新建或者新修好的教堂启用时的庆典仪式,所以字典上译为

这种从事赢取的情绪，把这里的一切都带入到另外一种进程中。[55]

但是这个进程必须停留于缄默不言之中——只有在作品的冷静中它才露面。

118

通过对于存在的一切本质性之处的存在之本质的整体陌生性和被陌生化，**来彻底追逐人**。

去赢得两者的合而为一：本质的**被陌生化**和本质的**不可避免性**。

这种追逐，不-让-其-停-下-来，干脆“只有”通过不断增长的事物性的探问——于眼光和姿态中的基础情调，但从来不用言辞的基础情调！！

追逐到（第一个）不可避免性里。

通过完全的被陌生化穷追不舍。

追获人的完全的独壹-性——

然后，便开始对授权的追逐。

存在的不可避免性！存在自己作为不可避免性。（参见[69] 44[56]
页，[105]页）。

119

尽管如此，已经存在了很久的不负责任，即轻率随便地谈论存

“教堂献堂日”，后来演变变成了常规的宗教节日，于是中文译为：教堂落成纪念日。在这一天，除了宗教庆典仪式，届时还会有集市。但这里1932年的教堂落成纪念日的具体所指并不清楚。——译者注

在和它的“各种意义”，在各个方面仍在继续，而现在通过所谓的“存在论”，而且恰恰在存在论被拒绝的地方（雅斯贝尔斯），恰恰在存在论不被理解的地方——存在论才真正地被奉为准则。

120

“科学”已经到了终点，正是因为如此，至少人们可以积极地将科学作为“必须服从的知识”，作为跃向亲爱的上帝的知识来接受。这样，科学充其量只能以其整个的可怜而获得基督教的认可——这正是哲学上的克服和变型的反面。

什么能代替它的位置，谁愿意谈论此事。

只有这一点是确定无疑的：这取决于，我们是否以及如何让我们再次回到存在那里去。

[57] 121

对于人生達在 = 哲学的影响的看法，如果人们所想的是：哲学发挥影响，当且仅当，它得到传授，并且转变为“现实性”的话，那么这就是一种愚昧的[①]看法。他们称之为“现实性”的东西——即那种自身迷失的漂移物——其实［对现实］无任何领悟。

哲学的影响——这指的不是某个词汇的令人生疑的运用，也不是用哲学书本上学来的句子构成的一般性思考之装饰品。

该“影响”不能去影响任何东西——而是存在于一种见证中：此见证出自获得授权之存在而引起的实存的凸显出来的型变过程。

① ungeistig，直译：无精神内涵的；字典意义：没有文化、艺术修养的。——译者注

只在已赢得的作品中，这一证据才去见证，该作品一定要依靠自身而立，绝不会从自己这里放弃任何东西，也不会从自身这里转交出任何东西——而是只拉向自身，以便被反推回去。但是这个运动震松震裂了迄今为止人们从未觉知过、因此刻意伪饰的东西。在哲学和“现实性”之间没有互补调和。[①]

122

古希腊人到底向前超过我们多远了；因此，没有回归古希腊人的归途——有的只是追赶。但是这种追赶需要一种力量，即把-自身-向前-抛到某种从事源初-跃进的探问活动之中的力量。但是这只能意味着：在今天的人们中解放达-在。

123

那遥远的配给[②]，在其中，哲学思考获取它的路径！（参见［85］页）。

---

① 哲学与现实性的本质性差异：破坏现实，震碎现实。——译者注

② Verfügung 一词是从 Fuge 演化来的动词 verfügen 的名词形式。Fuge 又是从 Fug 演化而来。Fug 的意思是“Schicklichkeit”（得体）。但这一意思后来几乎不单独使用，只用于词组 mit Fug und Recht（有充分理由）中而由它演变出来的动词 fügen 成了常用词。Fuge 是“Verbindungsstelle”，即“联结点”，孙周兴在《哲学论稿》中译为“接缝”。相应地，动词 fügen 就是“联结”的意思。但是该词后来进一步发展成“sich schicken”（适合）、“Geschick”（灵巧，能耐）等意思。所以由此发展来的 verfügen 的意义就十分复杂：既有“准备好”、“供人支配使用”、“安排”、“设置”的意思，又有“指令”、“指示”的意思。所以孙周兴把 Fügung 翻译为“命运安排”。这里我们把 ferne Verfügung 翻译为“遥远配给”，听起来有些奇怪，实属不得已而为之。——译者注

124

一种整体的筹措规划：（参见［61］页）

朝向人生達在的解放——（*）

对存在的授权——

本质的真理。

1932年10月18日。

124a

* 在人生達在上集聚，

以便坚持对存在的授权活动

且让真理这样发生。

[59] 这种厚重（Die Größe）首先［是］要使所有后门暗道和目的以及“意义”都变得多余。

125

人既不是命该去“把握”和“听取”，也不是“天生为瞧看”、“派定去直观”[①]——而是被抛入到对存在［加以关怀］的性情（Gestimmtheit）中——也就是说，［召唤］他去给存在授权。

① 谷裕教授告诉我，这里引用了歌德《浮士德》11288行和11289行瞭望人Lynkeus的台词："Zum sehen geboren, Zum Schauen bestellt." 钱春绮的译文为："第三场，深夜，守塔人林叩斯（在宫城瞭望楼上唱）：生来为观察，奉命来瞭望。"上海译文出版社，1989年，第690页。

实存被“各种触觉”和“各种视觉”骚扰得够长、够苦了。

对古代[希腊]的分析研究,意味着在[“触觉”和“视觉”]两个方面都得进行!

126

败绩——靠《存在与时间》和其它的文章,什么都未能达到,哪怕只是在追问的方向上的些许突入都未做到,更谈不上成熟到理解那个问题,以引向一个不断重提的问题的追问上了。取而代之的只是文不对题的闲谈。

然而人们居然能让这个如此大范围的败绩,在如此长的时间 [60]
内,掌控了人们口舌和笔墨,并且使人们博取“名声”。

这是多么可怕——不是对于那已经占有和保持——甚至更加牢固地把握住了他的新任务的相关者而言,——而是对于下述这些人——他们如此陶醉于同类的闲谈,但一年之后就肯定要去踅摸新
的东西。然而——据说有这样的人,他们把它做成一种职业(“作 47
家”)和一种业务。

127

传承下来的关于存在的诸命题……(参见[75]页上面)。

128

拆解那些已被采纳的“思维规则”*。

回归到源头,以便将其“标识出来”。

从授权的源头出发把“思维规则”“真正”要说的东西在授权中建设-起来。

* 参见关于《矛盾律》的文章[①]。

[61] 129

最高的清晰性
最内在的被规定性[②]
最宽泛的本质性
最纯粹的朴质单一性
最坚定的严苛性

} 在对存在的探问中——作为本质的缄默不言。

这种探问荡出于——而更合适的说法是——荡入到那通过探问才获得的追问存在的尊严。探问便这样充满敬意地授权于存在。

这样才能远离那些经常不断重复的肤浅议论之内容的拙劣且平庸的思想体系之荒谬的严格性；摆脱传播廉价同情之目的；不受所有激动人心的“生存上的”装腔作势的影响。

48 只是：在人生達在中，清醒地保持探问状态，去从事唤醒活动；只有这样，[才有]对自己的解蔽，以及在其中的实存之隐蔽性。

透过古希腊，在与哲学开端的最深邃的——直接的联系性中追问。

---

① [Martin Heidegger: Der Satz vom Widerspruch. Erscheint in GA 91.Vorgesehener Herausgeber Alfred Denker.]（海德格尔：《矛盾律》，《海德格尔全集》第 91 卷。该卷尚未出版，计划中该书的编者为阿尔弗雷德·登克尔。）

② Gestimmtheit，也可译为“被定调性”。——译者注

130 [62]

记下语言的隐蔽谈话。

131

（参见[52]页）。——不是退行到我里面，而是过渡到世界那里。在此过渡中，同时又进入到人生達在之中。

不是失落于形式上抽象的存在，而是聚集于从事定调的存在之整体。

不是僵持于某种现实性，而是紧系于碎裂之紧合性[1]。

因此，既不是“逻辑东西”（诸范畴类型）的构建，也不是对某种“实在东西”的直观，而是被投放的-被定调的-从事定调的筹措规划（geworfenen-gestimmt-stimmenden Entwurf）之从事探问的抛投。

132

把存在从 ἔστιν，从“ist”[2]（参见[119]页）中提取出来——对希腊人来说，它是[3]最内在的必要性。

---

① Bündigkeit。德语 bündig 和它的名词形式 Bündigkeit，本来是捆绑在一起的意思，后来其意义在建筑工艺上变成“都一样平”，再后来又变成演说修辞的“简洁”。说“裂隙的简洁”是无意义的。译者以为，海德格尔仍然是在其原初意义上使用该词，即指裂隙两侧之间承载的压力或者张力，故译为“紧合（性）”。——译者注

② ἔστιν 是古希腊文“是”动词第三人称单数，ist 是德语“是”动词第三人称单数。——译者注

③ 过去时。——译者注

因为，他们应该是有史以来第一个把存在纳入理解的（对他们来说，理解意味着——参见巴门尼德，并因此努斯（νοῦς）也意味着——审析［Vernehmen］）。在这个视野中，“之间”（Inmitten）的实存本身奠基着自己。

为什么恰恰是在场性——来自动词的现在时（Präsens）的现在
49 性（Präsenz）？因为，现在性是最切近的并且是持存的。

与無（Nichts[1]）相反对——与不（nicht[2]）和否（Nein[3]）［相
［63］反对］。

开端必然是对于“持存”、持续性和界域（Kreis）之某种直接的、采取立场的“肯定”（Ja[4]）。

在对柏拉图（作为 ὄν 的 μὴ ὄν[5]）和亚里士多德（δύναμις- ἐνέγεια κινήσις[6]）的所有变型和拓展中，都含有这些。

这种对存在的理解被基督教装配到关于永恒的造物主上帝的视域之中——（奥古斯丁——托马斯·阿奎那）。于是，这种存在领会，就依据信仰的方式得到培植和固化——lumen naturale[7]。

于是古希腊人的最内在的开端与追问，便第一次被歪曲为结果——更有甚者——被歪曲为第一真理。

近代之初，数学上的认知理念——尽管从根本上说，是古代

① 英文的 nothingness。——译者注

② 英文的 not。——译者注

③ 英文的 no。——译者注

④ 英文的 yes。——译者注

⑤ 古希腊文：作为是的非是，即：作为存在的非存在，也可理解为：作为实存的非实存。——译者注

⑥ 古希腊文：潜能-现实，运动。——译者注

⑦ 拉丁文：自然之光。——译者注

的——这时，把奠基和新的见证带到哲学体系中来——这种对开端的重新抛弃，在黑格尔那里找到了它的归宿；这种归宿的历史构造，专门将古希腊哲学当作**正题**，这样就真地变成了对开端的排挤。 [64]

基督教和唯心论，尤其是在它们的堕落形式和居间形式中，照料供养了 19 世纪和它的“科学”。从早已变成显而易见的存在（ἔστιν①，在场性）中，历史科学和自然科学获取了它们的合法权利。过去的东西只是遗留下的“现成在手的东西”。自然［就成了］永远——可拿到的“现成在手的东西”。

是实证主义还是唯心主义，在此处，都一样——在这二者那里，实存均是当下在场的东西。

尼采是第一个看到这个灾难的人，而且是从道德方面。他看到：面对 ἀει② 的**自卑**，在客体面前的卑躬屈膝——以往那站立着的、斗争着的、充满霸气的追问活动，翻转为向流行科学的奴颜婢膝。唯有尼采看到了——也唯独他有能力看到——“今日的情势”——因为他预见到了某种别的东西。

由此他创造了人类的完全另类的举止态度——向前看，向前挑战。

这种超-人的工作肯定会摧残一个人的。（参见 1932 年夏季学期讲 50
稿③）。

尼采并没有去改变存在，没有去创造新的视域；特别是因为，他 [65]

---

① 古希腊文，对应于英文的 is。——译者注

② 古希腊文：永恒。——译者注

③ [Heidegger: Der Anfang der abendländischen Philosophie. GA 35. A.a.O., s. 45f.]（海德格尔：《西方哲学的开端》，载《海德格尔全集》第 35 卷，同上，第 45 页及以下。）

自己没有理解古希腊的存在难题。在这个问题上他无力去打破传统的力量优势。于是就有了从其早期(1873)就开始了的那种存在与生成之间极其不幸的对抗。

但是，他一直不被人们理解；“不科学的”哲学家。一切都停滞于古旧之处。现象学家(胡塞尔和舍勒)的一个成绩就是：他们唤醒了直接——转向事物本身的审-视(直观——本质)，也就是说，唤醒了某种来自古希腊的举止态度。不过是无根的，而且是臣服于19世纪的——在它们的成规(Schemata)和“疑难”之中。

其次，在尼采的跳跃式的、偶或的影响中，有一种内容丰富的躁动不安、一种局限于个人和团体的躁动不安；战争——

而后来：1)以当下为基础的，且为了当下的史学

2)世界观以及它作为科学之“前提”

3)科学接近生活的要求

4)“生存哲学”(雅斯贝尔斯)。

[66] 但是所有这一切都是来自于古老东西——且回到古老东西中——参见雅斯贝尔斯——其“体系”展示了对这种“半瓶子醋”的最真诚的哲学描述。

“科学”(整个19世纪；马克斯·韦伯)

“生存”(康德——基尔凯郭尔——生命哲学)

“超越”——基督教。

所有这一切都停留在古老的东西那里——而且“科学”与“超越”甚至为了有利于生存而遭到贬值——或者说，面对生存而相对化了。存在被不停地谈论着——然而存在问题却丝毫没有被感觉
51 到，更不要说被把握到了。所以，对此并无任何准备。相反——著

作[①]只瞧着过去。

（所谓“辩证神学”[②]的雕虫小技和骗人戏法，根本就不值得去注意。这是新教耶稣会最令人作呕的习惯）

应该怎么办？[③]行动——从事创造地行动，并且只用心“谈论”它[④]。

总有一天会算数的：

重新赢得开端——在它的最内在的问题中再次追问——；但只 [67]
有当我们自己把追问重新接过来的时候，这才是可能的。在这里，单纯的修正、增补，都于事无补。

比如说：用生成替代存在（尼采）。

用过去之事替代手头现成之事，以及用所谓“当下”替代不断升级的“永恒”。

用灵魂和肉体——替代精神。

而是：

存在之整全的本质——应该去探问：如何把在场性（那个 ist）积极地融合在其中，而同时将其优势地位削弱至极限。

存在必须把它的视域重新展开，并且现在全（时）[⑤]展开。这就是说：情调。

分切裂隙必须调定此情调——它必须为存在构成一个视域——（空间-时间）。

---

① das Werk，也可译为“作品”。——译者注

② ［新教神学思潮，其理论是从卡尔·巴特对《罗马书》的解读（1919）出发的。］

③ Was soll geschehen? 也可译为：应该发生什么？应该出什么事儿？——译者注

④ bei sich davon.

⑤ Jetzt voll（Zeit）.

不是无关痛痒的“es ist”[1],而是“es sei”[2](被投抛的筹措规划),甚而源初的缄默性[成为现实]。

[68] 133

存在的本质是真理(ἀλήθεια[3]);所以,要从根基和源头来探问
52 真理。恰恰因此从“真”命题(判断)出发来把握存在是**滞留于迷途**;因为,命题这东西不是**唯一真正**的真理。

134

科学和科学概念的危机!

为现实的-富有成果的危机之可能发生,我们甚至连空间和视角还都没有。

如果使西方哲学的开端真正地重新开始的努力尚未获得成功,那么,终结就是不可避免的。为什么?难道晚近的东西就不能同样地去接替扮演那去激发推动和进行领导的角色吗?难道就非得向回倒退吗?

向回倒退还根本没有实施,因为,只要我们尚在生存,我们就得生存于传承之中。别无选择。

为什么要回到开端?因为我们比以往任何时候都更需要,而且

---

① “es ist”意为“让其”,相当于英文的 it is,但联系后面的动词,此处的 ist 是助动词。表述:客观发生的事情。——译者注

② “es sei”意为“但愿”,sei 为德文“是”动词的第一虚拟式,意义复杂,据上下文而定。一般情况下表示讲话者对此句子的内容之真伪持中立态度。所以,记者引用他人的断定或者说法时,常用动词的第一虚拟式。但这里表述一种意愿。英译本译作“let it be”。——译者注

③ die Wahrheit。德文加冠词,带有强调的意思,表示名词之语义所指为“唯一、真正的”。括弧中为“真理”的希腊文。——译者注

很久以来，西方哲学就已经急需：朴质单一性、本质性和源初性。

同样的东西，只是在现实的榜样的权力下加以理解，并真正地 [69]
化为自己的东西[1]。

不是我们的哲学思考必须关涉什么内容，以及进行追问之如何，而是首先必须在追问的文章中，重新获得地位品级，成为标准。

但是，我们要去追问的“什么”同样重要，因为，“如何”在这里要求，并且在此引导着本真的和唯一的“什么”：对存在的追问。

135

存在的本质：从事隐匿的缄默性。存在的本质是真理、分切裂隙——而这[后者]? 从事隐匿的缄默性，不可避免性。缄默不言——（参见[62]页上面，[79]页和[90]页以下）。

136 53

哲学中正确东西的过量以及真实东西的稀缺性。因为正确的东西总是非-真的——只要它没有“祛-隐匿出”任何本质性的东西，而是把本质性的东西隐匿起来——；这是随意的，大多数情况下是在老生常谈的浅薄接受中，学舌模仿和变换花样，并没有去准备，去奠基其基地、立场、视域和概念。

137 [70]

如果从开端出来，[于是有]对整个存在领会的奠基，存在领

① aneignen。aneignen 与 Ereignis（孙周兴译为“本有”）是同根字，都是以 -eignen 为根。——译者注

会作为这种问题，那么，对作为存在本身的存在（不仅对作为实存的实存）之追问本身就得到拓展和深化。

但是，如果存在领会以这样的方式成了问题，那么就是说，作为生存的生存，以及人，就会成为[追问的]问题。但并不是在通常“具体生存环节”意义上[的问题]。

这种从事提问的变型，却是在存在追问中并且通过存在进行追问。

这样，首先历史地发生的是，反冲到生存中。

138

我们必须将我们自己置回到伟大的开端之中。（[109]页，[126]页）。

139

对存在进行追问的哲学基本问题（[131]页）不是对人的追问——不是所谓的“生存哲学”——但可能是，对存在进行追问的问题首先提供了对人进行追问的可能性，并首先以此给出了对人的追问的边界——之所以如此，只是因为，必须通过存在问题，人才能重新在其本质中奠基。然而恰恰关于这一点，从来没有确定无疑的证据摆在哲学思考面前。

[71] 54

140

哲学思考：从遥远配给所昭示的艰急而来的，进行先期准备性建设的（*vor*bauend）存在之筹措规划。

筹措规划并不“单纯”是关于所谓研究任务的计划，而是建设——竖起立柱，安上梁檩和椽子。[①]

于存在处建设，在这件事情上，作为建设，其基本的举止态度本身就另类。参见[114]页。

不是对“本质”的细看和观察——但也不仅仅是使人们意识到，那是什么——即在意识到的时候是怎么认为的：[上述做法的起因据说是]由于认知活动是某种“更多”（mehr）和某种“为此”（dazu）[附加]的活动，因此据说也就已经是变型——其实是相反——在此过程中，只有那业已腐朽且麻木的东西之间的关联联系得到保护，并且同时使得[下述]错觉一直占据着人们的思想：似乎人们已经超越了、脱离了它——唯心主义，尤其是德国唯心主义的错误意见——据其看法，Bewusstsein（意识）是 Sein（存在）[②] 的一种更高级的和转化了的阶段——但是相反的错误是，让“意识世界”保持老样子即可，以便仅仅将其重新建设于“灵魂”之中。

但是，如何进行先期准备性建设的筹措规划活动呢？通过写作 [72]
尽可能厚的著作吗？非也！但是传播又是必不可少的，不是吗？

---

① 关于 Pfeiler, Balken 和 Strebe 的确切含义，铅笔先生查阅了《牛津杜登德汉图文对照词典》，发现这三个词可能分别指墩、梁木和椽子。1. 凡是含 Balken 的词，其图画和译名都是指横木，比如：der Tragbalken（大梁、横梁）、der aufgebockte Balken（置于支架上的大梁）、der Deckenbaklen（平顶梁、主梁）、der Streichbalken（承梁板）、der Wechselbalken（过梁、楣梁）、der Stichbalken（支承脊椽梁）、der Randbalken（下檩条）。因此，Balken 是各种横放的梁木的总称。2. die Strebe，译名为斜撑、支柱，不过，从图上看，Strebe 不是立柱，而是斜撑木，故译为“椽子”。3. 由 Pfeiler 组成的词，意为“×× 墩子”，比如：die Brückenpfeiler（桥墩）、die Landfpeiler（桥台、岸墩）。同时，在一般的词典里，Pfeiler 也指“支柱”，但它与作斜撑的椽子不同，是指支撑横梁的立柱。——译者注

② 斜体字是译者加的，因为，德语意识一词 Bewusst-sein 以 Sein 结尾，直译为“去意识什么的存在”，所以才能说，Bewusst-sein 是 Sein 的高层形式。语言本身的同根性，使得思维在逻辑上显得顺理成章。——译者注

对！但不是连篇累牍铺天盖地的[传播]。

而是简明、循序渐进、一目了然，且恰恰又是取之不尽的和无休无止地逼迫着人的[传播]。

哲学没有许诺任何肯定的东西，这是哲学的好迹象。

过去数十年来的巨大喧嚣——有洞见的人根本不会去认真理会——如今弱化为一种有气无力的嘟囔。而这种“哲学过剩”已经激起了反抗——而且事出有因。因为，哲学繁荣过一次，现在不再繁荣，只有当它达到目的时，它才会有另一次繁荣。[①] 一个“哲学上受到关注的”时代就是哲学死亡[的时代]。

对未来的一个好的承诺是：德意志新青年内在地拒绝“哲学”
[73] 55 与“科学”；因为，只有**这样**他们才能并才会愿意，再次去在本质上亲历这所有的一切。——否则他们便不再是德意志的。这样的拒绝是首次的实际行动。

开端，“认知”（wissen）得少些且稀有些，以便去亲历这种“仅-了解”（Nur-Kennen）的可悲状态（Erbärmlichkeit）。

141

两种荷重长期以来一直压迫在我们的生存之上，今天它们才真正得到抑制，因为人们不再感到它们是下列的东西：

1. 古代的存在领会——它自己已经外化为基督教“世界观”及其世俗化——的固定化和庸俗化。

2. “认知”的数学化，对确定性和所谓可证实性和客观性的操心。

---

① 此句原文为：Denn einmal war und ist es keine und zum anderen gedeiht sie nur, wenn sie sich durchzusetzen hat。原文过于简单，译文是译者据对上下文的理解译出，仅供参加。——译者注

这两点是内在地联系在一起的，并且只有通过哲学才能从根本上将二者炸开，并且积极而富有成效地将其取代。参见［104］页。

然而这就意味着："相信"哲学的一个全新开端！［这句话中］包含着：［这个全新开端］对第一个开端而言还有待去成长，并且要从第一开端——辨析探究地——开始？ [74]

在先期建设中从事拆建，在拆建中从事先期建设，这是一回事，而且只有作为这种统一性，先期建设和拆建才会具有权利、力量和可能性。

142

作为存在发动的暴力之无条件的基础情调。

存在之本质(a)作为不可避免者(时间)的缄默的授权。

143 56

这条正确的道路是多么困难，即不再顾及现成的"哲学"，并且藉此去克服所有的误读。

这无非意味着，要**适应**存在的本质！这是本真的生存的意义。在《存在与时间》中这个本真的生存的表述仍然是过于［固执］于"具体生存环节"了、过于从外部出发了。而之所以如此，是因为，存在问题尚且陷于学术性及其废渣中不能自拔。(参见［104］页上面)。

144

作为特立独行者的哲学家；但并不是与他的小"自己"单独一

起——而是与世界在一起，且这首先是“相互共在”。

[75] 145

把传承下来的关于存在的命题转变成了诸问题，而诸问题作为漩涡重新被置回到授权的基础之中去。

146

在开放了的轨道上，伟大的提示之进行缄默的授权活动。

147

尽快——因为已经在开端中——让哲学中所谓的坚持不懈的继续研究、“错误”的改正、朝向共同的目标的掌控变为毫无意义。
57 凡尝试这些[研究、改正和掌控]之处，都放弃了对实存的授权——
对，这就暴露了，这类[研究等]从来没有起到过任何作用。

148

操心——不是人在其日常辛苦劳作中的琐碎忧烦，而是在对存在的本质(分切裂隙)之敬畏性中的“人生達-在”的成长壮大。

149

操心和语言——也即领会。([97]页)。发自对(情态上的)切分裂隙之广袤和无底空渊的畏惧恐怖的表达。爆发与承继——筹措抛投——情调。

150 [76]

人和存在（参见[94]页）——这似乎只不过是真正引人误入歧途的任务的一个称呼而已；无论是存在被导回到人，对存在之领会进行纯粹的主体化；还是把人作为处于其它实存中的一个实存而置于存在之下。两种情况下，人的**可能的**生存论上的本质——从进行授权振荡到存在事件之发生中——都没有得到解放。

在这里——在这种振荡中——人离开了习常的人性——并且争取到了一种量容，在这个量容中，人消失了，而**实存当下存着**（das Seiende ist）。

作为最接近者而属于这里的有：实际地去亲历人的生存和超越性——而且，倘若这些应该被“显示出来”的话，《存在与时间》的
任务和它所做的事情也就是合理的。否则，它在许多方面都是迷 58
误，对真正的问题而言远未成熟。也就是说，这个标题还是合理的。（参见上面[52]页及以下，[91]页以下；下面[94]页）。

151

把从事承载-筹措抛投的振荡带入有坚实基础的状态——，所有其它的——比如首先是任何形式的“影响”、“被关注”都是非本质性的，也就是说，是无所谓的，而且是对本质有害的。因为，这样本质性的东西就会被碾碎、被误导。

去发现人生達在的广度、深度和指示；使它那里的任务成为扎根 [77]
土地且有聚合力的。所谓的：走近事物和让它们“受训”，在此于事无补。——听与读——；因为事物太容易被把握——不带物性（Dingheit）

和筹措抛投——以致现实的东西过剩——然而还不是存在。

152

本质性的胁迫的迟迟未现：

其征兆：缺乏共同的意愿和认知；缺乏为此［所需的］基础、土地、道路和空气。——首先缺乏的是共同体验的、特别是共同期盼的现实性，而这又是由于到处且很久以来软弱**无力控制了存在之从事指示的激情**。

153

人们说，新的现实性已经在那里了；新青年的政治意愿。什么是“政治的东西”？（参见［81］页）。无论如何，这里有某种本质性
59 的东西——只要它不是对其它可能性、状态、时代的外在的、类型化了的折中调和的“反应”。

［78］ 这种“期望-重新-来到-土地-之上”预示着觉醒；但是同时也面临着双重的危险：不是把“政治的东西”本身错误地绝对化，就是将其太过廉价地嫁接到表面看来似乎已经革新的基督教和它的文化[①]遗产上。

但是：劳改所、联合作战兵团、拓荒者——

这类觉醒没有达及某种遥远配给之从事指示的力量——没有成长到能承担重负——无需概念的清晰力量和存在之本质性的畏惧恐怖的胁迫性的激烈严厉。因此一切都重新落入旧的概念和价值评

① “文化”是西方语言到18世纪才流行起来的新概念。——译者注

估中——悲观主义 / 乐观主义，等等。

没有工作的人民——特别是没有使命的人民。

更为严重的是：没有对此的意志（Willen）；面对这种意愿，没有成熟者的行为举止。

重新臣服于——休眠的耕地与播种，萌芽与生长，疾风中挺立和富饶多产的秘密。

在其深邃和宽广中，守护着存在之躁动的守护者。这类准备工作和准备状态的传承。其中存放着个体为他的人民所举行的秘密圣典，即对人生達-在之赐福的小木屋来说，他成熟了。这赐福仅容忍 [79]
着存在之畏惧恐怖；而这畏惧恐怖催生着福祉。

合拍共振——神秘的［合拍共振］——守护者和小木屋——为了合拍共振而唤醒自身并唤醒了个人，并坚持在合拍共振中。为此，先要开启空间，拓宽道路，预先给出指示——这便是存在事件之发生的唤醒。

当且仅当经验到人生達在的这种源初性的独壹性时，真的共同体才能基础坚实地从土地中长成；只有这样才能够克服那种相互碰撞又被轰赶到一起的社会公众性。

154 60

“生存”作为对存在的担-当[①] 和在存在中的坦诚（Eingeständnis）；［生存］“在”向实存的存在“中”（»im« Sein zum Seienden）；这将引-向（zu-leiten）人。

---

① Ein-stand ... in Sein，也可译为“站到存在中去”。——译者注

存在问题——对实存的探问。

155

谁知道，我们依赖于什么？

[80] 156

存在的本质性的“落-向性”[1]（分切裂隙）。它就是存在之本质的可畏性，同时又是赐福的隐匿性。

以在存在中的这种内容——即以此“落-向性”本身为基础，科学——因果研究——的整个“浅表-基础性”才凸显出来，并且其中还展示出，在何种程度上，科学只有在预先聚焦所确定的范围内，才得以养护起真理的假象。

157

如“充足理由律”一样，自从 ἐπιστήμη[2] 中的 αἰτία（原因）被放到切分裂隙的表面现象之当下中加以思考以来[3]——而且，实际上其自身就载有，对存在之本质的背弃，以及此后对此背弃的持续不断的支持传播。恰恰因为有整整一大帮人用聪慧和理性对它[4]竭力反抗，所以存在的本质中的“向-偶然之性”就一定属于其真理。

---

① Zu-fälligkeit，原义为偶然性，此处用 zu（向着）和 fallig（下落的）的原义，可译为：落向性，也可以翻译为“巧遇性”。——译者注

② 古希腊文：理论知识，英文的 epistemology 就是以这个希腊字为词源的。——译者注

③ 海德格尔认为切分裂隙不应在当下中被思考。——译者注

④ “它”是指“存在的本质”。——译者注

存在之来临[①]之向-偶然之性和无底空渊，及其广度与宽度。（参见[41]页）。

158 61 [81]

诉诸情势是将浅表之事（Vordergründlichen）和陈词滥调永恒化。无论在什么情况下，诉诸情势都完全无力去规定准入（Gestehung）的方位（认-可[Ein-geständniss]）——因为，恰恰是对情势的寻求，放弃了对人类正坚持于其上的轨道——这来自远方的并且持续提供资源的轨道——进行筹措抛投的努力。这种寻求意指和谈论中所操持的，仅仅是已有的东西——这种已有的东西据说就是“现实性”。

159

新青年（不是[年龄上的]年轻人）的政治激情。

新青年在本质上参与了此事。

此事的发生，今天：

1）在“党派政治”的面具下受到怀疑，老人们对它保持距离，其口号是：对“科学”的客观性和求实精神[②]有损害。

2）或者这种发生事件——更有危害性地——因为更有欺骗性——被伪造成无关痛痒的东西——“政治培训”——“个人与国家”。这样人们便相信，此外它还满足了“符合时代精神”的要求。 [82]

3）或者人们沉迷于党派活动的微缩模仿。不仅是对政治激情

① Zu-kunft des Seins。Zukunft 一般翻译为“将来”。——译者注

② Sachlichkeit，字面上是“事物性”，前文我们译为“客观性”。——译者注

的误导，而且是自身的毁灭。

然而这一切都只[是]一种生成中的机缘安排(Fügung)和开始中的适配(Fug)的迷失和混乱。对此的指示是：

激情激起(Er-regung)不是暂短的刺激——而是一种去承接实存的活跃性之复活(Erstehen)——对某种早先的艰苦卓绝的承担，对某种自由训练管教的接近——与威胁紧迫之事的唤醒活动的紧密联盟。劳动-人民-训练-国家-与世界的开启。

所有这一切也许仍还在传承下来的、硬化了的东西处毫无秩序地乱哄哄地你推我攘、东奔西撞，但这只是其一。与其不同的是另一方面：远离单纯的自身肢解与自身比较，且弃之不顾——远离将自身-本身-排除在外，远离这种作为与其它各种可能性相反对的典型的可能性——克服对耗费精力、令人麻木的“分析”和错误的理论化的依赖性。

另一方面，所谓的“现实性”与“意识形态”的外在分离的错误依然存在；既非前者，亦非后者——也就是说，存在事件之发生之源初的关联已经不被人知晓和把握，因此，才有一切认知本身被人误释曲解和蔑视降尊；与此相应，那些随便说说的“各种原理”也就被轻信地接受。

所有这些，都是因为，从根本上，没有发展出成熟的心绪情调，以便藉此情调能够对本质性的胁迫之事的缺席有所体验。因此，没有被放逐于整个实存——没有导向实存的输导——没有坦诚认可。

然而在对实存的承接中，还是有一种载向前方的考量——于是，当这种考量应该受到呵护，并且应该继续去获取的时候，更紧迫的就是，把这种激情接回到其所属的存在事件之发生的轨道上来。参见[77]页。

在存在之授权的训练中并且通过此训练来承接实存。这作为对（分切裂隙）的探问的承接。近期令人惊叹的新青年的激情与最不寻常的最古老的东西是一致的——从根源上它们是有亲缘关系的。但是这绝不是像长期以来［人们认为的］，受惠于什么更高的以及最高的现实性——基督教——；臆想出来的一切这类的神话——；之所以如此的原因，恰恰不是因为这种东西已经变得软弱无力，被掏空了，被去根了——在畏惧恐怖性和赐福中没有了成熟的证明力和力量了——而是因为人类，特别是我们自己（作为受委托者），已经落于实存本身之后了。

作数的还有比这一切都高的——即，将存在本身在其不断扩展 63
的广阔和深度上带到坦诚认可（生存）之上。

就像面对激情的坚定性那样，面对这类最优先的任务之**陌生性**；让**它们**在我们之中基础坚实且有内聚力。基础问题——（参见［78］页，秘密……）。

附释：预防两个误解：

1. 似乎这里涉及的是一切严格意义上的政治事业的哲学下层建筑；

2. 似乎还能有机会构建某种“哲学”似的。

哪怕只有少数人经验到：我们已被从悠闲自得的安逸的废弃轨 ［83］
道——它安于对传承下来的东西的改善和重组——甩出得太远了；为了还能成为运动的东西，在本质上，我们持续不断地受到攻击也实在太久了。我们非常严肃地去对待这种占统治地位的、归根到底是反哲学的敌对情绪，而且认为，这种被如此称谓的和广泛流传的行为举止是一种欺诈。只要我们坚忍不拔地献身于本质性追问，我们就做到这一点。

世界正在改建；人类正在起义。

160

围绕古典（希腊，早期）进行的斗争得以爆发的唯一条件，不是围绕传承还是放弃某种东西的争论，也不是关于那曾是的东西的分配规模和分配方式的争论——而是围绕开端的斗争，围绕开端的把握和开端活动之不可避免性的担当认可的斗争，并且因此是，围绕着对遥远配给之指责的斗争——同样东西的提取［的斗争］。（参见［58］页，［89］页，［132］页以下）。

64［86］ 161

作为实存之灶上的熊熊烈火之存在的完全成问题性（Fraglichkeit）。（参见［97］页等）。

162

人们现在发现了“意识形态”，并且马上把它做成了“幻术”，此外抓住“现实的东西”，将其压缩为日常之事和外在的艰急，这样人们就沉沦到同样的迷误——从两个视角看，实存和存在都没有得到把握。但是人们为此对现实提出了——某种宗教的，甚至新教的要求，驱赶人们到教堂里去，并且将之称为对“生存”的沉思。而那些文人们不再拜倒在被他们拒绝给予的“精神”面前，而是拜倒在“自然环境”和“人民”面前，而这类追求行为要比以前的同类行为更加可怜。

163

科学：当它感触到它所处理的事物的贫乏与痛苦并企图遮掩它们的时候，它强烈引为根据的恰恰是方法的严格和不可违背性。与此相反的是，事物的本质性生成了它的方法，但是同时却不让此方 [87]
法独立，而是似乎将其吮吸到自身之内，这样，就使得尚且属于事物的道路成为了本质性的东西。

164

对于接受伟大之事这一任务的向前的预先思考，这样就一下把行为重新植入不可达到的不可避免性的力量之中。

（存在事件之发生）。

165 65

人生達在之简单的深广度（Tiefweit）之本质（a）的规律——存在鲜活地本质着。

在本质的授权中，跳过一切我们盲目追求的东西，收束起一切令我们思想混乱的东西，解放一切胁迫我们、难为我们的东西，让它们出来发挥作用。

在这种授权中，让合拍共振开始工作。

166

哲学在自身内部奠基自己的本质，達-在却不是奠基于哲学之上的；然而恰恰哲学是在为人类奠基的服务中，来自实存且入于实存！

167

思想活动与诗意创作。（[121]页）。

思想活动是……

这类界定诗意地创作着自身；因为，在任何地方也找不到，思想活动[到底]是什么，[更]拿不到——它只向预先写定-预先训练的筹措抛投的自身开放展示，而且在这里，就是向概念的拓展。

但是这种拓展是解读性的，也就是说，是从事思想活动的。

由此可见，诗意创作与思想活动是相互纠缠在一起，就好像它们的内容（Was）是在从事连接和分隔的规定活动中赢得的。这类进程尽管在开始的时候不可避免，然而这只是对最切近的无根据和无目标的初次捕捉——那些还可供语词表达的东西。

追问：那种纠缠之源初的统一性在何处，以及如何具有它的发生，具有它的艰急和任务？在哲学的本质中——作为对存在的本质（a）的探问。

64 （作为神话的诗作

作为严格意义上的诗作的诗作。“诗意地被创出者”[①]。

作为哲学的诗作。）

[89] 168

如果我们今天不得不最终与哲学思考切断关系——因为对于

① Gedicht，字典意义就是“诗”。——译者注

哲学思考来说，人民和种族不再那么成熟，并且由此会使得哲学的力量更加脆弱、衰落为软弱无力。

也许这种切断是完全没必要的，因为，很久以来就没有出过什么大事儿了？

也就是说，逃避到信仰或者其它什么野蛮的盲目性中去，即便只是理性化和技术化的盲目性。

或者就像开端一样，这种切断也是非实施不可的，——以便使这种终止最终变为最本真的事件发生和一种最后的努力——

切断什么东西，去终-结什么？只能是去终-结古希腊之后的“哲学”历史之那种贫于开端性的迷失过程。拆建［即］断-开。

以致这种断开变成开端的开启，变成同样东西的重新开端（参见［85］页）。没落应该达到了它的伟大体量——不是毫无价值的东西之伟大体量——而是德意志文化的最内在和最外在的任务的实施和坚守之伟大体量。（参见［21］页）。

169 ［90］

发现那最本真的任务，通过变型将其向回连接到整个实存。

不是“私人”的激发好奇心的独特性，而是作品中聚集起来的伟大。

标记：工作与态度应该同那些“思潮”和争夺名分的口水战保持多远的距离；

对当前日常的紧迫性假象有多强的抵抗性；

有多大的保险系数保证不去染指对于今天之事的误导性的诸要求。

不要将自己与被“公众舆论”称作和谈论为自身的那个东西相

混淆。

进入到本质着的存在之畏惧恐怖、无聊和赐福之中。

170

反对存在对实存的优势地位！

（存在领会和其它存在问题）。并以此：尤其反对存在！

[91] 171

以《存在与时间 I》的结尾（437 页以下）为起点。然后，燃起存在问题的“在途中”的“求索”（Untersuchung）。

在什么路途上的在途中？关于存在的理解——人生達在——时间性——到“存在之意义”的时间。

而存在呢？于什么样的打算（Vorhabe）中？

1）未被分解的和未被表述的：传承下来的本体论的问题状况，（区域性）领域的存在方式（Seinsweisen），模态，系词——对所有以上述这些东西为走向的存在领会仔细思考，认真过一遍手。

2）古希腊的 ὄν, οὐσία[①]（作为持续的当下在场，反对“生成变化”）“拓宽”到一切“不是無的东西”之上。

3）如此被把握的存在关涉到理解[②]。

4）此［理解］同时返回到具体生存环节（Existenzielle）之中。

---

① ὄν，古希腊语，相当于英文的 being。οὐσία 的翻译在西方语言中就是个大问题：它是由动词“εἶ ναι”的分词的阴性形式 ousa 加上 i，构成的新词 ousia。字典给出的英文翻译有 being，presence，existence，reality，substance。哲学上的翻译还有 entity，essence 等。其基本含义是：使事物之所是之内容成为可能，即使其存在（being）成为可能的那个东西。可以意译为“本质”，也可音译为“务思雅”。——译者注

② Verstehen，亦即“领会”。——译者注

这个“在途中”所在的路途，是那种简单地、盲无方向地随 68
便通向什么地方的道路吗？还是说，它是依据标示（εναῖι-νοεῖν-
λόγος[①]）而开辟的——而没有去考虑（参见［95］页：存在的假象），
这条道路可能已经是迷途，也就是说，甚至那“存在”和实存已经 [92]
毫无道理地具有了优先性。此外，开端的道路还提供了对实存的概观，而这种概观如今最终被当作道路的目的地而被接受下来——后来，在整个传承中，直至黑格尔和尼采，都是这样看待此事的。

为了这条道路的安全性，甚至为了把这条道路重走一遍的必要性，我呼唤开端的伟大的量提供的帮助，求助于对任务的一种本质性的示范性标识。

但确实——这种质疑将一直存在：最后一切会不会都是某种迷途——如果不是，我们是否会通过这种开端和它的进一步的前行（Fort-gang）而达到一种完全不同的任务，而不是那任务的“重复”。

首先，是切断，它永远摆脱不了仅仅对“道路”进行修复原样的拆建。另一方面，这并不意味着，一切新的东西都可以从零开始；相反——就本质的任务以及与开端的紧密联系来看，切断还更加源初一些，因此，也比开端更加自由。

这里关涉到一种针对本质的诗意创作式的误创误作[②]，以达到

---

① 这三个古希腊语概念，用英文来说，就是“being-think-logos”，即中文的“去是（存在）-去思想-逻各斯”。Logos 既是语言，又是理性、定义，还是计算，并且是拣选、收集。——译者注

② dichtende Verdichtung。这两个词的词根都是 dichten，该词有两个意思：“作诗、编造虚构”和“密封”；加了前缀 ver- 后，字典中只有“压缩”一个意思。但是海德格尔此处不是在这个意义上使用这个词。Ver 常有贬义，所以强译为“误创误作”。——译者注

让“存在”消失之目的(参见[101]页)。针对这种误创误作，迄今为止的工作(特别是《存在与时间》以来的工作)必须作为最尖锐的敌对性加以呵护，并且进一步地加以强调。

到目前为止，对我而言，东西所溅落其中的那条道路还是太容易了，游戏几乎都比它难一些——因为某种斗争。现在所赢得的敌对性只是那唯一可传达者——但是不作为其本身——而是恰恰仅为自身具有的[特性]；仅就此而言，它就是与存在问题中传承下来的遗忘性相对立的。

现在，找到可说的语词，在其背后，那本真的富饶的缄默可以得到发展。(参见[9]页，[69]页上面，[115]页)。

172

69 **困难的**(充满各种状况和障碍的)还不是(在重量上)**沉重**；沉重的东西，不需要是**深**(在“无底空渊”里去从事指示)。而深的东西，不必总是**严厉的**。

[94]
173

人与存在。(参见上面[76]页，[116]页，[119]页)。

如果确实有这类“关系”存在的话，那么，这种“关系”就是完全昏暗不清的。不管是从(人)这个方面，还是从(存在)这个方面，都未听出任何的声音悦耳的合拍共振，甚至连想象去听它们都很难。这[就可以看出]，这种关系根本还没有被问及过——尽管如此——恰恰是因为——这个“主题”很久以来仍就被固定在哲学追问的工作题材之中，不管它是被固定于“逻辑内容”的隔离性之中，还是固定于下述目的之中：让人回归走向“意识本身”的道路之上；或者固定于其它类似的东西上。

首先，必不可少的是：一种充分的，哪怕是片面的，对存在的澄清，而不只是存在的领会。

与此相反，对“人”似乎已经有了足够的讨论；但这也只是表面上看起来是如此；因为，从它们之间的关系的角度来看，这里恰恰把作为根基性事件之发生的存在领会给忽略了，只有通过事后在陌生的心理学的头衔和财富的旗帜下，存在领会才被扯进来（ratio，Vernuft[①]）。

这就是说，为了人而反对人类中心论——为了“生存-于外”[②]而反对“具体生存环节”——（作为实存之“站出到外面的”“站-出去”（构成）的站到外边）[③]——为了達-在而反对生存，为了存在 [95]
而“反对”達在，为了本质而反对存在。

在本质着的本质中，走到無中的存在之个别化的唯一性。

通过存在领会让人走入自身之内，但是这个“内”却是“在外 70
的”——而且最外在的是生长于最内在之中的。不可避免的东西。

最深的就是最广的。

但是存在滞留于最外在的东西处，如果最初只是在其表面现象中：

① 二者都是理性的意思，ratio 是拉丁语，Vernuft 是它的德语的表达。——译者注

② Ex-sistenz，也可译为“设身于外”。——译者注

③ Aus-stand qua hinausstehendes Austehen（Bestehen）des Seiendes，这是从形式结构上对 Ex-sistenz（设身于外）的进一步解释。——译者注

a)作为最一般的和最空虚的——；大多有效者和普遍有效者的苍白化了的东西并且跑了调的东西；数量上的；

b)作为纯“概念”和“抽象物”；

c)甚而作为根基——作为在所谓“先验”之无家园性之可能的条件；

d)作为不断升级的持续的当下在场(οὐσία[①])；

e)“ist”之作为不间断的随时的可说性，它的面对“实存”(Seienden)的胁迫性纠缠。

开端不得不为了存在的这种表面现象(参见[91]页)而牺牲自己，以便让存在自己囚于存在问题之中，而不再允许诗意的误创误作。(参见[119]页下面)。

[96] 哲学就出现在这种表面现象的力量的束缚中。哲学站起来时，就已经倒下——其方式是：它变成了“科学”；或者[它]为自己想象出一种独立性，藉此哲学自己跻身于宗教和艺术“之间”。它自己尝试从这种独立性出发去给出，去奠基。然而最终哲学还是只能接受而且不得不承认：它是服务于别的东西的。

这个别的东西是什么？不是信仰和它的遗产——而是哲学所离弃的东西，即当哲学不得不投身于存在的表面现象，并且无视存在本身的巧遇性(Zufälligkeit)时，当本质的诗作的最高、最锐利的必然性被锁闭在这种巧遇性中时，哲学所离弃的东西就是另外的东西。

但是，一定要把这种沉沦重新拉回来？——当然不是——在我们对于开端尚且没有长大成熟，那种表面现象的恢宏还没有被暴

---

① 参见第171节脚注1。——译者注

露，它的使命尚未被激活的时候。

存在的这种表面现象包围着人而且摆在人面前，于是人在这种表面现象中就被反映成了众多实存中的一种实存。因此在人之前便幻象出不可能走出人与存在之关系的不可能性，尽管人必须而且想 [97] 71
要去探问这种关系的整体。外表上看，他踏入空無之中。然而，这只不过是，仅当允许把臆想之事作为精心想好之事[①]的时候，才会出现的那种表面现象之表面现象。

然而如果最外在的东西只是人之最内在的东西，那么“在外者”就将成为最内在的和最深邃的东西的“在内者”，成为人类长期以来已经离弃，然而又在其本质的最高级的使命中找到的处所。

由此作为一种完全陌生者重新到来，且携带着那最陌生的东西——被置于那里。

174

异乡人（人类）与伟大的碰巧（存在）。

抛入存在和被抛性的震颤，即被抛入作为语言的本质中的震颤。

语言：世界之灶（参见［75］页，［117］页）。这里，于人生達在的独壹-性之朴质单一性中，那从事“祛隐藏”-“为遮蔽”[②]的个别化的唯一性。（合拍-共振。）

---

① Zerdachtes，也可译为“绞尽脑汁想出来的好办法”。——译者注

② entbergend-verbergend。bergen 是藏匿，词义中性，ent 是祛除，ver 是妄为、错置某行为。——译者注

[98] 175

科学：尽管面对实存的胁迫性纠缠——而且通过这种胁迫性纠缠——我们到底在多大程度上被实存拒绝排斥，且放任我们于自身异化。但是，即便如此，我们还是保持被抛入存在之中。

“哲学家们”跟着-诸科学-后面-奔跑，这就像持续了百年之久的神学跟在当时流行的哲学后面跳来跳去一样可笑、可怜和习以为常。

72 176

自然-科学到底必须离开**自然**多远，才能够跻身于那奠基于自然-科学且作为自然-科学之成果的技术肆虐的狂飙？

逃离我们而去的**历史**奔向何方，才使得新闻报刊和建党结派作为历史的保护者蔓延扩散？

177

那些伸着鼻子只嗅着后天，而舌头上还咂着前天的味道的人们，他们的行为举止完全像是对“新现实性”了如指掌的塑造者。

[99] 178

τὰ γὰρ δὴ μεγάλα πάντα ἐπισφαλῆ, καὶ τὸ λεγόμενον τὰ καλὰ τῷ ὄντιχαλεπά.①

① [Platonis opera. A.a.O. Tomus IV (1902), Res publica, VI, 497d9; IV, 436c8.]

所有的伟大者都摇摇晃晃，站立在风暴之中。那美丽之事是困难的。[①]

后一句是句古老的格言（梭伦？），和第一句一起，该格言道出了希腊人的全部本质。二者集合在δεινόν（畏惧恐怖）之中（参见索福克勒斯的《安提戈涅》）。

美丽之事是难于被展示、被承担、被呵护的。这种沉重和困难宣示着那摇摆着的厚重伟大。总而言之，宣示作为实存的实存本身之标准。在柏拉图那里，只剩下了回忆，在他之后，而且通过他，本质腐化为空虚且无根的ens[②]，verum（真），pulchrum（美），bonum（善）等convertabilitas[③]——或者甚至被抛撒乱扔到下述魔鬼般的习语中："Wahren, Guten und Schönen"[④]。

（1902年版的希腊原文《柏拉图全集》第四卷，《理想国》第六卷，标准页码497d9，以及第四卷，标准页码436c8。英译文可参见Plato, *Plato in Twelve Volumes*, Vols. 5 & 6, translated by Paul Shorey, Cambridge, MA, Harvard University Press, London, William Heinemann Ltd., 1969, 497d9。英译文为：For all great things are precarious and, as the proverb truly says, fine things are hard. 中译郭斌和、张竹明的译文为："一切远大目标沿途都是有风险的，俗话说的对：好事多磨嘛。"《理想国》，商务印书馆，1986年。——译者注）

① 这是海德格尔对柏拉图那句话的翻译，对照原文，"站立在风暴之中"是他加的。——译者注

② 拉丁文，由动词"esse"变来的中性名词，相当于英文的being，德文的Seiendes，中文翻译为"存在、有、物品、东西、现象、本体、本质"等等。——译者注

③ 原文为convertabilitas，在字典*A Latin-English Dichtionary of St. Thomas Aquinas*和*Reviesed Medieval Latin Word-list from British and Irish Soures*中均未找到该词，找到的是convertibilitas。convertibilitas意为变体、可转换性。抹去海德格尔对拉丁概念语言特色的批评，这句话可翻译为："腐化败落为空疏且无根的'本质'、'真'、'美'、'善'等抽象概念的变体。"值得注意的是，海德格尔批评的重点是拉丁语词"本质"、"真"、"美"、"善"等的表达本身的缺陷：这些拉丁词本身就是空疏、无根的，所以，中译文不能将拉丁原文隐去，下一句的德语也是如此。——译者注

④ "真、善和美"。在德语中和在中文中一样，这三个概念是用滥了的习语。——译者注

从那个格言出发来亲历开端的情调。**那隐藏起来的深邃的哀悼，哀悼那本质遮蔽地变质为**[①]**作为当下在场的存在**。（参见处所、时间、言谈、外观、“观点”）。

73［100］ 179

在走向神——已经“死”了的神——**的隐蔽小径上**。（［109］页）。

一些人自己迷失于无时间、无空间的铺垫根基的事务中。此时只剩下“奠基活动”还是“现实的”，即便是这个奠基活动也在把自己消耗殆尽。越来越淡薄，越来越空虚，但是这种骄横不羁的自身滚动最终也变成单纯的滚动而已。这里实施的无非是最终的根基铺设，通过它本该赢得一种由许多人追随的、沿着一条不可动摇的进程而实施的共同合作的研究。这里没有留下哪怕一点点儿现实的东西，以便尚能使人对其现实性有所震惊。

另一些人则臣服于“处境”，强使“神”（超越者）和“世界”（强制性的认知）去服务于道德的（斯多亚的）现存和坚守。这里一切都和“过去”一样，也就是说，就像上面说的平均化了的康德主义那样。这里没有任何向前的滚动，有的只是空虚的、日益失明的原地踏步，除此而外，如果还有什么能够给予的话，那就是，为了“X”而把自己丑化为某种“代号”，然后通过“代号”来回传递某种神志不清的空虚陶醉。

［101］ 二者均既无将来也无过去，因此只有当下的假象。在那里，哲学［成了］某种与科学相适应的、可被生产的东西；甚至连这些科学

① Ver-wesen des Wesens zu。这个短语可直译为：“本质（Wesen）坏质（Ver-wesen）为”，意译为：“本质（Wesen）腐化衰败腐化变质（Ver-wesen）为”。——译者注

也不是，今天哲学真的成了迷失错误——干嘛在那里奠基？这里是从事着伦理化活动的心理学的契机——在哲学思考方面出现的不同的人的可能性。

到处都是面对历史而进行的回避，因此，隐秘小径通向某种可被应允的、居于一切之上的东西。

踏上此路、从事此事的人必须知晓这类事件的发生，但是，他不能有任何瞬间拐入到“**反驳**”之中去。

180 74

存在**进行着隐藏地**从事隐匿（*bergend* verbergen）和保存，为的是协助实存获得权力。

在本质的缄默活动中进行着隐藏地从事隐匿；但此缄默活动恰恰需要由存在而来的祛隐藏的言谈。存在问题是必然的，但只是作为本质的统治之最本真的服务［才是必然的］。

181 [102]

那种仅被当作面具的最虚荣自负的谦卑，用以保障那无休止的、无约束的自吹自擂和公众场合的造作表演——把个人悲苦状况所造就的恶心的自我宣传包裹到所谓的美德光辉之中。

182

精神病学涉及一种“实验”，该“实验”让实存自身联系着存在与無的关系出场。

183

《存在与时间》(参见[20]页)——当年为了提出存在问题[而采用的]**媒介**和**道路**，被所有宣称《存在与时间》是“生存哲学”的人当成了目标和结果。在基尔凯郭尔那里去发现[《存在与时间》中]许多东西的来源，是如此地轻而易举、令人满足，也令人感到安慰；在这种“侦探”绩效的意识里，或者人们得到了安闲①，或者人们若获良骥，跃马扬鞭，但是真正的问题——又丢给了谁呢？没
75 有人管！——因为除了生存哲学，人们什么也看不见。但是，同代
[103] 人为什么还要责骂——如果事已至此——那个作者自己正是从这里开始了他的蠢事：阻碍正事！。或者那只是“无意识的”谨慎，出于这种谨慎而使正事总是被防范着，不要被磨碎而后投入到“情况”、“生存”和“决定”的巨大糨糊之中。

那歇斯底里的生存姿态，以及它们的后果和连锁反应，都诉诸基尔凯郭尔和尼采，这就证明，在他们寻求支持之处，恰恰充分暴露出来了，他们已经没有能力从事哲学思考，但是他们仍然要同那剩下来的没有能力的个人一起，继续从事哲学思考。不管是基尔凯郭尔还是尼采，都没有勇气，首先是没有力量——如果他们想的话——同哲学断绝关系——但是就像所有人类创造的东西一样，某种单纯的积极意义的东西，绝不会是某种跑到终点就销声匿迹的，最终，黑格尔，这位终结者，却没能设定终结，因为他没有把握开端。

① sich zur Ruhe setzen，原义为“退休”、“养老”。——译者注

184 [104]

在其道路上——不是在目的和任务中——的《存在与时间》，三个未能掌控周围环境的“尝试”：

1. 来自新康德主义的“奠基”立场（参见［113］页）；

2. “生存环节”——基尔凯郭尔——狄尔泰；

3. “科学性”——现象学（参见［73］页，［133］页）。

“解构观念”也是由此［这三方面］得到规定的（参见128页以下）。

“对书的批评”只个别地看到对这三者的依赖性，并因此便认为，由此三者也可以得出该书的目的和任务。［这种批评没有看到［这三方面］对于其任务的不适合性］。

指出，在何种意义上这三个条件本身都源自一种[1]哲学思考的内在的沉沦——源自对基本问题的遗忘——；因此这些条件［之所以有问题］——不是因为它们只是代表了今天的东西——而是它们 76
每个都必然缺乏去开辟基本问题之路的资格。（参见［107］页）。

在基本问题中所探问的内容本身，是否要求这道路，且能给此道路定-调；为此，之前就必须充分地在本质上被授权——也就是说，之前就要彻底追问——为什么要去寻找道路呢？这是工作[2]的道路。

关于非本质东西的剖析我们说得太多了， [105]

---

① Phä Zhng［？］［这几个字母写在原稿的行间］。

② Werk 就是英文的 work，既可以指“作品”，也可以指“工作”。——译者注

关于本质的授权之事我们说得太少了。

185

通过存在**使得胁迫之事**缺席。(参见[122]页)。

存在的非本质把所有的存在都磨碎了。留下的是：所有实存的易逝性，以及相应的最任意东西的最容易的“可被捕获性”——没什么东西停留，但也没什么东西逝去。

186

对存在的遗忘性是一张开的失控大口[①]，它通过一切而准备着空虚。

对存在的遗忘性去掉了实存的根，让实存堕落到杂多的平庸无差别性之中去。*急搁置待弥补的问题，是一种错误的臆断*。尼采曾经讲过：“上帝死了”[②]——但这一说法恰恰是基督教的说法，就因为它是非-基督教的。因此那“永恒的轮回”只不过是基督教的最后出路——以便重新给予那无足轻重的“生活”以重新被严肃对待的可能性。在“实存”中反对实存的虚无主义，只不过是一种抢救措施而已。因此，这种传承下来对存在的理解——被吸收接纳到一切粗制滥造之中；“力”等等。

[106] 77 但是——我们只能够从本质出发来与存在的非-本质相遇。我

---

① Gähnen，原义为“打哈欠”。——译者注

② [Friedrich Nietzsche: Die fröhliche Wissenschaft. Werke (Großoktavausgabe). Bd. V. Kröner Verlag: Stuttgart 1921, S.163.](尼采：《快乐的科学》，《尼采著作集》第5卷，斯图加特，1921年，Kröner出版社，第163页。)

们必须返回到那人们把存在的本质抛出去的地方。重新找回抛投的轨迹曲线，并且为人们开辟这个轨道。

本质却从来不让被“直观”。(参见[55]页)。

187

对“奠基”的寻觅，与制造某种“一般的”——任何人都一学就会的“世界观”的目的相适应。这两者可以通过“存在问题”被超过或者“被奠基”。

但是，如果存在问题要被放弃了呢？仅仅就因为，在可怜的人性里，这个问题免不了要经受一番折磨人的殚精竭虑？

什么会出现在存在问题的位置上？还一定会是哲学吗？终结！但是，是真的完结吗？因此才[有]真正的“人类学”。——还是说，存在的真正的诗作。

188 [107]

作为追问“可能性之诸条件”的“奠基”——这个提问的视野之基础把存在领会完全禁锢于当下的在场性(ἀεί[总是在场]——a priori[先验])这种存在之假象中。在此过程中“基础”事先得到保障，并且通过提问的方式就已经界定了“理解领会”的可能范围。理解领会瞄准了“可生产性”，将“可生产性”固定为理解领会的统治范围。但是这是一种什么样的“生产”？一种无创造力的生产——因为事先，最好是事后——那现成在手的“物品-化”[条件①]已经

① 德文Bedingung的词典意义是“条件”，但是在词源上，是由Ding加be-构成

被安置好了。

追问：如何才能一定是在“基础”中，以便使我们理解作为存在领会的肇始之事和作为存在领会的结果？我们的何种理解领会？我们要为此将可澄清性做成标准吗？在此情况下，在那里我们就“满意”了吗？去追问这全部类型的来源吗？由占统治地位的存在领会出发！（循环！）

｜康德—莱布尼茨—亚里士多德—柏拉图｜

就如当时条件状态和条件域一样——在多大程度上确保了自身，或者只是勉强挣扎和内在逻辑性的[？][1]——思想的无矛盾性—εἶδος—ὕλη—λόγος—ἐπιστήμη—τέχνη[2] ｜可言说性—无矛盾性—可能性—本质。（参见[110]页：巴门尼德的当下在场）。

[108] 189

人把自己抛向何方，他就朝何方展开他自己方向的瞻前-感（Vor-gefühl），就在那个“达”（da）处出现了那个“達”（Da），该方向是源初的、开放的空间开拓性（Geräumigkeit），并且空间由那（da）而来。时间的振荡，通过此空间，投射自身——“在”空间-时间[？]“中”，世界构建着自身——在其中，分切裂隙活生生地开展着自己。

的。而前缀 be- 是“使出现”，“使发生”的意思。Bedingen 一词是通过“变为实物”的本意去指示“使得事物得以发生之事”，即条件。海德格尔这里把 Be 与 dingung 隔开（Be-dingen），一语双关，即说“条件”，又说“物化”。——译者注

① 此问号是编者所加，表示原文识读无把握。——译者注

② 这五个古希腊哲学概念中文分别翻译为“理念（或者：形式、相）—质料—逻各斯—理论知识—手工知识”。——译者注

在这种抛投过程中，一种落-向[1]切入进来——本质(a)在它的发生出现中，根本就不是那种在相反的方向上被描述的、可生产性的东西之出现。这样，剩下的就只有依藉这类理解去把握那些可把握者——已被整理为合理有序者——在它那里，完全从自己出发而到来者，和努力“挤进”到本质之内者，根本不能有任何露面的机会。

190

源初的缄默作为在语言的瞻前-感中并且出自语言的瞻前-感的仍-缄默。但是那种缄默并非是无作为的——而是首次-从事开启的、深入到那［实存］中去的认真谛听。

191

分切裂隙：坍塌和过剩。相互委曲为一。

192

人从（自身/他）退了出来，而且以此作为证据，去证明他曾从他（自身）抛投出去的那个抛；在其中，完成了那猛然一击。自身抛投出去与迷误。

193

为什么我们必须将自身置回到开端？（参见［121］页）。

① 也可译为“巧遇”。——译者注

因为我们已被抛出了轨道之外。胁迫紧急之事的未曾出现（[105]页）就是对此的见证。但是该轨道就是人们将自身抛投到那（本质）之中去的那个轨道；在此轨道上，存在的本质向人类开启展现了自身（[106]页）。在此轨道上的抛投方向上的冲击力中，那唯独对存在的追问——也许作为从事拆-建的追问——被强调突显出来。

胁迫之事的缺席——但是为何就不能让其靠近？仅就我们对它的经验和说道而言——我们根本就“未出其外”——但是我们仍处于对被抛性之抛投方向的顾后余感之中。

回归于开端——这是必然的占领，但不是对哲学的修正改善——作为对被冷漠疏忽的希腊古典的挽救——或者到其中去取出榜样并加以凸显——以及诸如类似的东西。因为——哲学的命运完全是开放的——或许它的终结出现了，终止的完成到来了。

那种顾后余感还是一种对当时觉醒中的人类之伟大的微弱的回忆——或许这种伟大应该重新到来，以便它得以走向“终结”——一种终结——它甚至可能成为一种新的伟大的开端。

194

作为主动将自身抛投出去者，屹立在对人类的伟大顾后余感和瞻前之感中——也就是说，从事追问（[121]页）。在其中加固和扩展自身——

把现在的人们等等驱回到那里面去——在保持缄默的追问中来调定情调（die Stimmung stimmen）。然后——那些被我们如此称谓的东西——易逝性和单纯灵魂-肉体的东西——最外在意义上的——没有处理这一点。(1929-1930 年冬季学期的失误[①])。

195

那首次的自身抛投，将自身抛投到那开启展放的东西(存在-在场性-甄询-注视)之中。首次的自身抛投又是如何被承接住的以及如何被安顿下来的。(参见[124]及以下两页)。跟踪优势：在-当下[②]的个别性与统一性(对此参见[107]页等)。离-当下[③]则仍被厌弃；这个追问在在-当下的优势和强势之下是无法掌控离-当下的。本质显得是唯一-统一地(einzig-einig)、依据在-当下被清楚地界定的，以至于，反过来，所有的"本质"都只能是从在-当下出发，再次被设定起来的(ἀεὶ ὄν[④]——永恒性以及类似的说法；甚至可参见阿那克西曼德的 ἄπειρον[⑤]！)

这种受到挤压的本质甚至不能允许：从这本质中被排斥的离-当下，从深度和广度上哪怕仅仅在形式上否定地被把握——更不用说将其聚回到本质中去了。(但是巴门尼德；第尔斯，残篇 2：

① [Martin Heidegger: Die Grundbegriffe der Metaphysik. Welt–Endlichkeit–Einsamkeit. GA 29/30. Hrsg. von Friedrich-Wilhelm von Herrmann. Frankfurtam Main 1983.](海德格尔:《形而上学的基本概念：世界-有穷性-孤独性》,《海德格尔全集》第 29/30 卷，弗里德里希-威廉·冯·赫尔曼编，美茵法兰克福，1983 年。)

② An-wesen。Wesen 作为动词在德语中原本是"活灵活现地活着"的意思，因此，有"生活、活生命"的意思，但这层含义后来不用了。由原义引申为"本质"，即"一直活灵活现地伴随着该事物的内容"，"一事物中永在、常在之成分"，"使其成为该事物之成分"。加上 an，就是加了"于……"的意思。因此，Anwesen 就意为"于……活灵活现地活着"，"于……当下在场"。——译者注

③ Ab-wesen 是 An-wesen 的反义词：离开-活生生的当下。所以，字典意义为：缺席，不在场。——译者注

④ 古希腊文，相当于英文的 always Being，即"永恒存在"。——译者注

⑤ 古希腊文，意为无-尽头，常被译为"无穷"，源于 ἄπεῖραρ。——译者注

λεῦσσε[1]……，参见 1932 年夏季学期讲稿[2]）！

81 只是作为时间-“部分”，作为 μὴ ὄντι[3]，它们才在亚里士多德那里得到应有的、非常惹人关注的重视。但是当时关于存在（本质）和时间，当时就自身巩固下来的东西——只是那已被承接住的开端的表达而已，而且不得不停留于此——就像一种新的加固一样——尽管终极性以及“灵魂的拯救”和“历史”——而且恰恰通过这些——通过基督教才真正发生了影响。正如“近代”找不到出
[112] 路，自以为全然陷入辩证法就得以“解放”自己，又如基尔凯郭尔和尼采——坚持自己的观点——为此彻底放弃了那个追问，对其一切都不予理睬，可是恰恰因此，他们就陷于桎梏而不能自拔——再如今天，完全不知东南西北，在一种巨大的杂乱无章和茫然无知性中到处乱撞。

但是离-当下本身不仅仅是嵌插到一种后续的补救工作中，而是本质得到转变——才重新作为本质而被达及。

而且离-当下是更加丰富、更加有力量，而从源初的本质力量来看，它是过分的当下在场。作为曾经-当下性（Ge-wesenheit）以及作

① 古希腊文，“观看”、“盯着”、“观察”的意思。海德格尔这里所说的“残篇 2”可能会引起误导。这里所引巴门尼德残篇应是我们通行的“残篇 4”，在最早的残篇整理者第尔斯（Diels）的资料编排中标为 D2。相应残篇中文版可参见：苗力田主编《古希腊哲学》，人民大学出版社，1989 年版，第 94 页，残篇 4；北京大学哲学系编：《古希腊罗马哲学》，商务印书馆，1961 年，第 51 页，2［D2］；聂敏里译：《前苏格拉底哲学家：原文精选的批评史》，华东师范大学出版社，2014 年，第 406 页（边码 262 页），313，残篇 4。——译者注

② ［Heidegger: Der Anfang der abendländischen Philosophie. GA 35. A.a.O., S.174ff.］（海德格尔：《西方哲学的开端》，《海德格尔全集》第 35 卷，同上，第 174 页及以下。）

③ 古希腊文，非存在。——译者注

为将到来的离当下性。二者都是作为本质的源初的相互纷争委曲对峙(Auseinanderbiegung)，且作为本质着的、鲜活在场的统一性。最终，当下在场只是这种相互纷争委曲对峙被遗忘。

196

在自身抛投出去中，**本质**是如何跃-出来的——对此能认知从什么，如何去认知它。在本质中跃动着真理和迷误。

197 [113]

“**奠基**”的**意图**（参见[107]页等等）只是伪装成一种“极端的”追问——实际上它只紧紧粘连在应该被奠基之内容的表层。而那“基底”以及为此而需要的回归之路却已经“确定下来了”——也就是说，被固定下来，得到保障，约定好了。

这种迷惑性的出场，从一开始（柏拉图的 ὑπόθεσις[1]）就占领了 82
科学的阵地，并且持续地占领着它（笛卡尔……）。如今却相反，人们从科学这儿出发来整编“哲学”——哲学变得不那么危险了——一种所谓不断增长而被保护着的知识库，这些知识——如果确实有这么一个所谓的知识库的话——只有一个缺点：它连鬼都不关心，更不用说人了。但是，这种科学的哲学甚至对此也有一种说明：关心根本就没必要，真理本身自会有效的——也就是说，这些真理，连同它们的枯燥的看护者，随它们去吧，我们不要理它们。但是有

---

① 古希腊文，动词被动式的名词化，原义：被放在下面的东西，即：基础，基地，相当于德文的 Grundlegung，即奠基。后来转义为假设，即今天西文中的 hypothesis。——译者注

时，似乎这些看护者自己也觉得他们的那些宝贝变得无聊了。他们悄悄地离开那些宝贝，去追求贫乏的争论，据说是去保卫他们的哲学，尽管从来没人对这些哲学进行过攻击。

[114] 而这种［哲学[①]］已经成为文化的核心——（基督教真理——sapientia[②]）。特别关心奠基业务的哲学家就这样变成了“奠基者”。现在人们——或多或少自愿地——放弃了——他们扮演的角色——世界进一步的发展进程还需等待那些“角儿”——以便最终进行建设；但是假如世界并不愿意讨这些人的欢心的话，世界就被宣布为盲目的、不可理喻的。这种类型的“哲学家”甚至连一种可笑的形象都算不上，因为那可笑性的背景也被他们拿走了。

[115]

198

哲学家从来不是奠基者——他跳跃到前面，站在旁边，鼓动追问的清晰性，保护着概念的严谨，这样，在其本质之授权中，管理着自由的诗意创造的空间-时间，以在大地——作品——斗争和没落中奠基人类。

199

追问比所有的“思想”之空虚的敏锐都**更棘手**、更艰难；它比任何激起的情感都更有**感召力**和调整力。

---

① 印刷原文为［科学］，此处据 von Herrmann 2019 年 1 月 6 日来信，按手稿思路改正为［哲学］。——译者注

② 拉丁文，智慧。——译者注

200

人们通过柏拉图和亚里士多德对基督教西方世界的历史性“影响”，来建立关于哲学影响的图景。但是如果这里摆着正好相反于哲学影响的证据，甚至假如根本就不存在所谓的哲学“影响”，[情况又怎样呢？]

哲学根本不能发生影响——就像道路与轨道[不能发生影响]一样——；它只可能开启影响的艰急和疯狂，并保持其严厉。

这一点对于一个“被任命的哲学教师”而言，结果如何？他不可能通过教学传播哲学；他更不能拿哲学当儿戏——“在具体生存环节上号召它”，他更不能在哲学-知识上絮叨个没完——他必须把自己摆进去，并且：进行哲学思考——然后，彼之所意愿，才会发生。

在进行哲学思考时，他必须与——他选择的——哲学家们处于真正的二人对谈之中。而且那些来到语言中的内容，总仅是——这当然是一种必然——前面引人注意的部分。（参见[93]，[123]等页）。

201 [117]

动物与人。如果实存的开放性属于知识的话，动物是无认知的。由于没有真理，所以也不追问：单个的动物的“世界”、动物种群之间的“世界”，或者与人的关系中的动物之“世界”，哪个“世界”“更真”。

但是动物也会感性地“牵挂什么……”——不仅只在所谓的 84
感性器官上——而且在身体性上，且作为整个身体性上——一种周围环域，以某种方式是“开放的”——气味和颜色比如对于蜜蜂而言——但是在那里开放的是什么，以及是如何开放的，我们并不知道——在[我们]这里，我们也是从我们的世界出发来谈话和追问的——只是我们并没有去思考：这一未加明说的出发点，它需要的解释和保证是如何地不可避免——还不算范畴性的“先在把握”——我们正是把我们的研究“对象”——动物——置于这些“先在把握”之下的。

纵使有一种是动物和生物本身的基础经验起着作用，我们还是只能通过一种巨大的和深邃的间接途径才能达及动物——那总是一
[118] 种从人类这里出发的撤回——但是并非是，通过一种剩余法把动物从人这里“还原”为废弃产品。

而是必须：

1. 有足够的眼光于人的本质——灵魂的东西——身体的东西。

2. 从(1)出发，对动物——生物的预先的观望。

3. 对回归-向前-向这里的行走的引导性的路标。

4. 在其中自身抛投出去(Sichloswerfen)之翻转倒行。

5. 可逆性的规定性形式中的积极内容。

202

在康德那里**感性**只是从**基督教方面**来看的，也就是说，只是从**思想活动**出发的，而思想活动又被看作“自发性”。这样，感性只是“接受性的”。完全错误——肉体无论如何[①]都作为动物的身体而

---

① 此处印刷原文为 ohne ihn，2019 年 1 月 6 日 von Herrmann 来信指出，据手稿，应为 ohnehin。译文据此修改。——译者注

“积极活跃”，而且真的在自身抛投出去中被拖到抛掷之中——从此后，他一直在本质授权中从事世界构建且从事创造——：语言（[97]页）。——身体在抛掷中赢得一种完全新型的、变化了的权力展开。

203 85

不要争论！但不是出于可忍受性或者出于有风度的姿态——而是因为，充满了战斗、实施了战斗——反对存在的非本质的战斗。

204 [119]

动物与人。人作为站在存在中者，早就开始准备把自己的自身抛投出去了——并非在一种假定了的哺乳动物之“发展进化”的最后阶段才开始的——而是在人的基础形式的退化中[①]已经开始了。

假如动物和生物根本就能够“认知”——那就绝不可能存活。这种可能性早就被实存中止了，其自身早就被固定化为实存了。由于这种可能性已发生在人身上，人便从未能达到某一目的和终结——而是达到了一种完全不同的任务：世界**构建**和把身体具身化到现在才可获得的实存里面去。在自身抛投出去的[过程]中，开始进行筹措规划——并在作为筹措规划本身中——并通过筹措规划而不是通过作为后来之结果的什么东西——将被抛性作为可怕的东西的公开性。被抛的筹措规划作为分切裂隙之隙的开启——本质的授权。[②]

① 这意味着，在人的非本真性状态中，其实便已经开始了。——校者注

② 原文不成句。——译者注

[120] 205

人——我们到哪里去找他(参见[3]页):

我们是否将他置于神——基督——之下——

我们是否把他作为太人性了的人纳入他的历史之中——并且人只是作为目的——

我们是否将他把握为生物的最后的储备库——

还是我们把他作为向存在的跳跃来把握,也就是说,接受存在的授权——(跳跃到达-在之中)。

86 206

人有目的吗?如果有,那就是:无须有目的,以便不把他自己的可能性给捆绑住,或者哪怕只是压缩他的可能性。从什么时候人们给人定了目的?

207

通过把"Sein"①(参见[62]页)理解为"ist"的动名词形式,Sein问题(参见1935年夏季学期讲稿②)多么显而易见地落入了陷阱。在那里,动名词到底意味着什么——于Sein之理解处,尤其

---

① 凡是谈到语法问题时,把Sein翻译为"存在"就显得极为不合适,所以,本节保留原文不译。——译者注

② [Martin Heidegger: Einführung in die Metaphysik. GA 40. Hrsg. von Petra Jaeger. Frankfurt am Main 1983, S. 58ff.](海德格尔:《形而上学导论》,《海德格尔全集》第40卷,彼得·耶格尔编,美茵法兰克福,1983年,第58页及以下,参见王庆节的新译本《形而上学导论》,商务印书馆,2015年。——译者注)

是在 Sein 之软弱无力等情况下，在“语法”“范畴”中到底有（bst）[？][1] 什么东西。Sein 之**回响**？从这里出发假象是如何进入统治地位，好像Sein 从根源上就牵扯到“理解”和意识（ego cogito）[2]。因此，[121] Sein 的 λόγος（逻各斯）就占领、占据了 Sein；因此，λόγος 便被捕获到“逻辑学”当中来了，并因此，逻各斯-学说就变成了“思想”-学说？

在把“Sein”把握为动名词的把握中，有着什么样的限制、掏空和误导？（参见[95]页）。

208

那十分可疑的——在所谓的事实面前卑躬屈膝——那大家同意的——习以为常的——对所谓的事实的倚重，恰恰使本源的规则制定工作表面上成为多余的。这种[对事实]盲目崇拜不仅在所谓的实证主义中起着支配作用，而且恰恰是在那些经营“理念”和“价值”的地方起着支配作用——凡是有这种崇拜的地方，一切“筹措规划之-真理”都一定——被作为无足轻重和想象的东西而受到质疑。——然而即便人们审视出了它们的本质性的优势，靠着所归属的确定性，要想实施贯彻此筹措规划，仍然是十分困难的。（参见[51]页）。

209 87

我本来现在就可以开始，较少地去怀疑反对那古怪的工作——因为敌对状态现在已经清晰完备而且一致——并且，对其中汇集到

① 问号是编者所加，表示在手稿原文中“bst”三个字母意义不明。——译者注
② 拉丁文：我思。——译者注

[122] 一起的所有东西——就是对这些“对手”的轻视也应该以最低度的严肃使用之——因为它们连这种“最低度”其实都不配。

他们想要去继续拯救他们那些太无关痛痒的“精确”的哲学，似乎这种哲学还会受到伤害似的。因此，尽管敌对状态［是］一致的，怀疑和不信任仍然必须保留，而且出于本质性的根据，还必须日益加强——以便保持清醒的战斗状态。

210

和遥远配给站在一起（［109］页以下，［121］页）——这是与开端的真正的基础关系，也意味着开端的重新开始——这个重新开始的开端，是在其本质性的必然性中，把自身抛投出去的、思维着的诗意创作（［88］页）——艺术——城邦——哲学——众神——自然——世界构建及其首次失败和自身纠缠性于当下在场性中。存在问题的加固。

我们还被容许再次冒险，到希腊人那里跟希腊人去学习吗？以便在重新开始中进入到反对希腊人的战斗中。

[123]

211

终结——去 Sein 的本质之本质错坏过程[①]（参见［105］页以下）。

那个 Sein 被遗忘了——就是因为它不断地被附带地了解和被

① die Verwesung des Wesens zum Sein。Verwesung，意为“鲜活过程的僵死、错坏，腐朽”。Wesen，也可译为“活生生的过程”。zum Sein，相当于英文 to be，前文从俗，多译为“存在”，其实并不合适，特别是专门讨论 Sein 的问题时，显得与原文的意义相去甚远。译为“是”亦觉不妥，特别是中文行文不顺。目前尚无好的办法，所以，本节中一律保留原文。——译者注

使用。Sein 在无根概念之复杂错乱中虚度；在一切（轻率）建立的“辩证法的”概念关系的一团乱麻中，那游戏的场所被滥用于随便什么体系和“科学哲学”的游戏——甚至这种哲学也有一种灾难性的 88
虚假优点，大多还是*正确的*——但是绝对没有丝毫一点儿是*真的*。但是这种不哲学只是 Sein 的本质错坏过程的结果。通过这种 Sein 的本质错坏过程，*達在被抛出了轨道*，被弃置于多方无险而沉闷的枯寂之中——在其中所有的伟大都被消耗殆尽，没有标准，没有方向——漫不经心，胡乱而行，没有形式，也没有人民的内在法律规则——。在人民觉醒之处，他们（对精神和肉身）的管辖中那种本真的纪律和训诫保留着一种补充[之可能]，而这种补充的不经意的处理，就会使最可恶的敷衍马虎之风得以传播。

如何从那里走出来？首要的事情就是要把握领会到，对表明的东西的任何形式的改善修订，都于事无补，除了那最外在的和最广泛的急难——把 Sein 的本质错坏过程当作出口。但是如何才能经验到这种急难？需要许多人和大众来经验这种急难，是必不可少的 [124]
吗？不是——那也是不可能的。涉及“处境”——不是今天之事的处境，而是关涉到 Sein 之本质的轨道-位置——应该且只能有少数人知道，而且，当涉及这种认知之生效的时候，这些少数人必须缄默。面对自身失利的实存而颤抖成一团的颤栗，不允许变成为公众舆论面前的事件。但是，更加不需要通过对神话的错误回忆和关于无意识的沸沸扬扬，以及类似的东西，去虚构急难和逼迫力。这一切只是对“精神之事”的软弱无力的同类的误解和它的反对物。

由于躲不开今日之事，由于今日之事对每个人来说都有一个容易的并且正确的适应性，由此适应性出发，今日之事就把每一个人都作为曾经在那里过的东西而加以扼杀，因此现在和将来本质性的东西都必须保持缄默——但是，为此，在现行的缄默性生效的情况下讲出来的内容，就更坚固而且更清楚。(参见［115］页)。

89 212

在**终结**的清晰性和冷酷性中，开端闪烁着光芒，重新开始将会成为急难。(参见［93］页)。我们保持嵌入在作为遥远的配给的本质授权中。

213

开端与终结。(参见 1931 年夏季学期讲稿，对第 5 页 c 的附录①)。

存在，以前突然爆发的**闪电**，所有的事物都依据其标准、规则和权重拉入到**闪电**的光明中——现在一种疲惫的假象，所有的权重和标准都从这表面现象那里溜走了。

存在——一种馈赠，一种欢呼和倾泻，一种问题——开端。

存在——一种挥霍殆尽了的财产，一种废话，一种无聊，一个名字——终结。

214

存在作为本质的突然闪电，然后就是本质的持续存留的假象。

---

① ［Martin Heidegger: Aristoteles, Metaphysik 1–3. Vom Wesen der Wirklichkeit und der Kraft. GA 33. Hrsg. von Heinrich Hüni. Frankfurt am Main 1981, S.28ff.］(海德格尔：《亚里士多德〈形而上学〉Θ 卷 1–3 章：关于现实性和力的本质》，《海德格尔全集》第 33 卷，亨利希·许尼编，美茵法兰克福，1981 年，第 28 页及以下。)

在存在中的本质之失权的开端和历史。

作为本质的失权之固定化和神通显现的“**存在论**”。

215 90

解构（参见《存在与时间》）只是一种次级任务，此任务服务于对失权历史的回忆性描述——因为存在问题自身并不就是基础问题——而只是在失权中的首次滞留，是为转向本质之授权之转向的准备。这种“存在论”甚至对存在问题都无认识——；哪里是存在问题到这种“存在论”的过渡途径！柏拉图—亚里士多德——通过他们的伟大，恰恰使得他们的哲学思维的歧义性得到加强。

216 [126]

从一开始本质自身就必定已经纠缠于存在之中——这本质**纠缠性**，导致了本质的失权，并奠基了存在的优先权。但是存在自身却又纠缠于“对-象”之中；纠缠性作为本质的事件之发生是从事构建的。“对-象”[对面站立者]在“ist”[1]之中构建它的对面（Gegenüber），“存在”便由此而滑入到命题中——λόγος（逻各斯）-思维-主体-意识。

由此人自己从本质处溜开去，而存在只是“越过”自身而去（ἰδέα）[2]，自己得到宽慰，让自己确定下来，去成为实存本身。

这种逃亡尽管带来了“理论性”知识的“真理”，但是也带来了开端的失权。实存的移开——在直观中得以有面对而立者

---

① 相当于英文的 is。——译者注

② 古希腊文，相当于英文的 idea，即“理念”、“观念”。——译者注

(Gegenüber-haben)——甚至被转移应用于神——作为创世者——身上;但是 ens creatum[①] 现在逼迫着追问问题——ego[②] 是如何达及它的——ego cogito[③]。世俗化的发展过程带来了与开端的完全的脱离——特别是现在出现了一种假象,现在是重新开端——在此情况下这种开端——尤其要公开求助于重新激活古典。于是一切都动起
[127] 来了——真正的开始是通过康德——越来越接近终结——这恰恰是
91 因为在这些围绕着纯粹哲学的努力中,存放着某种伟大的东西。由这里出发,才可以度量失败的广度和深度。伟大的情调早已经从哲学中消失了。取而代之的,[是]某种科学性,和围绕着文化和教育而进行的道德努力。

"ist"起义反对存在和本质,并反对作为对象和现象的实存。(参见[111]等页)。

我们成为发生着预见性影响的过去的这个过程是如此的漫长和罕见,面对着过去,我们要保持成熟是多么的困难。因为这并不意味着要抛弃、排斥,而是在战斗中对它们进行改造变型,特别是,当我们把过去当作开端接受下来的时候。

217

本质的本质性(Wesenheit)只能是在"本质根本性"(Wesentlichkeit)中且从其中出发才能被授权——恐吓和恩典,那吞食了人类的伟大的情调。

---

① 拉丁文:受造的存在。——译者注

② 拉丁文:自我。——译者注

③ 拉丁文:我思。——译者注

218

绝不允许以任何形式把存在的开端性的（anfänglich）优先性曲解为“错误”——与此相反：本质纠缠性（Wesensverfängnisses[①]）的无法摆脱性的整个伟大必须持续加以展开，以便存在的假象［也 [128]
得以展开］——只有如此，开端才得以获得并且保持其伟大和本质根本性，也只有**这样**，“尽管如此仍授权以对抗失权”才能赢得它的不可避免性的全部冲击力。

在开端继续处于它的纠缠性中的时候，其它一切都可以发生——尤其在它尚不能完全决定——超出开端之外，是否能够取得本质的授权时。

但是，来自本质的失权的排他性的在“ist”之中的固定化必须重新回归——以便使得这种固定化仍保持它的必然性。 92

存在问题一直保持回振的必由之路处于开端之中——因为只有在开端的接手中（im Auffangen des Anfangs）本质授权才可能重演。

哲学属于实存的历史——哲学在其中有属于它的应得份额：使本质保持开放的“值得追问性”，宣称概念的清晰性的坚实，以及维护伟大情调在其中的深度-广度。

没有为自身之故的哲学。

既不是“极权”国家的直接性，也不是人们的觉醒和人民的更新， [129]

① 在德文中，fängen 是捕捉、抓住的意思，加上不同的前缀，构成意义不同又有些意义联系的词汇。An-fangen：“开始着手掌控处理”；ver-fangen：“捕捉而不能逃脱”，转义为“纠缠”；auf-fangen：“接住、收容、截获”。——译者注

更不是作为对人民和国家之补充的“文化”拯救，尤其不是逃进基督教信仰里，不是基督教文化的糟糕透顶的计划能够且应该从头至尾起规定性作用。

更确切地说，这里必不可少的是，在少数个体中去亲历和保护本质授权的工作之不可避免性，这种不可避免性是从遥远的隐藏者那里逐步到来的。对这种工作之可能性充满信任的保护，必须是自然而然的。这恰恰是因为，这里涉及的不是创造一种“奠基”，而是把整个的实存都带入某个伟大人生達在的空间和轨道中。（[131]页）。

没有这些，尽管所有的大众被唤醒，成长为人民和人民（国家）的成熟统一体，一切仍然都是偶然的、不着边际的扯皮，一切仍然都是不够标准和未达等级的小惬意。如果我们不能使我们的历史变成争取一种赞扬肯定——从存在的缄默的本质中获取的人生達在的
[130] 本质性的广度与深度而来的赞扬肯定——的战斗，我们就丧失了终结，纵然是微末可笑的终结。

当然，这并不意味着，要使那已经变得空虚的无根的、对精神加以培养和维护的制度和做法永恒化。这里，只有来自人生達在的
93 源初的转变——由于它的原因，转变开始发动并进行工作。但是，接受这种内在的任务有一个前提，它就是：人们要一起抛弃计算，以及世代之间的相互争斗——这依旧是依据类型学和心理学而制定的外在计划的分蘖；依旧是认知和成熟的基本缺乏，是精神之来自远方的增长的基本缺乏——；单纯的年轻人在这里同样不能胜任，就像在“组织机关”中占据“关键位置”[并不能履行此使命]一样。

219

普罗米修斯（埃斯库罗斯）和哲学的开端。

开端与世界事件。

世界事件与人类的達在。

人生達在的历史与存在的非本质化过程。

220 [131]

存在论[1]并不能应对存在问题，而且不是因为每个存在问题都危害及摧毁着存在——而是因为，λόγος 不允许自己同 ὄν ἤ ὄν[2]发生源初性的关系，因为存在问题自己只是在本质的授权中的浅表层次。

存在问题仅在纠缠性中才成为一个存在论的问题。

221

“存在论”的多义性

1）这个题目本身讲的是对 ὄν ἤ ὄν 的追问，没有对视域等等有任何说明，于是存在问题作为问题就成了存在论的问题。

2）这个题目同时还在讲：存在的解读是指向 λόγος 的——于 94
是，尽管稍晚的开端在柏拉图和亚里士多德那里（在巴门尼德和赫拉克利特那里就已经）是 onto-logisch[3]，并且所有的范畴学说都是

---

① Ontology。其中的 onto 就是本节中提及的 ὄν ἤ ὄν 中的 ὄν，拉丁语转写为 on。——译者注

② 古希腊文：存在作为存在，作为实存的实存。——译者注

③ 讨论存在的，也可翻译为：存在-论的。——译者注

如此——尤其是先验-哲学。

3)只有当存在论，无论从广义还是从狭义来理解，都是依据其本源和界限来把握时，才能指示出，在何种程度上，存在问题可以被描述成本质授权的浅表。于是这个问题才真的不再牵扯到生存——然而却牵扯到处于人生達在中的人。

[132] 222

所有的伟大情调和在其中的百折不挠都衰弱了，枯竭了。因此，作为世界事件之发生的追问之力量就完全被封闭了起来。信仰的廉价优势——它完全只是从哲学那里借用来的阴险怯懦的杜撰——或者政治事务的表面的活力，其精神上的软弱无力是破天荒的。——

因此首先并且先于一切的只有一件事：世界之所(Welt-ort)的开放，以及它的探问的伟大情绪的开放——存在的权力。——

为此唯一想要的是：*作品应该立足*，并且仅此而已。([128]页)。

但是许多人都乐于被唤醒成为人民，甚至被拯救为人民——另一些人乐于把自己交给今天那些神学家和神学写手的大喊大叫。

223

存在问题不是要固定在“生存”(Existenz)之中，而是要固定在作为“将自己抛出到”本质之中的**开端**中(参见[70]页)。预感这个**世界事件**之发生本身——我们历史的人类处于它的摇摆之中，

95 当然不再是对事件发生置若罔闻——预感它作为無(Nichts)的发生

和它的错坏为空（Verwesung im Nicht）。

224 [133]

德意志人——ἄτολμος[1]（参见[85]页）。

这刚刚讲到他，因为只有他在等待着接收开端之遥远的配给。

长期的软弱无力于嵌入到配给之中。

它表现在：

1）面对一切本质性增长的重新发现而处于无根的急躁中；

2）把一切真实追问无节制地腐蚀瓦解为一种或多种“心理学上”可说明的、“史学上”可推演出来的观点；

3）一致贬低一切建立人类的世界巨人的进程；

4）面对一切世界困境的广度和深度而溜之大吉；

5）对事先就已经把人自己排除在外的事情侃侃而谈的放纵性。

ἄτολμος：不带顽固冲动，让自己进入存在事件之发生的那种遥远的配给的不可避免性中，而没有巨大宽度以容纳滞留者以及陌生者和叛逆者[2]。

225 [134]

为了存在问题之启动，构建完全不同于以往的、作为遥远配给的开端。藉此，既远离外在的“解构”，又远离“生存”。

人——即从开端的遥远配给来筹措抛投我们的達在，并且为

---

① ἄτολμος，古希腊文：α 是否定前缀，τολμος 来自 τολμα，意思是勇敢，合在一起是：不鲁莽，胆小怯懦。——译者注

② 意思是：“对于滞留、异己和讨厌者毫无宽容”。——译者注

了它。

来自并处于对本质之探问的 τόλμα(勇敢)之中(参见[140]页)。

由如此获得的开端出发,作为它特有的、将至此一直被称之为“存在论差异”的东西的本质性真理带入到光明之下。(参见□[①]和1932年夏季学期讲稿[②])。

226

以前在《存在与时间》中,从对存在领会的概念前的(vorbegrifflich)把握去追求达到存在概念(Seins*begriff*),那里所做的努力并不够源初,不够转向急难[③]——而是外在的和形式性的,是一种南辕北辙的对“科学”的追求。但是就其中还有某种真理性的东西而言,其中的概念性尚未得到充分的把握。其“整全把握”(Inbegriff)之具体生存环节上的色调也是不充分的,而且也不够开端——因为开端和配给昭示只是外在地发挥着作用。(参见[104]页)。

依藉自身抛投而隐匿起来的形式,整全把握便已经进入到了“事
[135] 件的发生”之中——而且该整全把握还意味着,涉入到本质中,并且构建起了自身,这样它作为审视与言说中的存在之启动(Anbruch)第一次权威性地启动——世界本有事件之生发(das Weltereignis)。

---

① 原文如此。——译者注

② [Martin Heidegger: Ontologische Differenz und Unterschied. In: Ders.: Zum Ereignis-Denken. GA 73.2. Hrsg. von Peter Trawny. Frankfurt am Main 2013, S.901ff. sowie Heidegger: Der Anfang der abendländischen Philosophie. GA 35.A.a.O., S. 31f.](“本体论差异与区别”,见《海德格尔全集》第72卷第2分册第901页;以及“西方哲学的开端”,见《海德格尔全集》第35卷,第31页以下。)

③ notwendig,原义为“必然的”。——译者注

但是很快，为了认知之故，隐蔽地从事管理的整全把握为了认知之故而自身消解于“理念”和“概念”的秩序中和Koinonia[1]中，然后，通过基督教世界观，通过消解为创世者和被创造者的［思想］——此消解恰恰是在上述的理念和概念的协助下完成的——该整全把握便被彻底毁损。接下来，其剩下的残余就成了向辩证法（黑格尔）的逃亡，或者逃向谢林那无助的区分——积极的哲学和消极的哲学［的区分，他］通过这种区分，想把基督教和人们所坚持的古典［哲学］以及唯心的（理性的）东西缀连在一起。

227

哲学在它的伟大开端中尚没有，且亦从来不曾统治过，或占过优势地位；谈及这种优势地位，我们很乐意地就想到自笛卡尔以来的近代科学的统治地位。

［于是，接下来］要做的就是，哲学从这种空虚和贫瘠的、虚假的优势地位出发，来进行哲学思考，看能思考出什么——重新把其地位的安全性之重大保障给予哲学。这有赖于深思熟虑的“向后退 ［136］
步的可能性”的实施——退回到存在之火塘（Herd）。当然要远离现在人们酷爱的、来自所谓的革新了基督教新教方面对哲学的“限制”和排挤——直到此时，才真正地与反对“唯理智主义”和“理性主义”的、［但与之］同样盲目的战斗划清了界限。

但是这种对哲学的回收并不是“否定性的东西”，或者什么自残——而是对哲学力量的安全保护——更重要的是——是在其本质和在开端中的重新发现活动——“存在事件之生发”。

---

① 希腊语中的“团体”、“共同体”一词的拉丁转写。——译者注

228

最切近的艰急之当下的胁迫紧逼，以及缓慢地准备起来的、嵌合到开端之遥远配给昭示中的嵌合，二者都有其当时的时间，而恰恰因此，它们处于最内在的联系中。

229

我们是否有能力，去经验、去探问，命运把什么样的优势归于了我们人民？从开端起就去接纳那被弃于实存中的遗弃性（被抛性），并在其顽固的个体化和从事追问的清晰性中加以改造翻新！

98 [137] 以前哲学是否发现了力量，退回到待命状态，并积极准备对人民的尊严进行建设性的评价，对人民本应该进入的等级进行拆解。

精神对一切毫无准备而感到的惊骇，现在才有了解，而且了解的人是如此之少。关于我们自己我们到底知道些什么——我们是谁？**谁是人**？

我们是如何立即将这些问题完全打入冷宫，以便由此去建立“人类学”——而不是去经验：恰恰是这个问题之追问与一切重新建立亲密关联，而且从我们这里把所有的外壳和界别，以及所有惯常的实践都夺走——也就是说，让它们崩塌瓦解。

230

人民[①]：存在之授权的保护和实施。这种授权是出自对被抛性

① 也是民族、百姓、人群、人口的意思。——译者注

的可畏性，而被抛性的首次本质性的**个体化**——它的伟大的**个体们**，就是人民。这些个体的本质要从作为人民的个体化出发并且要在这作为人民的个体化中加以把握。

231 [138]

今天供人们“思考”和反思的都是些什么东西！没有什么东西再去对抗拆解分析，或者能够逃避分析。但是——更加灾难性的是，我们以为，我们已经走在达及基础和大地的道路上，而实际上，在那里我们只是仅仅从自己的血液中汲取那进行建设性追问的最后动力和力量。

所有的一切都应该淹没在分析之中吗？还是说，我们——每一个人带着各自的任务——来到并且最终带领我们自己进入到“人民-性-精神性的”（volk-haft-geistig）行为的那种激动人心的——未被认知的瞬间中去？

232 99

诸人文科学的灾难——它们是如何使所有精神性的东西被淹没、驱散和衰竭的。

233

只有两条道路可以引导我们走出整个悲惨境地：

1. 义无反顾地唤醒开端和它的榜样性等等；

2. 那处于其配给昭示中的必要的工作。

[139] 234

借助于黑格尔的思想人民提出的对科学的各种前提之思考和意识，据说是更高级的和本真的科学——cogito（我思）——me cogitare（思考自我）——“意识”是存在的更高层次——“终结的东西”被意识到了，然后，就已经是无-终结的。

然而在黑格尔那里，有的只是最终最后失败于与“基督教的-精神的-绝对的”创世之共同合作。一种拯救的尝试——对今天是典型的——就是他相信，如果他将科学的“前提”自身纳入这种科学当中的话，就保护了“科学”（——怪胎）。这在“潜能”上展示出他的无根基性的沉沦和恶行。

“在对限制界限的意识中，［意识］就‘已经超越出去了’(Darüberhinausseyn)”[①] 黑格尔的这句话只有在下述情况下有效：当意识——笛卡尔式的——被视之作为“更高”的［东西］时。

谁来担保，在这种意识中，在“限制界限”的对面，不是一种奴隶制度？凭什么就会“超出去”——就已经是更高级的？

100 [140] 235

浩如烟海的知道和毫无根据的表白——这样，存在授权之所有保持缄默的力量不停地自相冲撞，把自己消耗到成长着的工作和觉

① ［Georg Wilhelm Friedrich Regel: Vorlesungen über die Philosophie der Religion. Erster Band. Mit einem Vorwort von Philipp Marheineke. Sämtlichewerke (=Jubiläumsausgabe). Bd. 15. Fr. Frommanus Verlag: Stuttgart 1928, S.184.］（黑格尔：《宗教哲学讲演录》第一卷，《黑格尔全集》周年纪念版，第 15 卷，斯图加特，1928 年，第 184 页。）

醒中的世界的存在上去——也就是消耗到迷人的命运（Geschick）之上。

236

人们总是反感我的“形象语言”（关于抛投[Werfen]——向前-跑[Vor-laufen]等等）。好像语言不曾这么说似的。

这恰恰就是哲学的[语言]！比如 λόγος，人们十分乐于求助于它来反对所有的所谓“非理性主义”。

λόγος 是 λέγει——lesen——采集——而

οὐσία——是家务家伙事儿——当下在场——

ἐπιστήμη 是——站在面前，站到上面——等等。

但是那些比比皆是的无聊蠢话和漫不经心的胡说，到底要教给人们什么东西——置它们于不顾，让它们去自生自灭。

237 [141]

重新开始开端——不应把这个开端伪造为目的和目标——而是将其保护在它的开端性中——这就是说，从遥远配给昭示着眼而进入行动。这种遥远配给昭示从开端出发向前照射，但是却由于被机会性的东西和附带性的东西所取代而被遮蔽于它的必然性中太长久了。

不是重新激活古典希腊——这是没有必要的——而是要重新激活我们的人民和他们的使命。但是为此我们必须遗弃我们自身而进入开端的紧迫困境之清晰的残酷中。

101 238

但是人们很快将忙于某种“德国哲学”而不能脱身——为此已经建立“协会”，而且这将是“德意志的”：人们用“德意志性”来取代和推延使命的标准与重负。[①]

或者同古希腊的纽带才再次被结接起来？

① ［“德国哲学协会”存在于1917年至1945年间。1933年它公开声明支持希特勒。］

索　引

[本索引页码为海德格尔手编的黑色防水布笔记本的页码，也即本书页边[ ]中的页码]

思索与暗示三

1932年秋[①]　　　　马丁·海德格尔

① 1932年，欧洲经济危机；德国的工业生产总值比1929年下降了40%多，失业人数超过600万。1932年7月31日国会举行选举，纳粹党选票增加1倍，达1370万张，占全部选票的37.3%，国会席位增至230席。纳粹党成为国会第一大党。希特勒成为总统候选人。——译者注

1 [1]

一个茁壮成长的人民意志处在一种巨大的世界黑暗之中。

2

一件真实的作品应该——再一次地提出存在问题——把达在和追问在其完全的源初性上和广度上塑造到时代的长远命运之内，以便把德意志最秘密的全民[①]任务重新连接到伟大的开端之中。

3

世界时刻的无可比拟性，德国哲学应该能使它钟楼的钟声重新鸣响回荡。

4

但是——为了哲学，我们必须首先成熟起来，且首先要为这个成熟准备好土地、风暴和阳光。——人民运动的发生能够强力推进到那个成熟的方向——会吗？

但是，从来没有过且再也不会有现在这样的事情了：那尚不存
在的“真正的哲学”参与到“政治”之中——更不可能有某种“新” [2]
科学——如能再来一次——仅从哲学中成长出来。

不断流逝的时代的整体堕落就表现在：无非就是有能力去引发对抗运动，引发“政治科学”那种业余水平的闲谈和喧嚣。

---

① volklich，字典意义是“人民的”，英文本译为 communal。——译者注

110 5

人民-国家的(volklich-staatliche)的本有事件发生在其现实性中，以便面对新精神性的无根的、无品的活蹦乱跳，可以藉此更坚定、更严厉和更有远见地发动冲击——但这就是说，德意志人的人生達在之正在觉醒的现实性，首次被引导到它那对它尚且隐蔽、尚需等待的令人恐惧的风暴的伟大之中。

德意志的伟大之最重要命运的 Δεινότης[1]。

[3] 6

何处是德意志起支配作用的世界中的人生達在的预先担当——那从事收集，扎根于基础情绪中，一直向更高更广拓展的预先担当？

将自身抛投到人生達在的被放逐性之分切裂隙(存在)之中。

7

我们在大学的工作的困难和灾难性就在于：我们在大多数情况下必须凭借“言谈”来做事情，而且所有的贯彻都直接损害着其单纯的安全性，而这损害来自于从事此项工作的人们的拖沓纠缠性和模糊性。

8

由于被要求接手校长一职的压力，我第一次**违背**自己的最内在

---

① 希腊文，令人恐惧的，严酷。——译者注

的心声来处理问题。如果升上去的话，我将在这个职位上，在不得已的时候会*防止*一些事情的发生。对关于建设——假设定：建设根本上还是可能的——缺的是人。

出任大学校长时期

9

来自每个战斗而变得更自信且更有应变性。不幸的，只是某种学说；通过阻力使得自己更坚强[①]！

10

伟大的经验与喜悦：领袖唤醒了一种新的现实性，它给予了我们的思维以正确的轨道和冲击力。否则在一切彻底性上还保留着迷失于自身的状态，仍然找不到发挥影响的门径。文人的生存已经到头了。

11

在坚定的目的上坚定不移，
在道路和武器方面灵活多变。

12

当我们为大学做出牺牲时，新大学才会到来。我们的这种运

① den Riemen fester，直译为“使得皮带勒得更紧”。——译者注

气，也只是为了给我们预先构成大学的形象。

13

没有计划安排，没有体系，没有理论，才真的没有空虚的“组织活动”。

但是去创造真实的和最切近的可能的东西——不规避真实的——也就是说，一种面对作为真理的基础形式的命运的新勇气。

14

孤独者们的相遇只可能发生在孤独性中。

15

我们历史的世界瞬间和它的决断性。我们不能也不想对未来进行推算，或者去认识那些未来的东西。但是我们却必须而且想要去重新创造我们的未来性，并且藉此重新创造我们自己的整个时间性——那种新勇气。

16

指示和决心准备好去“革命”，就像去“生产”一样。

17

做好准备：在日常事务上的进一步的意愿会受挫。

18 [6]

终于：嵌入到种族的①达在之真理的创造性的共同责任中。基本情绪。

19

使命——假如这就是使命的话；对真理的新本质之整个的贯彻和首先的预先-设定？

在承担使命中的本质性不确定性——拒绝有害的意见：以为到 113
来者是能被计算到的，并仅通过意愿便可直接去强迫！

与之相反：通过最高级的意志和思想性的清晰性，恰恰会增加不可预测性、抽走撤离的危险，其后便表明：面对使命，根本没有占有的安逸，只有整个被放逐性的彻底的广袤。

20

如何通过领导与服从——在国家和人民之间分配、编织最高的使命，和按届时各自被抛情况而被个别化。

21

使命——并非我们偶或想到的、软弱无力的“理念”，并非我们
迄今为止直观到的、漂浮不定的形象，而是肩负着在达在的根基中 [7]
承载达在之任务的东西——就像它站在向我们劈头盖脸地涌来的风

① Völkischen，《新德汉词典》注明是纳粹用语，种族的。——译者注

暴中。

“极少的疲惫以及我们就被撞倒”①，且跌入目光短浅的装腔作势的通识理解中——对我们而言的使命已经不在那里了。

使命只能在战斗中得到保护(参见赫拉克利特)。

纯粹的形象不连接。

22

对**权力**(Macht)的**尊重**和对权力占有的尊重。——这权力来自“**权利**”(Recht)——因为某人“正确”(recht hat)吗②？但为什么他就有理(im Recht)？因为他占有了权力(Macht)？

114 对权力的尊重源自达在之伟大——而达在之伟大则源自他的使命的真理性。

他是否能够胜任自己的命运！这里不需诉诸最后的法则或最后的规章。

23

“**群众**”——不是人民的共同体。

群众从事破坏——是非现实的——在一种没有历史的空虚的当下东奔西撞——总是“失控”——任何的“多愁善感”都能传染它。

---

① [引文出处不详]。

② 此话日常语言中原义为“由于他是对的吗?”，可此处，recht haben 中的 recht，与权力，Recht 同根，与后面接着的 im Recht，也是同根。所以，这里问的是 Recht 与 recht 的基本意义“权利”与 Macht(权力)的关系。——译者注

24 [8]

使命：新的真理并非是最后的东西——相反，它恰恰是新的真事物的隐匿性，并因此是实存与存在的隐匿性：

最切近者，其中收藏着最遥远者。

25

国家社会主义：当且仅当，在它所有的行动和言论背后，还有某种东西隐而不语——而且它依凭一种强大的、在未来发生影响的背景-坚持性（Hinter-hältigkeit）而起作用——的时候，**国家社会主义**方能是一种真正的生成中的权力（Macht）。

但是假如当下的东西就已经是已然达到的东西和有意为之的东西话，那么剩下的只有面对沉沦的恐惧了。

26

国家社会主义不是作为完成的永恒真理从天而降——如此假定，会使它成为一种错误和愚蠢。所以，就像它生成时那样，它自 115
己必须在生成中生成，并塑造未来——也就是说，自己作为被构建者从这种［完成的永恒真理］面前主动抽身而去。

27 [9]

法则：整个——绝对地从未来出发来创造，坚持忍受未来的陌生事物——无条件地从这里取得标准和法则，并且以它们为基础将其作为要求加以贯彻。

28

问题-推进：

不是分剖析理地和“类型化”地——

不是为了一种固定的“现成在手者”之故——而去追随——它更高的持续性之——内在的可能性——

而是：挑战地——奉献地——急迫地。

29

“**哲学**”的**终结**。——我们必须把哲学带入终结，以便为完全不同的他者——元政治（Metapolitik）——做准备。

据此，**科学也要转变**。

30

我们需要一个全新的大学章程（Verfassung）——大学为一种精神上的政治领导提供保障——为了什么？不是为了对现成在手者进行“建设”和重新粉刷，而是为了摧毁大学。但是只有当培养的
[10] 新一代人承担起他们任务时，这种“否定性的内容”才能起作用。

116 如果人们利用该章程的帮助去巩固业已存在的［大学］，只想使之“适应”新的时代，那么，这种新章程将是无意义且有害的。

如果这里涉及的仅是，为新一代人和他的真理创造自由的轨道，从而参与建立真正的传统的话，该章程就将成为一种战斗手段。

现在的高校只不过是辅助性的居留之所。

31

正在进攻中成长的坚强。

在必需领导之常见的危急状态中保证优势。

没有逃避，没有疲劳，只有不断的进攻。

不是拥有全部权力，而是就是权力（die Macht *sein*）！

32

作为元-政治的形而上学。

33 [11]

依据现在夏季学期之初为全体学生们提供的所有东西，得出的必然结论是：学生们全线失败——不唯在新建设方面才是如此，而且在高校内部的革命方面就已经如此。

不管有多少勇敢和热情都不能抵偿精神上完全的不成熟。尽管起初科学似乎不是必然的——但是对于高校教育的使命和可能性来说，却在极大的程度上仍然依赖于知识的认知与理解，而不是那些使人们能够记起某次以听众身份参与的研讨班所留下的极度需要的回忆的东西。

但同时，必须要保护学生们那模糊不清却又十分明确的要求欲望，并指导其走上正轨。 117

但仅就收获而言，对于高校来说，藉此一无所获。

[12] 34

还留下的唯一可能就是，新生力量和跻身于老人之中的少数新青年，但是再不能让这些新生力量像以前那样成长了。

但是，这样还根本没有任何保证——因为，下述可能仍然存在：迄今为止的大学完全消失——医生、法官和教师的社会团体的运动可以去创造他们自己的专业学校。以往那种封闭于盲目的专门业务的危险，在此似乎远没有以前那么大了；因为其动力和目的似乎是政治性的——；问题是：大学在多大程度不再是一个纯粹的读死书的机构，不再令人厌恶地把认知局限于"实用知识"。无疑，这种"实用知识"是最纯粹和最可恶的"理论"，因为根本没有这样的"实践"。一切完全取决于这些学校的领导人。

在它旁边，在它之上，在它之下，届时一定还会组建起不同党派组织的领袖(干部)学校，并且在帝国高校中组织各种教育培训。这种高校不是生僻古怪的科学院——它们还是处于人民和国家塑造的最高的政治精神的要求和推动之下。

35

即将与天主教会的罗马教廷签署的条约[①]据说应被视为一种胜

① 所谓的《帝国政教协议》是指1933年7月20日法西斯德意志帝国与罗马教廷在罗马的梵蒂冈签署的国家教会条约。条约对天主教会在法西斯德意志帝国疆域内的活动进行了规定，明确禁止天主教在帝国境内组织政治党派，以此换取天主教在文化、教育、卫生和宗教活动以及教产等方面的传统权利受到全面保护。条约签署后，德意志帝国境内所有天主教党派均被解散。这样希特勒既获得了天主教信众的支持，又消除了天主教政党与他分权的威胁。——原编者注，译者有补充

利，因为它将把神父从“政治”中驱除出去。

但这只是一个骗局；运作得无比好的组织还保留着——神父的 118
权力也是一样——只不过其权力变得“更加神圣”，其运作将更加狡猾。

36

围绕着许多组织，经常有很好的想法——但是，它们成立的架势，让人觉得好像［随着组织的建立］我们已经达到目的了；然后马上用它来任命人员、“造表登记”，但是几周之后，到处一败涂地；因为，既没有对人的培养，也没有真正的坚持不懈的寻求和试探，以使得各种形式得以发育成长。

37

假设：精神力量已经充分强大了，那么只能有两件事有助于事情的发展：1）新建一所独一无二的大学；2）同时与大学一起新建一所讲师学院。

38 ［14］

积极参加运动，以坚毅的耐心让一切都保留在运动中。

意志的贯彻——在整体上坚持对人生達在和实存如此这般地进行筹措抛划；与此相应，强推并且固定追问和观察方式——并预先构建那些从事开启的概念。

但是“运动”不是无方向的、跳跃式的、依据情绪波动变化的浅尝辄止。

不是组织和人员的配备，以及对迄今为止的人类文明（Menschentum）的回归或维持。

真正的运动——不带一时激情（Pathos），但是来自着迷酷爱（Leidenschaft）。

119

39

届时无教养大众的差不多大部分剩余的**缺陷**不仅将一直保留着，还会拖累——误导——所有的意志。

当这类大众剩余在党内——打上“斗士”的护身符——受到吹捧，且阻碍那些想要摆脱他们的顽固性的一切努力，使其在内部瘫痪、毁灭，这种缺陷带来的危险就还会进一步增加。

[15]

40

哪里有**坚强**的意志——它的**规则**和它的**对抗**——哪里就有创造性的力量[①]，哪里就有关注、支持和肯定。但是后者却不能创造新的现实性——而是只能证实，或许能加强新的现实性。

一种现实性，如学校和它的运作，是可以任人**指挥**的吗？当然可以——当这指挥不是上级的命令——而是对不断增新的成长着的（fügender wachsender）力量之从事塑造的授权。

41

尽管有一切反抗、颠倒和反击，［仍］不屈服不放弃。

---

① Macht，也可译为“权力”。——译者注

但是在被遗忘的一隅中的尝试是为了什么？

42

如果从事开拓的德意志在是伟大的，那么，它就把人类千年
［功过］置于自身面前——我们就有义务，预先思考与之相应的事 120
情——即对某种完全不同的存在之出现、到来预先作出理解考虑，事先为此类存在准备好它的**逻辑**。

我们不允许把自吹自擂的小市民那里的东西当作标准；我们不允许把相互吹捧为“领袖”的伪君子误认为是未来时代的创造者。

只要把一切都压缩为同基督教的交手，就必须时刻保持深刻、敏锐的警惕和怀疑。

我们不允许——尽管面对所有的“成绩”和“数字”——依据当下进行评估。

我们必须主动从少数出发来把握整体，并且同时去考虑，恰恰是因为这些少数——如果在他们之中创作出了伟大——超越自身而生存——而且是完全不同的东西，不同于他们的所做和所说。

43

我们正在重建过渡之路——这个过渡是我们的命运——如果我们接受了这一命运，该命运就会拓展为一件激动人心之事：

也就是说，这里要紧的是，

在日益迫近的存在中，不仅要坚强和勇往直前——完全在其中
行动，在行动的同时从存在出发去把握自己、认知自己——而且同 [17]
时还要坚持去对抗迄今为止的东西——这些东西意图再一次以拖延

的方式进一步拓展自己的［势力］，要认识到我们不可能完全摆脱它，要认识到我们必须经常涉入它的区域，依据它的形式和手段，从事最具干预性的活动并保持最高程度的激情。

121 44

一种高瞻远瞩的精神-历史上的未来宏愿必须保持清醒、坚定，而且在其精神状态上逐步为下半个世纪做好准备。

45

教育——对国家权力的唤醒和团结作用的实施，就是一个人民对它向其自身回归的意志的实施。

46

那是正确的道路吗：忙于忙不完的事务，忙于维护事业的正常
[18] 运行，忙于拦截过大的反作用，忙于排解个人间的摩擦，忙于来来回回地处理各种眼下的尝试和活动？——那是正确的道路吗：在那本真的力量中**瘫痪**在**自己**本身中，让自己被排除在真实的精神使命之外？

干吗还要到处去讲演，反正人们也听不懂？

远离那些别人做得更好的事务，这并不意味着：置身于运动以外。在几年之后我们的人民会饿死在那几个不断重复的口号和标语上——或者我们将创造出一个真正的精神贵族，他强大到足以去构建一个来自伟大的未来的德意志的传承？

今天对未来精神的构型的误认，在国家社会主义运动内部的人

们对诸开端——它们在运动中急于追求力量、道路和作品上现实的、不断增长的变型——的必然误判，难道是一种自然的后果吗？

47 122 [19]

只有经过长期准备者才可能去从事更加超越的预备性建设。

只有从基础出发做出的决断，以及不懈地坚持在此决断中的人们，才能为未来的几个世纪做出决断。

48

转变认知的准备工作需要几十年的时间。它要求一种本质事务的源初且强大的继续向前的传承。而这种传承需要一种特殊方式的认知教育；它将在现实的教师身上和师资队伍中表现出来，而且会创造出新生力量可以并且必须加以继承的指导性榜样。那些极富冲击力的、有远见卓识且有创造力的[师资]力量——他们必须有前瞻的认知，且能建立标准和法则——必须汇聚在认知科学园(Wissensakademie)之中。

如果不如此呢？！只是一种无创造力的日常奇想的躁动，只是一种创造新词语的鼓噪，而提出的要求早在30年前就已经过时了，且从来就不曾活生生地扎根于生活。

49 [20]

对一个富有创造力的人民中的伟大力量之多种规律性的完全误判，会导致严重的灾难性的平庸和内在的软弱无力。

诚然——在各种组织机构和各种措施中，有许多事情可以补救，但这不是唯一的，而且也从来不是本质性的，如果不是始终从新的来源中创造出来的。“组织”！

123 50

“组织”！——没有对意志做事先的澄清，没有对一种使命在精神方面的预先唤醒，没有对真正的坚定不移的——而不是可被迅速消耗的——力量之严密的准备，就不会有组织。

真正意义上的组织，从来不曾是一种单纯的“技术上的”外在的机构设施——它能够自己进行唤起活动，而且引发和催生新的东西——但是恰恰因此，它也可能从事禁制、镇压，进行掩饰和平息，并且可以于一夜之间导致手足无措状态。

[21] 再次重申：我们做了许多补救，也参与了许多日常的工作——但是这一切都不允许压到我们的本真的、最内在的、最广大的种族的存在（völkisches Sein）——否则我们就是完全盲目地陷于届时的当日之事的桎梏不能自拔。

还有着一种睁眼观瞧的盲目性。

51

如果大学还应该继续属于我们的人民的话，那么它就必须将自己认知教育的使命，还要源初地扎根于完全不同的地方，重新加以说明和细究——从作为我们人民的存在的基本类型的认知的艰急出发。

其目的，既不是科学进步本身——也不是科学“专门化的”专业培训和技术准备之类这种附属品，而是把训教作为教育。对有认

知(Wissendsein)的引导——指导——管控。在真正的问题上,**精通**且传承人民认知——才是决定性的。

对认知教育加以精选——教育和前-跃(Vor-sprung)。

52 124 [22]

对较高和最高的**思维类型**的训练是第一位的——先于一切单纯的知识传授。

高等的思维类型与人生达在的贵族——与阶级等级、职业和社会地位无关!但是可以展开延伸到[高等]社会地位中去。

如何去训练一种高级的思维类型呢?通过不断强迫自己去进行一种特定的、与某种使命紧密相关的追问;固定的进程!

53

“社会主义”:

作为一种热衷于实行平均化的单纯志趣——

作为只会从事向下拖拉的优势权力——

作为对共同福利的单纯追求——

作为一种义务:在人民的整体中,依据他们的天分和资质,等级上有区分的、以他们各自的使命为基础的义务。

54

达在的形而上学必须依据其最内在的构架(Gefüge)进一步深化、拓展为*历史人民“的”(des)元政治学*。

55

所谓的“古典文献学”现在只有一项任务，就是对古希腊-罗马的文化遗产进行初步的整理准备，以便德意志文化同它们进行尽可能艰难且本质性的切磋探究，也就是说，［让德意志文化］发展为有最高级之可能性的力量。

125 56

德意志人过去一定背离了他们的最内在的本质，如果他们将来不再为追问——在追问中形成人生達在的深度和世界的广度——的不安饥渴所侵扰。

德意志人要靠什么来滋养？——新青年应该向着什么方向成长？他们应像植物一样只是追求自己那经不起一夜风霜便衰败消亡的花朵的开放吗？还是将真正地，亦即在斗争中，去建立作品，在其上建设人民的种姓？未来的一代必须在这场斗争中成长，他们必须将这斗争继承下来，并融入其中；但是，在这场斗争中，我们的伟大的敌人在哪里？那伟大的、起催生作用的敌方，如果不是在我们这里，又能在哪里呢？——在此过程中，为了下一代，我们愿意作为不可或缺的过渡阶段而牺牲自己。

[24] 57

大学死了，活着的是德意志人的认知教育之未来的高等学校。

首先我们将进入到一个伟大的认知艰急之中，这种认知艰急不是论文和短期训练营所能克服的，这些东西只会使得认知艰急更加有威胁、更加剧烈。

58

在什么样的前提下才有起码的可能去建立大学的领导？（参见[28]页以下）。

1)要把当前的领袖意志在精神上-人民上预先筹措抛划好，从正在出现的達在力量(Daseinskräften)这里来激发和强化认知意志的运动；

2)此事的发生承载着、捕捉着、规定着领袖，从本源上讲，它
完全来自存在的一种变型；3)领袖意志可以被[人们]共同意愿；也 126
就是说，使命的从事推动的基础力量与质朴性在成长；

4)一种充分的**哲学的**教育已经成为一种普遍共享的公共财富， [25]
于是才可能去引发本质性东西的启动；

5)在架设桥梁时，相对于“甘愿追随的意愿”能够建立起领袖意志，但它不可能完全没有支柱的支持；

6)期望有一种源初的、高级的、有影响力的思维种类；

7)精神上-历史上的内在的领导活动的可能本身得到首肯；

8)让领导活动按照它**自己的**规律发展自身，而不是变成单纯的对其他的领导关系的模仿；

9)领导工作不一定要从行政职务开始，然后才去贯彻——因为这样，对于官方“首长”以及所谓的有权力者的不信任从一开始就已经在发生影响了；

10)**力量**的传承不仅仅是把知识和法则单纯地传授下去。 [26]

59

我们步入的时代，必须在各种源初权力中重新把我们与传承联系在一起。不是那种体现于作品中的、**从事解放活动**的运作，而是建立联系的、从事返回补建的获取——；因此，将其与从事启蒙的解放运动的时代和它的解放成果进行比较，从一开始就是一种误导。

60

一切可能和不可能的使命现在都将压在大学身上且依赖它，人
127 们只是附带地关心一下，那作为这个学校的唯一之事和本己之事的
认知教育的任务。

61

作为时间的存在之筹措抛划，克服存在与思考中迄今为止的一切；不是理念，而是使命；不是解除，而是连接。

[27] 筹措抛划不会自身蜕变成为纯粹的精神，而是第一次打开鲜血
与土地并将它们连结在一起：为了给行动做准备，以及为了影响力和劳动工作能力。

62

信任——给他人自由去[完成]他的使命，去[实现]他的意愿，尽管他此间从未完全理解他自己的意愿——此处“理解”是指，“在

具体领会中的①把握”这个意义上的理解。那“尽管如此仍坚持同行和跟随”才是最关键的。在这过程中，不必一定在事务性的协调一致中达到相同的看法——也不必一定要协调为相同的立场。

信任有对下和对上的区分——但二者都被历史性的世界认知所承载和支撑。

63

一种颠覆越是源初，涉及范围越是宽泛，它就越加需要预先-构建性的认知——对国家越是坚定，那么与不断扩张的各种权力的交锋，就越加具有本质性。

64 128［28］

单个的我越是不起眼，在一切方面寻求**大师权威**就越加紧迫。只有大师权威才能创造各种力量和要求的传承；因为大师权威紧系着各种使命，且持续造就一切的本质性事物和朴质性事物。独特性的内容就从自己本身繁衍增长起来，且会生成为稀有者。

65

大学的终结和新认知的开端。二者休戚相关；这个成就完结(beendigt)那个。只有某些极少数人会对二者有预感——有预感者绝不是，而且恰恰不是，那些自己运动于虚假革命性的制造性中的人们。

---

① nachvollziehen，有“可将思路重新推演一遍”的意思，所以，字典上说，该词有“设身处地替他人着想”的意思。——译者注

66

“学生”离他的新的、必不可少的、作为劳动者的本质到底有多么远；“学生”对此使命的错认到底有多么根本；那些各种不同的形式对学生遮蔽了真正的状态，妨碍了一切行动的开始，但却都让他确信：他一直参与其中。学生在其中感到有多么舒服。

人们都可以避开每一种精神上的威胁，百无聊赖地不断重复着
[29] 相同的口号。而这些口号在反动派和逍遥派们那里也成了口头禅。

最顽固的反动坐镇在自己的阵营里，因为它与明显的反动派已经本能地结成死党：

在相同的精神上的冷漠和平庸上，他们相互一致，彼此认可。

129

67

知识与知识学(科学)[1]。——每种伟大、整全的认知都处于其**哲学**的强大力量和持久性中，并且在其中推广传播自己。对于科学的诞生和发展进程以及单纯的追求而言，哲学是其基础前提和法庭——只要哲学还以**某种**方式把认知本身作为事业和使命的话。

据此，新认知必须首先要为自己创造它所需的哲学。但是不能用 19 世纪已经就被质疑的手段，为新构成的内容制造某种含糊混乱的世界观，以使得它变得好懂易解。在这种地方不可能找到[新
[30] 认知]所需要的哲学。

---

[1] Wissen(知识)与 Wissenschaft(科学)有共同的词干 Wissen，而科学一词的后缀 -schaft，是集合名词词尾，表述有词干所指称的事物之总合。为展示两个词之间的联系，此处把 Wissenschaft 译为“知识学”。——译者注

这种新哲学需要有自己的漫长的准备过程——这个过程积蓄着力量，要与迄今为止哲学曾经所是的、最后于黑格尔处聚集起来的整个力量之最强大和最伟大者，进行伟大的较量。只有当新的哲学开始成为现实之时，与之紧密相关的科学才可能——完全不是必然——出现。

但是，今天他们认为：现在已有的科学是很好的文化财富，它既是习常的，又是有用处的。对这种现成在手的东西，我们现在要做的只是对其装饰美化，将其尽快紧紧套入到某种廉价的教条中——这就意味着，去把最昏暗不清的来源汇总编辑成虚假哲学，并且想方设法将其弄成可供使用的东西。

如果学生们关于占领大学的大量讨论涉及一个早已堕落的机
构，又将如何——；假如这个现在需要进一步“向前推进”的斗争，[31]
只是去参与对堕落现象的维护——也就是最可恶的（因为它自身已经完全失去力量）反应，那又将如何；参见关于众多学生社团的地位——即便它们被成功地“彻底改组”为某种学生实体。

68　130

现在（1933 年 12 月）哪些组织设施和追求规定着大学（参见[68]页）：

1. 全体德意志大学生们；

2.（正从事教育的）全体德意志教师们；

3. 冲锋队[①]-高校办事处。

从其意志培养和行为举止来看，这些组织的影响不是来自各个

① S.A. 是 Sturm Abteilung 的缩写，为纳粹德国的半军事组织。——译者注

高校的真实的历史生活，而是来自外部，来自对各自高校有建议性价值的各种要求。在各个高校内部，这些“组织”只有通过干部才能工作活动，而这些干部按要求是根据领导活动的需要来设定的。对一个高校自己本来的使命之眼光——根据自然环境、历史、师资力量的配备、学生的不同来源等情况——将不是自由的——也就是说，真正的政治上的决定根本不可能得到实施。这里缺乏的是对情势进行考量的相应才智和力量；特别是缺乏那种真正的有远见卓识的前瞻意志。

分散和捆绑于瞬间-“动作”中是不可避免的——特别是当要求某事一定“发生”的时候。

4. 国家社会主义的医生联盟；

5. 国家社会主义的法学家联盟；

6. 国家社会主义教师联盟。

这类行业性组织确保了自己在高校的本质性影响范围。它们参与决定师资队伍的选拔、教学材料的建设和考试方法的设计。它们针对现实高校的实际，参与制定了工作标准和评估标准。然而这里不是依据各自的必要性、情势、发展阶段和阻力而从政治上来做决定，而是依据由计算得出的行业上的一般需要的总需求量来做决定。

7. 由各个政府部门接管高校的管理。各部门提要求、定法则、平衡上述一切组织的追求、建议和要求。作为保障，在高校中建立了校长机制。它应该负责高校的领导。校长仅仅是那些组织结构的中介。他至多有着下述可质疑的任务：为在高校中从事的所有事情承担责任。在此，大学校长是国家社会主义者，或者不是，这只是一种相对的——不是绝对的——区别。如果他不是的话，上述各组织的工作甚至可能更容易一些，因为[这样一来，它们]只出于纯粹的谨慎，还不至于出于恐惧，而去肯定一切，并彻底贯彻之。

8. 高校自己不再提出某种真诚的“对自身的主张”；它对这种要求不再有任何理解，它沉迷于对遗留下来的各种事务性工作进行单纯的维持，为此去做对现在来说不可避免的维护和更新工作。它已经找不到归途，以便再去源初地亲历认知的必然性，并从此出发制定自己的任务。它根本不知道，一个对自身的主张无非意味着，从根本上去处理与伟大的精神-历史传统的关系，为什么经历过了基督教的、作为共产主义的社会主义的世界和近代启蒙科学[的洗礼]，这个传统至今还是现实。

9. 但是，所有上述(1-7)的组织和部门并不知道我们指出的所有内容；因此，它们满足于占统治地位的科学运作，只要这种运作保证某种政治教育作为不可或缺的附带-业绩即可。还有：不仅对现在科学的本质性特征的忍耐被保存下来，甚至一种针对一切精神——人们预先把精神错误地理解为唯理智主义(Intellektualismus)——的厌恶还占据着统治地位，并且得到培育保护。对于所有精神斗争的反感被视为性格坚毅和“贴近生活”的感觉。但是，从根本上讲，这种反感只是一种带有怀旧感的小市民的市侩庸俗而已。倘若它把整个运动驱入一种精神上的无力状态——面对即将来临的精神斗争，这种无力状态缺乏任何锐利且强大的武器完全被看作卸去认识包袱和空洞理论的重负后的轻松——，那么它就是无足轻重的。

10. 从一所高校在不到一年的时间跨度里的命运的窘迫状况看来，以上这种总体情况可能只是一个很快就会消失的过渡状态。但是，这种情况也可以解读为：在德意志新青年履行最紧迫的教育任务时，一个巨大的疏忽在不被留意间开始迅速地蔓延：人民的、历史的、精神的认知教育，对这种教育来说，认知不再意味着：对知识的独立冷静的占有，而是一种存在——面对我们人民的伟大的，因而困难重重的未来，理解着自身并且被把握于概念之中的发展壮大。

11. 我们在这种情势下应该怎么办？

a）直接在那种冷酷的现实性中不断前进，协同工作，也就是说，不要被所谓的领导位置的形式束缚，而是使其发挥真正的、以自己萌芽和成熟为基础的影响。也就是说，从团队出发，在斗争中对团队进行重组，使它们形成领导集团，并且从小范围出发，默默地为“到来者的”的生成做准备。

b）如果可能，努力去创建少数的、简单的、保持流动的组织机构。这些组织机构首先可以提供担保：在它们的秩序中，可以构建出各种新的开端，团结真正的力量，这样就慢慢地、持续不断地设定最高的精神的标准，使其转变为气质和态度，并使其表现在词语和作品中。

c）如果［要］把大学作为现成在手的东西加以否定而把整个的其它认知教育的任务加以肯定，［那么］只能依据［以上］两种形式来从事运营和维护。

如果这一点得到理解：不但那些依赖于现存既有之事的反动，而且那些对现存既有组织进行重组变型的新组织，它们的工作都是在对大学进行不可阻止的拆解和最终的毁坏。只要还缺乏这种洞见，为新的认知教育而做的一切工作就进入不到开阔的田野，也就找不到孕育生长的富饶土地。——

历史性上-精神性的各种世界和各种力量，并不会因为人们对它们置之不理，或者通过协议来铸住它们，就被克服了。

今天“政治教育”——一种同义语的反复——的根本缺陷并不

在于：做得太少而且做得太犹豫且不稳定；而是在于：做得太多、太仓促于急于求成，把过一下手当成创新。似乎国家社会主义就是一种涂料，它现在可以迅速地涂抹到所有的东西之上似的。

什么时候我们才能把握本质的质朴性这类东西，以及它在世代传承更迭中所发展出来的稳重的持续性？

我们只是蹒跚地走向歧路丛生的、传承下来的、表面上有预测的确定目标。

承认任务的复杂多样，把握这些任务的必然性和等级，紧紧抓住唯一的最本己的使命（Berufung）。绝对信赖**原创性的东西**之非日常的、源初的安全可靠。不要与**制造伎俩**混为一谈。

没有“阶级”，但有级别。

没有“阶层”，但有优势。

69 [39]

一种流行的谈话方式：国家社会主义首先不是作为一种“理论”而出现的，而是以行动开始的。好。但是，因而得出结论：“理论”是多余的；甚至由此得出：“如若不然”，人们“此外”还可以用坏的理论和“哲学”来粉饰自己？人们没看到，“理论”在这里——根据 134
需要——有两层意思，而且没有看到人们恰恰是在“从理论上”解说个人行为时产生了误解。因为：过往斗争中的很多“言论”并不是“理论”吗？——过往所发表的“言论”，难道它们没有去教育改造［一般］人和人民同志，使得他们形成另外的立场观点了吗？比如在关于劳动者与个人的关系、关于经济、关于社会、关于国家——这个人民共同体——尊严——历史，等方面方面，建立另外的观点。

舍此它们又干了什么呢?

“理论”作为分离的、单纯的构想(Gedanke),只是被想出来的东西[①],而作为从事预先把握的认知要求,“理论”不应该[与前者]混为一谈。根据不同情况,其实践的意义也各不相同;“干事业”(Einsatz)不是单纯的实践;而单纯的突然干什么与突击做某事也不是“干事业”。对“理论”的曲解可以在实践上导致十分严重的恶果;因为,实践就会成为单纯的“忙活”=最坏意义上的“组织”。

[40] 但是现在还不是最终状态——也不单纯是这类东西单纯由党内向党外在整个人民中的传播步骤——相反,现在恰恰是要“落实”(Einsatz[②])这种所谓理论性的东西——因为基本性情本身就扎根在那里,而且还必须从那里出发,去创造历史的世界。

运动和它的工作的象征性力量越是源初,越是强大,就越是需要认知。但是此处的认知不取决于一字不差的推理正确和计算——而是取决于感知到世界优势这种基础性情所具有的力量(Grundstimmungsmacht)[③]。

70

我们并不想在“理论上”为国家社会主义奠定基础,甚至不想它能以大家信以为真方式而具有承载力和持久性。

我们想要做的是,为运动和它的定向力量(Richtkraft)预先构建世界格局(Weltgestaltung)及其拓展之可能性,藉此,我们能认

---

① der nur gedacht wird,有“只是空想出来的东西”之意。——译者注

② Einsatz 意义很多,只能根据上下文,给出不同的中文翻译。——译者注

③ 这里是对 Grundstimmungsmacht der VVeltüberlegenheit(世界优势的基础情调之力)的意译。——译者注

识到，这些筹措规划本身，也就是说，［当它们］被歪曲为“理念”后，
并不具有任何影响能力；但是，如果这些筹措规划是被抛在、发源 135［41］
于、保持在运动力量中以及其场所中的语言和追问态度的话，这些
筹措规划就确实能够有影响力。

对筹措规划定调的和创造形象的力量，是决定性的——而这是计算不出来的。性情和形象——但必须去对抗人民的封闭的构型意志(Gestaltwillen)。

71

庸俗市侩到处发迹，［到处是］自命不凡的半吊子文化、小市民的伪教育——［然而］德意志社会主义的内在要求，根本得不到认识，因而根本不受欢迎——至少从备受关注的特征出发看是这样。这种现象是一个奇迹吗？最廉价的陈词滥调成了团结人民的思想！但是这类状态是人们无法规避的。平庸是一定的——只是不允许人们企图对它加以改善；平庸性已经够令人苦恼了；然而最严重的是：它对自己的悲惨贫困一无所知，且依据它自己的规则而不允许知道这些。

72 ［42］

精神上的国家社会主义不是“理论性的东西”；但是，它也不是“更好的”甚至“本己的东西”；然而，其实正如各种不同的组织和团体的国家社会主义一样，精神上的国家社会主义是必要的。但就此必须说的是，那些“脑力劳动者”与精神的国家社会主义的距离，并不比“体力劳动者”近。

因此要坚持精神上的要求，尽管这种意愿经常并且很容易被上面嘲笑为事后的聪明，并且依据优秀马克思主义者的思维方式，被作为纯粹的“同路人”而排挤到一边。

136 73

使运动资产阶级化的威胁，恰恰因为下述情况而在本质上成为不可能：资产阶级的精神以及通过资产阶级管理的“精神”（文化）被精神的国家社会主义所摧毁。

74

本真的，但又是最遥远的目标：在诸多存在之权力（Seinsmächte）的发展和运作构型中，人民[①]的历史性伟大。

[43] 较为切近的目标：以它的扎根和通过国家所接受的它的使命为基础，人民回归到自身。

异常切近的目标：预先创造人民共同体——作为人民自身。

工作与领导。

最最切近的目标：所有人民同志的人生达在能力和工作能力——工作乐趣和新的工作意志的创造。

这些相互联通的目标，又在不同情况下要求不同层次的构型运作，而构型运作本身又是决定于从事领导的那代人对运作构型的具体经验广度和运动的动机，取决于新青年的造反意志。

没有任何一种目标之构型运作是可以直接获取的——每每[都有]弯路和倒退失败。但是，当在基础性情中宣告去接近那最遥远

① 德文中人民和民族是同一个字。——译者注

的目标时，这种接近所达到的高度越高，目标越源初（虽然它被封闭着），对实现过程所取得的构型结果的把握也就越牢固。

我们最本己任务在什么地方？在贯彻新的求索和追问中去创 [44]
建新的认知要求？

大学**倒退到**以前的资产阶级管理方式中的**危险**——尽管有政治 137
思想一体化政策以及政治上的额外补充措施。

被截获的危险：再次倒退回基督教的思想世界和迄今为止的西方-近代技术科学之领域中。

与此相对，我们必须找到认知教育以及唤醒认知意志的途径和方式，贯彻之：它们应该已经被现实性——它在自己的目标中宣示自己——的性质所渗透统治。为此，这个进程的运动根据（Beweggründe）必须是从隐藏着的**基础性情**中成长出来；这种基础性情不是通过关于它的言论——而是在对它的态度中被唤醒，被培植。为此，**共同**工作的其它方式以及工作态度才是必要的。

认知意志和认知服务必须与基础性情、与热情酷爱紧密挂钩； [45]
这些不是一种错误的活力的附属物和装饰——而是依据**性情**的本质——进行定调者。只有这样，认知才获得它合理的地位——根本不是从外部——［从］它迄今为止的机构设置和这些机构设置的文化意义那里——而是从存在的本质深度那里［获得它合理的地位］。

运动动机和预期的基础性情的种类和热情酷爱，对于事情的发生是决定性的。再教育首要的是要以它们为基础。

认知和追问的热情酷爱和性情是决定性的，这恰恰是《大学校长就职演说》[①] 所想讲的。这里，迄今为止的意义上的“理论”之本

① ［Martin Heidegger: Die Selbstbehauptung der deutschen Universität. In: Ders.: Reden und andere Zeugnisse eines Lebensweges. GA 16. Hrsg. von Hermann Heidegger.

质被打碎了。

一切取决于存在和達在之有限性的本质，就意味着，届时的被赢获者总是处于源初性开始的高度之下——由此得出的结果就是：我们必须从尽可能高的地方开始，并且一定要坚持在这个开始中；因为，否则，只有跌落回去。

要清楚牢记的是，所有精神上的创造性东西，在经济上，以及在直接的政治上都是无效益的。只有那过于“贴近生活”的意见的平庸性，才会由此得出“精神性内容的不必要且多余”的结论，或者，更糟糕的，并由此进一步错误地推导出——出于恐惧，人们最后会可笑的容忍，让完全没教养的说了算；这样，人们只有重新跌回资产阶级的市民性中去。

领导意味着：培养独立自主性和对自己的负责性；而精神上的领导讲的是：唤醒创造性的力量，提升为领袖集团。

领导与追随绝不能被看成上级和下级的关系。它根本就构不成这种秩序。级别是一种无形迹的、到处渗透的权力，恰恰是它，在其他人那里维护着那本质性的东西，并使其得到拓展。一个运动的彻底主义，只能在它总是从最清晰和最深邃之处不断被刷新的时候，才能被坚持——在精神性的东西中［被坚持］；目标的实现每次都是追求一种终极状态，人们总是以它为走向调整自己，以求得安全保障。

在精神领域中真诚的平庸性［带来的］无可救药的危险（克里

Frankfurt am Main 2000, S.107–117.］（海德格尔：“德国大学的对自身的主张”，见《讲演和生活历程中的其它文档》，《海德格尔全集》第 16 卷，赫尔曼 · 海德格尔编，美茵法兰克福，2000 年，第 107–117 页。）

克)[1]！它窒息了一切,并赋予了平庸化以正当的自我意识,且善意地排除了所有对于自感卑下无价值的痛苦。而这个社会就应该为一种人民的历史性世界做准备。

我们不想作已有成果的受益者和管理者——我们要去激起一种新的战斗，这种战斗在公众舆论中没有优势，也没有可目睹的牺牲者的优势——在这里，一个人很容易不受注意地隐藏起来，而另一方面战斗的手段尚待自己去创造。

/阻止制造伎俩，平息争执，补建和确认组织机构，管理业务进程——所有这一切都与领导无关。/

在认知教育中，领袖的首要任务是：在整体上设定目标，带它 [139]
上路，为它准备武器。

这些东西总是会导致"大学的改革"。这会导致大学的终结，创造[新的]源泉。

75 [48]

大学校长的座右铭：你不能回避持续不断的失望；失望澄清着情势，坚定着那本真的意愿。

领袖意志有别于绩效追求；后者对于在日常成果中[享有]的慰藉和对日常成果的持续追逐是必不可少的。它在平衡中找到了满足——但对于本真的意愿的躁动不安则毫无感觉。然而这种满足对于绩效的饥渴来说是不够的——它想宣示和歌颂它的成功——它必

① [Ernst Krieck (1882–1947),1933 Rektor der Johann Wolfgang Goethe-Universität Frankfurt am Main, einflußreicher Pädagoge, vgl. Philosophie der Erziehung. Eugen Diederichs Verlag: Jena 1930.](恩斯特·克里克(1882–1947)是1933年法兰克福大学校长,著名教育家。参见《教育哲学》,耶拿: Eugen Diederichs 出版社, 1930年。——译者注)

须设计新的制作伎俩，以便使得制作伎俩不会在公众性中衰落。管理中的井井有条、有理有据，处理事务的灵活熟练，面对伟大的追问和使命，处事不惊，对干事的乐趣，以及“与狼共嚎的能力”，对它而言，是必不可少的。

76

只要新的科学没有被创造出来，我们就无法颠覆迄今为止的“科学”。然而不唤醒对于认知意愿的某种新的激情酷爱，这种新科
[49] 学就无从被创造出来。做不到这一点——那么，所谓的已经被颠覆过的迄今为止的科学，就会更加贫乏和更加成问题。

140 77

“科学”作为近代的主导性开始，是一种——在统治自然意义上的——“权力的意志”——“科学”作为一个要面对着对于暴力之秘密充满畏惧的“世界”——是一种有特定指向的、终止停留在某个特定层次上的揭秘方式。

现在，认知和科学似乎必须同时承担完全相反的任务：

对世界并因此而对历史性達在的唤醒，进行着连回和“解放”。进行连接，作为具体生存性的劳动，恰恰是进行赢获的工作。

趋向于诸权力之授权的意志和落实行动。通过性情调节的方式，達在嵌入到种族性的[1]发生之迫切筹措抛划与坚守中的嵌入活动。

---

① volklich，纳粹术语。——译者注

在具体生存环节上，这种向回连接的授权是以什么为前提的？首先且最终：存在理解的变迁！时间！

通过什么样的教育任务和教育方式能够创制这些前提（被抛的筹措抛划和预先把握）？（参见[89]页）

对奠基论证（Begründung）的新要求——源初的认知，以便唤 [50]
醒基础（Grund，根据）。

根据和授权；认知与劳动。

作为授权和奠基的劳动。

调节性情的——调解根据（stimmende-grundstimmende）的授权意志，但是却是作为传承，也就是说，作为与伟大者的交锋，而载入筹措抛划之域。

78

把国家社会主义[①]贬低为一种“窍门”（Dreh），人们现在利用它，将其当作一种新式灯笼，去侦察迄今为止的科学和它们的材料，由此而快速地照亮它们，抛向市场。除了能够轻易获得成果之外，这样做还有一种优势：人们就成为国家社会主义者，通过报纸，人 141
们可以把自己作为国家社会主义者向大众推荐。通过这一切，人们就在运动中带入了一种僵化麻木——在精神上的生动鲜活的假象之下。

这种僵化创造了一种单纯的状态——也就是说，切断了同进行预先把握的动机和性情的一切联系，错置于强行一致的四平八稳之中，这种四平八稳比之前的状态更坏。最好的结果也就是人们能创 [51]

① 其缩写即NZ，“纳粹”。——译者注

造出一个认知情势，从这里出发，人们能够考虑、预先谋划算计：国家社会主义从来就在那里，早就准备好了。由此而来，人们才彻底断绝了同接受某种全新的、闻所未闻的精神性使命的基础性情的一切联系。

79

起决定性作用的仍然是：精神的-历史的拓展渗透以及基础性情，是否足够源初同时又足够清楚，以致使它们得以迫使人生达在能做出创造性的改变——；为此需要的前提是：国家社会主义一直坚持战斗——处于“坚决贯彻到底”的状态中，而不能仅仅停留于“传播扩散”和“大量繁殖”以及维护断言的状态中。

敌人在何处，他是如何被创造出来的？攻击的方向何在？用什么样的武器？

一切都保留在对奋斗和提前预告的“单纯-拆建”进行宣示断言

[52] 的状态中吗？请注意对**迄今为止**的战斗的过分强调，似乎现在就要结束了。

如果谁只是维护断言，并因而迷失于某种空虚的优越感中，他至少能够抵抗那些无判断性——这种无判断性有一天会毫无选择地吞下之前与之战斗的全部东西，并去颂扬它们。

142

80

我们现在进入一个，把快速适应“意识形态”看作是国家社会主义的时代；今天这特别容易。这种东西的危险：一方面，不引人注目，而恰恰因此误导了大多数人，另一方面，较为引人注目，于是为别人拒绝给予，进而变成对精神性东西的否定。一切都运作于市民的–自由主义的表象方式中。

81

今天人们已经可以谈论“庸俗国家社会主义”了；我用它指的是，眼下那些被任命的、被吹捧的报纸作家和文化制作人们的世界、标准、要求、行为举止和态度。从这里出发，通过没头脑的引证——自然要援引希特勒的《我的奋斗》[①]——某种完全特定的历史学说和
人类学说就走入人民之中；这些学说，最多可以称之为伦理唯物主 [53]
义；但这并不是说，它要求把“感性享受和尽情生活”作为人生達在的最高原则；绝对不是。这个称谓只是为了有意识地突出它与马克思主义以及马克思主义的经济–唯物主义历史观的区别。

我们上面所提到的唯物主义指的是一种所谓的“性格”，与野蛮和狭隘并不是一回事，但是却贯穿始终——就像处理一个物件那样，一切都围绕着它转。“性格”还可以意味着：市民的忠厚老实；或者意味着时刻准备好的、默默专注于他自己的工作和专业知识的、坚定不移的落实贯彻能力。也可以意味着：在制造伎俩的所有方面都得心应手，伪装得很像，很好地掩饰了能力上的缺乏，以及它所欠缺的思虑沉思上的严肃性
和成熟性。总之，性格不是像石头和汽车那样现成在手的东西——也不 143
是在短期训练营培养出来的东西——而是在历史内部的考验过程中自己 [54]
发展出来的东西，而这个历史又是它自己具体参与构型的历史——但是

---

① ［Adolf Hitler: Mein Kamp Bd.1–Eine Abrechnung; Bd.2–Die nationalsozialistische Bewegung. Fr. Eher Nachfolge: München 1925 u. 1927.］（希特勒：《我的奋斗》，慕尼黑，1925 年和 1927 年。）

绝对不是单独——无论如何不是作为现成在手的力量——而是，如果是力量的话——那么也是作为在-世界-中-存在——也就是说，进行认识的、精神性的和自然的、与实存进行较量的才干的力量。

这种伦理唯物主义——尽管站得比经济唯物主义要高——只要人们还把伦常置于经济商务之上——也是必须进行论证的，不能借助“性格”就决定下来。这种伦理唯物主义绝不会因此与经济唯物主义相抗衡——无论如何不是在下述意义上与后者抗衡：它把自己视为下层建筑、作为承担者和决定者，其它一切从这里开始都被错误地解释为“上层建筑”。

这种丰富的市民式的性格作态（Charaktergetue）——有一天这种性格作态会由于它自己的无能而失败——同一种混乱的生物主义联系在一起，这种生物主义会为伦理唯物主义创造一种真正的“意识形态”。

[55] 人们在到处散布疯狂的看法：精神的-历史的世界（“文化”）会像植物生长一样从“人民”中生长出来，前提是，人们把障碍排除掉——也就是说，比如，继续贬低资产阶级的市民的知识分子，斥责科学的软弱无能。

但是单靠这些达到了什么结果呢？这个依靠“知识分子”得到拯救的“人民”，堕落到对最无聊的市侩庸俗性的盲目追求中，而且卖力去模仿和攫取资产阶级特权和他们的声望；抓住那些触手可得的现成在手之物以及占统治地位的东西，以便利用它们去获得自己的统治权；“常人”害怕那种向前把人撞击到不确定性中去的斗争；这种斗争知道，只有通过少数人和个别人才能从封闭者和痛苦煎熬者中将伟大的东西开发出来。在此我们把下述问题完全放在了一边：今天，通过这种途径，我们在多大程度上还可以达及“人民”的某种源初性——比如通过去除智慧，突显已经衰落的人民的民俗文化以及类似的东西。然后总还有一大批小市民群众和无产者 [56]
群众——他们只有在历史的进程中——而不是通过投票表决——才能被改造。尽管这些群体不再被划分为阶级、被组织到政党里——他们作为历史的姿态和人民的诸权力仍然在那里，只能慢慢地被克服：一方面通过新青年，然后通过我们的人生達在的精神-历史的基本性情和激情酷爱，最后通过工作和财产占有的本质转变而被克服。

所有这些都应该在没有“精神”参与的情况下被创造出来，并且只是用“性格”加以宣讲吗？所有这一切应该是从人民中“靠自己”生长出来的——不是被强迫去选择，也不是被关进认知管教训练营中。

从单纯排除障碍中还成就不了任何东西——除非某种伟大的东西出现——而是只有通过预先把握的斗争——也就是说，只有通过痛苦和危险，也就是说，认知！

82 [57]

认知教育的意义：并非为了在国际会议上捍卫我们在科学上的荣誉，而是为了唤醒我们人民最内在的達在力量——不是为了推动我们自己的“文化”，而是为了争得達在意志的清晰性——不是为了保障对人民共同体的精神需求的关怀，而是为了争取到对我们的本质进行统治的范围的广度——不是为了保障占有者的闲暇而进行无聊的充实，而是从最内部的困境出发，让工作得以实施——不是为了让某种“精神的上层建筑”得以建立，而是为了找到人民性

(volklich，种族性)存在的基础形式。

从我们现在的外部和内在的急难之中，也许可以看到某种不引
145 人注目和不能带来直接用处的任务——但是由此而愈发寡言少语，用某种简单的手段、无声无息地完成。

[58] 占领高校的斗争已经走向结束——人们现在都瞄准，并且希望，以便宜的方式能获得教职合同以及私人讲师和教授的位置。人们觉得，有权站在讲台上冲下面宣讲了。人们意外地跌入到他们原本与之斗争的世界桎梏之中。人们在那里感到舒适，只是因为人们自己携带的前提、才智和能力过于不堪。人们通过如此多的喧嚣来反对僵死钙化了的教授等等，他们从中斩获的东西，最终自己已经走到终结，所以，对此人们没有任何感觉——人们却调整自己，在新型高校的招牌下，使得这一终结永恒化。在那里的东西是全新的——：总之学生团体和教工团体的机关化[？][①]；令人吃惊的成熟，一切可能和不可能的都各就其位——只有一个事情没有着落：本来应该在这所高校中发生的东西，即**认知教育**，却无人问津。然而，这本是应该发生的，其前提是：高校不是为追求绩效的制作者和生产泡沫
[59] 的吹牛大王们准备的一个游乐场——这样的大学同精神性的责任相距甚远，就如同它在对认知(这本来是大学享有的权利)的真正占有上，也没有任何发言权。

这一切可以不受干扰地去追求它的本质。哪里发生了最表面和最喧嚣的事情，人们就到哪里去寻找那“已经有动静的大学”。人们对自己已经陷入其中的危险毫无感觉：通过不断的否定，把自己

① 编者在“机关化”(Verbeamtung)后打了问号，以此表示：手稿中此字模糊，Verbeamtung是编者的推断。——译者注

变成了被否定内容的奴隶；由于缺少另一种[选择可能性]，所以求助于这种做法，而且在必要时用时代潮流的装扮对它——进行更新，把它推销出去。

这样，纯粹的庸俗市侩就会掌握权力，阻止任何创作性的、向前挺进的基础性情的出现；把一切真正的精神性斗争之可能性都加以消灭（人们看不到对手，此外，也愿意维护他的平静）——也杜绝了那最不完美的意愿——阻止任何呵护和拣选的可能性——通过 146
高呼口号和集会以及类似的东西，把一切都向下压到无聊的业务层次上。

通过一夜之间的订制工作是出现不了精神世界的。当然我们也应去积极为它创造过渡的通道，促成它的到来；那么现在：通过对今天情势的最尖锐批评[为其准备过渡]。

*只有少数人，只有大师级地位的人，只有已经长期成长而成熟的人，只有那些具有基础性情和风格的人，才能够领导且开创真正*的起义，那不会在叫骂和口号中收场的起义。

如果没有提出不可解决的任务，那么对性情也无所要求，如果一切都在计算谋划中收场，一个本科毕业的工程师变成了领袖，那么就与伟大契机的创造没有任何关系；因为照此，这整个事情就会变成*唯一的后方地带，那里没有前线*（参见[62]页），*也没有敌人*。

83

学生群体的**社会主义的派头**（Getue）——最愚蠢的浪漫派：与“劳动者”混在一起，酗酒；在工厂企业里参观、闲逛——人们知道 [61]
得很清楚，他们绝不会在这里长期生活和工作的——这一切就像在春耕时期或者秋收季节，农民跑到大学城中，让人请他们参加学生宴饮，以为如此便是主动宣示证明了人民的团结；其间耕地和收获之事，见鬼去吧！或者几个妇女在地里当牛做马、累得要死——［这就是］社会主义？当学生们根本不懂认知教育的时候——不是用人民的认知去为［建立］一种真正的共同科学（Mitwissenschaft）做准备，积极参与、尽自己的天职，并准备好去勤恳执业，参与建设他的
147 历史-精神的世界，防止其败坏为无可挽回的庸俗不堪之物，以便唤醒和呵护真正的需求——通过简单的诚信服务的楷模榜样——当然它需要一个漫长的教育，且发源于一种更高的和更优越的、真正的认知。

［62］ 恰恰作为“学生”，今天的学生不是国家社会主义者，而是十足的市侩俗人；因为，在认知教育中，他使劲逃向不知道从什么地方来的、多少和他沾点边儿的、最廉价、最流行的“知识占有者”的追求之中——不带一点儿从事认知的态度，恰恰是这种态度才能被称为“社会主义的”——也就是说，受到责任的驱动，有真实的优越性做担保，并有随时准备行动。

这种“社会主义”的派头只是一个掩护逃避本真使命和掩盖自己的无能的幌子而已。

84

如果没有人在那里去承担［掌控］某种内在方向的任务，项目计划和组织机构都是无用的。现在是去戳破大学虚假革命的时候了。（假象：1）因为，那些应该被颠覆的东西，已经不在了；2）因为，应登上其位置的东西，仍是更空虚的，更不成熟的东西。）还剩

什么?

前线的建立——确定斗争目标，识别敌人的位置，(因此，不要过于舒服地滥用“反作用”；敌人就在现今之事内部)；力量的积蓄 [63] 培养；历史性的进军的基础态度。

但是这最终也只是教育方面的“项目计划”。真正急需要做的：是工作。远离那只会伪装成“本真现实性”和决断的领域的欺诈做伪[①]！那里根本没有什么可决断的——有的只是让流行的令人恶心的业务继续运转。(参见[60]页)。

85 [148]

现在需要：

1. 向前从事开启和从事联接的工作——
2. 从事认知教育的，能形成青年同盟的高手——

---

① 前面我们多次见过 Machenschaft 这个词。在海德格尔使用的术语中，是一个很麻烦的词。这个词的词根是 machen，意为“制作”“制造”，就像中文的“人造”有否定含义一样，machen(人造)也是如此。于是，machen 就有“伪装”的意思。海德格尔在批评近代科学和技术以计算、数学为基础并且离异了劳动中人与自然的天然关系的语境下，将这种状态概括为 Machenschaft，我们翻译为“制造伎俩”。这是他的特殊用法，一般德国人并不这样用。但是，他也使用这个词的“狡诈、行欺诈”的意义。译者专门就此请教了《黑皮本》编者特拉乌尼教授，他在回信中表达了同样的看法：“在海德格尔的用词中，achenschaft 的两种含义都有(参见《海德格尔全集》第 69 卷，第 186 页)。就像您说的，这个词用于刻画技术的存在历史上的本质，其意义是从‘制造’(machen)出发的，在他这儿，这是基本含义。但是附带地，该词在德语中的习常意义——阴谋诡计——他也使用。您可以参考古希腊文 mechané (Mechanik)，它也有这两种含义，也有诡计的意思。在 Machenschaft 的第二个意义(制造性，基本意义)中也包含着寻常意义：在现代技术中我们总是在‘欺诈’自然。所以，海德格尔是有意识地使用‘Machenschaft’的歧义性。一个像海德格尔这样对德语驾驭得如此精熟的人，说他对该词的歧义性无意识，有谁能信？！”我们基本将该词译为“制造伎俩”或“生产制造”，个别地方根据上下文，译为“做伪”。我们选“伪”字，兼有参考荀子思想的意思。——译者注

3. 要求的提出与贯彻（Anspruch und der Forderungen[①]）的无条件性——

4. 持续不断的工作的榜样上的训练——

5. 通过所有的那种本真的 X！

86

如果现在的大学寿终正寝，那么也就不再有现在的大学生，他们也就无处同大学发生摩擦，然后他们也就和他们的智慧一并完结了。

[64]

87

今日在大学中最为重要的是**新闻处**——由最有权威的人去担任。它将报道：有多少冲锋队成员在学生食堂用餐，等等；通过新建体育馆创造了多少就业机会；通过到北海的郊游把学生们和教师们重新团结在一起——等等；等等——然后又怎么样？

88

我们亲身经历了经济上的世界-**急难**，并且仍然处于其中（失业）；我们被绑缚在历史-急难和国家-急难之中（凡尔赛），我们慢慢认识到这些急难之间的紧密链接——但是我们对于精神上的**達在之急难**（Daseinsnot）却毫无觉察——我们尚且没有亲历之能力和承受之能
149 力，也就是说，还没有强大到足以面对精神上的達在之急难，可是恰

① 这两个字都是要求的意思，前者更强调“主动提出”，后者更侧重“需要执行”。——译者注

恰这才是最大的急难。因为人们现正全力争取，尽快消除这种急难爆发的隐患：或者是通过欺骗，逃向变得空虚无物的基督教，或者通过召唤那在精神上成问题的、其根源十分可疑的国家社会主义的"世 [65]
界观"。因此，事件的发生也被缩小贬低，不给它到其精神上和生存上急需的力量中去的自由。因此，一切都堕落成对"自由主义经济"之类的东西的谩骂。好像在我们自己的历史中只有这类庸人市侩看见的东西似的。

我们什么时候回到達在的巨大急难之中呢？

我们如何才能在最巨大的急难（Not）中成全那巨大的急需（Nötigung）呢？我们什么时候才能严肃对待"達在"的成问题性[1]，才能严肃对待面对勇敢行动（Wagnis）时爆发的巨大恐惧？我们什么时候才能粉碎被说成是我们的"性格"的不停聒噪、"毫无盈利"的抠抠缩缩的小聪明呢？什么时候我们才能创造出与德国"劳动者们"以及其德意志传统的人民的真正相遇？

89 [66]

如果对精神与思维的咒骂——真正的问题——只是面对最深最广的達在之急难的清晰性所产生的恐惧的话，又当如何；——把自己紧紧封闭在无修养的喧嚣之市侩式的安稳之中？

90 [66]

关于"人生達在"的真正的当下性。——它并不存在于今天之

① Fragwürdigkeit，即"值得追问性"。——译者注

事的丢失中，也不存在于维护手头现状的努力中——而是由对最内在的急难的亲历构成的；因为那急难本身就是向前的抓握，并以此把我们移置于对整个时间性的完全延伸之中。

150 从事贯彻落实的将来性是扎根于急难中，在此急难中曾经性(Gewesenheit)通过真正的传承而传递给我们。

对于在急难中，且为此急难而从事寻觅達在意志，達在的任务才成为在当下的。

因此，这种意志——作为寻觅——就是最紧迫急需的[1]且根源上最必要的[2]认知意愿，并且作为认知意愿已经就是本质性的认知活动了。

達在的真正的坚定性就是那在炉火之处对存在之“值得追问性”[3]作坚持的寻觅。

但是为了真正地把握这一切，也就是说，真正地亲历这一切，
[67] 就要求：更新过的自身思考(Selbstbesinnung)之更高和更深的层次；今日之事的态势根本不再被假扮成真理了，也不用去规劝人们相信，人们无需再去学习任何东西了——因为人们根本上不再愿意学习了。因为人们丧失了去学习的能力；人们会用对这种状态的认可，把自己做成一种单纯的过渡，且放弃自身的崇高庄严。

91

1933至1934年运动的状况应该只看其“达到了什么”——

---

① genötigste，其词根就是Not(艰急)，直译是“最被艰急的”。——译者注

② Notwendigste，其词根也是Not(艰急)，直译是“最朝向艰急的”。——译者注

③ Fragwürdigkeit，字典意义是“成问题性”。——译者注

终极状态——来进行解释，然后就完了——还是说，它只是人民伟
大未来的前奏？只有当运动是后者这样的时候——我们相信这一
点——它本身才铁定是伟大事业中一员。但是，接下来突显的问题
是：哪些力量能发展和创造这种未来？当然不会是那种天天满足于
把迄今为止的老一套再次翻新的力量，但是也不会是那种现在作为
迟到者在后面拼命追赶、找不着北的，且把一切都做成自由主义精
神的味道的，也就是做成无关痛痒的东西的力量。由此看来，“老 [68]
东西”对“新东西”的不信任感不仅是有道理的，而且是必要的。但
是，如果这种不信任被盲目扩展到所有精神努力之上，扩展到长期
以来为了这些精神努力而发展和**装备起来的探索**活动之上，并且将
这一切不分青红皂白地扔到“唯理智论”和“理论化”的杂货柜里， 151
那么，这样做就会成为创造性活动之发生的禁锢和扭曲。

92

熟视无睹、充耳不闻和平淡无奇是永远难以根绝的；甚至是必不可少的；只是不能让它们爬升到成为拥有约束性的最高标准的地步。

93

大学评议会的和院系的**代议制主义**（Parlamentarismus）被取缔了。在它的位置上取而代之的是**举荐制度**。它使得今天高校的领导工作比以前更加困难。有决定能力的力量之间相互推诿，大家都没什么有创意的根本目标，这些力量发挥作用的情况完全取决于各自在处理高校这个“对象”上被赋予的权限的大小，因此破坏了整体

[69] 性——或者是一切都变成了被不断加热、与别的东西混在一起、被来回反复搅拌过的剩汤。

这种状态的后果日益明显：来自——并没被认识到的——内在的无助性和无目的性，人们纷纷逃避到高校的附加任务当中——；这是一种单个人的盲人竞赛，就像旅游疗养地的广告狂一样——；最不可思议的东西在那里备受吹捧，被使劲推销——；更不要说这种驱动中的庸俗肤浅和虚假做作了。

94

现在学生们的“帝国”（Reichsschaft）已经奠基起来了，“领袖”也确定下来了。前天人们为此努力支持领袖。但是德意志的学生们
152 对于他们接受下来的责任有什么感觉吗？我相信，没有。因为，为此需要有能力采取相应的精神上的-创造性的态度，以及与此相应的实际去“战斗”的才能。但是人们看到在那里实际发生的，只是
[70] 对精神性斗争的逃避；在所谓“政治行动”的面具之下。如果这种追求和努力最后毫无结果，人们就会马上指出：对了，是教授们把我们给坑了。

95

在人们繁忙于日常事务期间，他们会沉沦于虚妄之中，似乎他身处在本真的事件发生处。当日常事务被耗尽了而自身并没有任何变化的时候，在看不见的情况下，本质的东西就出现了，并且在隐蔽的任务中已经对自己预先有了规定。但是，简单地逃过日常的东西、误入梦幻之乡，是完全错误的。坚守于存在的中心，在日常事

务中去寻觅和追求未来之事。

96

学生们和“教师们”现在都在忙于同样的事关聘任和职位分配的来往通信；这些东西以前都是那些没良心的正教授们津津乐道之事。现在的区别只是：

1. 现在热衷于此类来回打听的人比过去多得多了，[71]

2. 其结果就是下判断、拿主意的任意性和对下断定的资格的无法考核性在不断升级、日益严重，

3. 现在拿主意的人都是一些根本**毫无经验**的人，

4. 与以前的同行相比，他们更少以高校的整体为走向①——因为，他们对任何事情都无全面长远的预见，

5. 这些人在恰恰很有问题的国家社会主义的外衣下，从一种不合理的自身安全性出发玩弄法庭，这样在整体上就完全掩盖了［他 153
们］对高瞻远瞩的构型能力的缺乏，因而就可以轻而易举地去“组织”无可匹敌的平庸性了②。

97

今天的“年轻一代”神化自己的活动一直还十分流行——疯狂荒唐的、没有定见的，并且是自导自演的妄自尊大的装腔作势；他们在狂热努力的时候，根本没有注意到这种妄自尊大的装腔作势，同样，他们在咒骂老人们的同时，却在很大程度上正在偷偷模仿着

---

① ausgerichtet sind，亦可意译为“关注”。——译者注

② Mittelmäßigkeit，亦可译为“平均性”。——译者注

[72] 老人的东西，并且把一切都拖到老是不变的“套话”的单调无聊的层面上。对于这一代人的令人咂舌的无知来说，那种“文化社会学和分析”也许看起来令人印象深刻，但是实际上，所有这些东西早已衰亡了——其实十年前早就被我们看透了，并且从来没有给予它们任何肯定，而且现今看到的是这类东西的最拙劣的形式。

如果人们把突显自己的所谓的重要性当作目的，当作沉沦时代的骗子恶棍和金钱猎手的替代物的话，那么他们真的不配比后者有更好的运气。这样只是证明了人们精神上的盲目性：他们没有看到，这是从 19 世纪以来逐渐为人们准备好的命运。这个结局证明，真的不是什么伟大成就，特别是，人们忽视了，自 1910 年至 1919 年这 10 年间，孕育了影响深远的聚变。但是这里涉及的不是如何恰如其分地评价这些旧事的问题，这里唯一关切的是要知道，人们还能靠什么样的力量去独立地去进行创造，如果未来不想仅仅成为最近的过去的拙劣对应物的话。

154 [73] 98

否定中的安全性，是不能为进行肯定和先行理解的构型之力量提供担保的。反之，这种构型力量也不能依据那种安全性作为标准而对其加以评估；这种力量的伟大规律存在于历史中——不在单纯的今天之事中。

99

所有的力量都要处于一直坚持的温和和宁静中，最内在平静的决心要被保卫，以便让来自最内在的急难和最外在的压迫的最高级的“各种達在必然性”能够上演。坚定不移地直视本质事物的唯一性——不断长成的，让自己摆脱“常人”只能“附带参与其中”的一切之能力。

100

新的“達在”的基础意志在隐蔽的东西中所寻觅的东西，本身以典型化的方式被带去做认知上的和把握上的加工处理。在人民已经成长的，但是混乱无序的本质中一起寻觅。

101 [74]

走向结束的校长之年所带来的本质性经验：

从一种真正的“对自身的主张”之无能为力出发，从各种观点看，这都是大学的不可阻挡的**结局**。这种“对自身的主张”始终是最后的、渐渐销声匿迹的要求，没有获得任何反响。

来自高校的形式和机构设施——正是在宪法修改之后才有的——的那些尚闪烁不定、迄今为止一直进行的活动，现在越来越
少。那些被视为“新东西”的举动根本尚未成熟到去承担任务的程 155
度；而那些“老旧的东西”已经疲惫无力，无法返回自己的源泉；再次将自己投入迄今为止的科学工作之对追问的完全尊重[1]，又太胆怯了；过紧的绑缚在自己的专业、领域、绩效范围和专业世界中，可能成长为一种自由的“顺从之意愿”；无生育能力的善意是无价值的。

---

① Fragwürdigkeit，它的字典意义是“成问题性”。——译者注

单纯依靠国家社会主义的权力手段和附属于它的官僚体制进
[75] 行反应，也许可以对外造成一种掌握着权力优势的假象；如果整个成果[1]本身软弱无力，而为此所需的青年力量的输入完全不起作用，或者有从教能力的师资力量的维护培养完全失败，那[掌权]又有什么用。

我的出马参与为时过早，或者更准确地说：简直是多余；符合时代要求的“领导”不应该忽视自己的内在变化和自己的教育——而是尽其可能使得新的机构设施获得明显的积累增加，或者使得迄今为止的事物发生印象深刻的改变。在做这些的时候，本质性的东西可以仍然完全保持旧有的状态。

所有这些都必须一丝不苟地进行；那些“旁观者们”必须自己消解他们自己的无聊；在这期间，達在力量将汇聚成德国高校的新奠基之力量。

[76] 它什么时候到来，通过什么途径到来——我们也不知道。确定不疑的只是：在我们这个方面，我们必须为到来者的出现做好准备。我们不允许在迄今为止之事的发展上耗尽我们自己。我们不能让那到来之事的秘密观瞻受到损毁。在真正的意愿——和能力——开始工作的地方，我们也绝对不会袖手旁观。我们将坚守在神秘的、精神上的德国之看不见的前线阵地上。

156 102

谁要是站在有创造性的、持赞同态度的“反对派”立场上，他就不仅敢于面对不停地被拒绝给予；他还被要求去承受，甚至去自

① Gebilde.

愿从统治者手里接管“观念”和鼓动——即使经常走样变形——并且将其作为自己的事业加以实施。

103 [77]

反对对**领袖原则**的平面化和无限制的应用！

一个**科学教师**究竟在何种意义上可以是“领袖”呢？在何种意义上**不可以**。（这里的“不可以”并不是缺陷——而是保证了自己本身的强大，同时也为科学工作领域中提出的任务提供保障。）

从颠倒了的目标设定和要求中，如何生成了不真的和荒谬的判断及谴责？

104

高校问题的解决既不能只把眼光盯在“学生们”身上，也不能只放在“教师们”的科学研究任务之上；因此，更不能通过人为地将两群人联合在一起来解决——而是要考虑**二者各自的任务**——此任务已经在他们之前而且超越他们而在那里了，不论是否被把握。

在今日大学的总体话语中的那被恶劣包装起来的“实证主义”。

105 157 [78]

关于情势（1934年2月底）

1. 有影响力的、有承受力的、能扎根的力量在青年那里；而且不是在学生那里，因为学生对于他们所熟悉的高校世界尚没有成熟到可从事建设的程度，现在只学会在争辩中“成长”。

2. 人民的-国家的達在的组织机构创造了这个运动，依据的是某种由战士和工程师确定的组织方式。

3. 活动方面和世界观方面的基础态度，简直就像它属下的精神世界一样，一直杂乱无章，而且尽管它对 19 世纪的方式及其实证主义者的生物主义的传承很成问题，但是它自己却安之若素，根本不去看清和把握，15 年来[①]为转变整个存在做了哪些准备；终有一天，运动
[79] 必得扎根于这些准备之中，如果这运动想要把一种原初本己的创造性的精神世界落实到这个星球上的话。

106

为了正在成长的新青年的未来，我们必须将这种只有少数人能从根本特征上看清的精神-历史上的现实性抛到道路上，作为对被构型了的作品的考验阻挡。在这个阻挡上，新青年们为每一项斗争找到一种对抗，而一个人民的伟大存在恰恰就在这斗争中燃烧爆发起来。

在此过程中，必须坚持对效用加以区分和平衡：一方面是面对一切携带下来、流传至今的东西和创造性地开拓出来的、影响深远的筹措规划的那种充满激情的、心灵的基础态度；另一方面是面对其所有表面生僻性和臆想无力状态的存在。

158 因此就要求为此而工作的人：

[80] 1. 不要由于今日之事的紧急性和“事业”的公众性，让自己远离早早就预先定好的哲学家的任务；

2. 同时，不要让自己混迹于那袖手旁观、无所事事的，但今天

① 即 1919 年以来，也就是说，第一次世界大战结束以来。——译者注

继续被人们一再取用的“科学”和“文化”的替代品；

3. 不要把早已定好的任务做成新青年今天努力的唯一标准——而是与其成问题性进行较量，指导他们走向正确的方向；

4. 不是通过官方的领导地位来破坏和误解优势，而是把也许“毫无用处”精神创造活动接回到不引人注目的達在之中；

5. 绝不要失去同所有的精神上的领导的本质上的间接性的联系。

107 [81]

多年以来我就知道我自己在认知教育的工作中走在正确的道路上，必须拒绝稚嫩的青年用关于“新科学概念”的愚蠢可笑的废话对我进行教育。

108

克服那种错误：以为为人民和出自人民的工作就是利用组织做喧闹的装腔作势的表演。这些东西对那些断了根的城镇居民和今日之事也许重要，但是决不允许把这些东西作为工作方式推销兜售给精神上的创造性工作。

把一切都硬拉到公众舆论中去——就等于说，毁灭所有的真实的達在。

这一切不过是头脚颠倒的马克思主义，而这样的马克思主义危 159
险更大，因为现在欺诈——精神上的欺诈——才是真正的隐藏得很深的［欺诈］。

危害极大的意见：似乎哪里喧嚣动静做得越大，生意越热闹，阴谋诡计策划越多，哪里才有战斗。

[82] 109

当我们自己混迹于制造伎俩的喧哗躁动的时候，我们似乎承认了：我们也应该改变自己；但是实际上通过这类作为，我们恰恰脱离了我们自己和真正的使命。当然，仍然还有这样一种公开的假象：似乎我们属于袖手旁观、无所事事的“反应”；实际上，我们处在其情况完全不同的達在之发生的内部过程之中。

勇于保持距离——不要被喧嚣的“落实贯彻”的表面举动给扭曲了模样。

110

今天学生们有组织的——但是空虚的——权力所追求的是：让现实的“教师们”降格为有耐心忍让精神的、偶或叫来帮忙的帮工，因为，正好他们还有“知识”——人们理解的所谓知识显然就是“数字”和“数据”占统治地位的知识。学生们的**骄傲自负**是有道理的。他们依据的是，那种不同于老年人的、对他们自己的努力方向和勇
[83] 往直前意志的自信；但是如果它被歪曲篡改为**学生们**也将去建设将来的精神世界，这种骄傲自负就会变成笑话。他们永远不可能做到，不仅因为他们眼下还缺乏掌握体力劳动意义上的“认知”——而且因为**依据本质**，他们尚未达到精神上创造世界观的成熟年龄。

有一种观点认为：学生们现在的队伍有一天可以从自身达到［这个水平］——这是胡说；因为，他们会完全沉溺于迄今为止的东
160 西的老套路。人们只注意比较，用什么“范畴”进行思考和提问——

这种内在的无助性的严重程度与其狂妄自大一样大。尽管如此，这种黑暗的，靠所有迄今为止的东西加以贯彻的冲劲仍有其历史的必然性和意义。

111

有一天，我们必须把日常事务整个都走一遍，直到它的极端日常性，站在它们之中，以便把握：日常事务作为存在的必然的表面现象，在全部表面异化为不可避免的东西（时间）时，如何还最内在地与存在纠缠在一起。

有一天，我们还必须**完全离开**贸易、纯商务的事情，以便去亲 [84]
历**作品**的悠远的孤寂，把存在的矛盾性完全接受下来，并坚守于其中。

112

辞职讲话（1934年4月28日）

属于告别之时的惯常的“学院行政上的”告别词，已经做过了。我还想就眼下的情况讲几句同志间的心里话。

您们是处在新开端的迁跃之上。

我站在**失败的一年**的终点。

它显得像某种**对立**：

彼处，正走来的未知者之激动人心的力量正在到来；

此处，曾经是过的东西的喧闹不休的重负。

但是二者共属一起——是**同一个东西**：我们今天的逵在，我们
必须用一种简朴强硬的洞见紧紧抓住它——以避免某种使人目眩的 [85]

希望极乐性，以及那同样使人盲目的败兴情绪。

161 失败的一年——一种丢失——假如此**失败**不是人性的经验的最高形式该多好啊，在此形式中我们在它们的冷酷的影响力中遇到了那起作用的世界诸力量，学会去体会它们的游戏和它们的储备编排。

这就是从这一年的失败的基础经验中收集到的东西：自成一体的、有根的、发出对自身的主张的力量现在退出了德国大学。尽管它早已经从那里衰落了；只不过现在那空旷变得非常突出且到处可见而已：

从事教育的力量不知所措——

世界观上的力量萎缩凋谢了——

构建认知的力量已经四散飘零。

于是出现了：一夜之间大学丧失了在人民的公众生活中的影响和地位；这导致了现在——直至它最后的终结——某种“古董式的”

[86] 逹在，它还有着教育机构的两种作用，它在一定的界限内，还可以给学生们提供尽可能快捷的和无需太多辛苦就可以学到的、职业实践需要的知识材料。

一所大学院系师资的配备是“好”还是“坏”，今天已经没人在乎。现在人们关注的只是“数量上”的区别。“质量”的边界、本质适合性，都在别的地方凉快去了。

德国大学遇到这种命运并不值得遗憾。更加严重的是另外的事情：自称向前冲刺的学生们和对学生在“组织”和“态度”上进行教育的教师们，沾沾自喜于他们掌控了提供专业知识的职称等级；可悲的戏剧上演着：把落到他们手里的、彻头彻尾烂掉的老房子当作赢来的坚固堡垒进行发售。

危险不是那些反动；因为原本的“革命者们”更反动，由于他 [87]
们比那些“老人”在决断方面更无经验，无能力。

危险不是无拘束的勤奋，也不是所有可想象的和不可想象的由 162
外部推销给大学的特殊任务——不是关于周围田野风景的闲谈——其内部完全被掏空了。

这种危险在于：正在逼近的对情势的掩盖遮蔽，其结果是，从一开始，所有的计划和措施都被错置于“非真理”之中，并且任何真正的意愿都停留于可把握的狭小的真实界限之外。

剩下的只有一个东西：展示现实的内容以反对掩盖遮蔽——出自完全不同的它者的、自己构型的意愿。

可悲的不是这个终结——而是对这个终结的现实性的掩盖遮蔽。

113

从 1934 年 4 月 28 日起结束校长任职。——腾出了我的办公室，因为负起责任已经不再可能。

平平庸庸和吵吵嚷嚷万岁！

114 [88]

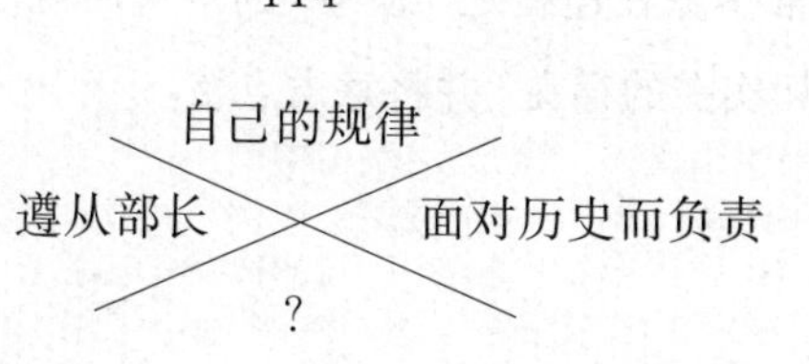

我的校长任职建立在一个巨大的错误之上：我想要引起“同事”对追问的兴趣和重视，对此最好的情况是他们保持对自己发展有

利——排除堕落。

163 [89] 115

保持缄默和坚定——

疏远和严格——

再次进入到最内在的艰急之中——

回到那对遥远配给(Verfügung)的紧追不舍中去。

伟大的被隐匿着的本有事件(Ereignis)——

远离所有当今之事。

人民的最内在天职的近处。

(参见[97]页以下)。

116

通过操心——作为存在之本质的实际赢获——并在操心中使得達在成为可能。(参见[49]页)。

117

把日常排除在達在之“思考”的不可回避的内容之外,以便突出展开一切实在的存在,并将意志点燃。

[90] 118

今天的许多人:忙忙碌碌者和吵吵嚷嚷者,

实干者和钻营者,

骗子和挑剔者。

他们忠实地料理着大众琐碎且无聊的激动和他们乏味的欢乐。他们在昏暗中漂泊，呆看着蠢事。

119 164

地球的更高的压力不在日常生活和作为，而是在创造性的提问力量和人民的构造世界的权力和力量。

120

迷失地跃入制造性的喧嚣的日常生活和它的制作性的漩涡，跃入它习惯的变化无常和它隐蔽的非重要性——难道非这样做不可，从而使唯一的必然性被完全把握；变得完全孤独，成长到适合于这项工作？

121

当“人们”把**今天**当下之事认作实际之事，把凡是与今天之事相**反对**的都作为“反动”而放弃的时候，这样做会引向何方？它也完全可能是一种“向前-导引”（Pro-duktion）。

122 [91]

一定有一些人，他们认为，“人民共同体”就等于是愚昧的平庸性之令人赞不绝口的和睦一致，于是把他们的鼓噪当作是胜利成果。

123

一个测试：谁能承担所有开端性东西和源初性东西［带来］的不可阻挡的降级——而又没有跟着一起降下去；有谁能参与观察所有坚固和紧密的东西被空心化和抹平，而没有变成陈词滥调的大师。

165
124

哲学的真理奠基于其作品的隐喻力量。它要与进行接合的约束训导之权力进行较量——它要约束训导的是被唤起的激情动乱。它要同源初性与纯正性进行较量；这源初性与纯正性在进行唤醒的活动中，重新连回到历史性達在之本质的被解放出来的全部艰急之中。进行点燃活动的追问意志必定从其作品中凸显出来。

任何绩效的高度位置、任何要求的等级层面，都含有去沉降的斜坡；这种沉降活动受到平原的拓展的影响而加速；于是就出现了
[92] 下述危险：完美的陈词滥调的空虚提供了一种假象，似乎它就是本质的朴质性。只有通过当时那向着不寻常的、不可避免之事的方向之有力的冲击，才能遇到本质。

125

今天的人们在单纯的组织之空虚性中蹒跚，进而——在最好的情况下——在事后去寻找可悲的**丰富**，对此他们认为，只要“组织”“尚在”，他们就能提供这种丰富。

126

现实性的运行(Werk)有别于所有的“组织”，甚至“组织之事”。因为一切表明，那进行创造的意志，正要献身于未掌控之事的优势和丰富，在运行的接合部(Gefüge)中去寻求对它们的[①]保护。这一运作并没有排除，而是解放了、加强了那种优势。(参见上面[23]页)。

127 166

切勿匆忙地迎合时代潮流(Zeitgemäßheit)！

128

可能之事的发生浮现；就像它“就在那儿”！但是——他们之所想却与之相反——现在据说现实之事就是现实的——那些吵吵嚷嚷的盲目者们，陶醉于他们的诡计(Machenschaft)的微不足道的 [93]
意义。

他们就像被完全排除在震撼的力量之外，无机会去承担现实性的可能之事的遥远距离的谐振。

129

简单、坚硬和有效且有度。

① 指“优势和丰富”。——译者注

130

在这个时代，不仅所有的东西都是从其使用价值来加以评估的，而且还要把贯彻下述要求当作唯一的目的来看待：在认知活动中存在一种知识，它只是为了自己的缘故存在于一个人民中；当然它同“自由主义”的那种对一切所谓的精神的滥用，还相距甚远。但是，我们对这种要求的最富成果的突出强调，是通过这类達在——恰恰在它未能成功时，却被“听到”——最终，这就成了一种渴望，这渴望一定与本来的意义背道而驰的。

167 [94] 131

愈演愈烈的疯狂：本质性的东西——只要它的表象尚可把握——预先被做成平庸的(gemein)，和对于粗鄙的智力(所谓的“性格”)来说是流行的东西，以使其成为有效。

只有当那远方的困难之事被抓牢了的时候，它才会成为有效的。

132

现在变得十分清楚：很久以来，我们生活在众神离去的年代[1]中，而且还会持续很久。在这个离弃中，我们是否经验到众神的离去进程，是否经验到它们的运动和离去的切近呢。

---

① Weltalter，直译为“世界时代”，但中文不顺，故译为“年代”。——译者注

133

能够等待——坚定自身——等待那即将到来的精神上的饥荒——在用糟糠喂饱粗野的饥饿之后。

134

神的赢得——它的场所的准备活动——在诗意创作和思考的逹在中。

这样真理才出现，作为密林中孤独的高峰，逶迤穿过人类之峡谷。

135

168 [95]

无-艰急的时代之最高的艰急——它在㤀在(Seyn)的遗忘性中蹒跚时感觉安全，认为是行动在贫困的救助中。因此不宽容诗意的创作和思考——顽固对抗承担任务所要求的一切。

对片面性的嗜好，对只要有什么东西被制服了、被控制了、被排除了的怯懦的欢呼——以及对无规律者和不可把握者之重要性加以反对的盲目性，和对忍受这个不可把握的它者甚至将它提高到㤀在中并且最终将其过分地吹捧为亲密性的无能为力的反感。

实存之规则被错误解读为最切近的顺手性[①]，而面对陷于此种误读中的㤀在而表现出的残暴的怯懦。

---

① nächsten Handlichkeit，英译本译为 most proximate usefulness，意为“最邻近的有用性”。——译者注

136

认知者们——不是科学家们——是達在本身的分担者——他们在自身要巩固[①]的是：顶住真理的动荡——孤独地，扎根于基础中的树木，其任务就是简单地挺立向天，并且靠了根系的盘根错节、深钻紧附的构架（Gefüge）呵护着土地的王国，对抗着崩塌滑坡。（参见［99］页）。

［96］ 137

如果在“种族”（天生者）的力量中有着某种真理，那么德意志人就将并且应该把它的历史性本质丢失——放弃——想办法去组织掉[②]——或者，他们肯定不会把这本质带向最高的悲剧性结局吗？取而代之的是培植短视的麻木无知！

169 138

或许现在的动荡只是那真正的、从基础上出发的全面翻转掉头的前奏，通过这一翻转，其困境可以化解为纯粹的储备。

同侪在尚没有一种从事定调-承载-激发的持久性关系，有的只是伟大巨大的精巧畜栏，其中圈着所有感觉安全和舒适、跺脚顿足的人们。

---

① verfestigen，英译本译为 establish。——译者注

② Wegorganisiere，意为“有组织地搞掉”或“通过组织什么机构而使其消失”。——译者注

139

我们是**谁**，又**属于谁**？

140

不是**直接地**去言说甚至去书写“关于”——赫拉克利特—康德—荷尔德林—尼采——而是在隐蔽的感恩中将一切**转变为**力量和密度——；在成功之后——它们才作为彻底的陌生者，被置回到它们的伟大的、本己的东西之中。因为，否则我们就会用我们的不彻底性去贬低它们。

141 [97]

初创之作——真正的——将被牺牲，被投入烈火；但是它们并不会被到处传递，更不会被付酬，被派送。

142 170

不可避免的是，浑浑噩噩地**陷没于**手头现成之物的大批量、无节制、浮躁草率以及它的生产经营性的相互制约之中不能自拔。

不可避免的[还有]：把神秘性硬扯出来，放到日常的所谓的“世界观”之中去。为做此事，更为必要的是：只去“认识”自然和远离历史者[①]的尚未被掌控的艰急——不被这些力量袭击。而在这种艰急中潜藏着对侪在的排斥，而这种排斥又是对基础性事件发生进行

① Geschichtsferne，英译本译作 the historical remoteness。——译者注

抗争的亲密性的遗弃。

但是那种陷没却是无法解脱的，因为，它作为这种东西一直是不为人知的，因为它总是冒充贴近生活，对它的掌控则要求“特性”
[98] 和“世界观”。而后者只是面对自己认知上的无能和虚荣的小市民在精神上的贫乏时的一种逃避？

但是这种陷没不应该被解除——相反，神要求，用基础性事件的发生去对抗陷没——那还在不断加强和愈加过分的陷没——而向下行走（Untergang）或者彻底的回头；但是就像往常一样，这样就一定走向牺牲——；缄默中的等待，把对基础性事件进行认知的追问、进行配置世界（erweltend）的思考置于达在之中。（参见[89]页）。

143

真正的**认知**包括对它的本质性边界的认知。对这一边界的误认错判是矫揉造作的自负和吵闹不休的无能之准确无误的标记。这是**两个方面**的误认错判：**一方面**是对认知的**过度苛求**，认为[认知]
171 必须直接导向所谓的实践，甚至必须追求实践——另一方面是低估认知内在的力量，只要认为认知能够不需要奠基最内在的、最广博的，且始终开放的严格性，以及追问之自由的严肃性的话。

在前者那里被误认了的是，**允许**什么；在后者这里，被错判了的是，
[99] 必须是什么。

但是为了认识边界，特别是本已之事，就需要达在的最高优势，也就是说，需要适应高贵地位和坚韧的内在能力。（参见[95]页）。

144

当调定的性情（Bestimmung）完全保持冷静且坚持本己，并且最终敢于对抗时，这些力量才发挥了它们全部的力量；然后，这种对抗也就超出了一切争吵，而仅仅是对抗-影响者（Gegen-wirkende）。

145

“组织”——不是新萌芽之核心性展开，而是萌芽中无例外地包容着一切东西和所有核心内容。而面对大批量的过度泛滥和流传下来的现成之物，组织仍是急需[①]。

为了让对组织进行肯定的反向传播和紧张关系变得更加源初和更加有决断性，还应该保留一种历史之可能性，还应该防止有组织的沉迷。

只有当我们已经成熟到能够从根本上处理某种东西并且能够 [100]
驾驭它的强大时，我们才能在进行交出中将它作为“曾是者”而加以保有，并且让它作为高耸的巅峰矗立于我们之前。

通过对希腊的達在的伟大遗赠的占有，我们就敢于冒险保护精神摆渡到与未来之事的开启的自由联系中。

146 172

一个人是哲学家——也就是说，作为进行追问的人，把自己放逐到与众神的切近处，进行搅扰——否则他就不是哲学家。但是即

① Notdurft，指比如“如厕”、“内急”之类不可避免的需求。——译者注

便他是哲学家，他仍可能恰恰通过“哲学”-学问而误读误绎一切，使其空虚。他也可以肩负起使命，把哲学的真实的遗产从一个高峰载到另一个高峰，通过他的在众神之强迫下［完成］的作品来为未来的震颤做好准备。

［101］ 147

任何半吊子和中间性的东西都于事无补——我们必须完全回到搅扰中，并且这样一来，野蛮者和抓捕者以及它们的亲密性就受到新的考验。因为我们的清醒客观也已经变成空虚性和单纯的经验性压力，而我们的激情也已经变成了一池静水之没有方向和空间的波纹。

我们必须完全回到基础性事件之中——如果我们应该为挣得一种真正的伟大的下行而斗争的话。

148

文化？一个人民之放逐了神灵的、历史性的達在的接合构架和它的性情调定。——斗争但是 πόλεμος[①]。

149

能拯救我们的还只剩下返回到真理之还没有涌出的（源初的）的本质，以便在重新回归中从真理出发——预感真正的东西并通过

① 古希腊文，有“战争”、“战斗”、“斗争”、“争吵”等多重含义，而德文 Kampf 没有“战争”的含义。——译者注

我们为它准备一个入口——一个未展开的开端的实现。

150 173 [102]

在意想不到的荒野中坚持维系那张开大口的空虚。(虚無不让自己被无根的敏锐之鳖脚的安全性给侃没了)。

实施真正的追问，蔑视那种虚荣自负地兜售各种东西的、提供尽可能流行的答案的货币兑换者们[1]，他们预先就在人民中散布下为这些答案的不彻底性提供辩护的说辞。他们声称，一切都正在发展中。

151

谈论“关于”种族和本土性的人现在有很多，但他们在每句话、每个行为和不作为中，都在讥讽自己，而且在证明着，他们对于所有这些内容不仅一无所知[2]，更谈不上从根本上是种族性的和本土性的了。

152 [103]

人们辱骂理智主义并且不停地谈论它——仅用“关于”人民、国家、科学、权利等完全偶然且低劣的概念；从来没有思考和追问，我们在達在方面是否还如此强健，使得我们可以长期承担这最后的且最坏的破坏性的喋喋不休。“实证主义”——也就是精神的运作

---

① Wechsler，英译本译为 moneychangers，意为“兑换银钱的人”。——译者注

② nichts »haben«，直译为“一无所有”。——译者注

的直接性——还在继续——只是人们现在谈论的是“共同体”，在纯粹共同体面前拿大顶，翻跟头。但是，主人们靠着他们的无能和骄横得以跻身要职，其速度比他们梦想的还快得多。而被谈论不休的人民呢？也就是说，其最内在的精神性的命运呢？他们将被驱赶到德意志人还从未经历过的堕落的泥潭和毁灭性的荒芜之中。

174 [104] 153

被频繁召唤的“共同体”还不能为“真理”提供担保；“共同体”也可能迷失方向，进而更加顽固地将迷乱作为唯一的东西加以坚持。人民的意见、人民的信念、人民的看法等等，仅靠了它们占有着统治地位，或者得到机会，尽力地表现自己，还远不能成为真理内容的标准量器。正是由于对“共同性的内容”的要求，使得不仅发现真正的标准量器和真正的判别，而且还让它们获得权威、真正起作用，变得**更加**困难。

人们必须弄清楚今天的大众和他们的衰败——这种衰败不是始于 1919 年 11 月，而是持续了几十年了——以便认识到，重大的责任取决于“对共同体原则的强调”——尤其是在认知关系是如此混乱和幼稚可笑的地方。

[105] 很久以来根本不再作为问题加以追问的事情，今天被毫无经验的无能者们作为最新的发现加以兜售，并以无与伦比的乏味性在不断地重复着。

154

最真实的共同体是不会放弃个体的，而是要求最高级的——也就是说，异于-自我的——认知与坚毅之自身-独立。

155

人们吵嚷着反对“理智主义”，同时又追求“认知”的有意识性和人为性，且走得如此之远，以至于要人们去“有意识地”从“人民”出发，为“人民”去从事创造。

因为人们预感到，在这种对内在辐射的创造①之直接性的成企业 175
规模的破坏中，人们委身于这种过分的——如果不是荒谬的——要求
之上。**我们**真的如此富有创造性，以至于有能力负担起这种有组织
的有意识性和有组织的狂妄自大吗？还是说，这一切只不过是统治野 [106]
心的愚昧的平庸性（Geistlosigkeit）的发泄？

156

并不是想焚毁今日的东西，或者去反驳它——而是通过对某种被接合起来的（gefügt）未来之事的创立，把迄今为止的东西作为其本身，也就是说，作为“曾经是过的东西”加以设定，这样就将其置于创造性的下行之中。

157

优越的奉献和伟大的孤独性。

---

① in sich sendungshaften Schaffen，英译本译为 intrinsically transmissional creativity，意为“内在透射的创造性”。中译参考了英译。——译者注

158

“科学”——新“口号”——不是去谈论科学，而是“实践地”做这样的工作！人们现在如此地去行动，好像“人们”不曾是过它似的[①]——好像只是那些“教授们”“谈论过”“关于”科学的事情似的。这个新“口号”只证明了，在这之前人们同现在一样，不理解这里到底关涉的是什么：人们希望尽快将科学变型到“实践中”，
[107] 或者，也是在实践上，将其调和为可供将来“使用的”“科学理论”。但是那种“实践”和这种“调和”都与通过本质性事件——它承载着我们的历史的達在并且使得它自己的规律达到目的——完成的规定相去甚远，不管 1933 年“发生了”什么，特别是在大学里。

176 人们这样做，好像下述可能性尚十分遥远似的：当“科学”跑到头——一个终点——时，在创造的意义上我们必须告别迄今为止作为技术-实践的，甚至不再是真正的科学的领域中的“科学”，与其最终做一个了结。（参见[112]页）。取而代之的是，人们善意地做出担保：人们将来继续追求“科学”，只不过不再那么“理论性”罢了。人们并不知道，认知——即便是变坏了的认知——也只有通过认知才能被“了结”——只不过它自身包含了一种新的追问，带有新的边界和一种另类的真理而已。

不是去继续追求按时代要求进行的调整，不是继续忙碌于从根本上已经坏死了的玩弄辞藻的事业，而是去坚持自身的主张，将自
[108] 身解放出来[献身于]本质性的力量。在本质性的力量处，认知本身连同它的基础必须重新接受考验，以便使那些力量自己能够做出

① 意思是：好像“常人”不曾科学过似的。——译者注

决断。

159

这种全面追问的最严肃、最艰难、最守口如瓶的工作会引向何方？我们越来越缄默，那走过来的、总是太过临时性的东西就积累得越来越多——因为，对于必须很早就预先说明白的内容而言，那些完全简单的陌生性尚未被找到，就整体而言，这些内容从已经变化了达在出发，为此开启着追问和认知可能性的土地、空气和桥梁。

160

也许我们能够成功地再一次把我们的历史性達在带到哲学的权力范围之最近的前沿。

哲学本质上是不合时宜的，没有反响的，没有可预见的用处的， 177
它始终处于必然无足轻重的无权无势的外表之下。谁要是搞不懂这
事，那么不管他是嘲笑哲学还是责骂哲学，就只能发现，他对它一 [109]
无所知。但是恰恰这种人从来不知道这一点。

所有“与现实性的切近”都是无稽之谈，只要这种切近不是坚持在从侔在的提示而来的遥远中。

161

上一代人的夜校老师是靠海克尔的《宇宙之谜》[1] 来哺育的——

① [Ernst Haeckel: Die Welträthsel. Gemeinverständliche Studien über Monistische Philosophie. Emil Strauß Verlag: Bonn 1899.]（恩斯特·海克尔：《宇宙之谜：关于一元论哲学的通俗研究》，波恩：Emil Strauß 出版社，1899 年。）

今天他们津津有味地品尝着“克里克”[①]——他们之间的区别仅在于，平庸浅薄和自负性的沉沦今天得到了更进一步的发展：在海克尔的“科学”中还有某种“贡献”——但是，对克里克我们却不能这样说了。

我们不再具有什么**精神世界**了（参见[111]页），有的只是废墟——它的来源所剩下的只是黑暗和为了粗俗的为目的服务的有用性思维，在有用性思维中，随意的东西被随意攒在一起。也就是说，应该去创造那紧接下来的、某个精神的世界——根本上是去创造一个达在世界（Daseinswelt）！但是，恰恰这根本不是通过预定可以做到的，而是只有来自艰急；而为了亲历这个艰急，针对目标之贞问（Erfragen）是必不可少的，在此过程中，真理本身才会为空间和接合部（Gefüge）而重新形成自己。

[110] 162

“诸科学”——被我们如此称谓的东西——根本不再是科学——也就是说，不再是认知的展开和向认知的回连，而是忙忙碌碌的业务活动的干活过程；这个业务活动的确带来“用处”——废水——它被还在自己涌流的河流水系所容纳。而这就是今天的不理解和不自量力想要再次扶持起来的东西。

---

① 恩斯特·克里克（Ernst Krieck，1882–1947）和阿尔弗雷德·博伊姆勒（Alfred Baeumler，1887–1968）二人是纳粹德国的领衔纳粹教授、纳粹思想家和纳粹教育家。克里克出身贫寒，连正式的初等教育也没有接受过，业余学校毕业，后成为业余学校教师。他靠纳粹政治活动才得以在纳粹德国统治下跻身高教队伍，并当上法兰克福大学校长。此人系疯狂的纳粹知识分子，第二次世界大战后被美国占领军囚禁至死。——译者注

163 178

一个时代已经到来：所有权力和设施，所有的追求和标准都被融化在这个时代中——一切都取决于，我们能在未来的達在中，为新的再熔炼和液化创造出真正的源初的真火[①]和真正纯正的金属。

这种真火就是处于其源初本质中的"真理"，而这火之燃烧着、毁灭着、纯化着的煅烧就是追问。而金属和土地的纯正性就是伫在。

164

科学的讲授，也就是从事认知活动的"让……学习"（Lernenlassen）——教什么？那有清楚意识的——持续不断的学习能力，来自相应的存在领域和它的围绕着它而成为周围世界的世界的本质关系。

165 [111]

很久以来，大多数"教席"就已经变成"倚靠之席"了。现在只不过又垫上了软垫，并且被放置得更容易达到就是了。

166

我们尚完全站在伟大的精神决断的新领域之外（参见[109]页）：

1. 对基督教和整个西方哲学的深入研究和清楚的态度；

2. 对尼采的深入研究；

① Feuer。原文无"真"字，译者据理解添加。——译者注

179 3. 与技术的创造性的——不仅是组织上的——关系；

4. 新的**欧洲**世界；

5. **地球之世界**本身。

所有以上的五条决断都是侪在之决断：它本身同时就是与整个西方历史的决断。

必须**首先创造出**决断的区域。

[112]

167

人们总是反复问我，我为什么没有回应克里克先生的诽谤！

回应：这类诽谤靠着它们的浅薄和自负到处挖掘翻找，它们所捏造和构想出来的东西——这类诽谤，只配受到蔑视，从来就不配成为对手。在战斗中我只理会一个对手，不会理会平庸性的牛皮大王。

168

不是**科学**跌落为单纯的技术(自然科学、医学，部分法科学)，就是在不容易这样做的地方(在人文科学中)，文献单调乏味地猛增，或者就是出于缺乏追问而完全不知所措——(这里，人们在“根本上”，也就是说，在表面上，把一切都了结了)。现在尽管有史前-历史以及类似的东西，但是，这些都是以日常需求为基础而传承下来的态度立场和至今很少加工的材料的传递。

[113] 任何一种本质性的、源初的认知立场和态度——起码从“形式”上看，它们是可能符合“科学”的——均不复存在。

问题：那么“科学”就**一定**要继续下去吗？（参见[107]页）。

169 180

为什么人们没有勇气，像大学所是的那样——一个通过职能机构而凑在一起的、各专业学校群的堆积——来看待大学呢？

因为“人们”想问题的时候，在内心深处是“自由主义”的，也就是说，陶醉于由“universitas”[①]以欺骗方式构成的假象，而且其原因在于，“人们”现在有了权力，并且有一天，人们会通过随便什么样的途径，通过随便什么样的“组织”回报，在大学获得一席之地——对大学这个领域，人们在公开场合骂声不绝，私下里热追不舍。[②]

然后，这一点通过博伊姆勒[③]、克里克和他们的同党伪造的假币，在世界观方面可悲地得到了证实。

这一切是多么“反动”，而且耶稣会士的可靠工作是多么超-前- [114]
的思考呀——在它自己的意义上——它通过最现代的文化手段，把它做成了一种“文学”，这种文学对应着下述呼叫：有一天“阅读国家社会主义的新闻”只会让人感到尴尬。其假定条件是：人们并未决断，在精神中是否也要革命，而不是去把精神伪装成是“政治性的”。

170

“科学”——四处流行的神话是：科学太“理论了”，并且因此

---

① universitas 是拉丁文，意为“普遍”“大全”。它是欧洲各国语言中“大学”一词的来源。——译者注

② 此处参考了英译本。——译者注

③ ［阿尔弗雷德·博伊姆勒（Alfred Baeumler，1887-1968），为国家社会主义工作的哲学家，1933 年被聘为柏林 Friedrich-Wilhelms 大学新设立的“哲学与政治思想教育教席”教授。］

而在现实性面前失败了。不对！科学太缺少或者**根本没有**理论，这就是说，它变成了无精神，太过现实了，尤其是政治科学。

美国主义的天真幼稚和廉价热情。——

181 171

哲学：在被接合构架之话语[①]的冷静中进行最外在的追问的激情。

[115] 172

《男人同盟与科学》[②]，是一个制作非常精巧的遮羞布[③]，尽管如此它也没有将其全部羞耻遮蔽殆尽：男人同盟！它意味着：完全没有丝毫精神上的雄气；但是现在，拉帮结派和那些否则尺寸就不达标的人的要求还有一种企图，即到人们（在谩骂中）不断对之垂涎欲滴的“大学中的升迁发迹”中去碰碰运气，以便“有力地”把所有的等级差别都拉低到舒舒服服的平庸性中。因为，干嘛要有阶层！男人同盟中那“永恒的婆娘性东西”！就像在这种小市民的“鲜血与土地”中的大城市气派一样。

---

① des gefügten Sagens，英译本将 Sagen 译为 discourse。——译者注

② [Alfred Baeumler: Männerbund und Wissenschaft. Junker und Dünnhaupt: Berlin 1934.]（阿尔弗雷德·博伊姆勒：《男人同盟与科学》，柏林：Junker und Dünnhaupt 出版社，1934 年。）该书是一本不到 170 页的小书，由 10 个讲演稿构成，内容充满纳粹煽动；其题目有“伟大战争的意义”、“德意志肉体锻炼的意义和构建”、“今日之战士”等。——译者注

③ 原文为 Feigenblatt，即“无花果树叶”。在《圣经·创世记》中，亚当和夏娃吃了智慧之树的果子后，即是用无花果树的叶子遮住身体的羞处。——译者注

173

今天对所有高级东西和独特东西进行“社会主义式的”贬低在到处流行——：所有不是为人民共同体服务的东西，都是一文不值的。但是为啥？通过什么途径来确定和一般地理解这种服务？难道 [116]
这不是以隐蔽的方式意味着：任何傻瓜，[只要他]不能——或者不想——马上且轻易吞下——与其嘴和胃不相应的——东西，他就没有为人民服务。

这里正准备着隐蔽的敉平工作[①]，以便同时把那些“层面”拖下来，加以强行整平，其实这些地方的“科学”已经是“民主的”了。182
而且甚而还把“哲学”也扯进这种“为人民服务”中，另一方面，允许还是不允许基督教参与这种服务呀。

情况相同：追问与值得追问性之建立，被看作是一种单纯的吹毛求疵——一种绝-无结果——（也就是说，绝达不到直接用手可把握的真理）——亦即对真理而言多余和懦弱贫乏的东西！让我们去创造答案！把变蠢当作“高等目标”，而针对危险所进行的真正行为和力量被当作那无力的犹豫和总是-“一味地”-思考怀疑。

174 [117]

除了这种僵化于“标准性”，即中等和乏味——“平庸”——的癖好，还有**期待者**：

天主教教会——只有它“是”(ist)基督教——无时无刻不想法

① Einebnung，意为“把高低不平的地修整成平地”。Ebene 就是“平原”、“平地”的意思。——译者注

寻找自己的敌人——将自己放到它们那里去测量，以便使自己保持清醒和强大。

它**严肃地**对待它的敌人，把自己置于敌人之中，向敌人学习，直至几乎放弃了它自己——它一直保持如此灵活机智，始终使自己越来越经验丰富和安全可靠。

这种可疑的——认知和追问，这种表面上容纳了对手的对对手的聆听，同时营造出一种关于思想交锋、精神自由和届时的现代性的宣传性外观[①]，并在人们最看重和最希望的领域中给整个的诡辩术——根本上诡辩术是以从未有过的僵硬，蹲坐在已经完成的真理之上——带来届时最美好的荐举和推广。

175

[118] 除此而外，还有在道德性面前冒汗的、充满真诚性的、四平八
183 稳的“永恒-昨天”的革新者们。他们在反对共产主义——它确实首先也威胁到了财富和与之相关的对财富的追求——的斗争中重新保住了乌纱和祭坛，然后就平静了。现在人们又装扮成正派的、有优越感的常人，对抗那些粗鄙的伙计们；为了不要太惹人注目，人们也在“适应社会情况”。此外，人们在“科学”守护人的面具下，极端地追求精神上的“冷漠性”和野蛮性。这里存在的是：对目前到底发生着什么，人们毫无感觉！

176

人们通过呼吁“接近生活的科学”，来盲目追求一种对大学教

① 此处参考了英译本的理解。——译者注

育的初等化[①]，这样做的同时就摧毁着一切真正的认知，扼杀着所有源初的、持续的认知意志；阻滞着对精神性侪在的任何尝试和开启。

177 [119]

在一个拳击手成为伟人、获得各种荣誉、备受尊重的时代，在一个把纯粹身体上男人雄性的野蛮性视为英雄主义的标准的时代，——在一个众人迷醉于共同体并且把共同体作为一切的基础的时代——哪里还有“形而上学”的空间？

178

我们还敢于面对众神，并藉此面对人民的真理吗？

179 184

“海德格尔式的哲学”——只要有这类东西，就总有别人来代表，也就是说，作为立场由人践踏，由人们一起将其踏到“什么都不是”为止。

180

今天哲学处境之困难并不在于，它没有能使得本质性的追问成为伟大的意愿，并产生巨大影响，而是在于，俗见是如此鄙劣，以至于很难说出，这种鄙劣性到底存在于什么地方。

① Verschuhlung，英文译为 turning...into an elementary school。——译者注

181

人们等待着《存在与时间》第二卷的出版：我等待着，这种等待的终止，以及人们首先对第一卷加以研究。

182

“精神上的”局势之混乱——这种局势不让自己最本己的艰急出现——在它的表面的强壮中，它是如此的纤弱，以至于它害怕艰急，而不是去为之欢呼。

此时，正能量的基督教为人们所需要——或者说，为人们所认可——，其基础是：与梵蒂冈签订协定、人们普遍的不知所措、以及对某种“道德”的需求；然后——除了这些学说——是太过-草率者，他们靠了“信仰”来发动运动；末了[是]这类人——他们把模糊不清的德意志文化与更加平淡稀薄的基督教文化混在一起——而且末了，[是]少数人，他们从一种纯粹的失-神状态为自己构造出一种立场，以及到最后[是]绝大多数人——只是一切都无所谓的一群，他们看重和等待的，是那种有一天他们可以把自己“加入”到其中去的东西。

如果所有这一切都不是诸神的逃亡——如果这不是无精神性——所有艺术的缺乏就不奇怪了！

[121] 183

对采取立场的轻率-了结。

1. 人们觉得，在国家社会主义中缺失了“精神”，且担心并抱怨它的破坏性；但是人们在此处所理解的精神是什么？是对迄今为止的东西——在它的时代有效、适用的东西——的随便的不清楚的诉求。这种并不清楚的缺失感和孱弱的诉求，表现为认真思索和聆听的表面现象——但却无力创造任何东西；对于事情的发生，人们过于轻-率地将其作为“本”“该”如此的东西加以了结。在这种轻率-了结中，人们每次总是都轻率地重新获得支持和营养，以便自身得以继续再从事这种活动。

2. *人们直接为迄今为止之事辩护*，且同时又让它去适应当下发生之事；人们从事着一种狡猾的中介业务，它看起来甚至像从事建设似的，然而却没有任何投资风险；没有严肃认真的真实转变。人们执迷于那种根本不是**自己创造的**，而只是（从别处）接收下来的东西。人们连保有去创造正在到来的东西的意愿的能力都没有了。

伴随着轻率-了结一切的是轻率-冒险。

不是真正地去面对现存的艰急，占统治的却是，那被排除在外 [122]
者的被激怒的道义上的愤恨，以及被允许参与者的狭隘的、惬意的业务性的满足。

但是在这种外在性［？］[1]和不可逆转的大规模群体之所有令人厌恶和琐碎之事中，一种变化正在发生。不过，这种变化只能被看作是必然的——而不是充分的；否则就会对结果产生越来越多蒙蔽障眼的错误估算。

184 186

德国的天主教现在开始去抢占德国唯心论——基尔凯郭尔和

① 问号标示原稿字迹难辨。——译者注

尼采——的精神世界，以它的方式，以它传承下来的清楚、固定的手段，将其加以吸收。它以其方式接受了一种本质性的和强大的传统，并以此预先创造了一种新的精神性的“立场”；在国家社会主义内部正流行着一种危险：过度强调另类和新潮，切断同伟大传统的关系，陷入幼稚迟钝和不切实际的浅尝辄止。

[123] 但是根据同梵蒂冈达成的协议，人们终止了同天主教教会的斗争，人们没有看到，天主教的兴盛是某种特定形式的有意识从事“世俗化”的权力——它是十分容易同其它各种权力结合在一起的。

针对教会进行的斗争是毫无意义的——如果没有建立起一种同等类型的权力与之抗衡的话——但是同天主教——作为正在变到精神-政治中去的中心——带着它那十分强大的教会“组织”的完全牢固的内在构架——进行斗争，是基本的要求。然而这种斗争首先要求一种相应的出发点，和对处境的清楚认知。

185

认知和“专门化”；问题：如何去贯彻实施并承担：

1. 作为抽取出来的-衍生出来的个别化，通过结果它对自己进行事后的合法性证明。或者

2. 作为对一种本质性工作的负责，该工作本身知道其本质性，并且从本质那里把自己提升且推进到達在之中。

1 是一种逃跑的出路；而 2 是进攻和坚守。

[124] 186

认知——作为行动的真正的对立面：不是追随在生活切近，也

不是整天忙于平庸之事、眼前琐事以及它们的需求，以此来消磨时日。

187

变得疯狂的小学老师，没有立场的技术员和获得升迁的小市民——作为“人民”的守护人——作为应该去制定标准的人。

188

对我们而言，本质性的东西中未来性的[是]：联系着我们的曾经性，为了选择和决断的源初性的安全性，去做准备工作！不仅是：单纯根据理解能力而言，我们并非仍然能够以同样的方式呵护所有的一切。而且为了决断，还有对任务中的曾经性的接收和预收；这个任务塑造了馈赠（Mitgegebene）并且第一次在其从事预先把握和决定的权力中唤醒了馈赠。

189

在被称为“大学”的东西中假如还存有对精神的某种源初的保
障和信仰的话，那么大学就本应在这种时代燃烧起来，献身于转型。[125]
相反，取而代之的却只是担心，僵化的状态可能会被破坏。

190 188

人们说，国家社会主义不是通过思想，而是通过行动形成的；承认——由此推出：现在应轻视和怀疑思考——或者相反，推出：

因此才必须将思维活动升值为不寻常的伟大和保险性?

191

所谓的新“哲学”是如此的落后和“自由主义”——；在《存在与时间》中已经根本上被克服的成问题的“人类学”方向，[如今又]被简单地接受下来，并用其它的——种姓-种族的——内容填充起来。

192

“假冒伪造活动”日益猖獗于：什么是斗争，甚至什么是“精神上的”斗争。

[126]

193

什么是**依据人民**？难道就是顺着人民——也就是说，顺着多数人和日常的观点——谈论事物，为他们服务？

有一种真正的“依据人民”，在其中存在着“依据本质”，这种“依据”是不可以展示在人民的眼前的；对，从来不可能，也不允许展示于他们之前。

“依据性”的歧义，害人匪浅，后果严重。人民并不是标准，人民必须把自己置于它的尺度之下，并且所有的事情都必须依据这一尺度而是本质性的，这样人民才得以生成。

人们把**流行普及性**(Popularität)，也就是人民服从认同的那个
189 尺度，设为“依据人民”之“依据性”，并且将其认作就是人民大团结，把这种大团结把握为一般人的虚伪的同志友情，进而把一切伟

大和无比独特性降格为共同事业中的同志关系——于是，一切都被推入到非真理和凶险魔咒之中。

194 [127]

关于文字作品，有一种流行的、理应受到反驳的谈论方式：“只是书桌上的产物而已”。好；但问题仍然存在：**谁**坐在书桌旁——是思想家还是单纯的写手。如果此人离开了书桌，投身于“讨论”的战斗团体，他并不会由写手变成思想家——顶多变成摇旗呐喊者。这种廉价的“假冒伪造活动”用书桌作为抗辩手段，总有一天会变得后果严重。

195

人种——是历史性达在之一种必要的、可以间接地论证自己的条件（被抛性），它将不仅被伪造成为唯一的且充足的条件，而且同时被伪造成所言说的内容。这种态度的“理智主义”，无力区别人种的教育和关于人种的理论化。某一种条件被抬高成为无条件的东西。

196 [128]

“**那个**人民”——人们用它意指什么呢？人们用这个词语意指非常多的，而且必然是中等平庸的、易于被满足的人——同时又声
称，去意指一个历史性达在之整体的最高可能性的历史规定性？前 190
者算数，后者就不算数，相反依然。

最高级的东西和本质性的东西的“普及性”对“人民”根本没用，

而且会伤害那最高级的东西和本质性的东西。

人们到底想用这类假冒伪造活动干什么？

197

教师——想要从事教育，必须能够学：

1)总是去更深地认知本质性的东西；

2)对于真正学到的东西，保持缄默；

3)维护榜样的温和的优越性，不将其导入到某种错误的同志友谊之中。

[129] 198

在什么意义上国家社会主义永远不可能成为一种哲学的原则，而总只能是作为原则被置于哲学之下。

相反，在何种程度上国家社会主义能够得到一个确定的位置，这样就能够附带获得一个去存在的新基础位置！

但是这也只能在如下这个前提下[才有可能]：它自己在它的界限之内认清楚自己——也就是说，把握到：只有当它有能力，使得自己有可能，去解放一种源初的真理并且为其做准备时，它才是真的。

199

对“科学”的立场态度有三种：

1)“新”科学——它无非是把现成在手之物，按照种族的(völkische)利益性进行调整修正；其间严格性和思考的最后一点残

留都丢失了，一切都陷入最贫乏的美国实用主义的种族的、美化过 191
的陈词滥调。

2）人们固守着迄今为止的“科学”不放——并且通过指出如下 [130]
而拯救自身[①]：为了保持文化上的声望，科学在技术上是不可避免的和必要的。在根本上，巨大的冷漠性已有几十年了。哲学是可疑的。

3）一切都被置于问题之中：通过关于科学的向回的追问，回到认知和真理的本质中。这里关涉的不是直接的应用，也不是对迄今为止的东西的坚守，这里关涉的是为某种过渡的东西去做准备。

在達在中对科学做出决断，同时追问：什么可能会是“世界观”，在根本上是否有首要和最终的东西？

200 [131]

“政治科学”。——人们把笼头带在马尾巴上[②]。

如果诸科学曾是真正的科学——那么，它们就在真实的意义上曾是“政治性的”，且根本无需以此为具体目标[③]。今天——人们只做表面文章——抽风式的、种族式-人种式的。

但是这样做的时候就是极其非政治性的——因为，这种努力产生的影响就已经是在政治性之外了——不仅就流亡者而言——这种影响是后果难料的；在内部政治上，它是一种退化变质、训练无敬畏性和培育中等平庸。

---

① rettet sich，德文有“逃避”“逃跑”的意思。——译者注

② zäumt das Pferd von Schwanze auf，意为“本末倒置”。——译者注

③ Abzwekkung，英译本译为 aim。——译者注

201

我们现在是不停地进行支付消耗。——按“一切为了人民!”的要求——把迄今为止达到的和保存下的都交给人民——好。

192 但是——没有什么东西可供重新收集、节省、装填、努力向上-工作。

[132] 人们根本没有想到——恰恰在这儿——必须有新收获的设施和可能性——而这就意味着:查找与探究;现在只铸造出了三种类型的工作[①]——有一天,这一切将会结束,然后,在竞技场上出场的只剩下单纯的批量性——谁能建造最多的研究所,谁能组织起研究的无穷尽的应用——这就是一切。

到底会发生什么——如果一切都——被提供给——下面——因为无论如何还有一个下面,且一切都在人民共同体中?

一切向下面,没有任何东西向上面——只剩下怀疑和只剩下轻蔑诽谤的制造。

从标准里还能变出什么?

[133] ## 202

哪些路可以走呢?——人们相信,比如,在那達在之艰急急需某种真实的艺术家的地方——这艺术家在不同于平民性的[②]条件中进行创作——恰恰且仅仅因为,他是真实的艺术家?也就是说,以

---

① 具体所指不详。——译者注

② Volkhaften,杜登字典等大型辞书未见此字,英译为populist,并标出原文。估计该词或为巴登方言,或为海氏自创。此处从英译。——译者注

种族的方式言谈和行为[1]——同时，把“艺术”降低到意在取悦于人民好恶和低阶层的教化之层次上，也是于事无补。

而是：对伟大的艺术及其要求以及成就艺术家的条件的真实认知，是最急需的——只有如此，可知的和能够承载的东西才会起作用，尤其才作为艰急被经验到；但是——如果这些被低俗化为不言自明的东西、政治上的可培训的东西，而且是构型所要求的东西变得无足轻重——藉此它们作为不可驾驭者而成为负担——又会发生什么？[2]

203 193 [135]

大学变成了专业学校。——所有的一切都在朝着那个方向发展；因为

1. 大学本身缺乏统一的认知意愿之内在的形而上学力量，大学原本是从这种形而上学力量出发，才得以声称自己是法律制定者；

2. 对单纯应用和娱乐性制作的偏好是如此之强，以至于只有这种业务才算“为人民服务”；

3. 这种空虚和这种单纯的耗空的结果必然是：这种设施最终变为，它从根本上已经是过的东西；

4. 但是问题仍然是：那不仅“从事研究”，而且想要认知的“研究者”是否有可能权威性地聚会在一起；

5. 但是，最后——如果只还有新手和唆使者可供驱使，当［这些唆使者］看起来像首脑，或者根本就不再有什么首脑？[3]

---

① sich zu gebärden，意为“行为中的举手投足”，有贬义。——译者注

② 原文为陈述句，英译本将其译为疑问句，此处从英译。——译者注

③ 原文为陈述句，英译本将其译为问句，中译文从英译。——译者注

人们可以认为，想这些还有什么用？随它去吧，它会自身毁灭。当然，但是，其它的东西也跟着它——通过单纯的“走-到-尽头”，从来没有出现过其它东西——不会，且真的不会有对它的克服。

204

自身拆解分析？不。作品之沉思。

人们在多大规模上还在拙劣地死盯着自己，且进行着关于達在“诸条件”——偶然的条件——的谈论，而不是去实施向侪在的冲击。但是这个冲击仅仅凭借某种伟大的推动才进入开放性的艰急中。

194 [136]

205

一切都变成了“学说”和“立场”，并将自己置于枯燥干涸之上并干瘪枯萎下去——认知将不再成为举止态度。行为举止更不是胆识和考量。那它们依靠的是什么？是单纯幼稚和对伟大事物的无知。

大量的昏暗不清以及对目的设定的内在需求。

206

国家社会主义是一种蛮族的(barbarisch)原则。这就是它的本质性内容，和它的可能的伟大。危险不是它本身——而是它在对真、善、美内容的说教中变成无足轻重者(就像在一个夜校培训班中那样)。其危险是，那些想制作自己哲学的人，无非是为此而将其设定为通识思维和精密科学传承下来的“逻辑”，而不是去把握它们：“逻辑学”现在恰恰重新陷入了艰急，且必须重新发源。

207 [137]

在那里我曾经重新追问：谁是博伊姆勒？答案：一个教授——机智聪慧——“哲学上”：头脚倒置的抱怨。此外：在国家社会主义的羽翼下又孵热了的新康德主义。在这种情况下，用这类口号作标签是合适的，因为真正的哲学思考尚未出现——有的只是玩弄一时抓到的“立场”——那也是牢不可破的，就像所有的“二元论”一样；因为依据这个原则，一切都容易规定：如果不是这个，那就是另一个。于是人们就满意了。此外，也成就了个人事业。

208 195

一个过渡的时代；看起来“没什么东西是正确的”；但是这样的时代正是历史上唯一有决定性的时代；在这样的时代里，统治的东西，必须被统治。站在内部之中，但又超出其外：哪里只有新的东西，就像那儿单单只有“老”的东西一样，哪里也就无繁殖能力可言。

209 [138]

人民！这里是决定性的东西——一切都应该为它效劳。

人民——好——但是人民**为了什么目的**？

而且**为什么**要人民？

人民只是一个巨大的源泉，在宇宙中来回荡漾着，以便在翻滚够了的时候，被冲刷到無的边缘？

或者在**这里**本真的东西才开始？

人民为了什么目的？

人民在什么地方？

210

不带空间的人民！——当然——不带本质性世界且不带本质性活动的真理——可以在其中提高自身——以便第一次——是它自己。(参见 34 年夏季讲课稿[①])。

但是不是什么“文化”——那只是以前的东西的设计制作！

那是一种固定不变的东西——它的价值，那种人们以种族方式
[139] 要加以实现的价值。

196 出于更深刻的原因，我们必须成长得超出“文化”——到本质性的空间中去。

文化——是一种构成物——在達-在中找不到它。

只有在有“我”——社会的地方，在有“意识”和“主体”和“人格”的地方，文化这东西才有可能。

211

真正在历史中留下来的东西是唯一的东西——不可重复的东西——一次性的必然的东西；在外在意义上还可以“重复”的东西——不停止——而是晃动着，且没有牢不可破的必然性。另外一种东西

---

① [Heidegger: Logik als die Frage nach dem Wesen der Sprache. GA 38，A.a.O., S.30ff.]（海德格尔：《作为追问语言之本质的逻辑学》，《海德格尔全集》第 38 卷，同上，第 30 页及以下。）

是：唯一者的重复——也就是说，一种独特的必然性的实施——不是对什么东西的估算。

212 [140]

国家社会主义在今天的形态中还根本不是“世界观”，而且，只要它顽固坚持于这种“形态”，它就不可能成为世界观——为什么？

因为它错认了所有“直观”——所有的观瞧和观看——的基础条件，并且在这种错认中并没有去关注此事；也就是阻断了一切相关的努力——出于对它自己的勇敢的恐惧。

它没有认识到，所有切近和现实之事，只能从远处才被看到和望见。

達-在的最大的远距方位是必不可少的，而且它构成了達-在本真的奠基。

只有从此远距方位才能返回到切近之事。

那被看到的内容只有从远处才是可见的，这样，在这类看中，世界才生成。

213 197 [141]

那些现在围着“虚无主义”口号“拼命”战斗的轻率的写手和叫嚣者们，如果他们能够认识到，他们自己有多么虚无的话，他们一定就会被自己给吓坏了。幸运的是，对于这种认识，他们是太愚蠢、太怯懦了。

214

今天有的无非是：

1. 单纯的叫嚣者（全面的半吊子——）；

2.“只向后转者们”（转向他们的“迄今为止的东西”——因为，它们是“迄今为止的”——已僵化了的东西）；

3. 平庸者们[①]——（他们与双方进行交往协商，且避免做任何决断——原本最可恶的一群，因为，他们表现为“纯真的人”）；

4. 罕见者（他们由源泉出发去认知和行动，因此被仇视——如果被认识到的话——但大多数人不认识他们，不与之冲突）；

[142] 5. 无所谓者们（他们是大多数——他们根据不同的情况对各种事物都应付自如——廉价出卖自己）。

215

在此期间，与我联系在一起的那些问题的思维方式没有任何变化。只是——那些误解误读及其可能性发生了变化，而且与危险的——对于“安定”而言是危险的——提问保持距离的处理方式也发生了变化。

198 216

为人民服务。——一定总是那些少数，他们知道并且可能知道，比如说，康德著作中到底发生过什么，并因此知道，将来会发生什

① die Durchschnittlichen，直译为“平均水平的人们”。——译者注

么事情；这些有识者们不应该被人们注意；只要人们给予他们继承这个地球的可能性，就足够了——他们不应该在自己周围制造噪 [143]
音——他们进行承载，就像他们从来就是为此而生，如同人民的逵在之处的补天之石。

217

关于“整体性”的谈论都是为了

1. 掩盖那个目的——也就是说，掩盖无目的性和无力设定目的；

2. 否定那些个体们和唯一者的必然性；

3. 为了欺瞒掩盖下述事实：从根本上讲，本质性的东西的现实化还是由个体们决定的。

218

这里谈论的内容涉及的是：“中世纪”恰在此时才被克服且寿终正寝。我认为，中世纪刚刚开始；这个茫然无措的无神论的中世纪——无生育能力的、没有亚里士多德的中世纪，根本没有一点能克服亚里士多德之能力的痕迹。

219 [144]

“德国大学的对自身的主张”或者——一个巨大失误的那个小插曲。

因为，其目的想要的东西已经准备了几十年：

199 自然科学已经完全技术化了。

人文科学已经成为了政治上和世界观上的工具。

法科学成为多余。

医学也从生物学上的医学变成了技术。

神学成为无意义的东西。

而大学呢？对于这种不可逆转的瓦解的暴露，它连一块不像样子的遮羞布都算不上；对于姗姗来迟的妄自尊大者来说，是一个可悲的机遇。

那个人——他连这个沉思都不配。

索 引

［本索引页码为海德格尔手编的黑色防水布笔记本的页码，也即本书页边［ ］中的页码］

思索四

关于達-在和在

——

问题和冒险

是——实存！①

① Sei – das Seiende!

允许同时占有二者：
遭受痛苦且被抛回到
蓬勃振奋与神化（Verklärung）之力量的
统一中——
我们可以预感到前者是
创造活动的恩赐——
所有其它的“工作”都只是一种
预演。

1934/35 年(参见[15]页以下)

少数的简单伟大的
事物性上长久的严格

——

于概念中为将在
开辟道路

——

出自清楚
呵护黑暗

——

我不乐于强求答案,
总是仅执着于围堵问题——

世界概念 [1]

1

把世界作为一个世界带到世界活动（Welten）处去，就是：敢于再次去冒众神之险。

但是这次冒险行为作为冒险必须缄默，而且起先必须在很长一段时间里“对于”众神三缄其口。——“带到世界活动处”作为“强暴-行为”直接就是行动[①]。

在第二次开端中，这种行动必定是拆-除着——追问着——思考着振荡到进行把握的言说中去的振荡活动——这言说作为设置自己于语言之中的突入和冲出——那个“达”（Da）之从事奠基的接合（Fügung）——一切均为简单的——艰难的——陌生的——缄默不语的实施。

能够放弃在许多事情上的可言说者；一种缄默的言说，把还昏昏沉沉的“非-世界”（Un-welt）带入缄默。

这第二次开端切近第一次开端的**顶峰**——

2 [2]

第二次开端——；只是被计数且外在地被排序；但是这个序数

① ist als Gewalt-tat einfach zu tun，英译本译为 is simply a deed to do。——译者注

在这里只能是对历史性关联的掩盖，而对我们这些从事开端者，这种关联必须保持为秘密，尽管不是作为单纯在手边现存者——而是作为强暴行为（Gewalttat）的源泉。

3

问题被奠基。
问题被展开
问题被实施。
概念开始主动介入 } 过程

210 4

在缺席和离去（Fort-und Weg-sein）中我们还太先进；
对于古老事物及对众神的服务，我们还太过年轻而且训练不足。

5

为第二次开端做准备——再多我们无能为力——因为我们刚刚才捕捉到第一次开端——在第一次开端马上就要走完它的过程之后。

6

第二次开端携有第一次开端，而且是在［第一次开端］的被抛性之领域中，也就是，在［第一次开端］同时进行着的历史性的遮蔽和变形——而首先是对它的开端特征的窒息中［携有着它］。

7 [3]

“世界”乃是来自接合(Fugen[①]);它不再是世界,更真切地说:它过去从来不曾是过世界。我们刚刚处于世界的准备之中。

8

我们丢失了众神,也丢失了世界;首先世界必须被敬建(errichtet seyn)[②],以便在这一工作中为众神创造空间;世界的这种开启,不可能从现成在手的人们出发,也不能通过现成在手的人们来实施——而只可能是:根本上对世界的开启进行奠基和接合的东西——为了達-在,并为了把人带回達-在——被得到。

9 211

只有站在丢失的岗位上——那里没有来自迄今为止之事和流行之事方面的合拍共振和赞同——才可以获得新的位置——那个達。(参见[38]页)。

10

世界——作为给達的授权;这个達是被绑定的时间,它没有逃

① den Fugen,可以是 Fug 的复数第三格,原义为“Schicklichkeit”,适当、得体。现代德语已经不单独使用,只见于短语 mit Fug und Recht,有权、有理由(做某事)。也可以是 Fuge 的复数第三格,意思为“接合部”,英文译为“joint”,显然取了第二种可能性。我们也是取第二义。参见前面思索二 123 节注释 3。——译者注

② 此处助动词不使用 sein,而使用 seyn,显然与迎奉众神有关,故用“敬建”译之。——译者注

向空虚的永恒性。但是，为了获得一种绑定，以便让它站好，必须首先使时间处于其可供前冲的切分隙裂之中。

[4] 11

世界优胜过侪在，但是只是为了成为侪在的牺牲；从来没有自己当下在场过。

世界世界着，藉此侪在活生生地本现着（west[①]），以此为基础“实侪才在着”（das Seyende sei）。（本有事件）。

世界之世界活动（Welt-weltung）发生在管理的暴力之中：正生成着世界的（erweltend）、进行开放的接合活动的暴力——操心。

基础形式，那个達就是依据它并且在它之中而正在是（ist）。

12

把这些关联的完全被陌生化郑重地和本质地放置于它们的简单化之中。以便

创造第二次开端之开端性的东西；那唯一的严格，那朴质单一性的暴力；来自开端的起源之早前者的孤独化；进行强制的建设和言谈。

212 13

比实存着的实存更加世界活动的，是世界。[②]

---

① wesen 作为动词是日耳曼语古词，相当于 sein，德语中已经少用。

② Weltender als das Seiende seiend ist die Welt. 英译本译为“The world is more worlding than beings are being.” 此句几乎无法翻译。意思是，实存的实存过程，就是流

14

空间！“何处”是达，以便它本身［成为］何处之基础？（参见［38］页）。

15

谁曾是这个抛投的投手？

16 [5]

世界——没有外表，没有从外而来的界限；但是也没有灵魂和内在内容——然而却有达之振荡着的中心，它经过奠基，站在时间之囿域（Fängnis）[①] 与接合中。

17

不要从开端处跑开——而是下决心［参与］它；对第二次开端，那种改变必不可少的，只是由于隐匿不显者，才有这任务的委托。[②]

行意义上的世界的世界过程。只有比该世界过程更加世界，才是海德格尔想告知我们的那个世界：为迎奉最后的神而做准备的世界。——译者注

① 此词不见于一般德语词典，该词是德文 Gefängnis（监狱）的词干，来自动词 fangen（捕获）。Fängnis ...der Zeit 意思是“为时间俘获于其域所中”，英译为 clutch。——译者注

② 我向德国人请教这个句子，问他如何理解，他问我，是不是抄错了，让我重新检查一遍？！——译者注

18

哲学：于侪在处从事言说的营建，其方式是承建作为概念的世界。但是概念是从事预先把握的进攻性把握和活动的对手。

213 19

就像地球上所有的东西一样，现在做着浅表的滚动——在背后、在所有东西上，无处不被遮蔽，对此却毫无知觉。

20

世界作为撤抽基础意义上的基础和非基础之事的奠基①。非人的達在（unmenschlich）——作为被抛的突入——跟实存（分切隙裂）——反目。

[6] 21

首先，世界必须作为達之分切隙裂（Zerklüftung）而世界着，——只有这样才为那不可测定的超越-隙裂（Über-Klüftung）——向外撕裂到众神的切近之中的外撕（Hinwegriß）——的时刻之突然性做好准备。

22

第二次开端在与第一次开端进行斗争。一方面算数的是：

① 与《存在与时间》中指出的“世界为無”的思想是一致的。——译者注

φύσις, λόγος 和知觉——也就是说，ἀλήθεια 的奠基——之源初的改变。

接着是 ἰδέα（理念）——οὐσία（实体）——Apriori（先验）和 Transzendenz（超越）的破坏（从思考性方面的奠基来看）。

23

这种从事破坏的改变（“解构”）必须走在所有其它诸如与基督教、近代思想以及与第一次“终结”的交锋前面，而且也要走在与伟大的中间插曲（基尔凯郭尔——尼采）前面——因为，这一切都扎根在这里。

24 214

世界概念——一个追问，一个把它自己推向它的边界的追问，它在那里经历到，什么是自己被放逐到“最值得-追问”（Frag-würdigsten）之中：在那里，那个逹自己“无底空渊地”开放展开着自己，那里从事呵护的争论之艰急，急需那个逹（持续［Beständnis］），而历史，也就是说，人民，将成为自己；历史是在众神处的敢于冒险：出自于世界而为了众神；这个事件的发生本身 [7]
就是唯一化（Vereinzigung）。

25

亲历世界概念＝由从属于这种历史的从属性出发在**思想上**参与对逹的奠基；不是对什么东西，更不是对“现象”的“研究”或者澄清，不是证明命题，也不是宣布一种“学说”，不是提供某些立场——但也不是与行为举止、操守立场和世界形象的各种可能性进行“具体的生存上的”游戏。

26

历史——**众神的冒险**，只有作为下行（Untergang）或者胜利才是伟大的——；本质性的不是“绵延久长”——而是争斗的“无底空渊性”——牺牲和祝祭。

27

问题：本有之事（Ereignisses）的持久稳定是否还有可能；也就是说，它是如何敢于冒险又是如何被遗忘的——众神是如何在从事创造的暴力-活动中被迫进入到它们的个体化（Vereinzigung）中的——人民如何是人民——作为历史。

众神只是人民的众神：并不是为每一个人的，即不是无其人的、普世的神。

215 **问题**：如何预先-准备持久稳定（达之呵护和争斗）；如何奠基达-在？

[8] 从事创造者对于人民的开放的核心之源初的从属性，是否以及如何得到了创建（gestiftet）——只在作品中——不是通过计划和外在地纠集在共同的队伍中。

28

世界——遥远与切近、曾经与未来的对立作用的开启：众神。

这件本有之事就是伢在的“本质”：分切隙裂的发生。

29

世界：空间和时间的于彼此-中-显现。但是，在这里空间与时间不是作为不可-显现者——不是作为那个我们只能将其抽象地想象为某种取为测量单位的东西[①]；某种我们为了对“实存”（当下在场者）进行估算和结算时可取为标准单位和测量范围的东西——那仅作为“空形式”的东西。

30

不-可信者[②]把我们封闭住了——作为源初之事的迷惘，对今天的人们来说，只有其最肤浅的表面显现还能被容忍：平庸者的自负在于对他自己的出身的遗忘性。

但是伟大的迷惘的表面显现因此并不是软弱无力的表现——而只是陷入迷失的表现——它是如此迷失，以至于它甚至去对真正 [9]
的迷惘进行歪曲粉饰和削弱——表面显现之强大作为对这类削弱的驱除。

---

① eine Maßnahme。Maßnahme，词典意义为“措施”。Maß 源于动词 messen，意为“测量的单位”，也作“标准”“尺度”“范围”讲。与 nahme 和起来，字面上就是“取为-测量单位”的意思。——译者注

② Un-geheure。其中 geheure 原本是“信赖”、“喜欢”、“喜爱”、“舒适”的意思。这个词在现代德语中只用于否定性短语中 nicht geheur，表示“不舒服”“没把握”等含义；加否定前缀 un-，成为常用词，由“不可信赖”转义为意为“阴森恐怖”、“极其可怕”，以及“非同一般”。不加分隔符译为“可怕之事”，有分隔符译为“不-可信者”。——译者注

216 31

不-**可信者**作为**忧患**（Verhängnis①）有双重意义。

32

世界只有通过作为源初性的本有事件的艺术才能被把握；不是首先由认知（思想），也不是从行动（干事）出发——

但是这里所说的艺术，从本质上看是文学创作——文学创作本身与思考是同源的——二者起初都在言说之中。

言说与本有事件。

言说与“自然”。

33

今天，在如下诸项的无约束无标准性之中，在无根基者、群体大众、快捷之事和匆匆草率的“一切可得”和“一切可知可识”之中的**可怕之事**。

只有重新开始的文学创作之**最大的冒险**还有望［给我们］提供帮助。

由于我们还在认识中，在无认知的认知中徒劳地蹒跚，因此必须通过**思考**为文学创作（源初意义上的）来做准备。

这个思考是什么样的**过程**？**跳跃到本有事件之中去**。

---

① Verhängnis 的词干源于 Hangen，取“任其挂在空中摇摆”的意思，后转义为“神任其……”，现在多为“厄运”、“祸患”的意思。——译者注

为此在很长时间内，个人只是偶性诱因。 [10]

因此作为**世界起因**（Weltveranlassung）的**艺术**也是如此。

34 217

哲学——不会被化解掉，不会被发现（研究），不会作为世界观被拉入概念（事后）——而是重新认知 πόλεμος（斗争、战争）——**本有事件**——去对基础（Grund）、无底空渊（Abgrund）和非基础（Ungrund）进行探索（ergründen），并且因此而成为一种艰急和急迫（eine Not und Nötigung）——去把捉那给出的任务，并去征取那附带的赠予——把历史带入到事件的发生＝再一次去冒众神之险。

这样尽管没有发现什么现成在手的东西、未知的东西，但是发现了更本质性的和更加源初的东西，——在脔在的封闭性处，挣得了分切隙裂——真理转变为本质。

所有的概念都将从开端重新被创造一过。

35

单独靠语词已经不够了——尽管如此，**言谈**仍然保持为创建培育活动。

36

每种本质性的东西，其存在的目的都是，为了要它被人超越，尽管不是在一种进步中被超越。如果这些超越，在超过本质性东西时，不是从其旁边“溜达”过去，且围着它“溜达”，就好。

[11] 37

依藉关于達-在的知识，追问就已经预先超出“从主体出发”很远很远了；因为，这个与个体化相对立的主体被把握为共同体的主
218 体，这样做是形而上学的，只要尚未决定让不让“主体性”从根本上消失。但是如果人的達-在要得到把握的话，那么，追问就不可回避地撞到［下述事实］：这个達-在原本就必定是我的，而没有因此就变成哪怕是一点点“主体性的东西”，变成主体性意义上的唯我性的（ichhaft）。

37a

时代并不会因为我们太“世界性”了，就变成无神性的，因而就没了众神；而是因为，我们没了世界，并且只有存在的迷惘。一种世界-直观只不过是临时救急的措施，而且必将被打碎，如果它不变成世界-奠基的话。

37b

存在问题：并不是截取“实存”的一个片段，且在惯常的、成问题的视轨中——而是在跳跃中创建培育（stiften）存在。

[12] 38

现在世界出了接合部；大地成了从事破坏的场所。存在“意味着”什么，没人知道。

我们还能够认知它吗？

如果能，我们**应该**去认知它吗？

如果应该，它如何**成为**可认知的？

39

把哲学的历史作为一种伟大的孤独化的历史来描述。

40 219

思想性活动之起决断作用的基础运动是：对不可能性尽最大的努力，去跃过自己的影子——源初地从新铺设的基础出发去营建。

41

我们经常满足于逆着我们自己的目的去思想，而并不总是遵循滞留于正确合法的等级层面上，去测量那必不可少的承载跨度。

它需要许多的练习，直至你变得对你自家的必然性充满信心为止。

42 [13]

“世界观”——后起的用语——它起源于人们进行回视和分派——用“类型”进行计算。没什么未来的东西——而是只谋求稳住和固定——所有伟大的富饶多产的怀疑之死亡。

如果寻觅求索被窒息，而且求索之必须的艰急被抛弃埋葬，最大的灾难就临近了。在家乡故土的表面显现中隐藏的迷失错乱！(参见 1936 年夏季学期讲课稿，第 15 页及以下①)；(参见［24］页)。

---

①［Martin Heidegger: Schelling: Vom Wesen der menschlichen Freiheit. GA 42.

43

对“德国唯心主义”根本上本末倒置的立场，似乎人们可以从那些“老东西”和传承下来的东西中解析出“有用的东西”——实
220 证主义——，那里根本不能确定，在其本质中它已经到了我们这里——只要我们还没有重新将它取回。但是这种重新取回要求：我们不要将其置于简单的时间次序中，把它当作“老东西”；要知道，在那里，每一个努力接近，都是直接冲着俻在本身去的。只有凭藉了同样强暴的直接性和孤独巅峰的同样的高度，才可能赢得同类的东西；所有其它的一切都依旧是对世界历史最内在的核心之学究式的施暴。

[14] 44

置多余之事的自由于限制之中，衰败没落就到位了。

45

我们是否还能再次找到本质性话语之确定无疑的质朴性？必须发生什么事儿，才能使我们有此能力？

46

哲学上的疏忽失误从来不是强有力的——为了强大有力，哲学

Hrsg. von Ingrid Schüßler. Frankfurt am Main 1988, S. 53ff.]（海德格尔：《谢林：论人类自由的本质》，《海德格尔全集》第 42 卷，英格丽德 · 许斯勒编，美茵法兰克福，1988 年，第 53 页及以下。）

必须先存在，且必须听到真正的刀枪朗朗作响之声。

47

作品最内在的忧患：它不得不终止于它自己恰恰将其确立为新开端之可能的东西上。

48 221

世界上有些东西，它们“为人民”而做且为“为人民”而容[①]，却并不能因此而赢得任何东西，而是相反，为此陷入内在的破坏，并且这样抢劫人民真正的和机密的财富。这种抢劫行当还能把它们的胡作非为继续多久？

哲学（参见[39]页） [15]

49

为什么以及在什么界限内哲学是必要的？在什么地方它才得到其纯正性[②]的基础和形式？

---

① zurechtgemacht werden。此处“容”字取“士为知己者用，女为悦己者容”之“容”意。——译者注

② Gediegenheit 由动词 gedeihen（意为“生长发育良好”）的分词 gediegen（意为“纯正的”、“可靠的”、“扎实的”）加上后缀 -heit 构成。英译本译为 genuineness。——译者注

50

“哲学”已经完全陷入疲惫不堪之中。而非哲学则鼓励提倡一种无节制的呐喊，用从被鄙弃的哲学那里借来的“各种乐器”极尽喧嚣鼓噪之能事。

（单纯的扔-掉！）

51

这一切说明了什么？——真理的本质和偖在的本质被挤压到非本质之中，并且因此被困到表面显现和对它无知之中。行为举止和诸标准之设定的全部直接的安全性都丢失了。

急需要做的是什么？

1. 奏响本质性的基础调子；

2. 获取本质性的基础经验；

222 3. 在基础之偖在中，为偖在之奠基人奠基（本有事件）；

4. 真理的本质之被-定了调的开启；

5. 所有这些作为達-在在概念中的奠基。（参见［19］页）。

［16］ 52

认知的反转颠倒（参见［23］页，［52］页）。

人们把“认知”歪曲为某种单纯的工作器具，可以被操纵的、必须应手的工作器具。

其结果就是，人们于是便要求相应地占有这种工作器具，并且想要在“接近生活”中持有它们。

人们把“生活”理解为，最为切近的平日之可理解的企业（Betrieb），以及它的可掌控的应用和对它的日常需求。

这种认知的颠倒是从某种很遥远的过去的东西出发的——依据这种过去的东西，认知是一种对待真理本身之价值的完全依赖自己的独立行为——这种作为工作器具的颠倒，只不过是这种东西的结果，并把这种东西设为前提。

两者均错认——认知是精神自己的*事变*——属于達-在[①]——既不是所谓行为本身——也不是某种工作器具。对认知的规定必须奠基于達-在之中，也就是说，奠基在俳在和真理的本质之基础之中。但这就要求一种于实存本身中的基础立场的转换，而在没有这种基本立场之处，就要求去重新获得这种立场。

只要人们还是颠倒地从把认知错误地领会为工作器具出发，在 [17]
宣扬“新科学”的旗帜下去经营某种事业，他们就仍然是在通过不寻常的努力而盲目地运动着，没有对哲学进行哲学思考。而那些不懂得亦无需懂得哲学为何物的公共大众，因此就有了下述的想法：
从现在起，“真哲学”出现了；报纸和那些变得厌恶自己的，即那些 223
从来没有“是过自己”的业余学校的老师们也纷纷出来证明这一点。

如果，其后，这种无根基的努力还用某些技巧和鼓噪宣传，掺杂到在真正的政治事变中，那么，看上去就是下述的样子：认知领域中的幼稚可笑的责骂叫嚣似乎本就属于事件的发生。在这种没有任何规矩和标准的装腔作势中，为什么不让每个只要写了足够多东西的学生，都扮作英雄登场，假如他可以每周都写一点儿关于英雄主义的东西的话。

---

① Da-*sein*.

[18] 53

把人民带回到它自己本身，是政治上合理和伟大的东西；在世界观层面上，它却变成了任意而渺小的东西——成为对人民的偶像化。这时，人民被作为现成在手的东西加以颂扬，期间所有东西都是现成在手和“有机的”构成的，所有的东西都顺顺溜溜地从人民中生出来，就像从它自己生出来一样，只要人们有此“本能直觉”。这种对人民的“种族上的”禽兽化和机械化，根本没有注意到，只有在達-在的基础上人民才能存在(ist)，在其真理中自然和历史——世界本身，才来到开放之中，而大地才能向其封闭性解放自己。

而这种達-在才是艰急之可能的场所——在其中众神之翱翔(Flucht)才成为可亲历的，对那到来者的渴望才变成触手可及的。

54

所谓“有机”思维和言谈的**巨大泥潭**吞没了一切，人们把那将一切都化解到昏暗暧昧的稀粥里的化解性，当作世界观的**统一性**，而且还获得了一些人的喝彩，当然了，在平庸性那里，无关痛痒的
224 和流行的东西总是被当作正确的东西，而这种所谓正确的东西又被当作“真的东西”加以接受。

[19] 55

对達-在进行思想性-诗意性的奠基的任务，克服了**可能性**问题——关于可能性的问题——这是……如何可能的？是数学思维

的最后构型，并且后者是命题本身之统治的结果，而这一统治又是ἀλήθεια（真理）坍塌的结果。（参见上面［15］页）。

56

如果可能性被当成了本质规定之目的和答案——（本质作为使某物可能的可能之事——无矛盾的**可-思想**之事），那么，这里——完全同一性之可接受性[1]——就被设定为存在的**基础**；但是存在自己来自**思想活动**。

尽管对可能性的追问唤醒了一种总是向“源-涌”（Ur-sprung）倒退的表面印象——然而追问却走到旁边，进入标准之领域，该领域是被纯思想预先设为前提的。存在根本不是——移入可能性问题之中的内容的艰急和必然性的规定（Bestimmung）和定-调（Bestimmung）；存在被跳过了。现实的东西只是 camplernenturn possibilitatis（可能性的**补充**）。

可能性和可能性问题的边界和权利，从（本有事件）中的切分隙裂之奠基出发，重新进行设定。

通过可能性问题的克服，一切本体论都从根本上受到震动。

57 225［20］

现在，达在之奠基从来不会脱离表面显像：看起来似乎该奠基是一种直接产出达在的产出活动（Herstellen）——而且甚至是通过单纯的思想活动进行的生产活动。这里的问题是

---

① Verträglichkeit。德文从词源看，有可容忍的意思，英译为 consistency，一致性。——译者注

1. 去问这种表面显像的不可避免性；

2. 去问起调和（Anstimmung）规定（Bestimmung）的不引人注目的本真进程；

3. 去问出自切分隙裂的把捉之源初的锐利性。

这个进程是总停留为手段，以便让其它东西公开展示，并因此得到定-调（be-stimmen）——或者这个进程自己就是进入達之发生的进程——；这个进程的作品特征和**语言**。

58

当我们**追问**真理，将真理作为真东西之真内容**追问**的时候，我们就在**追问**。

我们这样追问，藉此**我们**在追问人民的真理。且当追问将人民解放到它的艰急之中——带入到達-在之中时，人民的真理就把人民带到它自身。

伟大的是，重新给予人民以尊严，但尊严仅存于敬畏处，而敬畏又仅存于惊愕赞美处——

[21] 而惊愕赞美仅存于对神迹（Wunder）的“基础情调”处：倖在于源-涌之中。

公众判断中的“哲学”

59

在一般概念中，哲学就是对所有事情的说来说去。这种言谈活

动必须在同一层次上进行，就像处理天气和最新的汽车模型一样。 226

由于在这种日常的闲谈中，哲学百无一用（zu nichts führt），于是人们就有了一个实践性的想法：取消废除哲学。太棒了。

只是这样被取消的不是哲学，因为这里关涉的东西甚至根本谈不上是哲学；而是为哲学创造了空间。起码看上去似乎是如此。但是从根本上看，这个“关于”哲学的决定——已经是一个误解；因为当哲学必须在那里的时候，哲学已经在那里了，尽管这对于那些曾经“活过”① 哲学的衰败的人们来说，此事太不可思议，太离奇了。

60

人们现在努力摆脱哲学，以便能放弃它。也是一条路——走入野蛮之路。

今天，精神正面临一种威胁，它会成为在公众眼里，以及在执 [22]
着痴迷的知性眼里所见到的东西：一种“精神”——也就是说，一种幽灵。人们正在这种以前发生的假冒做伪活动的帮助下，去同“唯理智主义”做斗争。

然而——诉诸唯心主义（哲学上的）也同样没用，因为唯心主义的那些前提已经不复存在，它本身只是一个终点。

达-在！

61

而恰在目前，在他们想重新变得德意志的时候，德国人能够把

① leben。动词 leben 的本义是“生活”，这里有“生活着经历”的含义。——译者注

哲学取消掉吗？ 也就是说，没有哲学没法能去达-在？

由于哲学不仅总是重新现实化——而且是事先且同时还会在本质中重新被征服，怎么处理“取消”？

——

227 ## 62

我们的“**积极正面的东西**”**就是真理的艰急**。

[25] ## 63

我们还能够再一次——或者第一次通过调整侪在（本有事件）的情调（Erstimmung）把实存的真理带到源-涌之处吗？

64

从根本上看，无艰急性的艰急是必然性[①]缺席之隐匿的基础。

65

如何在“无艰急性”中，且从其中出发去创造侪在的艰急？

如何祛除对侪在之遗忘——通过什么样的“使-想起”[②]？

1. 于达-在之中的想起；

---

① Notwendigkeit，也可直译为“转向艰急”。注意：Notlosigkeit 和 Notwendigkeit 都含有 Not。——译者注

② Er-innern，不加分隔符，译为“回忆”；此处译为“使注意到”也可。参见 innewerden（注意到）的意思。——译者注

2. 于亲密性之中的想起。

但是所有这一切只是作为作品，而直接的——从来没有作为间接的呼吁和类似的东西。

66

艰急：不再是迷失（Irrtum）——因为各种迷误（Irre）曾到处弥漫——；人们已经无力再去向往认知；人们只是设法弄到知识和技能培训。

67 228

“世界观”（参见上面[13]页）。—— 人们可曾问过哪怕一次：在何种程度上，世界观是首先和最终的？在什么前提下才可能有世界观？——不管“传授”的是哪种世界观，都无所谓。

68

困难：我们不知道，我们在何处，而且我们没有为了确定那个“何处”所需要的“达”。

達-在（Da-sein）是“迷误之在”（Irre-sein），我们自己就迷失（verirrt）于这个“迷误之在”中，就像迷失者（Verirrte）那样，最后把那最切近的东西作为最好的东西顽固地加以坚持。

作为进行拯救的人民，哪里需要拯救，它就在哪里。

问题与冒险

69

任何的问题不仅要求回答，而且是首先要求冒险。能够掌控和权衡那种冒险，就已经多于回答；因为就像孤零零的问题本身(für sich)一样，孤零零的回答本身恰恰是不可能的。

[25] 70

处在一切事物的隙裂活动的中间——其于缄默(真理之本质)中的汇集。

229 # 迈向達-在的步伐：

71

缄默之有影响的实施和保留，作为实存的开放以及依藉本质着的(wesendem)倖在而对实存的调整换位。

但是这要求在本质上放弃谈论缄默，放弃去言说关于那些作为沉默之语言本质之类的东西——除了缄默之外。

72

新的“逻辑”是缄默的逻辑。但是，依据本质和目的来看，它完全不同于“表面显现的逻辑”。

73

必须言说的内容之最高者，必须成为缄默之最外在者。

缄默（Verschweigung）原本即努力-沉默（Er-schweigung）。

但是努力沉默的逻辑难道不是对一切和無的背叛吗？ [26]

的确——如果它像迄今为止的逻辑学那样被“解读”和奉行的话。

74

或者，此处我们仍然在死胡同中——以至于根本不能翻身转圈儿？

75 230

在今天哲学已是无关紧要！——完全正确：对于今日的“紧要”来说。

76

作品的解读抓住作品的中间，让它的真理放出光芒；这些光芒很容易走向无规定的东西中的不同的方向——让作品发声作响。

解读的艺术就在于，作为光芒辐射，它同时忙于创造一种封闭的辐射圈，并且坚守在其中。于是，这个辐射圈就只是作品放光的核心本身。

[27] 77

关键算数的并非“人在”(Menschensein)[①], 而是達-在(Da-sein); 这个[達-在]: 因为併在。

而这个達-在处于难以置信的情势中, 在那里它用不着去与深邃和昏暗角斗——而是相反, 通过那围绕着併在的认知, 挑选了通向基础的路。这是可能的事情吗? 这是必然的。

这是缄默中的道路。

78

从超人方面, 对所有伟大的思想作品从新的基础出发去加以认识,对实存的所有区域去进行了解,去实施那最“无底深渊性”的達-在经验, 而且还要——把所有这些, 首先只是当作条件、过渡和附带活动。

231 79

在今天的伪文学作品之中, 开始了对荷尔德林的《赞歌》进行粗野的模仿——这样做本身找不到哪怕一丁点儿理由和权利。

[28] 80

在併在之本质性语词中的思想上的内立性(那个“体系”)!

① Menschsein, 英译本译为 humanity, 即人性, 直译为“人之是”, 与 Da-sein(直译为“達-之是”, 本书中译为“達-在”)有构词形式上的对应。——译者注

81

应急运作的问的体系——值得追问的是偌在；它是最值得的，因为它处于所有实存的最高等级，一切实存中都要有的。

偌在是人在其中进行呼吸的以太。

偌在作为（本有事件）。

82

神走了；东西被滥用殆尽；认知瓦解了；行为失明了。

总而言之：偌在被遗-忘了——而实存之表面显现尽情发泄着，或者逃避到迄今为止的东西中去。

83

从使-想起出发克服对偌在的遗忘，这个使-想起（Er-innerung）必须是在達之最宽广和最深邃内容的“袪-外化”（Ent-äußerung）：作为達-在。

84 232

但是这个克服并不是单独通过偌在问题——而是：这个追问涉及偌在之本质性真理——那个源泉，它是偌在之预－演（Vor-spiel），
而且，在能认识一切的非－神性中，唯独它能够是预－演：这就意 [29]
味着：对艺术的“转向－艰急（必然）”① 的认知。

① Not-wendigkeit。按它的通常含义，可译为“必-然性”。——译者注

85

哲学只有在其终结就是其开端，即是存在之真理的问题之时，才完全处在它的终结处。

86

存在就是人在其中进行呼吸的以太，没了这种以太，人就堕落为单纯的畜生并混迹于其中，而他的整个作为就被贬低为牲口饲养。

87

我们熟知的太多而认知的太少。

88

不是“切近生活”需要它，而是必须可以在其遥远之中重新看到達-在——这样達-在就学会了尊重它的基础。

89

这是完全不同的条件，现在本质知识必须步入它的麾下。

关于处境(参见[33]页以下) 233 [30]

90

1. 在哲学中,尤其是在科学中的完全无-“原则”性。

2. 由这个方面不求进取。

3. “种族性”(völkische)“思维”把某种条件和构成性力量做成了对象和真的目的。

4. 只有当这些条件被置于伟大的任务之前,并且通过这些任务被唤醒,在这些任务中受到检验,这些条件本身才会被重新赢回。

5. 这样它们首先要退回到那发生着影响的无知性(Unwißbarkeit)。

6. 相反,把所有这些都做成各种“新”科学和各种世界观之对象的地方,不仅丧失了这一切,而且还阻止真正的原则之建立和真实的追问。

7. 这样逹在就被推到某种仍然胜过所有19世纪的“理智主义”的“反思立场”中。

8. 不带世界的**世界**观。

没有任何“观看”的基础条件,并且没有向前跳跃的筹措规划(在其中看到的东西才能成为可见的东西)的世界-**直观**(Welt-*anschauung*)。

9. 在一个人民把自己设置为目标本身的地方,自我中心论在以 [31]
可怕的规模传播。但是,就领域和真理而言却一无所获——对倖在之盲目性想救自己于贫乏且粗鲁的"生物主义"，它能提供的就是言辞上力量炫耀。

10. 所有这一切根本上都是非德意志的。

——

在这个狂热喧闹的时代思想家还能干什么？

234

追问

91

对于持续不停地追问达在的举止行为和要求，人们即便不发怒，也会情绪沮丧。有这种反应的人们并不知道，那千呼万唤的答案，始终只是之前经历过的无数追问步骤之序列中的最后一步。

——

92

为未被把握者预先-设置（vor-setzen）概念[①]；藉此从真理的本质中转化出概念的本质。源初的认知奠基在"概念"中，以对抗单纯的无知性和不可知的东西。

[32] 在每种伟大哲学中一定有它所遵循的隐蔽的道路，以及追求本质性的分解展示（Aufschluß）的不懈努力，——但是我们从来就不

---

① 此处，未被把握者（Unergriffene）与概念（Begriff）是同根词。中文实在无法在无损于它们的正常意义的同时，又显示二者的亲缘关系。"概念"是"已被把握"（Begriff）所呈现的也是"把握"（Griff）的结果。——译者注

能仅仅死守在说出来的命题那里；并非好像一切都被耗费在路上，并非是在哲学中没有本质性的真理，而恰恰是，因为这些真理并非是命题真理——或者更准确地说——因为命题——那些本质性的命题——具有另外一种不同于正确表达的命题特征。

（参见康德的通向先验想象力之路）。

93

谁要是想要做巨大的跳跃，他就需要长距离的助跑。为了长距离的助跑，他必须向后倒退得很远。这种向后倒退必须退到第一次开端之处——如果在此跳跃中算数的是第二次开端的话。

我们是否要跳这一跃？当我们把助跑的距离之本质性内容准 235
备就绪，只待跳跃，这样就够了。

跳跃之跳跃者就将到来。

总是在过渡和离开中！

94 [33]

哲学的真理，甚至作为可能性亦如此——已经从今天的達在中完全消失。

这意味着什么？意味着，再没有关于命运的认知真正地紧逼着我们了。我们在粗鲁的说教和平衡之间来回乱撞——；有思想形式的不洁者和被损毁者——它们仅只是些不成形东西[①]，没有了任何

① Unweisen.

有点儿勾连的规则。

95

现在人们“干事”，看起来就好像一切都不再有“真理”的什么事。

96

（参见［30］页，［35］页）。

1. 一切都无根基无目的；是否还有什么供人期望的根基和目的？①

2. 我们不可能倒回去；靠拾掇起来的补丁碎片根本拯救不了我们。

3. 我们是继续向前——还是让自己被推下斜坡，因为我们甚至连供跌落的重量都不够了？

4. 我们必须从迄今为止的东西中先退回去，并向前走出去吗？——但是向何方？

236 5. 人民的统一有什么帮助——假定，这种统一来自空无，入于荒野。

［34］ 6. 对于**人民**来说，所有的追问难道不是更加紧迫且更加伟大和更多方面——那荒漠难道不是在扩大，那空无不是变得更加空无？

7. 没有一个长时间的准备，能够发生真的转变吗？

8. 这个准备难道不是必须从基础出发，从那第一次和最宽广的

① 原文为句号，英译本改为问号。此处从英译。——译者注

决断领域出发来加以实施吗?

9. 这些领域难道不应该作为那第一的和最宽广的决断领域首先被解释展露、被接合到接合构架中(im Gefüge zu fügen)吗?

10. 为此不应该把思想(Gedanke)——从事追问的-从事诗意创作的认知活动,作为最高的东西加以肯定?

11. 存在=时间作为准备工作的初级阶段之预感。(参见《存在与时间》第二篇)。

12.《哲学论稿》[①](参见36年7月27日的计划)。

13. 与《存在与时间》分析辩论[②]。

14. 超-自然(Meta-physik)的开端。参见[39]页以下。

不再继续前行在忧患的轨道上,但是也不是向后被撕扯到以前的东西之中——而是从整个的轨道中出来,进入某个第二次开端——进入[轨道的]封闭性、朴质单一性和"终结"。

达-在

大地——世界

(本有事件)

---

① [Martin Heidegger: Beiträge zur Philosophie (Vom Ereignis). GA 65. Hrsg. von Friedrich-Wilhelm von Herrmann. Frankfurt am Main 1989.](海德格尔:《哲学论稿(从本有而来)》,《海德格尔全集》第65卷,弗里德里希-威廉·冯·赫尔曼编,美茵法兰克福,1989年。)

② [Martin Heidegger: Auseinandersetzung mit »Sein und Zeit«. Erscheint in: Zu eigenen Veröffentlichungen. GA 82. Hrsg. von Friedrich-Wilhelm von Herrmann.](海德格尔:《与〈存在与时间〉的分析辩论》,发表于《对自己出版物的评议》,《海德格尔全集》第82卷,弗里德里希-威廉·冯·赫尔曼编,待出版。)

97

[35] **进程**[①]：从事思想性称谓的、但是回忆（第一次开端）的筹措规划的朴质单一性。

237 作为不安的抛投——被接合的（gefügte）——被抛入无艰急性的艰急之被抛性：存在的遗忘性与真理的破坏——；思想活动的废弃。

算数的东西（Was es gilt）

（参见《存在与时间》第一篇第五章随文笺注[②]。

回转之转）

98

算数的是，跃入作为历史性之存在的達-在之中。这一跳跃仅实现于把被赠予者解放到那任务给予之中去。值得去为之尽一切努力的，就是学习自由地去朝向这种解放且在这种解放之中去学习自由。

这就是赢得被赠予者的能量释放和对任务给予的把握。

但是我们的被赠予者到底是什么？作为无艰急性之艰急的无艰

---

① Vorgehen，也可译为“前行”。——译者注

② ［Martin Heidegger: Laufende Anmerkungen zu »Sein und Zeit«. In: Ders.: Zu eigenen Veröffentlichungen. GA 82. Vorgesehener Herausgeber Friedrich-Wilhelmvon Herrmann.］（海德格尔：《〈存在与时间〉随文笺注》，《海德格尔全集》第 82 卷，弗里德里希-威廉·冯·赫尔曼编，待出版。）

急的艰急(die notlose Not als Not der Notlosigkeit)(一切都可及，但是被误用了——一切均失去了精神，但又可以随意推诿——没有本质性的冲击，也没有追问的激情——一切均可亲历且同时无谜性)。哪里有冲击，哪里就只有作为说教规劝的盲目的沸沸扬扬。而这一切之中，均无達之艰急，也无最困难者的认知。一切均是“被做成的”(wird gemacht)。

99 [36]

作为任务给予我们的是什么呢？对隐匿之事的冲击进行源初和简单的推动，把从事筹措规划的接合(Fügung)作为长期准备下的作品加以把握。

冲击和筹措规划的源初统一，变为对二者同样本质性的本有事
件。我们不会沉沦于生活的繁杂事物的表面显现，也不会沉沦于虚 238
假的(效仿出来的严格的)思想活动的假象中。

我们学习被定过调的思想活动和它最本己的敏锐，且不去热衷于用人为造成的对立，用《作为灵魂的敌手的精神》[1]/ 或者 / 英雄的科学(对某种**曾经存在过**的形式性的思想活动之空洞的吹捧颂扬)来混日子。——那算数的是：

无艰急性之艰急的自由掌控——不是简单地弃之不顾，而是解放之——源自(本有事件)和真理的变型了的本质。

——

① [Ludwig Klages: Der Geist als Widersacher der Seele. 4 Bde. Johann Ambrosius Barth: Leipzig 1929ff.]

100

这种对于大地的盲目性，这种对于世界软弱无力——最终，这种无力进入到它们的争论的争论活动（Bestreitung ihres Streites）中——这一切都来自于筋疲力尽，或者只来自于某种非常过分的异化和走得太远的迷失？

[37] 我们怎么才会知道，那是什么？仅当我们尝试某种根本上的改变——将其作为第二次的——进行回忆的——开端的时候，我们才会知道，并且经验到那到来的东西；我们还要去认知，什么存在（was ist，什么是）和什么不存在（was nicht ist，什么不是）——我们这里是否还有存在发生（Sein ereignet[1]）以及如何发生，仅就这些[2]，这种认知就完全是必然的。

101

当人们尝试去证明一种哲学中的错误，而且部分正确、部分错误地描述它的时候，为什么会触犯到哲学的本质？因为，一种哲学从来不会让自己被反驳。为什么不会呢？因为哲学中根本不含有
239 什么可以反驳的东西；因为，在其中是哲学的东西，乃是存在的开放——世界的筹措规划；这类内容是不可能被反驳的，而只能被代替和改变——；也就是说，每种哲学都停留于并且保有着相应的复归转向，这个复转从来没有让自己直接地被确证和算出来过。

---

① Ereignen 在这里既可以按日常用法理解为“发生”、“出现”，也可以按海德格尔思想的特殊用法，理解为“进行据有活动”。——译者注

② 原文为 nichts Geringeres als，英译本译为 nothing less than。——译者注

一种哲学的真理只依据其真理的本质之开放的源初性来衡量自己。

102

“末等人”① 的咆哮响遍欧洲。

103

[38]

在俘在之遗忘和真理之破坏之间不允许再去期待：让向達-在之中的猛跃直接得到理解和接受(eingehen)。相反：最高级的陌生化。而且由此有效的是，这种陌生性才真正开始升级——但是这样，在它之中，将同时架起一座桥梁，以把握内立性(Inständigkeit)(参见上面[3]页)。

104

为第二次开端的很长的预先助跑。本质性的东西是，遵守坚持这个预先助跑——不要让它变弱，也就是说，不让它变为所谓现实的、直接的第二次开端的那种错误的强大。但是如何在这一切中同时让非可知的东西起作用。

① [Vgl.Friedrich Nietzsche: Also sprach Zarathustra. Ein Buch für Alle und Keinen. Werke. Bd. VI. C. G. Naumann: Leipzig 1904, S.19:»›So will ich ihnen vom Verächtlichsten sprechen: das aber ist der *letzte Mensch*‹«.](参见弗里德里希·尼采：《查拉图斯特拉如是说。为一切人又不为任何人所作的书》,《尼采著作集》第6卷，莱比锡：C. G. Naumann出版社，1904年，第19页：“我要对他们讲述最该轻蔑的人：这就是末等人。”中译文参见：《查拉图斯特拉如是说》，钱春绮译，生活·读书·新知三联书店，2007年，第12页。——译者注)

追问——究竟为什么是实存而不是無呢？——作为達之陌生之事（Fremde）的从事陌生化（das Befremdende der Fremde）的开始进程。

240 不是从事安慰工作的-神学上的对神“进行证明”的说明——不是把作为陌生性的祛-陌生（Ent-fremden als Fremdheit）消除掉——而是对一切家乡之事进行陌生化（Befremdung）[1]。

神在何处？首要且根本的追问是：我们具有“何处”吗？我们站在“何处”里面了吗，以便我们能够追问神？

那个達之陌生作为坚守“何处”的坚守[2]。（参见[4]页；[8]页）。

105

存在之遗忘和真理之破坏，共属一体，赢得的是掩饰危险——也就是说，泼洒掉不-可信者——对達实施封锁。

[39] 106

与此相反[做法]，规则（Satz）：達-在鲜活本现为（west）本有事件之斗争。

107

从对具体生存上的達在的描述，到进行奠基的跃入達-在：（本有事件）的“形而上学”；历史性的！但这也就是“到-未来的”（zu-

① 以引起人们的惊诧和关注。——译者注

② 可见 Da-sein（達-在）之 Da（達）是神可能出没之处。——译者注

künftig)。

“哲学”一直总是在什么地方和在什么时候，为了谁(少数人，唯一的人)，如同光照和地震一样到处侵染。(参见[40]页；[82]页)。

108 241

回忆。

对第一次开端的回忆。

对(处于第二次开端中的)達在之内立性的回忆。

第二次开端作为从事奠基活动的跃入達-在之中的跃入就是“形而上学”——在一种本质性的新的——开端意义上的“形而上学”。超出 φύσις(自然)之外，这就是说：我们不再能从 φύσις——ἀλήθεια(真理，去蔽)着手了——而是从这个开端被甩了出来——回不去了，必须首先去寻找和奠基那开放的位置本身——[(参见 35 年夏季学期讲课稿①)不要把 φύσις 错误地解释为现成在手性——像《存在与时间》(第 8 页以下)中的那种危险②]。

不再能从 φύσις 着手了，然而还可以从 ἀλήθεια 着手！ *

* 但是这种“真”——作为達-在；但是不是作为认识论，也不是作为“基础存在论”。

凭藉第二次开端，“形而上学”才得以突出出来。——形而上 [40]

---

① [Heidegger: Einführung in die Metaphysik. GA 40. A.a.O., S.108ff., 131ff.](海德格尔:《形而上学导论》,《海德格尔全集》第 40 卷，同上，第 108 页及以下，第 131 页及以下。)

② 指《存在与时间》中还把自然理解为现成在手的东西。——译者注

学必须如此，且必须作为形而上学，恰恰才能总是把第一次开端（那个 φύσις）回想在里头①。

但是“名称”本身是无关宏旨。（参见上面[34]页；[46]页）。

109

哲学是激-活——也就是说，届时某种冲撞所进行的建基活动的奠基——即：在俘在的本质中进行撞-开（ab-stoßend）活动，且推动冲撞真理的本质——而且在这一切冲撞上——习惯的思想活动和努力一定会撞上去——此处它经常被经验为不充分的，在所有物性处总是陷入吃亏不足——不是在认知的光明中，而是在被惊动的、非意愿的觉察（Merken）之昏暗中被经验到；[说它是]预感（Ahnung）又有些太过，估价过高。

242 ## 110

思想性的诗兴（Dichten）就是本真的正在前-行的追问——针对達-在的贞问（Erfragen）——委任于俘在（Ernennung zum Seyn）。思想的传递作为思想的语言作品，只能建立在被接合的（gefügt）传授之上和之中。这里的“于作品处的语言之‘本质’”是在一种本质上完全不同意义上的——源初意义上的——语言“本质”；不仅是作为适宜和便于记忆的“表达”之工具——而且首先是在从事接
[41] 合活动中建立作为认知和非认知的本质活动。

这种作品必须“站得住”，以便时间和时代可以从它那里流逝

① er-innern。字面含义是“记-忆”。——译者注

而过。

从来都不可能直接被认识到、并且被“萃取”出来，有的只是间接的源泉——当然不是具体生存上的姿态（Haltung）——而是一种本质上的认知之源泉——针对存在和真理（本有事件）的贞问与接合。

111

需要众神的（本有事件）的创造，我们可以是这些众神的朋友，而无需是其奴隶。

112

哲学：对智慧的爱。

爱：愿意，实存是（sei），存在——

智慧：对创造活动（知识活动——传授活动——爱的活动）以及善良之本现活动的统一性的统治。

113

哲学家们：就是那种人：在他们处，此意志愿意（dieser Wille will）（印度式的）——，不是作为他们的意志，而是作为達-在。

114 243

我们正成为，我们现在之所是（die wir sind），藉此，我们就是（sind），我们正成为的内容；藉此我们就是生成者的活动，我们顺从着“生成活动之规则”，无任何强迫，但也无任何随意挥霍。

[42] 115

思想家的思想活动（Denken）是（对第一次开端）的思念（*an*denken），是（对第二次开端的）苦-想（Er-denken）。因此，苦-想并非空虚的遐想（Ausdenken）；而是从事创造的努力-称谓（Er-nennen）。

116

从研究的操作（Verfahren）到作为形而上学的前行之间的过渡；从打-基础（从后面切换）到开端之间的过渡。

作为骤然跳跃的过渡；先期准备、尝试、先期-修筑——所有这一切都通过1927年至1936年的讲课做过提点，尽管从没有而且是有意没有直接告知过。

“历史性的”解读之面具。

这里本质性的等等：生存概念（Existenzbegriff）的转变，自具体生存性的而出，入于超-自然的（meta-physischen）之内。生存-出去（Ex-sistenz）：外置于实存中的外置性（Ausgesetztheit）。此外：真理问题的向前推进：重新作为“在之间”的中间之封闭性的开放性。

117

不是于作为“结构”的達在处进行的测-量（An-messung），而是作为源泉的達-在的归元配给（Zu-messung）。

这个归元配给本身创造了超-自然的瞬间，作为一种本质性的 244
历史之第二次开端。这种归元配给作为进行跃入的对存在之遗忘的撕扯，于是又作为真理的本质的布局展现（Aufriß）。

118 [43]

做哲学思考已经变得困难了，也许难于它的第一次伟大开端——因为这是它的第二次开端。在这种只能间接地感触哲学的瞬间，有些人想把哲学——取消掉；《英雄式的世界观》[①]就是如此声称的。

119

有效的首先不是服务于人民的（也就是对人们有用的）东西，而是人们必须要为之服务的东西，如果人民愿意成为历史性的人民的话。

120

没有任何一门科学（Wissenschaft）会有可能只要求认知（Wissen）[②]上的勤奋与严格，更不要说去获取在哲学中才出现的东西——假定的确有哲学的话。

---

① ［Vgl. Johannes Mewaldt: Heroische Weltanschauung der Hellenen. In: Wiener Studien. Bd. 54 (1936). S. 1–15.］（参见约翰内斯·梅瓦尔特：《希腊人的英雄式世界观》，载《维也纳研究》，第54卷，1936年，第1–15页。）

② "科学"（Wissenschaft）一词由"认知"（wissen）加集合名词后缀"之事"（-schaft）构成；因此，科学即认知之事。所以，这里是说，认知事业从来不可能只要求认知活动上的严格和勤奋，它还有另外的追求和目的。——译者注

但是并不因此就可以把哲学说成是“超-科学”，因为即便如此，哲学仍然被禁锢于用科学来评估的桎梏中。

本质性认知必须从真理的本质出发来规定和定调。但是，严格
245 只服务于跃入源泉中的跃入——“在……之间”之斗争。

[44]
121

在“扩音器”的时代，本质方面还起作用的只可能是，在“不会成为问题”的面具之下的不可显现之事的缄默。

那些认为某些东西不会进到“问题中”的人，他们从来就不追问。

122

作为最推崇-追问（Frag-würdigste）的達-在。

φύσις（自然）与众神的出-现；这种出现不是平时所讲的制备生产——而是进入升起和出现的状态；不是因果性的推论；也不是被错误解读的“情绪触发”以及它的影响。

123

那些被称为“教育”、“精神”、“文化”的内容，今天必须被用于去拯救人民的核心力量吗？但是谁是“人民”？以前所谓的下层的未受过教育的阶层？仅仅是因为他们未受过教育，所以要保护他们的核心力量——或者献出所有的一切，只为使得整个与日俱增的沉沦变得更加清楚，——软弱无力——它对于精神上的斗争（不是

反对)来说过于纤弱[?]和无知——暴露于光天化日之下?

124 246 [45]

另一次开端之秘而不宣的目的:把達-在之呵护的掌控,作为历史的布局(Anlage)加以建设——以便为历史的(本有事件)做准备。

为此:收集。不仅是把迄今为止的分散且不相冲突的东西统一在一起;也不仅是对差别的扬弃;不是把中间当成平庸性,收集是:现实力量的积蓄,它的能力的装填,对布局的发展与完善——本质性的伟大能力(grqßes Können)的创造!

但是这不是通过对“尚-可救助者”(Noch-Geretteten)的浪费和消耗——而是通过新的行动;能力只会出自练习;但是练习仅能出自冒险;冒险仅在追问中。仅当为最值得追问者(達-在)所孕育和引导,追问才是追问——仅当最源初的追问处于工作状态,才有此最值得追问者——仅当跃入源初的跃起,才有此工作状态——仅当另一开端之必然性被攫取和把握,才有此起跳;仅当最深层的艰急被带到急需之处,才有此攫取、把握;仅当艰急被经验,才有此带到;仅当最高的、自由的认知和现实的斗争处在敞开状态,才有此经验。

成长于伟大的敌意之中——不是诡计多端地清除那些在舒适惬意中可能导致不舒服的东西。

125 [46]

真正现实的哲学总是且必定处于被边缘化的状态。

边-缘化——从哪里出发去度量?从平庸性、流行性和直接的急需性的表面上的多面性和全面性出发。而真实情况是，哲学是处于達-在的“在……之间”中，它成就了那个達——为每一个可能性［准备的］“处所”（Wo）——也为习惯之事的到处都是和无处可去［准备了处所］。

247 从这里出发，哲学之源初性边缘化必定总是被误读误释——作为缺陷——作为自负性，为“共同体”所抛弃和否定。

126

“超-自然物理”（Meta-physik）——这个名字的出现是为了指称关于实存本身的认知。——因为实存就是“自然物理”，而且在亚里士多德那里恰恰也是如此。而这个“自然物理”紧跟着开端——当然是作为“不-再-能-抓-住-者”。

对 φύσις（自然物理）权力的剥夺；因此才有 ἐπιστήμη φυσική（自然物理的理论知识），以及由此而来的：μετὰ τὰ φύσικα（超出自然物理）——这就是，［超出］那些必须依赖于自然物理之事——［超出］那些属于自然物理之事。（参见［55］页）。

127

存在自已处于艰急中；存在的本质活动的作为无家可归和无灶塘的真正的艰急。我们什么时候能把握这种艰急？独一无二者必须强求最内在者［到时候］！去在達-在①［的时候］！在创造活动与从
[47] 事创造的呵护之间的亲密性之中。存在之无家可归性——恰恰展示

① Sein das Da-sein! 英译本译为“Being and Da-sein!”——译者注

于分派“去进行思想”的**分派**中——置于-面前[①]中或者其它什么别的“能力”中！表现在对存在的任何问题的缺失之中——即使在“存在论”中亦如此。

128

哲学：把存在的本现活动(Wesung)置于语词之中。

语词又如何？作为思想性称谓；作为对達-在主动进行捕捉的言说。这种言说之危险性！

现在人们从“标准定制”的方面着眼，把哲学宣布为“达达主
义”，并因此使之成了多余和胡说——给哲学套上的这个标签比它
的捍卫者所想到的还是要更正确一点儿。它适合哲学——就像哲学
在被封闭者的视域内被表现描述的那样。它给出的只是其本质在最 248
外在的非本质中的倒影。把存在带入到语词处：达达主义。如果这
类东西是可能的，且哲学的这种“概念”指导着“德意志文化”的建
设的话，那么我们在哪？

129

对本质性诗人的紧急呐喊和对他的处所(達-在)的奠基。

思想家的艰急——他想要转变存在问题，且没有为建立
(Einrichtung)这种认知之在历史中的轨道。 [48]

对超-自然的(meta-physisch)诗人的紧急呼唤；超-自然的意思是想说：另一开端的诗人。

① Vor-stelen。通常译为“表象活动”。——译者注

作为“过渡”的荷尔德林。

130

我的基础经验：存在之本现活动（Wesung）——首先被把握为对存在的理解；由此[引来]“唯心主义”的危险；但是随时有理解上的相反愿意——作为被抛的筹措规划；将其理解为逹在。但这仍是一条歧路；然而它却提供了可能性，去更源初和更纯粹地实施那开始十分昏暗的基础经验——更恰当的说法是：通过最高等级地跃入到坚守存在的本质活动[所带来]的强大的抑制掌控中，开始提出存在问题。所有这一切都是处于对第一次开端及其传承的最深刻和最内在的回忆之中。

关于存在的本质活动的基础经验，并不许可把实在的某一个领域设置为标准性的或者支撑性的领域；不管是“精神”——还是自
249 [49] 然（“生命”）；这种基本经验也不认为，习惯地继承下来的实存的领域的开放性和分析有什么决定性——而是顽固坚持于进行隐匿-祛隐匿的那个“在……之间”——作为另一次开端的准备。

131

关于存在之本质活动的基础经验本身是思想性的，只要[它是]向逹在和它的首次奠基之跃入[的经验]。由此，基础经验将不会停止和搁置——而是在其本质中，唯一地且开端地去经验-到（erfährt）基础经验本身，并且攫-取到（erringt）那种阅历[①]。

① die Fährnis。Fährnis 的字典意义为“危险”。显然不是这里的所指。这个词应是动词 Erfahren（经历体验）的词干 fahren（亲自从事）的名词化，或可译为“亲历”；但

132

把为人（Menschsein[①]）等同于達在（“在人中之達在”，《论根据的本质》[②]），这与那种把存在的本质活动当作存在之理解及其可能性条件的误解联系在一起的；尽管意指到某种区别，但是達-在之处所仍然陷于桎梏，而且没有跳入到必须首先跳入的为達-在之处所奠基的东西；但是，这不是“唯心主义”。

（参见：跃过和跃入）。

133

作为達-在之不可避免性的存在之本质活动。

134 250［50］

对历史性人类之未来的“何处”的主动-经验活动和奠基活动：

在存在之本质活动中（本有事件）的伟大的着-落（Zu-fall）之“在……之间”——作为達-在而以从事奠基的方式成长着的、坚持不懈的呵护。

由于其中并无“亲自”（personlich）、“自己”（selber）等含义，所以，我们译为“阅历”。——译者注

① Menschensein 直译应为“是人”、“人在”，与 Dasein 同以“存在”为词素，有内在联系。——译者注

② ［Martin Heidegger: Vom Wesen des Grundes. In: Ders.: Wegmarken. GA 9. Hrgs. von Friedrich-Wilhelm von Herrmann. Frankfurt am Main 2/1996, S. 164.］（海德格尔：《论根据的本质》，载海德格尔：《路标》，《海德格尔全集》第 9 卷，弗里德里希-威廉·冯·赫尔曼编，美茵法兰克福，1996 年第 2 版，第 164 页。）

135

不是规则的制定，而是预先对处所的规度（Ortsbestimmung ）和对处所的奠基；不是总括在一起，而是准备性之“真理”的先-行中的布设——线路的发现活动。

136

作为達-在奠基（Da-seinsgründung）的存在问题；跃入達-在之中作为存在之本质活动的开启。

137

我们有能力真实地主动言说**達-在**！

138

沉思[①]！沉思？让它自己去干吧。但是从它而来，将直接对存在之本质活动的开放的隐匿性做源初的沉思。

251 139

沉思：行动的内立性。

[51] 140

不是“艰急”——而是**達-在**的不可避免性的决断性的坚定性。

① Besinnung，英译本译为 meditation。——译者注

141

真实的问题——作为过程的问题——要比答案更有力。答案使得達-在终止。

142

每次都是，当思想活动和沉思行为出轨，落入日常之事的浅表层面，以及今日之评估和测量的陷阱中时——就会刮起一阵为辩护不择手段的盲目绝望之风。然后，呼唤的回忆就一定会出场，带来一种苛求，依藉这种苛求，思想性的達在类型(Daseinsart)将会回归到最严重的孤独性中，就让它像不为所知的多余者那样出现，仅让稀有者和少数对一件事进行打听询问。

143

追问？完全处于非本质性之事和习惯之事的边界之外很远很远处，遇到最本真的本质——作为战斗的呼唤：为達-在的伟大历史的坚定性而去战斗。

144 252［52］

科学是对实存的澄清说明(Erklärung)。*

哲学是对存在的显像(Verklärung①)。

---

① Verklärung一词是具有宗教含义的术语，《杜登德语字典》的解释：某人被抬高为超尘世的神灵，在其显现中被赋予某种内在的权威和光芒(jemanden, etwas ins

科学必须努力于“总是越来越清楚”，将其作为可信任者和熟悉者。

哲学退回到那作为不可理解的和陌生惊愕之事的隐匿之事中。

科学传介（*ver*mittelt）某种真（通过正确性）。

哲学是清查确定（ermittelt）真理。

科学把達-在取为基础。

哲学就是（ist）達-在。

科学的言说是命题[①]。

哲学的言说是鉴言[②]和若言[③]。

科学从事证实确证——

哲学做的是动摇震撼。

科学是努力获取知识；扩建。

哲学置身于认知中；奠基基础。

[71] （关于“科学”参见 37 年夏季学期讲课稿，[④] | 37/38 年工作

Überirdische erhöhen und seiner Erscheinung ein inneres Leuchten, Strahlen verleihen)。根据维基百科，它应是对拉丁语 transfiguratio，希腊语 μεταμόρφωσις（metamorphosis）的翻译，指神的显像、变容。其貌不扬的耶稣带三使徒登山祈祷，耶稣突然面貌大变，衣服洁白放光，显示了他神的形象，也就是一般人说的“变相”。——译者注

① Aussagen，也可译为“表达”。——译者注

② Ersagen，意为“鉴定判别之言说”，英译本译为 probative。——译者注

③ An-sagen，意为“代表某某来宣示言说”，这里，言说的内容宣示了某事的存在。《尚书》、金文常见“王若曰”。其中，“若曰”表示：代表王或帝来说话，而帝王本人不出场。今仿此译为“若言”。英译本译为 intimative，意为“暗示性的”。——译者注

④ [Martin Heidegger: Nietzsches metaphysische Grundstellung im abendländischen Denken. Die ewige Wiederkehr des Gleichen. GA 44. Hrsg. von Marion Heinz. Frankfurt am Main 1986, S.120ff.]（海德格尔：《尼采在西方思想中的形而上学性的基本位置：相同者的永恒轮回》，《海德格尔全集》第 44 卷，玛丽昂 · 海茵茨编，美茵法兰克福，1986 年，第 120 页及以下。）

坊[①]；参见《思索五》，[92]页）。

* 对立物——属于科学的东西——是从一些原理中且依据一些原理进行推导。各种“基础”-定理（Grund-sätze）是有差异的——它们被把握为奠基的定理（*Gründungs*sätze）。

145 253 [53]

决断性——超-自然地去把握——就是在思想性的事物中去源初性地追问。

146 253 [53]

必须掌握此事，而且对于行为举止来说一定是规度性的：思想性的言说从来不会导向理解之事，也不能由这类事物出发去证明自己和保护自己——而是跃入非-理解之事中、非-流行之事中，不是为了将这些转变为可理解的东西，而是把人类回置到这些东西“那里-去”（da-hin）——回置到对存在的陌生惊愕之中。这种东西从来不会通过公认的途径，以流行的——承载着过多规定的方式被把握：对最值得提问之事的贞问——决定去做这种尊赏活动和奠基活动的决定性——应构成思想性的達在的回答。

---

① [Martin Heidegger: Die Bedrohung der Wissenschaft. Hrsg. von Hartmut Tietjen. In: Zur philosophischen Aktualität Heideggers. Bd. 1. Phllosophie und Politik. Hrsg. Von Dieter Papenfuss und Otto Pöggeler. Vittorio Klostermann Verlag: Frankfurt am Main 1991, S.5-27.]（海德格尔：《科学的威胁》，哈特穆特·蒂特延编，载《海德格尔的哲学上的现实性》第1卷《哲学与政治》，迪特尔·帕彭富斯和奥托·珀格勒尔编，美茵法兰克福：Vittorio Klostermann 出版社，1991年，第5-27页。）

147

不是在道德上（“具体生存上”）的忧虑，而是形而上学地改变到達-在之中去。

148

针对侪在之本质的贞问间或为“急需的”（nötig）——出于本质性之艰急（Not）而必须（notwendig）——仅当已经达及历史的唯一性——我们的情势的唯一性。

[54] 149

靠着另一次开端我们步入了《世界史的最后一章》[1] 吗？

254 150

这个凄凉的秋天甚至禁止树木在它们死亡着的金色中闪烁发光；这个秋天只有通过工作才能被克服——[2] 假如工作本身成了人心的内在光芒而不单纯是受苦的话。当然，我们从来无力去强求这种光芒，但是我们能够等待。然而这种等待决不是无所事事、毫无作为，而必须总是待命状态，准备好下述情况的出现：某种东西生

① ［Heinrich von Kleist: Ueber das Marionettentheater. In: Ders.: Gesammelte Schriften. Bd. 3. Hrsg. von Ludwig Tieck. Georg Reimer Verlag: Berlin 1859,S. 311.］（海因里希·冯·克莱斯特：《关于木偶戏》，《克莱斯特全集》第3卷，路德维希·蒂克编，柏林：Georg Reimer 出版社，1895年，第311页。）

② 标点依据英译本改，以使中文通顺。——译者注

长茂盛盖过了单纯的劳神费力。只有通过工作本身，通过它的各个阶段的失败和暂时的停顿，才能赢得良机的到来。这样，工作就成为我们唯一得以使自己坚守在光照的光芒之处的真正的形式。能够去完成这一坚守，就是该工作的秘密。

良好和空虚的时机带来了对这种东西的经验，巩固加强了每天都滞留于该东西的切近的能力，就如第一天遇到它那样。

151 [55]

形而上学：存在之本质活动的历史；

“形而上学的”：存在史上的。

然而名称和概念藉此被克服。（参见[46]页）。

152

美（Die Schönheit）：真理的本质之形而上学上的必然的迷失，只要这个进行本质活动的东西开始时就崩碎散落于开张（Anbruch）之中。

哲学：在进行追问时，把存在之本质活动带入到本有事件之处。

153 255

哲学：是语言使用的奠基和探基[1]，但是由于哲学大多数情况下还未成熟到把握隐匿的真理和语言的真理力量，所以它便陷于对根本不存在的东西的单纯议论的假象之中。

---

① Ergründung，孙周兴迻译为“探基”或“探究”，英译为 fathoming。——译者注

这种假象只是佐证着——对于知情者——哲学的最本真的存在。

154

让实存去存在[①]就是達-在。这个让(Lassen)不是某种马虎草率的无所谓和摆脱自身的胆怯，而是跃入“本质”中的跃入——为内立性[②]进行的斗争——对最值得追问者的追问。

“这种”哲学达到的最低限度，就是存在的值得追问性；这种最低限度是哲学的唯一的最高水平。

[56] 155

先行被抛者，因此必然成为边缘性的，作为先行被抛者，因此必然是进行尝试者——

作为进行贞问的尝试——

哲学的边缘性并不是那种单纯同今天的东西保持距离的边缘性，而是那种从事尝试的走在前面的向前行进——边缘性不是目的——而是对本质的追随。

新认知的必然性的唯一性，为了達-在的探基。

156

思想活动中的追问愈加源初——就愈加具有跳跃性，任意性的

---

① 原文为 Das Sein-lassen des Seienden，直译是“让实存去是[什么]”。——译者注

② 指真正哲学家的生存。——译者注

假象就愈加逼真，陌生性就愈加强烈。这种假象必须作为必然的东西被承担。

157 256

不带存在问题的存在之海侃（Seinsgeschwätz）——不管作为存在论，还是作为“生存哲学”，都会膨胀为不可忍受的东西。

158

对存在的把握，也就是说，不是对关于“概念”的知识的占有——而是对在概念中的捕获之内容的把握[①]，也就是说，在本质上保持不参与对存在的主动进攻和损伤。

对存在的进攻损伤如何可能？进攻与（本有事件）。

159 [57]

不再有任何地方有为了标准而进行的斗争，没有新线路上的前行。

160

超-自然思考活动是主动-思考活动——是思想性的贯彻——是对存在的变迁的主动思考。该思考的伟大程度是依据这种变迁和改变之意愿的类型和等级来评估的。

① 原文为Begreifen des im Begriff Ergriffenen，三个字的词根都是“Greifen”和它的名词变型“Griff”（把捉、把握）。——译者注

161

哲学的秘密在于追问中的等待能力，直到那简单的本有事件无条件地站到澄明之中，且创造性地工作（Sich schaffen）于它的处所和基础。

257 162

曾经有一个思想家驳倒过另一个思想家吗？反驳是适合于他们的克服形式吗？这里有被克服的必要吗？ 还是说，一个在为另一
[58] 个工作，且这里的情况是，他们在此种立足点上“只是”改变了存在，而没有把先前的东西真正扯到改变中来。

163

每个伟大的思想家都思考一个思想；而这一个总是唯一的——关于存在的；但是思考这一个思想并不意味着，自己在单调的整齐划一的一个想法中求得安逸，尽管开始也许会有这种情况出现；这也并不是说，这种空虚的同样性（Selbigkeit）只可“应用”于杂多性领域。而是说：这种对“一”的思考的成果之丰富性就在于，这条道路的唯一性总是越来越陌生，越来越值得追问，藉此朴质单一性的充实性——少数者——在源初性的接合部之中——就自身发展成为了构型。

这种唯一者的朴质单一性能够从自身出发，成长到本质性东西的财富之中去，并且能够自行变化，这种地方，就是思想活动的伟大之所在。（参见［59］页；［66］页）。

164

用小的东西开始，藉此去考虑伟大的东西。

165

我的那些课堂讲演就属于这类小东西，它们就是一切，在它们 [59]
讲述表达自己和任务的地方，也是如此，那里总还是认知上的前景，甚而大多数情况下还是躲藏（Verstecken）。

如何允许而且还能够在教育上去言说，本质的意愿要意愿什么 258
（was der eigentliche Wille will）？

166

每一个真正的关于哲学的概念，作为概念都有决断承载力①。

167

每个本质性的思想家围绕一个决定性的跳跃进行的思考，总是比他讲话更加源初；且他一定被那种思想活动给把握了②，让他的未言说出的东西被说出来（参见［66］页）。因此，它需要解读活动（Auslegung）。

168

在进行决断的追问的基础上，把欧洲思维的历史带回到它的少

① entscheidungsträchtig。德文 trächtig 的本意是指“怀得上孩子”。——译者注
② 直译为“一定被捕获于那种思想活动中”。——译者注

数本质性步骤之上，此事越是清楚、越是简单，那么它的进行连接和先行捕捉的权力(Macht)就成长得越充分。特别是在需要克服该历史的时候，更是如此。如果谁认为，他能够用一种权力之要求来消除这个历史，他自己就会突然被历史打击，而且这是一种他永远无力从中恢复过来的打击，因为，这是使其盲化的一击——此处所
[60] 谓盲化，就是他认为，他在源初地存在，实际上他是把传承下的东西——在没有掌控这种东西的情况下——与某种据说是其它不同的东西混合在一起。

一种颠覆越是剧烈彻底，它对其历史的介入就越深。(参见[69]页)。

259

169

对虚无主义的克服——首先必须从虚无主义的隐匿的深度——把它作为存在的遗忘性，并且作为 ἀλήθεια(真理、去蔽)的坍塌来把握——然后我们的历史的基础才能获得自由——但是为啥还要奠基？

当我们**知道**了这些的时候，又将如何？**崇拜**的可能性——自身-成长-到那伟大和简单之事里边去。

170

亟须要做的一件事：沉思且还是：沉思，而这就是说，先行**教育培养去沉思**。因为沉思是完全不同于“理性”和“计算算计”的：它是对**存在的**奇迹的惊诧，是对伟大的达-在之贵族阶层的创建培育。

171 [61]

通过思想性的作品把冲击作为一种推动带入到存在之中，且使得冲击力在其中隐蔽积攒起来。在此进程中，以及在此静止状态中，去奠基达-在的远距立场（Fernstellung）；将这一件事确立起来，并通过它去主动思考本有事件。

172

颠覆到达-在处（die Umwälzung zum Da-sein），作为存在之真理的赢获——我唯一的意愿。

173 260

出自无艰急性的艰急，给予自己最高的责任，为了放逐于存在的被放逐性而准备就绪。

174

对将来的先行思考和涉身其中地思考（hineindenken），而不用能够经验到其届时反响；这显得会导向单纯的任意性——且不仅如此：这里有更高的规则、指令，即来源本身；因为，就是届时的步入
者——如果可以事先预言并且先就将其取至当下的话——也绝不可 [62]
能是这一思考的“确证为真”（Bewahrheitung）；存在不会通过实存而被证实为真（bewahrheitet），而是反过来。然而存在的真理很难也很少被经验到。在该真理中，每次涉及的都是整个历史——从开

端直到终结，合而为一。

我们已经过于习惯于，去把白天发生的事记录下来，并认为，那就是真的，不管是我们肯定了的或者取为目的者，均是如此——而它们的出身之源根本触动不到我们。

175

普鲁塔克记录了老加图的名言，ὡς χαλεπόν ἐστιν ἐν ἄλλοις βεβιωκότα ἀνθρώποις ἐν ἄλλοις ἀπολογεῖσθαι。[①]“作为一个种族的成员面对另一种族去为自己进行辩护，何其难也。”——（参见[94]页）。

那是在干什么？在进行相互协调，还是相互避让？两者都不
261 是——而是要看到，从其源初的基础出发，去拓展和展示自己的最本真的任务，而将取之不尽的东西赋予以后的种族。

[63]

176

尼采有一次——在其人生道路的终结处——在《瞧，这人！》[②]中——给德意志人下了一个可怕的“定义”：——什么叫“德意志”：“不**愿意**弄清楚自己是怎么回事儿的人们。”那么，似乎应该不同于

---

① [Plutarchi vitae parallelae. Aristidis et Catonis et al. Recognovit Carolus Sintenis. Teubner: Leipzig 1911, cap. 15, 4/5.]（卡罗勒斯·辛特尼斯编：*Plutarchi vitae parallelae*，莱比锡：Teubner 出版社，1911 年，第 15 章，4/5。）

② [Friedrich Nietzsche: Ecce homo. Der Wille zur Macht. Erstes und Zweites Buch. Werke. Bd. XV. Kröner Verlag: Leipzig 1911, S. 113.]（弗里德里希·尼采：《瞧，这人！》，《权力意志》第 1、2 册，《尼采著作集》第 15 卷，莱比锡：Kröner 出版社，1911 年，第 113 页。）

误入前历史的道路，而是沿着相反的道路去寻找赢得德意志的本质之路——即到未来之趋向清晰性的意志的道路上——，在此清晰性中所有的本性东西都将被置于最极端的决断之中，此道路上的第一步，为一切运动提供规则的第一步，将使追问得以实施。但不知道是什么种类的巫魇魔鼎在沸腾——只要现今还有什么沸腾的话——基督教，“实证”基督教，德意志基督徒，承信-“前线”[①]！政治上的世界观，编造出来的异端信仰，迷惘困惑，对技术的迷信（Abgötterei），对种族的神化，对瓦格纳的膜拜，等等，等等。

人们不愿意弄清楚自己是怎么回事儿，以及有多少关于“意志”的讨论。

177

只有不害怕者才会恐惧。

178 262

真正的“前”-历史：是那跑在我们前面的历史——或者不是。

179 [64]

我们会遇到新的众神吗？

或者我们在走向毁灭？

或者是开启最后的神之时代的另外一次开端？

① ［“德意志基督徒”是一个新教组织，该组织于 1934 年至 1945 年期间接受了纳粹世界观。“承信前线”或者叫“承信教会”是 1934 年至 1945 年基督教新教的反纳粹组织。］

180

现在需要的正是发展追问的力量——也就是发展向往清楚性的意愿。

181

正在实施对19世纪的重复：历史主义——只是被转移到了史前史，等等。

人们至今也不想要本质性决断上的清楚明白，也不想要那可能会强求清楚明白的东西——追问。

但是，人们试图通过一些看法的喋喋不休侃出一个半边瘫痪的尼采，并且最终，人们还追求通过无节制地滥用所有技术手段来解决一切问题。

182

对前提——这些前提是从事创造活动者之達在的基础——的所有预感都已经消失殆尽，这就导致整个实存经验中的错误评估。

183

263 [65] 喧嚣者，不发光。从来不发光者，无力去从事澄清活动。

只有那从事着澄清活动的，才具有力量。

184

哲学？——在思考中为存在之运作基地进行建基——；这里的

“思考”指的是什么？

185

不引人关注但很起作用的走向渺小化（Verkleinerung）之路，人们不会再让什么东西变得伟大了。

186

坚守克制的风格和最后的神。（参见［70］页和［72］页以下）。

187

我在慢慢地学习，在伟大思想家的最陌生的东西中去亲历他们真正切近的东西。

188

你必须学习非常快地变老，以便还能够停留在源头。

189 264

关于尼采哲学的解读。——终于达到了以下洞见：相同的东西
的永恒重复的理论，不仅事实上**是**，而且是**必然**是尼采形而上学的
基础学说，这一方向上的努力源于《存在与时间》的工作。在这里，［66］
理解尼采基本学说的领域才第一次明确下来。但是各种解读**全部都**
还是不充分的——因为它们都没有把《存在与时间》的问题作为**问**
题来把握，也就是说，作为问题来展开。最后，还是停留于一个出

路上：尼采返回到了西方哲学的开端；但这恰恰是他的终结。而现在才一定是：Incipit principium（**开端开始了**）！

190

如果在大思想家的创作中有某种灾难之类的东西的话，那么一定不是由于这些思想家“失败了”，不能继续前进了，而是由于他们曾一直“不断”前行，而不是退回**驻守**在他们自己的伟大源头之故。西方哲学的历史必须有一回从这个视角加以占有。（参见[59]页）。

191

我们的骄傲和高贵：在最外在**和**最内在，而且还有，而且首先，在“和”中加以追问——在存在的本现活动中加以追问。这种追问没有任何用处，对于那种习惯性的忙碌与追求而言，它只是一种干扰，而当这种追问激奋的时候，就成了一种危险。尽管如此，我们
[67] 作为追问的追问也仍然是“打前-站的”——它只是在做准备。必须首先使值得追问的内容的王国重新凸显出来；**奠基者**必须变得更加伟大。

265 192

盲目和忙碌！他们认为，那“達在”之“常人”现在可以由人民来替代了——或者可以随时被替代；它只有通过“人民”才能得到加强，也就是说，重新变得更加模糊不清。而且此外，《存在与时间》中的问题，无疑与科学中变得流行的、关于“人民性”的胡侃一点儿关系也没有。

193

《存在与时间》中的本质性的东西，时至今日仍然没有过时，它至今连“新”一次都没有“新”过，而是，人们把它同过时的东西和流行的东西混在一起，使得它没有了任何危险性。

194

“空间研究”[①]——科学的基础形式？也来搞一次时间-研究，也许挺好，即便只是在下述意义上：人们去思考，在此时在我们这儿到底发生了什么。或者人们恰恰不愿意弄清楚这一点？

195 [68]

荷尔德林——恰恰在这里我发生一次失误。如果我们在下一个一百年里，没有把这个人放在嘴边上和报纸上，那就是[对他]更大的尊重。

196 266

关于可能性的谜团和本质，我们到底知道多少？

197

穿过最艰难的追问，总是重新追踪着本质性之思想。

---

① [“空间研究帝国工作组”是1935年成立的，是“帝国空间秩序办公厅”的下属机构。]

198

骄傲——是坚守于本已的本质性等级中的成熟决定。这个等级是源自下述任务：确保自己-不-再-搞错的自信(Sicherheit)。

199

我们要将其带入最简单、最坚固的构型之最高清晰性中的那种东西，它所能完成的就是一件事：提高隐匿者的地位，让在其亲密性中的掩盖遮蔽变得更加强大。我们越是接近这种清晰性，隐匿者恰恰就会越加保险地在我们之后到来，且超过我们而去。当这种
[69] “超过我们而去”在未被感觉的情况下就进入到构型中的时候，就到达了最高大者——(本有事件)。

200

在做出决断的思索活动时，总是重复出现同一种经验：**我们知晓的太多，而认知的太少**。我们知晓的这么多，是因为我们认知的是如此之少？或者，我们认知的如此之少，是因为我们知晓的太
267 多？或者是一种关系与另外一种关系相互吞噬了彼此，**那么**，这里发生的是什么？在这个圈子里我们还能达到自由思索吗？

让我们放弃知晓，而去把握认知！

201

史学使我们变得软弱，无创造力，并且失去勇气，热衷模仿——

能够使得我们获救的只有：那在它的伪造假冒中使我们厌恶反感[？]的东西——通过历史——因此，我们必须首先让历史成为预先-发生影响的权力(Macht，力量)。这本身就是一种创造活动——它在历史中——不是在单纯的过去的东西中——致使新的太阳放射光芒。(参见[60]页)。

202 [70]

谁还能预感到，必须坚持在源初之物中的坚守克制之意志的伟大？谁还能经验到，这种坚守克制必然被转让给(本有事件)这件事是多么地源初？(参见[65]页)。

203

也许必须从长远着眼，与随便什么真的东西以及被认为是真的东西相比，真理的新本质才会变得更加有本质性；因为，真理的本质只能作为达-在而发展展开。

204

所有的精神性目的均已经消失，每一种目的意志都变得软弱无
力，所有的思考都不保险不清晰，在那里，所有的力量都迷惘不知 268
所措，所有的层次都相互错乱，所有的立足点都变成看上去是不可能了。在这种情势下，绝不可能直接把任何单个问题和目的设定作为出发点。在这样一种瞬间，一种最广义的和最深层意义上的对立足点的思考是不可避免的——这可能看起来像是最终的削弱，使其

无法坚持最切近的措施和视域，然而单靠这个运动就可能为成熟地站稳脚跟提供基础；如果树根不是在它的基础中不断地寻找，不断地探测，不是总在黑暗中和不可穿过的地方更源初地向下抓握——只有作为这样的深埋和奠基，它才能面对风暴而保证树干的最高的高度和最保险的宽广——而是僵死地趴在那里不动，那它还算什么树根。当然，并不是树上所有的枝芽都是如此——其大多数本就应该总是安坐于枝杈之上，或安逸或郁闷，对于树身中的汁液——这些汁液从生根的运动和深处的躁动不安出发，必须时刻不停地在树干中向上涌升——没有任何感觉。

205

于最外在的路程上，
用最严格的眼光，
通过最简单的词语，
在最接合构型的建筑中，
到最内在的游戏去，
为了那开端的（本有事件）。

206

各个不寻常的时代，尽管它的不寻常性只是沉沦的程度的标度（Ausmaß），却都需要最令人惊诧的陌生性。

269［72］ 207

风格是“達-在”进行创造性地立规矩的过程中的自信（Selbst-gewißheit)。

未来的风格包含着最高等的风格思考(Stilbesinnung);如果这种思考本身是在尝试中、先行中实施的,它本身就已经是(ist)一种风格。(参见《思索七》[1],[76]页)。

208

如果事前没有哲学现成存在(ist)的话,那么想要估算哲学到底能有什么绩效以及允许有什么绩效,就肯定是徒劳无益的工作;于是,就只有一种操心,那就是,得有[2]哲学;有那么一天,哲学仍保持是现在这种为最令人惊异的陌生者,并且从其影响的方式来看,藉此它也就一直保持是被误解最甚者。

209

检验一个哲学家的思想上的严肃性和力量之最坚硬却又是最为可靠的试金石是,看他是否从基础出发并且立即在实存的存在中经验到那無的切近。如果他在这方面失败了,那么他就根本没希望了,也就彻底与哲学无缘了。

210

作为另外一个开端,我们为了开端要去完成的是:从根本上认

① [Martin Heidegger: Überlegungen VII-XI. GA 95. Hrsg. von Peter Trawny. Frankfurt am Main 2014, S. 53.](海德格尔:《思索》七至十一,《海德格尔全集》第95卷,彼得·特拉乌尼编,美茵法兰克福,2014年,第53页。)

② sei。英译为 comes to be。——译者注

知第一次开端和它的历史的一切本质性内容，然后还要，而且恰恰
[73] 是要，去克服它们；这个克服从根本上只会成就这类认知。这个克
270 服从来不会通过单纯的视而不见而达到；因为这样，我们就会把“克
服”软弱无力地渡让给那传承下来的东西，我们就不仅陷入空虚，而且首先陷入未被克服并继续发生影响的东西的管辖之中不能脱身，后者此时才真正显现为显而易见的和自己-思想出来的东西。

这另一个开端只有出于克服了所有的史学的那种从最内在的历史性的思考活动才可能。作为历史性的追问的存在问题之追问的最神秘莫测的基础就在于，从（本有事件）出发，去经验并奠基那作为最唯一的东西和最一次性的东西的存在。

211

（本有事件）的最源初的居有[①]会成功吗？如果此事注定要等到未来的时代才会发生的话，那么除了呵护之外，没有其它方法能够使它成功。呵护这个词指称的是：坚守之活动，它与对传承下来的东西的单纯苦心固守不可同日而语，也同那种对刚刚把握之内容的空虚驱离相去甚远。对于当前的瞬间而言，呵护是最强大的力量，
[74] 藉此才得以请求到那赋予的任务，并强迫与附带赋予的任务发生碰
撞。呵护是一种从事创造活动的秘密。呵护——指称着这个事实：我们将在出自（本有事件）的历史中才得到庇护（gehalten werden），仅当我们自己是从事坚守庇护（Haltende）的时候——

---

① Aneignung des Ereignisses 中，两个名词共有词干 eign，加了不同的前缀 an-和 er-。从孙周兴分别译为：居有和本有。——译者注

坚持遵循那得体性(den Fug),坚持顺从于瞬间[1],并这样内立于(inständlich)存在之中。

只作为達-**在**而呵护。

实施的呵护与**坚守掌控**(Verhaltenheit)的历史。

从后者中涌现出前者。

212

存在的**唯一性**和实存的**罕有性**——它们如何在其亲密性中,从真理中——从在被藏匿保护者(Geborgene)中进行采光活动(lichtend)的隐匿(Verbergung)中,凸显出它们自己。

被保护者的护救(Bergung)以及其间的凸显活动,它们如何发 271
生在作为達-在的坚守掌控之实施的呵护中。

213

呵护与存在遗忘性。

呵护作为存在于其唯一性之本己域[2]中的汇集。

---

① innehaltend im Augenblick。这一节中有几个以 halten(持守)为词干组成的词,其前缀分别为 ver-、fest-、ein- 和 inne-,还有 halten 的现在分词 Haltende 和过去分词 gehalten。它们都以“持守”为基本意义,分别引申为:坚守、庇护、进行庇护者、坚守顺应、坚持进入(或:在内部坚持),以对 Bewahrung(呵护)加以说明。这些用法同它们在德语中的日常用法若即若离。——译者注

② Eigentum,原义为“自己的所有物”,因此字典译为“财产”。但是,这里只有“自己所有”的意思。英译为 the proper domain,孙周兴在《哲学论稿》中译为“本己性”,我们参照英文 the proper domain 译为“本己域”。——译者注

[75] 214

今天城市的礼拜天是如此的普通和小家子气；这种普通和小家子气的特殊混合，只能用外来词“ordinär”（鄙俗）来形容。

215

在哲学中真的东西不是通过证明**被人为**奠基起来的（begründet），而是通过**真理**之本质才奠基起来的（gegründet wird）。但是这种奠基是什么？它至今仍然隐匿不显，只是通过错置以及通过“科学”进行误解，它才显露出来。

作为達-在的奠基活动；而達-在则坚定不移地坚持于（本有事件）之中。

216

在思想上为**另外**的开端所做的努力：

黑暗，白天过去之后的错综复杂的、尚未开辟过的荆棘小径；它连春天的早晨穿过田野的简单阡陌都算不上。

272 217

在那把伟大者展现为数量众多和庞然大物的地方，渺小者一旦渺小，它就如此渺小，以至于到了连渺小都**是**不成的程度，因为它看不到那真正的伟大者们。

218 [76]

《存在与时间》并不是“关于时间的哲学”，更不是关于人的“时间性”的学说；十分清楚且确定无疑的是，它是一条通向存在——存在自身，不是实存，也不是作为实存的实存——之真理的奠基之路。起引导作用的是率先跃入“源发时态”[①]之中，在其中，那源初的时间与源初的空间作为真理本质的展开共同活生生地本质着，真理的进行迷(移)出-迷(移)入[②]的采光与隐匿。

当然该书第一部第三篇中那关于“时间与存在”的不成熟的第一稿是必须被销毁的。而从历史-批判性方面构成的相关思考，见于 1927 年夏季学期的讲课稿[③]。

219

现在无以计数的许多事情每个小时都在“进行着”，而且无数的事情还被直接广而告之，以便在下一瞬间被忘记，用紧接着的下一个事情去替代最新的事情——也就是替代可以忘记的东西。许多事情“进行着”，整个行星——它也被称为“地球”——之上到处都熙熙攘攘忙个不停，这是唯一仅有的“进行过程”：它不断地消耗吞

---

① Temporalität，英译为 primordial temporality，孙周兴译为“时间状态”。——译者注

② entrückend-berückenden，英译为 transporting-captivating，孙周兴译为“移离着-迷移着”。——译者注

③ [Martin Heidegger: Die Grundprobleme der Phänomenologie. GA 24. Hrsg. von Friedrich-Wilhelm von Herrmann. Frankfurt am Main 1975.]（海德格尔：《现象学的基本问题》，《海德格尔全集》第 24 卷，弗里德里希-威廉·冯·赫尔曼编，美茵法兰克福，1975 年。）

噬着自己，并把自己再次变为饲料。

273 许多事情“进行着”——但是不再有任何事件出现发生——也就是说，不再做出什么决断，不再去挺身处理侪在之真理问题，甚而[①]不再敢于为了到那真实的下行中去直面侪在的伟大并且在这个领域中做出完全的牺牲。

但是，倘若这事——即一切只是进行着，且不再有任何东西发生——不再作为严肃事件并由此作为那种艰急之事而爆发！一个第一性的东西（Erstes）应该是再次出现的——而且历史应该从猥琐小事以及它们的大肆渲染的领域中超脱出来，遁入不可超越的伟大之寂静的处所之中。

220

西方国家[②]是否能掌控这另一个开端呢？或者，它现在一定要变成那夜晚之国土[③]，而且一定要在假象之光——即使是令人舒服惬意的晨光——中，忘却长夜的迷惘并跌入臆想的白天之中吗？

221

为什么在我的名字里有两个 G[④]？除了我认出的善（Güte）（不

---

① und sei es，英译为 or even，此处译文参考了英译。——译者注

② Abendland。Abendland 由“晚上、黑夜”（Abend）和“国土”（Land）两个德语词构成。——译者注

③ das Land des Abends，正是上一注释中“西方国家”两个字拆开之后造的句子。——译者注

④ 海德格尔（Heidegger）的德文拼写中有两个 G，德文的善（Güte）和忍（Geduld）这两个词的拼写也以字母 G 开头。自我神化！——译者注

是同情）和忍（Geduld）（也就是说，最高的意志）这两个一直有效者之外，干吗还要其它的东西。

222

[78]

如果人类将来的历史还想要是一种历史，而不是一堆在一种令人沮丧的忙忙碌碌中进行的自身吞噬的猥琐小事——它们只能在最喧嚣的噪音中暂时得到稳定——的话，如果还会有历史——也就是说，还有逹在的行为方式[①]恩赐给我们的话，那么这只可能是伟大 274
的寂静被隐匿的历史：在此寂静中那最后的神的统治打开并措置塑造着实存。而这里最重要的就是：

首先伟大的寂静必须为了大地而笼罩世界。这寂静只能来自世界与大地之间的争斗的亲密性，只要这种争斗的争执过程的亲密性，是由作为逹在基础情绪的坚守掌控来规定的。

223

如果一个人现在没有通过他的作品，并且为了他的作品而经验到孤独出现了，并且这种孤独越来越强烈，那么在这个“大地”上，他的“生活”就没有世界处所（Weltort），而总是视情况而定地悬挂在当时的、不断滚动的业务和猥琐小事的转移之中，而且越来越多地需要所谓的“成果”的激励，以掩盖无根基性和面对上述转移的 [79]

---

① Stil，直译为“风格”。《哲学论稿》第 31 小节开头（第 69 页），对 Stil 有明确的解释：Stil: die Selbst-gewißheit des Daseins in seiner gründenden Gesetzgebung und in seiner Beständnis des Grimmes（Stil：逹在的自信，在其从事奠基的制定规则的活动中以及在持续的愤懑状态中的自信）。这里，Stil 显然指的是行为特征，所以，试译为“行为方式”。——译者注

逃避所引起的眩晕。

224

德国人的改革意志的**真实资格**(Zugehörigkeit)只能是由对艰急的不断成长的积极认可和对最艰巨任务的源初领悟把握所构成。

可信性(Verläßlichkeit)的**错误标准**:如果它是通过当下正在运作的各个机构的外在赞同而赢得的话。

并不一定非得要求:那些在其业务活动和制造伎俩中找到了满足、在他们的“团体”中找到了他们的需要和认可的人们,还须对源初性的对一切自我性(Ichhaften)的异化——在个人从事创造的艰辛中首先它必定不是作为结果,而是作为条件而存在——有所感知甚至认知。

275 225

我们首先需要的是什么?那种洞见:只有一种长期的待命状态和持续生长中的沉思,才能为创造性的瞬间之踌躇中的突然性创造一种空间和机遇。

[80] 226

开端性思考所必行之路一定是**无标记**的。仅当实存之中的真理的回护(Bergung)**着**落在(*zu*fällt)真理之本质的思想上的奠基之时,这种思考才成为历史性的,并且成为真事(das Wahren)力量(权力)之火。

就其本身而言,这可能无任何功用,而且,如果没有人上前把余烬未熄的火炭重新拨燃的话，它必定会燃尽。这就是哲学的无用性的意义。

227

现在应该为哲学干点儿什么呢？——从哲学对开端性思考的规定里，从对哲学现在的状态的反思里就能得出结论（参见：传送[①]）。

228

只有在大地与世界的“无底空渊性的”“空间”中进行创造的基础情调的最极端的未来性，才会恩赐一种伟大历史的担保。每一种源初地进行创造的能力，对于这种能力的准备而言，都有相同的本质性（gleichwesentlich）。

229 276

那种真理的源泉是秘密：此真理为我们担保了从属于存在的从属性的广袤，并使得馈赠不可穷尽。之前显得熟知的、被归入习惯性中的东西，经过实存的隐匿的本质之魔术师之手，突然光芒四射。

我们同实存的各种关联的贫乏寒酸，它们对所有的快速和可预测的局面（Einrichtungen）的敏感过敏（Anfälligkeit），其根基就

① ［Heidegger: Beiträge zur Philosophie (Vom Ereignis). GA 65. Hrsg. von Friedrich-Wilhelm von Herrmann. Frankfurt am Main 1989, S. 167–224.］（海德格尔：《哲学论稿（从本有而来）》，《海德格尔全集》第65卷，弗里德里希-威廉·冯·赫尔曼编，美茵法兰克福，1989年，第167–224页，该节的题目为Zuspiel，原义为“传球”，孙周兴译为“传送”，从孙译。——译者注）

在面对巨大的敬仰而不断增长的软弱无力，这种敬仰仅仅来自回忆的力量。但是回忆从来没有在以“向后为走向”的驶向过去的港湾停留过，而是发源于一种创造活动的未来性。这种未来性拒绝给予那种空虚的永恒性，并且在它的使命的有穷性中发现了本质的唯一性。这种唯一性能活过所有的总是相同的“等等等等”(Und-so-weiter)，比它们真正长寿得多，而且将来会重新复活为唯一性。只有一次性的东西可以获得再次复活为唯一性之可能。这就是侪在之最内在的规律。

230

不是宣布(Verkündung)一个关于当前现成的人的什么学说，而是将今天的人们推移(Verrückung)到那向其掩盖不显的无艰急性之艰急[1]之中。这个推移是整个重新创造基础的第一前提。

[82]

231

哲学从来不可能直接地从事引导并且提供什么帮助；它必须在历史上得到先行的准备，并且处于就绪状态。靠着什么又为了什么？

靠着追问、决断和在实存中的真理的回护之本质性的领域。

277 它通过哲学得到先行准备，愿意有意识地作为历史为它的使命[2]效力。

① 让人们认识到，没有任何艰急之感是人们的最大艰急和危机。——译者注

② Bestimmung，英译为 destiny，从英译。——译者注

而且因此哲学也许**必须**从公众的圈子和习惯的要求和需求中消失。

232

哲学是无用的，但却是统治性的认知。（[39]页）。

233

有极少数的人对俘在之真理这种如此罕见的东西有感觉，多么好呀！

234

这是否是一个“无底空渊性的”并因此几乎未被关注的失误：想要通过组织机构（Einrichtungen）把人类的達在和历史抬高到他的天职（Bestimmung）中，甚至伟大之中？说它是一个失误，是因为，只有在最强烈的突发中唯一性的可以被构型的闪电和俘在的陌生化，才可以把人类拉扯到他的高处，并能将其甩到他的深处，以 [83]
便为他开启他的那个達（Da）的时间-空间。所有其它的不具备这种本有事件特征的东西，都被排除于对本质性历史进行奠基的可能性之外；其举止做派愈高大，就越清楚地表明，它是只会没落的踌躇发出的迷雾，而这个没落是早已确定、无法停止的，根本无力成为一种过渡。

没落一定要怎样，才能使它变成过渡呢？

278 235

我们不仅没有占有真正的东西(即:实存是什么以及如何是?还有我们——是谁?实存着——在实存之间[①])。首先我们不知道那个真理;我们甚至根本不想知道真理之本质,因为人们跺着脚地反对追问;人们将其作为一种不-确定的道路加以怀疑,而诉诸对“现实东西”和“生活”的健康的切近。这是一个针对真理之本质的无意愿的最棘手的构型(Gestalt),还是一种离弃存在的最顽固的方式。(参见[94]页)。那些进行追问者。

[84] 236

清晰性作为空虚和肤浅之事的匆忙之中拾起来的透彻性,或者作为神化之清晰性——也就是说,作为趋向于财富的意志以及趋向于隐匿之事的深邃的意志——作为趋向于为了标准而战斗之意志的追问。

对追问的不断增长的不信任之动力,来自那暗藏的畏惧:人们在追问的道路上也许势必会碰上自己的、不想承认的无根基性。

当然,追问是“自斩首行为”(Selbstenthauptung)——即无根基者,他们在扎根土地的外表之下蹒跚而来。(参见[93]页、[94]页以下)。

237

我们跌倒在什么地方?也许根本就不是跌倒,因为跌倒还是以

① wir - wer? seiend - inmitten seiner.

有高有低为前提的，而且可以有它自己的伟大，甚至能有它自己的胜利。——假定，那些跌倒者们通过跌倒又能回到自己，而且他们藉此被带到了侪在的真理之前。不再是跌倒，而只是一种淤积和荒 279
废？谁愿意来对我们的历史的运动方向进行评估？最后还是那些紧紧依附于历史的迄今为止之事的人们。

238 [85]

我们［现在］是(sind)**谁**？认知此事，似乎毫无必要，而且最好是，我们只要现在**是**(sind)就好了。但是这里的“是”(sein)[1]指的是“是-自身”(Selbst-sein)——在自身性中进行奠基活动时忍受着自身性；并且因此我们的存在总是作为“随自身”(bei sich)或者“离自身”(von-sich-weg)而活生生地本质着；每一次在这种向自身的归占本有(Zueignung)中，都有一种“转渡本有”(Übereignung)[2]属于它。我们［现在］是(sind)**谁**？认知此事，是如此必要，以至于若没有此种认知，我们便绝不可能做出决断：我们现在是，还是仅仅是在非实存中安顿措置好了我们自己：在那里可以发现已经给出的东西，就如在 cogito-sum 中[3]！

239

什么是最为严肃的决断？我们是否属于侪在，也就是说，在转

---

① Sein 是第一人称复数现在时 sind 的不定式形式。——译者注

② Übereignung。Zueignung，孙周兴译为“归本”；Übereignung，孙周兴译为“转本”。——译者注

③ 拉丁语，意为：在我思中-我当下存在。此为笛卡尔名言“我思故我在”的变体。——译者注

向中，侪在的真理是否是如此活生生地本质着：侪在在进行奠基活动时需要我们这些作为在自身变形中的達在？

240

真正的**哲学上的批评**总是并且仅是对标准（侪在的真理）的思考。这种批评绝不允许采取贬低、谴责，甚至去专门证明错误的目光短浅的行为。

280［86］ ## 241

对于真正的思想家来说，去为他自己的思想进行力争，去谋求与之相应的制造伎俩，是不合适的。他必须有更高的勇气，放手让他的思想，按其机缘去自立。

242

一种哲学，如果它只知道把现有的东西和刚刚完成的东西凸显在意识之中，它就不是哲学——而且在这过渡的时代，它就永远不可能是哲学：在这个时代必须要实施的是，对最为重要的决断的必要性的思考——对归属于存在之归属性，以及在此之前对侪在之真理和真理之本质的思考。由于精神上的沉沦，对于这种思考的实施，我们已经过于软弱无力，并且我们对高级标准茫然无知，所以，首先必须为这种思考做好准备工作。而且由于这类决断需要它的时代，而且不可能依据需求来对其进行算计，所以需要一种高级的历史上的清晰性，以便避免被迫发生“早产”。谁要是献身于这类为这种思考做准备的工作，他就处于这种过渡之中，而且他必须尽早先

行动手，而对于今天的东西，不管它直接有多么紧迫，都不应该期 [87]
待它的直接理解——充其量它只能进行抵抗。

但是在这种思考中以及通过这种思考，必然发生那种“总-还是-另类的东西”——为那种东西去准备，才真正算数：但是如果根本没有为了被隐匿者的采光(Lichtung)的话，它永远找不到其“本有事件之处所”。

243

真正的哲学从来没有直接影响过“生活”；并且从这一点看来，
哲学是靠边站的，毫无用处——不管是作为推理想象的高扬，还是 281
作为洞幽烛微的训练。同样，哲学在什么时候、用什么方式以它的真面目产生影响，也绝不是可以直接把握的。因为，一旦发生这种情况，在这期间其本质性内容就已经部分地不可避免地转变成为不言自明的东西；而且现在哲学业已证明了，自己的确是多余的，因为不言自明的东西，人们是记不住的。所以只有很少的人有能力感知到，在侪在之真理的这种处于隐匿中的历史中会发生什么。

244 [88]

对哲学上的思考活动的基本立场进行命名总是一件令人犯难的事情。

人们可以把我在哲学上的努力称为“達在之哲学”（参见《康德书》，最后一章）。当然这只能是讲：在这种思考中，達-在的奠基第一次得到准备，这种思考本身也是从这个基础——達-在——中、在展开它的过程中发展成熟起来的。

但是達-在和它的奠基得到了来自哲学自己的另外一次开端的支持，得到了来自哲学对侪在之真理的基础问题的追问和来自真理之本质的支持；这仅仅是因为，我的努力——只要这些努力是如此进行追问的——是在另一次开端中的哲学，所以，这种努力是達-在之哲学，这种哲学要求放弃迄今为止赋予这个词的所有观念（现成在手的存在［Vorhandensein］、现实性［Wirklichkeit］、作为existentia[①]的生存［Existenz］）。

只要在最初的尝试中，達-在去存在、去持存（Bestehen）这种方式被用“生存”标识了——这就不是最后定论，因为也可以用以其它方式解释的ex-sistere一词，来表示達（Da）的迷（移）
[89] （Entrückungscharakter）出这个特征[②]，——那么，这一尝试就落在

① 拉丁文，意为：个体实存。——译者注

② ex-sistere，拉丁文，词源意义为：站-出去。孙周兴译为“实-存”。拉丁语不定式sistere原来的意义是：to cause to stand，set up（致使……立起来）。后来，特别是加了前缀之后，产生出很多引申意义。但是，古典拉丁语没有加ex-的构词现象，在中世纪拉丁语，也就是新拉丁语中，才出现existere（exsistere）。在Harpers' Latin Dictionary系列中的*A New Latin Dictionary*一书的第702页上，明确给出了它的基本意义：to step out or forth, to come forth, emerge, appear (very freq. and class.)。也就是说，该词意为“出来”、“站到前面”，并引申为“出现”等等，而且这是它的常用的意义。该词进一步引申为带有起源含义的spring（涌出）、proceed（进行）、arise（产生、出现）、become（成为）。再进一步转换（transferred）为：to be visible, or manifest in any manner, to exist, to be. 在*Mediae Latinitatiis Lexicon Minus*中，该词的意义被归纳为常用的转换意义：1. êitre (comme copul) ——to be (as a copula). 2. être (dans n'importe quelle construction) ——to be (in any construction)。这样，它就成了to be的同义词。但是海德格尔强调的不是它的辞典意义或日常用语的意义，而是其新拉丁的源起意义：ex-是“出去”的意思，加上sistere，合在一起构成exsistere，就是“掷出去”、“站出去”的意思。这样，exsistere同海德格尔的“entwerfen”（抛划设置）就是一个意思。对此他在《全集》第65卷第302页上有一个说明：Zunächst in Anlehnung an das alte existentia: nicht das Was, sondern das Daß- und Wie-sein. Dieses aber παρουσία, Anwesenheit, Vorhandenheit (Gegenwart). Hier dagegen: Existenz = die volle Zeitlichkeit und zwar als ekstatische, ex-sistere–Ausgesetztheit zum Seienden. Schon

了雅斯贝尔斯意义上的"生存哲学"的记号之下，而雅斯贝尔斯把基尔凯郭尔的道德意义上的生存概念置于他的哲学的中心(交往与呼唤)。

与此种称谓的基本区别是《存在与时间》的基本走向。生存概 282
念，尽管它也附带提及了具体生存的一个环节(所以有"操心")，在其中还是直接关联到達-在，而且達-在被安排在其中，完全是出自关于存在之真理的问题的追问。同时这种追问在本质上和根源上是完全不同于西方哲学的整个历史中的追问的。

245

能给哲学带来"革新"的，既不是"理念"的建立，也不是把理念降低为带来有用性的"价值"，也不是与盲目的"生活现实"的成问题的联盟。这种革新需要的是另外一次开端。这种必然性是那种真理本质之转变的必然性，这种必然性使得最内在的和最广博的历
史上的艰急成为急需。这种转变的准备就实施贯彻于对達-在的思 [90]
考上的奠基之中，而此奠基从它自己的方面看，一直保持被嵌接于(eingefügt)作为基础问题的接合部(Fuge)中。

246

另一次开端中的哲学首先是对作为瞬间的去底-深渊(Ab-

länger nicht mehr gebraucht, weil mißdeutbar – »Existenzphilosophie«. 这段文字译为中文是："首先根据古老的 existentia：不是'什么'，而是'如此-存在'和'如何-存在'。但后者就［是］παρουσία(在场)、在场状态、现成存在(当前)。在这里相反地：Existenz＝完全的时间性而且作为绽出的时间性。exsistere——被渡让给实存。它久已不再被使用了，因为［它］容易被误解成——'Existenz-哲学'。"这就是本文这里所说的雅斯贝尔斯的生存哲学。——译者注

Grundig）的奠基——存在之真理的场所。

247

人类越巨大，他的本质就越渺小，直至他，在自己不再注意的情况下，把自己混同于他的制造伎俩，这样就“活过了”它自己的终结。

人群大众能够在一次打击中被彻底消灭，但大众却对此不屑一顾，这到底意味着什么？对离弃存在而言，还有［比这］更坚实的证明吗？

283 谁能在这类失败中预感到最后的神的回音？

248

看起来好像是，在过渡的时代，关于以前之事和未来之事的概
［91］观是最明亮的，因为对此的认知是最容易的。然而情况正好相反，如果假定存在某种现实的（正在发生影响的）过渡，而且不是以下这种过渡：它只会解析届时的“当下处境”。

在正在发生影响的过渡中，前行已经遭遇到来之事的种种冲击，并且还分担着传承下来的东西。这里是曾经发生之事与将来之事的一种极为特殊的相互挤压：相互挤过去和相互挤进来。沉思（它沉思过渡本身，以此服务于其完成）认知过渡所能得到的，不是也从来不会是，在过渡中真正发生的东西。然而尽管如此，沉思依然还是会对这种发生过程产生了影响，如果它被真正地把握了的话。

如果沉思去思考最极端之事，并且将真理自身的本质交付决断

的话，那么尽管它发生影响还需要很长的时间，而且它所走上的那些道路会慢慢地使得它自己在它启动爆发的构型中变得无法识别和多余——它仍将在少数几个伟大的心胸中再次成为开端之光芒的放射。诸开端规避任何企图捕捉它的意愿。在抽身而去中，诸开端让 [92]
自己躲到开始的身后，将其作为其面具。

249

"**世界观**"一直处于（哲学之）进行创造的思考的范围之外，也在伟大艺术的范围之外。世界观是哲学和艺术在其中被直接制造的那些形式——也就是说，是为了使得它们有用处，也就是说，是为了使得它们能够被所有人利用而被设立的形式。所以，哲学永远 284
不可能是"世界观"，也不允许它去奢想取代世界观的地位；哲学连对世界观本身进行规定都不可以——相反，哲学必须容忍自己被世界观利用——或者被它越过，置之不理。

因此，为世界观进行的所谓"理论上的"奠基，总是半哲学与半科学的一种奇特混合。它既缺乏思考的严肃，也缺乏研究的严格，这二者都预先被"世界观"的直接贯彻的意志给取代了。如果这类世界观的奠基拿哲学或者科学——而这二者原就是根本不同的东西——的标准加以衡量的话，所剩下的总是某种歧途。 [93]

这种奠基只在世界观本身为其服务的用处之有用性中才有其价值。但是哲学本身是没有处的；而相对于"世界观"而言，"科学"有一定的但受到限定的用处。

250

不寻常之事不可能是惹人注目之事，最外在之事一定是最内在之事。

251

在抑制掌控中存有缄默不语的果敢。

252

成为生成于直接的依赖性的奴隶——所有的对立关系和斗争都必然陷入其中——是一件多么可怕的事情?

285 如果一个人民丧失了这种可能性,即:把它自己最本己的规定作为最值得追问的东西加以保护,并在创造中加以坚持,那么这个人民的自信会怎样?(参见[84]页)。

253

伟大的孤独是存在从事创建的开启活动的场所,并因此是从事创造的参与之基础的场所,但是这种伟大的孤独的力量却日渐消失。

假如这种参与只是单纯的在旁边跟着走的话,那要做到它当然也就不需要“力量”和基础了。

254

人是谁?[①] 仅仅是从事价值设定的动物,或者仅仅是装着向永恒性飘去的“灵魂”的套子——或者是存在之真理以及与实存之关联的唯一场所?

---

① Wer ist der Mensch?

唯一者，这种唯一性是如此罕见地向唯一者闪光，并成为它进行奠基的财产。

255

你是那个追问者吗？是来自这一族类中的一员吗：这个族类，他们不蹒跚而行，也不追新逐奇；这个族类，他们认知“去-底深渊”中的基础，又比那些对一切都只有确信的人更加坚定？（参见[62]页，[83-84]页，[102]页）。

256

进行追问者设置了从属于存在的从属性的新级别。这从属性的联盟——向它自己隐匿的联盟——根本不认识那些数字，也不需 [95]
要任何布局(Einrichtung)和证明。

257 286

人们认为，我的校长讲话并不属于我的“哲学”；这假定了，我有我的哲学。不过，其中确实说出了某种最本质性的东西，但是，[人们所说的这种最本质性的东西]却是在与[“校长讲话”中]所说和所问的内容完全不相符的瞬间和情景中[说出的]。毫无疑问，这篇讲话的巨大错误在于，它假定，在德国各个大学的空间中，还藏匿有从事追问的族类；以及它还企望，大学还能让自己通过工作去争取内在的改变。但是不管是以前的旧人，还是在此期间的后来者，没有谁属于这个族类。他们都被排除在外。证明这一点的最清楚的、唾手可得的证据就是：他们相互谅解，趣味相投，尤其是在此

间业务兴隆。我在那篇讲话中没有事先预见到这种情况，这是该讲话的主要缺陷。所以讲话也不可能得到理解。有谁会愿意去做如此
[96] 遥远的超前思考，以便认知，自我-主张——对重新回归“去是-自己”（Selbst-sein）——必须以追问最值得-追问之问题为基础来加以奠基。一般的知性会做如此思考：人们能够把房屋建立在只会摧毁房屋的狂风暴雨的基础之上吗？

佩戴在近代科学——它仅间接地同古希腊的“认知”有关联——的本质之上的**技术性**的特征，以及包括“人文”科学[①]在内的所有科学的“技术化”，依据其本质，凭借任何半路上杀出来的“措施”是绝对无法阻止的。但是，即便在这里也有某种东西在滚向，或者更准确地说，在慢慢地爬向它的终结。

258

人种族类在繁衍上的世代相传，可以延续数个世纪之久，香火不断。这样，人类的各种类型也许在数量上就会总是不断地膨胀增
287 大——但是为此并不需要什么历史和人民的存在——因为，一个历史性的人民进行最内在的构型活动的规律，其本身在时间上就是仅仅局限于一个时代段落之上。对围绕着最短的轨迹而来的、经过构型的意义的认知，得不到“悲观主义”——相反，而是得到最高的意志——自己向外移向最极端的可能性之中去，以便让这些东西可能性长得超过它们自己。

① »Geistes« wissenschaften，直译应为“精神科学”，“人文科学”是其约定俗成的译名。——译者注

259

从西方和“世界历史上”看，无历史性已经提升起来了吗？如果的确如此，那么这个提升首先就一定会迷失于最喧嚣和最耀眼的事变的假象之中。作为那种不断增长的、对于历史的软弱无力的无历史性——它来自历史且还被历史所滋养——它尽一切努力，有意识地去布置导演一场历史性之从未有过的表演。这种被提升起来的无历史性对自己可谓一无所知，且从来不承认自己的无历史性。但恰恰是这种自信——表面上是自己实施的、有一部分还是严肃真诚的自信——是最为可怕的证据证明：一种十分清楚的破坏与荒废已经准备就绪——这种破坏与荒废可以在漫长的时间中持续肆虐。

或者刚刚开始的无历史性之假象，只是一个记号，一个西方国 [98]
家历史性地进入转向新历史时代的过渡时期的记号？如果这个过渡正在进行，那么每一个聚集的意志、每一个去沉思的步骤，都必须得到肯定，无论这个过渡是多么临时，多么昏暗，多么明显地最终只关乎它自己［因而没有效果］——过渡的时代史无前例地要求历史性的眼光的深远开阔和对紧迫逼近的危险的了解。

如果这个过渡——其轨道的摇摆是不可避免的——并非必须坚
守在它的行为之某种绝对的自信之中的话，那么，看上去一定是： 288
它似乎不是过渡，而是那已经到来的永恒性自身。为了坚持整个的过渡，它就不需要这种确定性吗？的确如此——但是这样就要在同样的程度上，而且在还要更高的程度上——尽管已经是在完全不同的形式中——需要那种人们，他们完全专注于亲历不确定性，那种
为未来之事——在此未来之事中正先行思考着伟大的决断的时间- [99]
空间——做准备的不确定性。

在这个过渡的时代，在这个本质上是如此丰富又是前所未有地昏暗不清的时代中，那种来自更深层的基础的极端对立的力量和对立现象，一定会一起存在，它们会激励：有自信的人们和进行追问的人们，让有自信的人们去唤醒和追求历史性達在之最全能的和最有捕捉力的条件，将其作为唯一的根本性的任务本身——让进行追问的人们做尽量遥远的超前思考，并为创造活动准备好基础条件，以便藉此率先为整个人民奠基其“達在时空”。大多数人，由于同样的成绩和工作参与，因而是同类，所以他们聚集在一起，相互证明着自己的不可或缺性。——而那些少数人，则孤独地承受着误解误读而做出牺牲，并且还出于对未来的积极参与而为历史做着准备，实施着过渡。

对于过渡的真正的、最高级的历史性沉思就是要学习认识：这
[100] 种对立的东西是要而且必定要经常相互斗争的，就像它们根本上是属于一起的一样——但是又总是仅间接地达到统一。为此，企图通过敉平把必然对立之事以及由此对立而成就的共属性聚合在一起的任何尝试，不仅都只能是对历史性的力量的一种误解，而且首先是对这些力量的削弱。这里唯一必须要求的，是一条道路和一种类型的沉思，在其中这种对立性得到如此程度的把握，使得它不是一方
289 面通过外在的措施，另一方面通过偏狭性而受到阻碍和破坏。（参见《哲学论稿》：回声：存在之离弃[①]）。

① ［Heidegger: Beiträge zur Philosophie (Vom Ereignis). GA 65. Hrsg. von Friedrich-Wilhelm von Herrmann. Frankfurt am Main 1989, S. 108ff.］（海德格尔：《哲学论稿（从本有而来）》，《海德格尔全集》第65卷，弗里德里希-威廉·冯·赫尔曼编，美茵法兰克福，1989年，第108页以下。）

260

存在之真理的问题没有被理解，其原因何在呢？由于人们并没有严肃地对待之，之所以如此，是因为人们没有严肃对待它的根据（基础）。而人们之所以没有严肃对待它的根据（基础），是因为通向这种基础——无底-深渊（Ab-grund）——的通道尚未打开——也就是说，尚无急难——这是一个无急难性的时代。

261 [101]

今天认知真的像看上去那样无能，并且一切均取决于“行动”了吗？还是说，认知的无能的假象只是对“提出意见看法”的异乎寻常的无节制性的一种掩饰，是对他们的半吊子认知的一种掩饰：表面上走进本质之事，而同时又是每人都容易接近的东西，但却躲避那些首要的决断，不是逃入行动中就是逃入到有教育意义的布道之中。半吊子认知只让这种“非此-即彼”算数，突出表现为对一直置于问题中之沉思的仇恨。至于去决断属于存在还是不属于存在的决断之源初的区域，它根本就毫无认识。

同时这种半吊子认知看起来就像是真正的“信仰”。而最终它不可避免地成为基础形式：在其中人们会与本真的“无底空渊”失之交臂。

262 [290]

比思想上的追问的实施更加困难的是去认知，是什么以及什么必须保存下来。

[102] 263

是谁们创育了(stiften)侪在并去思考侪在的真理呢?实存中的陌生人,对每个人来说都是陌生的,他们只信任他们要寻找的;因为在寻找中有与被寻者最为“无底空渊性”的切近,切近于那于自身隐匿中单独向我们挥手致意的东西。(参见[93]页以下)。

264

谁有能力,比如把“在到死中去”[①]的文章同《论根据的本质》[②]真正地放在一起,并且把二者同《荷尔德林与诗作的本质》[③]真正地放在一起加以思考,也就是说,去把握那源初的和没有表达出的关联——侪在之本质与其在達-在中的奠基之间的关联——他就走在下面那条路上:这条路可以通达我的寻找所展望的东西。——把使用的各种概念外在地放置在一起加以比较是于事无补的。这样做也许可以提供一种人们渴望的机会,把它们之间的矛盾计算清楚。但

① [Heidegger: Sein und Zeit. GA 2. Hrsg. Friedrich-Wilhelm von Herrmann. Frankfurt am Main 1977, S.314ff.](海德格尔:《存在与时间》,《海德格尔全集》第2卷,弗里德里希-威廉·冯·赫尔曼编,美茵法兰克福,1977年,第314页及以下。)

② [Heidegger: Vom Wesen des Grundes. GA 9. Hrsg. Friedrich-Wilhelm von Herrmann. Frankfurt am Main 1976, S.123–176.](海德格尔:《论根据的本质》,《海德格尔全集》第9卷,弗里德里希-威廉·冯·赫尔曼编,美茵法兰克福,1976年,第123–176页。)

③ [Martin Heidegger: Hölderlin und das Wesen der Dichtung. In: Erlauterung zu Hölderlins Dichtung. GA 4. Hrsg. von Friedrich-Wilhelm von Herrmann. Frankfurt am Main 1981, S. 33–48.](海德格尔:“荷尔德林与诗作的本质”,载《荷尔德林诗的阐释》,《海德格尔全集》第4卷,弗里德里希-威廉·冯·赫尔曼编,美茵法兰克福,1981年,第33–48页。)

是这里的事情从来就不是为健康的人类理智去确定结果以及它的永恒性，而是去发现通过“无底空渊”之路并且践行其上。

265 291 [103]

为反对《存在与时间》而提出的证据是，在其中“人民”和“人民共同体”没有被安排为“意义的中心”，甚至根本没有被作为意义中心被提及；这就像是说，面对一棵冷杉去证明，这棵冷杉并没有能带来一辆赛车的绩效。不管这棵冷杉表现的声音有多么大，体型有多么雄伟，最后冷杉作为冷杉仍然是永远无力去完成一辆赛车的绩效。《存在与时间》想要的是某种坚守在寂静中被超前把握的东西，超前于“假象哲学”中关于“人民”的一切议论，这种议论突然变得超常狂热，成了的“人民性（种族）”的了。

266

很长时间以来，思考就已经沉沦了，那么这沉沦将公开给哲学带来什么样的未来：一帮子放荡不羁的假象哲学家们将会在这里炫耀一段时间，切断同所有真正的传承下来东西的关系，不加选择地、强盗般地反对一切获得的成果；没有对自己手艺的成熟的自信，缺乏任何谦卑和敬仰之力；毫无顾忌地沉湎于自己的由虚荣自负构成的光华之中；信口开河、云山雾罩、废话连篇谱成噪音。也许未来的德国思想家——由于他的无从辨认性——的寂静的生长发育恰恰 [104]
非得在这个不毛的荒漠中发现自己最早的保护并做好准备，去重新跃入伟大的、从来没有被假象本质所沾染的源泉和开端中。

267

我们的认知所能达到的广度，总只能以達-在所达到的稳定完善性为限度，也就是说，以真理之回护之力量在被构型的实存中所
292 能达到的领域为限度。康德的《纯粹理性批判》一定是以这个关联性为预设-前提的，尽管它对其本身并无把握，甚至未能将其置于一种基础（達-在与存在之相互关联性）之上。

而由于当时这一基础并未得到奠基，于是康德的这个批判就停留于无-基状态。而且，该批判随即便越过它自己，并且在它自己的帮助下，在德国唯心论中进一步变成绝对认知。这是它不得不经历的。

268

我的追问：唯一的努力，即把達-在作为㑉在之真理的基础加以奠基。但是，只是指示出此种奠基的必然性和道路。

[105] 在这个任务的光照之下，哲学迄今为止的历史都聚集到了步数稀少的清晰的朴质单一性之中。然而，这些本质性的东西是通过放纵不羁的“难题”如此被伪装和掩盖着。我们会再次找到它吗？对思考活动的无兴趣和对它的厌恶，只是为了新的跃进而做的深呼吸吗？如果是这样，那就必须忍受这种荒废，尽管这会消耗力量。这种胜利的牺牲者不需要阵亡纪念碑，他们保持为这种伟大寂静的榜样，在这个我们无法衡量的时代，在这种寂静中“㑉在的车轮”再一次转动，以便重新长时间躺下不动。

269

我们无法**知道**，到底在我们身上会发生什么；任何一个历史时代都未曾得到过这类认知。人们认为，知道的总是不同于实际发生的东西。但是我们必须从两个方面去把握，在它们的相互归属性中去加以理解：

一方面是为对抗西方的丢弃根源而进行的防卫，同时要为历史 293
性的达-在之最高的决断做好准备。从其过程和要求的类型来看， [106]
这种防卫是同那种准备工作截然不同的。这种防卫需要的是直接的信仰和进攻性对抗活动的坚信不疑。而准备工作必须成为一种源初性的追问，非常临时并且几乎——由此来看——毫无用处。从较高的认知出发去同时实施二者，是不必要的，甚至也许是不可能的。可能的甚至是：在同时对自己是新-奠基活动有所认知的防卫的视野中，所有的追问都必须被当作落后的行为加以拒绝给予。

尽管如此——只有当最极端的决断的准备工作自己创造了被奠基空间——作为一般的诗和艺术，作为思考和沉思——只有此时，到来的历史才会比那在尚可忍受的“生命”圈中仅仅肉体上延续人种的传宗接代更盈余些什么。

270

历史的终结。依据其本身来看，历史本身是有穷，因为它是属于倖在的。当历史通过自身而走向灭亡之时，历史的终结就到来
了。如果属于历史的逢场作戏被应用于历史本身的话，终结就到 [107]
场了。

一个逢场作戏的时代的阴险（参见晚期罗马文明）并不在于，一切都是表演和喧嚣，也不在于作为一种途径，单单通过这些而造就所谓“现实”——而是在于，通过这条途径，为仅仅在历史的“回忆”中才能存在的东西——也就是满足于这种表演的东西——做好了预先的准备。

只有当任何源初的，也就是说，还处在问题中的回忆受到削弱
294 的时候，尽管对历史和它的永恒性的谈论是前所未有地多，历史才确定无疑地奔向它的终结。

或者，在这种事件的发生中还有其它的开端？——我们对这种可能性不仅必须持开放态度，而且要去努力追求和追问这种可能性，因为我们不允许我们自己贸然将历史的本质完全耗尽？

我们届时保持停留于历史的背后，这不属于历史性達在吗？

[108] 271

保持停留在时代的后面——的确，问题只是如何以及在何处？谁要是仅仅依据时代标准来评估“时代”，并依据它而回过头来理解以前的时代标准，并且顽固地加以坚持，那就是不合时宜的。如果谁在那“时代”之基础及其时代标准所在的地方停留下来，时代就前进了。他既不关心“反动派”这种假象——这是这种“停留下来”本身十分容易给自身带来的东西，也不去宣布要去当真正的未来的承担者这种诉求——他以自己的形式停留在历史要创造的基础领域中——因为我们从来不可能预先认知，从隐匿的基础之中生长出来的是公开的历史的什么样的构型（Gestalt）。

272

在(sein)众神的切近处——即便这个切近是对于它们的逃避或者到来的不可决定性之最遥远的远方——这是不可以用“幸运”或“不幸运”来计算的。侪在本身的坚定性本身就承载它的衡量标准，如果这里一旦需要有衡量标准的话。

273 295

“科学”现在被做成了“政治性的”东西，这只是科学最内在的、近代的，也就是说，**技术性**的认知的结果。(参见[116]页)。

274 [109]

对已经新颖的东西来说我们是不是太老了
还是对仍然老的东西来说我们太新了?
还是我们作为过渡处在所有东西之间?

275

那个源泉是什么?那种我们不知道的东西——既不知道它从哪里来，也不知道它有多老?

276

今天我们还有能力决定，什么是真正的实存吗?真正的实存的问题会成为我们的急迫问题吗?藉此还存在某种伟大的命运的可能性吗？还是说，所有的东西都自己滚入到那通过制造伎俩而晕厥的，也许需要几个世纪才能完结的无决断性？

277

许多人都认为，通过“组织”在数量上的优势就可以实现相同化（Gleichmachen）和敉平，总之以此去把所有的层次向下压入公认东西的共同东西之中。这种看法是一个错误。

296 [110] 组织本身在其类型和实施方式上，总是届时的认知和对本质性东西的意愿的结果。

对本质性东西和唯一性东西的无-意愿（Un-wille）就是沉沦的基础。而这种对决断中的清晰性的无意愿和反感（Widerwille），比当下能做的所有的东西都要悠久百年之多。

因此，对这种反感的克服和改造，将来也需要几代人和几代的传承，如果这克服和改造还有可能根本上开始的话。

278

机械与**制造伎俩**既没有记忆也没有回忆。制造伎俩统治的地
方——它隐蔽地统治着那里时，统治得最有力且最好，在那里達在
被“世界观”羁绊并且继续被催促向前——历史性的回忆的**表面现**
象会更容易地拓展。它只是某种表面现象，表明这一点的是，前-历
[111] 史的东西也被算作历史，就像19世纪的人们只接受那些改造过的
可以用于实用的东西一样。然而回忆只存在于还保留着曾经之事的
地方，也就是说，作为还想活生生地去本质的过程被意愿、被意识
之处，以便把将来之事置于问题之中和标准之前。

但是，谁——针对未来做“反应”时——只是[维护]“传统”，他就处于同样的反对沉思的反感意志中，就像那些人一样：他们盲目鲁莽地轻信新东西，并且知道，通过对抗迄今为止的东西努力去获得成就，以充分证实之。

永恒的昨天之事和永恒的明天之事相遇于本质之事；它们在进行决断中的每个考验面前总是回避——即在下述问题中：俘在是否且还需要奠基，在何处奠基，是否还可以奠基？——肯定无疑——都加以回避。

年轻的一代只有当他们出于他们自己的最内在的達在意志 297
(Daseinswillen)，自觉排斥这种回避行径的时候，他们才配这个“年轻”的称谓。如果无力做到这一点，他们也就根本无力于哪怕是听出和体察对此的暗示和强制性，于是这些人的龙钟老态便是不可克服的，而且只能通过卖弄自己的力大无穷稍微加以掩饰而已，而这 [112]
一掩饰的周围环境，不是“鸦雀无声”，就是想要力证这种卖弄是一种“进步”。

279

没有组织机构的思想是无权无势的(machtlos)，而没有思想的组织机构是暴力的。

信念(Gesinnung)与组织机构必须是从沉思(Besinnung)中、从进行追问的认知——此认知作为本质认知已经是一种意志，但按照制造伎俩的意求衡量却是无用的认知——中源初地生长出来。

这个时代缺乏的是沉思的力量和对沉思的训练，以及为此所需的安静和尺度(Maß)。为什么？因为将其自身掩藏在最深处的基础，真的不想再做沉思了？但是沉思涉及的是存在之真理，而且它要求，把真理的更加源初的本质作为第一性的、重新进行决断的真理之事加以奠基。

然而，想要对真理的本质进行更加源初的重新奠基，这难道不是一种狂妄吗？难道现在被置于制造伎俩之中的实存，没有实施着当仁不让的进程，而对它的真理漠不关心吗？

[113] 众神的最后之死难道没有正在降临到西方国家吗？只有那在这种最极端的可能性之中向外做悠远思考的人，才能对此隐藏在当今历史的背后的艰急——在此艰急中好像那无权者和暴力行为同时构成了运动的规律似的——做出评估。

298

280

唤醒沉思，撞入到它里面去，冲着它做准备——只此有效，以使下行没落成为过渡。把一切其它的东西抛在身后，只是想要这一件事：**沉思**。

281

从《存在与时间》萌芽（1922 年）起，至今为止的道路，如果不是为最彻底地沉思存在之真理而寻求和拓展基地和视野的话，还能是什么？ 对我们而言，即将到来之事，除了对不断升级的源初性保持**相同的**沉思并且直到倾尽全力消耗殆尽之外，还能是什么；因为，沉思的瞬间是独一无二的。如果它的历史时刻被错过了，那么一切都会滚入到不言自明之盲目性之中，而这就是最可怕的深渊(Abgrund)。

282 [114]

有谁还能预感到那种艰急之强迫力——它把人类作为存在之真理的抛投者抛投到实存之中——的狂欢和威慑?

从不断增长的、对一切哲学的轻蔑那里获得的恩赐[①]是什么?——那种对存在之真理的沉思——!

是否会有那么一天，几个为数不多的人被扔到那伟大的恐怖之中，被追赶到“无底深渊”的边缘，以便去经验某种基础的可能的东西，并这样被强迫到追问中——到对基础的寻求中?

283 299

对于那些孤独者们的命运，我们思考得还是太少。他们必须被推到前面的位置上，即使表面上他们既无行动又无作品，也没有光辉和华美。他们的数量有多大，其名字和牺牲的被遗忘就有多大。在这一点上，我们的历史之神对人民提出过什么要求吗?然而——面对伟大战斗中的倒下者，那种人是如此罕见：那些孤独地倒在沉思进程中的人们，孤独地倒在筹措抛划入真理之 πόλεμος(争斗)中的投抛之进程的人们。或者，对于我们来自本质性变化的微弱的记忆和呵护而言，那少数人已经是太多了。在史学中，关于我们 [115] 的诗人和思想家、关于获准落入最短轨道之人中的最独一无二的那些人的史学记录，对历史而言，全部是多么不真实和遥远?我们应该如何把那正在走来的下一代带到我们人民的极为寂静和极为孤独

① Segen.

的历史面前？

284

思想家的思考活动是一种**回思再想**(Nachdenken)：他回来对诗人预先用诗处理过的东西再次加以思考。但是进行回思再想的思考活动的创造性的决断在于，找到那个诗人，并且对被找到的诗人做如此之把握，使得他表现为是**必须**被回思再想的那位。而这种回思再想不是把之前在诗歌中表达的东西重新简单地带到概念之中——作为回思再想，它必须把已经指示出的轨道再走一遍，也就是说，首先去开拓和奠基这个轨道，同时把诗人和他的作品重新置回到他的不可比性之中。我这里说的是荷尔德林。(今天人们的热情好心——撇开那些恶意的不谈——认为，我的关于“荷尔德林与
[116] 诗的本质”说法，可以算作是在这方面人们早就期待的一种尝试，
300 就像“我的”哲学被用于文学科学和一般人文科学和艺术考察一样。
可怜的人们——荷尔德林作为“哲学”的实验对象和作为哲学对于“科学”的服务性！我们还能站在何处，如果这种的意见还能算作是心怀好意的意见的话？)

285

“哲学”从来不可能把建立“世界观”，或者为占统治地位的世界观提供“论证”和“进行组织”当作自己的任务，因为这是对它的贬低和侮辱。一个“世界观”只有当它在哲学中——而且是在真正的哲学中——看到它的**对手**，甚至一个对于它来说是本质上地必然的对手的时候，它才对自己有了清楚的认识。

千万不要把世界观导师和世界观作家同哲学家混为一谈。哲学家必定为“世界观”的缘故一直处于危险之中(参见中世纪);但是哲学上的**知识学问**不会以它的愣头愣脑的要求伤害到世界观。哲学与“世界观”的对立是一种深深的休戚相关性(参见[99]页),假定,这二者的本质并没有通过颠倒的目的设定而被腐蚀的话。

286 [117]

为什么**从事过渡者**(实施和准备过渡者)一定是**下行没落者**呢?因为过渡的弧线必须越过迄今为止的东西而振荡到未来之事上,它不能容忍任何直来直去的长段轨迹,而是作为弧元,它要求持续变化之最短的振幅,藉此获得最短的轨道。

287 301

谁寻求安慰,他就是在贬低和曲解牺牲。

288

如果以后只有少数人能够把達-在递给**最后的神**,让它作为瞬间的场所,以供俗在可以在其中再次使用实存去工作和牺牲,那么历史的终极就会摆回到其开端的伟大之中。因此,所有的沉思都必须针对一件事:为这些少数人做准备——间接且通过巨大的弯路——在这些路上,在那抑制掌控的静寂的光明中,正汇集着俗在的真理。

表面上看起来总是这样:那些把历史思考得更大而有力的人,他们信心满满地向历史许诺了某种永恒性,如果不是更多的话。然 [118]

而这样他们就把历史的唯一性和必然受限的绵延（Dauer）的内在本质抢劫一空。最终他们拒不承认历史的目标在于对一次性过去之事的聚集这种独特性。人们指望某种“如此等等”的平庸浅薄之物。但是这种看法只能适应大众的要求和期望，只有在这种形式中，他们才能去“设想”“超出-他们自身-之外的东西”，而且为了保护他们的持续，他们也必须去设想这些东西。

289

我们的历史走向终结，或者已经在终结中，如果那些少数人——他们认知脖在本身以及它的真理并将其置于作品中，唯一的动机只是为了脖在自己的缘故——还没有机会获得权力的话。但是，由于人们狂热追求的是，从“科学”的狭窄视角出发去规定认知，而且由于人们面对一种本身已经“技术化了的”科学已经完全合拍
302 就绪，把这种“科学”加以政治化，所以，源初认识对于统治地位的不-意愿（das *Nicht*-wollen），似乎就是对这个终结的最初确认——当然，这个终结本身还会有若干世纪的“未来”（参见中国）[①]。（参见上面［108］页）。

[119] 290

所有“科学”以及它们的“世界观上的下层建筑”的无休止的“政治化”是完全正常的，假如，人们不再想要本质性的认知，并面对喧

① 海德格尔在什么意义上让读者参见20世纪30年代中期内战不断、外寇入侵的中国，尚未见到文本的说明。——译者注

器的[1]“英雄主义”而偷偷躲避最值得追问的东西的话。

但是哪些从事认知的人还会对此感到吃惊：现在“为人民服务的科学”才算是唯一的“接近事实的”，相反所有的追问，尤其是对最值得追问者的追问，都被作为毫无用处的东西受到鄙视，如果没有作为有破坏性的东西加以怀疑的话？到底——什么东西被人们认作是“实事”？每个周末往电影院里一坐的人们，据说有不可腐蚀的鉴赏力，根据这种公共的鉴赏力，什么是“事实”？

291

今天的“科学”整体上**能够**被转变为“政治上的”科学，**这一事实**(Daß)实际上是以近代科学的**技术性**特征为前提的。迄今为止的科学并没有通过这种转变而受到抑制，相反，它们才真正地被设置起来，被带到了它们的目的(终点)。因此，在科学性方面，不可能再出现**本质**意义上的“新东西”了，新只能是指应用方向上的新。即便那些利用突然走到终点，“理论”的必要性又被看重，这种“理论”在科学中带来的也不是下述意义上的转变：由此出发，认知的本质更加源初地发生改变，因为，那［真正］起作用的“实事”并没有从 303
整体上被置于问题之中，而是被作为没有问题的东西加以使用。

在一个只为科学服务的大学内部，**哲学性的沉思**还能干什么，还应该干什么？大学愈发“科学”，它就必须愈发彻底地把哲学排除出去。然而饱读哲学(Philosophiegelehrsamkeit)总还是有一些用处，因为它并不是哲学，它和“科学”同属一种类型——因此，那同哲学根本不沾边的“教育学家”，现在就得以堂而皇之地出来“代

① Lauter.

表”“哲学”——不说它践踏哲学——是因为那里已经没什么可供破坏了；有一天人们——以往的和今天的“哲学的代表者”——会达成一致；因为再没有什么像抵御哲学沉思一样——如同抵御能够
[121] 威胁到这儿的东西——会导致如此紧密的团结。这样在大学里，所有的事情在所有的方面都平静下来，这里就只需要忠厚老实的人，某一天他接手这个组织设施，依其今日之所是，把它作为专科学校的杂烩，通过把——universus（普遍）——指向和引导向唯一的东西，即有用。

尝试去把“大学”重新拉回到认知——作为科学的基础——的源初本己的奠基这一任务中，接回到源初的追问的必然性之中，这该是多么不谙世务（weltverloren）和多么不可能呀。[①] 如何还能出现这种确信，即：有这样一个“机构”，它还有意愿去执行关于认知的对自身的主张，甚至去主持制定规则的工作？

当时出于何故才使得这种误算误判成为可能？因为当时缺乏勇气去面对我当时已经知道的东西，去严肃地对待“上帝死了”，后者伴随着在今日的实存假象中的离弃存在的状态，因为去面对我们现在都已经知道的东西的勇气，如尼采所说，是如此罕见。

304 [122]

292

然而尽管如此——我们的历史之本质性内容，即与最后之神的最遥远的切近，绝不会被所有这些——不管它们是如何“发展”——所伤害。因此，最高的财富，即在寻觅中逗留于这一切近之中，以及暗示地为最后之神的未来之事做好准备的准备，仍然是不可伤害

① 原文为问号，根据语气，改为句号。验之于英译，亦如此。——译者注

的。思考的每一步骤和每一言说，都只属于这种指示活动，在此处，最容易对本质之事保持沉默。

而且，在这个为存在的言说做准备的先行区域中，如果有少数人参与为存在的言说之人在，并且他们通过提出以最高级的方式来培育认知，点燃了追问的火苗，那么在这个区域中还是得说点什么。但是，他们身在何处？孤独性必须变成多大？不过，这并不是哀叹，也不是抱怨，而只是对必然性的认知。而且，如果跑到最前面的、对最值得追问之事的指示并不是非得在每一步骤中都要把传统东西的淹没一切的负担轰到一边不可，从而在清空、打扫的活动中耗尽 [123]
自身而不遗余力，那么，那些［少数参与言说之］人就会变成参与追问之人。而且最后，如果对最诚挚的意志的颠倒和误解最终没有击倒和侵蚀掉一切，那么这一点也会得到实现，而且置入"心理学东西"中的含义也会从"亲历"［的标签］中被释放出来，并且也会承受得起達-在。好奇，好奇所好奇的是：把一切都只算作"个人的"成绩或无能，而且它依赖于对事先"已经"设想过的东西的事后验证，把一切都化解在其中。这是最可怕的。由此而来，每一部作品的作品之是（Werksein，作品之存在）就被预先扣除了，这预先扣除在最不显眼处最锋利。如果我们还想再一次去找寻存在的真理，那么一切都取决于离弃亲历和向達-在跃进。

但是，在一切事情上的放任自流的弄虚作假终究会精疲力竭、归于平息，与认知者相匹配的绵绵群山的寂静仍然还在，还有高地草场上聚拢在一处的光明、雄鹰默然无声的飞翔、以及辽阔天空中闪着亮光的云朵——还有那个，在那里，已经宣告了存在的最遥远 305
的切近的伟大的寂静之来临。

[124]

施图本瓦森[①]之泉

纯洁的涌流出自
山岭深藏的根基。

唯一的，这任务——

无忧无虑于滥用——
不思不量于误用
宁静坦然于无所可用。

远离一切营营
无意直接襄助

持续地不可透视；面具。

1936年7月5日

① 德国黑森林山区的第六高峰，海拔1386米。与海德格尔修建小木屋的Todtnauberg直线距离不到10公里，是徒步旅游的好去处。——译者注

索　引

［本索引页码为海德格尔手编的黑色防水布笔记本的页码，

也即本书页边［ ］中的页码］

思索五 311

对被暗示者，

继续进行暗示的

暗示。[1]

① Winke, die Zugewunkenes weiterwinken. 此处的“暗示”为复数形式。——译者注

将我们接合到存在的接合部中去的过程中 313
我们处于供众神驱使利用之中。

对存在之真理的沉思
使我们第一次站到
守望者之职位上
为了最后的神走过时
的静穆。

314 [a] 1

最后的神——不是终结——而是我们的历史之深不可测的可能性的**另一个**开端。

为它的缘故，迄今为止的历史不能猝死，而是必须将其带到它的终结，也就是说，其变相神显（Verklärung）必须在过渡与待命之中得到实现。

最后的神——它的显现的准备是伫在之真理的最大冒险，由于该真理的缘故，方才有给人类重新带来实存之幸。

属于最后的神——实施那另一个开端……（参见[30] - [31]页）。

315 [b] 2

对一切事物都完全毫无疑问的时代，且制造伎俩业已开始的时代。“亲历”（Erleben）的“洪流”不断上涨。

哲学——对最值得追问者（伫在）进行追问的呐喊变成了最陌生的东西。

且因此哲学是最必要的，如果另一个开端应该到来的话。

必要之事的最有力的构型（Gestalt）就是那简单之事。

让我们勇敢准备最简单地去追问最唯一者——追问存在。

历史地看，这样，为了存在之真理而开始了对“形而上学”的克服。

3 316 [1]

发生了什么事？大地的摧毁——各个人民（民族）的相互窥探伏击和**缺乏趋向于目的的意志**的业务经营——一个人民（民族）的自身维护从来不可能是目的，而只能是**条件**；而且它有能力成为条件，也仅当在趋向于目的——趋向于存在之真理——的意志是“在先者”且是第一者时，而且是作为源初的闲暇而悠然自得，而不是作为被制造者而被强迫时。人们从来也不能说，首先条件必须得到保障，然后才可能谈什么目的设定——不能。为目的而进行的斗争是首要的斗争，也是不可避免的斗争。否则，所有围绕“文化”进行的努力（这本身就是后期的花朵）只能是纯粹制造伎俩和我们“经历”到的经营——“文化周”——只能是百货商店的“白色物品周”的无意识或者有意识的可怕模仿。在“**巨大的**”日新月异的、从不会成为“曾经是过”（Dagewesenen）的假象中，在所有面对自身隐匿者谦卑敬畏的力量的所有反抗均已失败的假象中，大地的摧毁销声匿迹。

4 [2]

我们站在何处？在最绝望的边缘吗？对——但是在这里，而且只有这里，还为那些为瞬间而坚守的人留有位置。伫在之光源的全部光照中，隐匿着最后的神。

5

难道達-在只不过是转瞬即逝的闪电，超乎大地，寓乎世界，从世界与大地之间的争斗而来——

还是说，是最神秘的大地和最开放的世界才得以(werden)实存于達-在之達中呢——

317 还是说，不管前者还是后者都不作数，且二者合在一起也不行，以致我们对伫在之真理从来没有足够的认识，并且在我们的基础意愿中，我们就像在梦中的影子一样飘忽不定呢——

还是说，这——对坚持内在地转向事物的本质之转向的敬畏——是達-在之最敏感娇嫩者，并且是“伫在之最遥远的切近”的暗示之辐射?

6

高贵的基础如果不是在成熟的确定性：确定只能去是我们的性
[3] 情调定届时之所是话，其基础又能在何处呢?

7

当层层叠叠的白云耸入广阔的天空。

如果那阴暗的时日消除了神显的所有的光辉，而且所有的广袤都一起萎缩到习惯之事的狭隘贫乏之中的话，那么，心就必须保持为去暗采光（Lichten）和疏密间空（Räumigen）的源泉。而当非实存（Unseiend）的假象在四周喧嚣之际，最孤寂的心却一跃而起做着到侪在之中心的最远的跳跃。

8

另一个开端首先且只能是去唤醒趋向于**追问**的意志，以及趋向穿越追问之此段落的决断性的意志。如果德国人终于了解到，他们**面临**的是这种最为困难的战斗，而且为此所需要的哪怕最粗糙简陋
的武器都尚未铸好，［那该多好］。但是另一方面，［如果这样］人 318
们将会同伟大问题的纪念碑失之交臂——因为人们为刚刚占有“真 [4]
理”而沾沾自喜，把追问认作是某种令人生疑的弱点的表征，从精神上或者更重要的是从肉体上避之唯恐不及。

9

要是我们能成功地在少数人那里重新燃起对真理的**追问**，也就是对真事物的活生生的本现活动（Wesung）进行追问——作为诗人、思想家、教育者、行为者，在他们里面已附有了这样的责任义务：把德国人拽出来送到那空间中，在那里真理就是最真之事——该多好呀。

要是能成功做到对这一问题做出遥远微弱的推动——哪怕只是几小步，也好呀。

但是情况似乎是：只存在两个阵营：一个阵营中，许多人相信他们的信仰，即他们对真事物的完全占有，剩下的人只是涉及对这

种信仰进行传播和固定。他们为此在这里蹒跚而行；在另一个阵营里，无以计数的人陷于空虚的恼怒和毫无创造性的抑郁不振中不能自拔，将一切希望都寄托于过去的事情上。他们为此在在该阵营中爬行。

[5] 在少数人那里，实存的最深刻的艰急成为了对从属于侪在的源初从属性的欢呼，因为，他们知道，所有的源泉都必定是有冗余的(übermäßig)，而且在一切侪在中这种相互纠缠渗透的冗余(Übermaß)，就是最高级的斗争的源头；这些少数人现在在那里？(参见[106]页及以下)。

只有当这种认知成了构建者(Bildner)的作品，成了思想家的言说，成了诗人的语词的时候，神才会再次显现：它需要人民，以便把侪在奠基到实存之真理中去。

这样就一定有几个人，对这种必然性进行深入的再思考(nachdenken)，并且保持推进这种沉思，不要因对他们的捷径的规定的误解而伤害他们。

只有那个源自这类必然性的人民才是人民。(参见[35]页)。

[319] 10

历史上伟大的时代从来没有过什么“文化”，甚至没有“制作”过“文化”，相反，伟大的时代总是默默无闻地处在忍受着痛苦的创造活动之必然性的影响之下。

[6] 如果“文化”允许被视为历史性達在的标准的话，“文化政治”就是没-文化的信号。“文化政治”就是野蛮无教养的最后的面纱。

11

为什么现在地球上到处对下述认知缺乏准备：我们没有占有真理，而且必须重新去追问？

12

在事物的构型中的要求与分享在今天的分派是如此奇怪——难道它是下述现象的一种征兆：只剩下强行贯彻巨量的制造伎俩，而在此过程中，引领者就是赢得尽量多的有用性，而这是迄今为止不曾有过的事情，至少不曾有能力实施过？但是这就是创造性的精神的证明吗？

13

谁想在作品、牺牲和行动中去接近伟大者，他就必须有预先理
解、把握所有伟大者们的自由。而这就意味着：他必须能预感到那 [7]
种唯一的必然性：从对最为隐匿的艰急之领悟来显示自身的必然性，而这种作为忧患与痛苦的艰急，刺激激发着神现（Verklärung），为它的实施做好准备。（参见[17]页）。

14 320

母亲[①]——我对这个虔诚妇女的简单回忆：她不带任何痛苦

① 海德格尔的母亲 Johanna Heidegger（娘家姓 Kempf）于 1927 年 5 月 3 日去世。这一册《黑皮本》的写作应该始于 1936 年 7 月。他母亲去世进入第 10 个年头。——译者注

地——有先见之明地——忍受了表面上离弃了神的儿子的道路。

15

被我们的创造性工作当作目的的最早的那批人，就是下一代之后的那一代后人。从他们中会涌跃发源出新的未来性，因为，他们一起且第一次再次去实施那种伟大的创造性的、对我们的本质性历史的回忆。为了这第三代人——也许最后之神的未来一代——少数几个被允许去为冲击做准备——今天在達-在那里还仍然存在其必然性。

[8] 16

很快就该到庆祝“鱼雷艇”诞生50周年庆典了。干吗还要那臆想的荷尔德林逝世100周年冥诞什么的，如果这个纪念活动甚至还会有它的纠葛麻烦和毛病的话？之后不久，“摩托车”诞辰50周年纪念就会到来——在人类记忆和他对“诸多庆祝活动”的记忆中，发生了什么改变。但是改变必定会到来，由于回忆的所有力量或者已经消失或者被结扎，而且在很长一段时间内，它必须在它的静谧中，寻求那在脟在的隐匿性之中的新的根系——在那里这种力量并没有死亡。

17

成熟——对于不起眼的人和自身坚守的人来说，他已经强大到

321 足以去遭遇坚守于其中的本质性的东西本身了。但是未经炭火上烧灼的痛苦，是不会成熟的。

18

学会在微不足道的东西上享受伟大的快乐，是一种達-在变型 [9]
(Verwandlung)的独特艺术。

19

准备就绪和翘首期待比所有的实现完成都更加富有。

20

转变。——康德在对人类的经验的解读中，并藉此在对人类与日常首先可及的实存之位置关系的解读中，实施了“哥白尼式的”转变：从此之后，认知活动不再以对象为走向，而是对象以知识为走向了。这里尽管对知识的本质之洞见发生了改变，同时藉此对对象概念的看法也一起发生了变化(此时才第一次获得了对象概念)，但是其自身取向活动(Sichrichten)还是保留下来。当然转变并不是一种单纯的转向，而是把迄今为止的存在论上的认知，都包括到那同样源初的-先验的-被领悟的 ego cogito(我思想)之中：把柏拉图主义包括到意识的本质建构之中。

尼采实施的是对柏拉图主义的倒置：把超感性事物的“真世界” [10]
变成虚假的世界——但是它对于保障“生命”的延续来说是必不可少的；感性事物的“虚假”世界成为了真正发挥影响的、从事创造的、想要超越自身的意义上的“真”世界。这种方向转变也必须实施“感 322
性事物”和“真事物”的转变。但是这种方向转变最终——因为从一开始就是——仍然靠在柏拉图主义中，靠在“存在”（Sein）与“生成变化”（Werden）的对立之中；这种转变预设了：它在其本质中被追踪不舍，这样，这个转向还是具有从事推动的力量，让人们去沉思，是否还应该把柏拉图主义的基础置于追问之中，并藉此把源初的、非柏拉图式领悟的前柏拉图式的哲学也置于追问之中。

然而比这更加具有决定性的还有：在迄今为止所实施的诸种转变的轨道之内，那种我们所面对的且因此由我们预先准备好的转变：它针对的是整个哲学走到了头的历史——针对从对实存本身的初始的审视和收集（在 νοῦς 和 λόγος[1] 之中——巴门尼德——赫
[11] 拉克利特），直到把作为持续不变者和被固化者的“实存”吸收到作为生成变化（Werden）的“生活”之中（趋向于权力的意志）全部哲学的转变。关于与实存的联系——尽管在历史的进程中其构型多种多样，仍然滞留于，没有从唯一可能的基础（从存在之真理）出发——去追问存在本身——去进行奠基的状态。这个转变正实施于作为存在之真理的发生的達-在的侦察（Ersehen）和奠基之中。

从根本上看，这种转变已经不再是一种转变，而是一种向完全不同的另类开端的过渡，这个作为另类的开端像第一个开端一样，把第一个一（den ersten Einen）——ἀλήθεια τῆς φύσεως（自然之真理）——源初地置回于自身之内，而恰恰不是拒绝给予它。

21

在另一个开端中的哲学——作为从离弃存在之状态

---

① 古希腊文，意为：思想和逻各斯，也可译为：努斯和逻各斯。前者为巴门尼德使用的概念，后者是赫拉克利特使用的概念。——译者注

(Seinsverlassenheit)的艰急中涌出发源的必然之事。这种对存在的离弃状态的最切近的形式，被尼采亲历并确定为虚无主义。只是，为了将另一个开端以及它进行的追问，置于最尖锐明确的决断之中，我们肯定可以在各种可能性中想象得出，这个开端尽管有其必
然性，但是它仍然只是对哲学的最终的终结的遮掩蒙蔽。因为尚未 323
决定，甚至尚未追问，“哲学”以及“艺术”，根据它们的**本质**，在现 [12]
在的时代是否已经走到了尽头。它们的形式可能还会继续受到“养护照料”，而且“艺术”作为政治的工具还会被继续经营，而且这还会持续几个世纪——而这里不再需要去理会什么必然性，因为对迄今为止的东西的混合与模仿之手段是如此高明精巧，就像所有其它东西一样，可以发展膨胀为庞大无比的规模，以至于变得越来越渺小的人类，还被允许去养护下述看法：这里还有创造性的伟大，而那里实际上只是让无能为力者以惊人的巨大规模肆意发展。

大地的状况可能会在即将到来的历史中发生如此的变化，以至于一切都只不过是，让已经死去的众神之僵化暗示擦肩而过，而毫无触动。

但是**如果**还有这种历史的可能性存在的话——而且某些征兆指向那里——，那么，对此可能性进行的认知，就比用对虚假构成物的追求来欺骗自己要更加根本。然而，这种认知，尽管如此，仍还敢于面对另一开端并为它做准备，但是，只有当它是从**必须追问**中
涌跃发源初来的，这种认知本身才具有历史的力量。假定，哲学已 [13]
经到了终结的时候——假定，对其源初性问题的追问仍然滞留于被拒绝给予之中，即它还需要被奠基成为历史，那么，哲学就不能简单地终止，而是必须**哲学地**被移入它的终结之中，必须得忍受这个终结，即便是被进行另一开端之 τόλμα(勇敢)所粉碎，也得如此。

22

当一个人的著作将其从与流行之物的直接接触中拉了回来，并将其置于边缘，这个人还能成为**推动者**吗？在这个一切——首先是最根本者——都被化为无差别的、每个人都唾手可得之物的时代——他只**有如此才**可能是推动者。

324
23

我们是否已经充分地思考过：自从西方历史[①]在其最深刻的沉思中预感到向某个终结滚去以来，某种令人惊奇的事情发生了（sich ereignet）：那些——以完全不一样的方式、在各种不一样的空间中——忍受着这些沉思并创造了这种沉思的人们，那些已经这样把那完全不同的东西承载于他们的认知中的人们——席勒、荷尔德林、基尔凯郭尔、梵高、尼采，他们都很早就被褫夺了達在之清醒？他们只是被粉碎了吗？也许就像那些外在的计算所判定的那样，还是说，在他们那里唱的是另外的新歌——这新歌不能容忍任何的“如此等等”，而是要求为最短的路线而做出牺牲？

在何处以及如何保护这种最为隐匿的亲密性之不遮蔽的、从来不会燃尽的炭火呢？

一缕灰白色的云气，消散在那孤寂山岭上方、劲风回荡的夏日

---

① Geschichte，英译为“哲学”（philosophy），有误。为此我问了编者特拉乌尼教授。他回信说：ja, das ist ohne Zweifel eine falsche Übersetzung. Es geht um die “Geschichte”, nicht um die “abendländischen Philosophie”（这显然是错译。这里涉及的是“历史”，不是“西方哲学”）。——译者注

的蓝色天空中。

24

谁要是处于这种思想上的沉思之中，他就不会去尝试，把哲学做成“实践性”的东西，因为思维活动的任务，恰恰是把“实践”做成哲学性的东西。但是，从此出发，如何看待“德国大学对自身的 [15]
主张”那篇讲话呢？那篇讲话并不是误入歧途，因为，它并不是像有些人认为的那样，想要把“我的”哲学应用到“大学”和它的建设上。那篇讲话想要做的正好相反，想把大学带出它的轨道，并带入大学之从事沉思之任务的轨道之中去。

尽管如此，讲话及其立场是处于一种迷失之中：大学不再愿意沉思，并且它也不再能够愿意去沉思，这并不是由于有什么人禁止大学去沉思——而是因为近代的科学已经进入到在大学中实施技术化的层次，在这个层次上“进步”会通过沉思受到阻碍。这种“科学” 325
如果不能继续进步，它还能是什么呢？

25

一种“哲学”，如果公开地或者隐蔽地去为自己寻求创造政治上的有效和“世界观上”的意义，那它就仅仅只是称呼自己为“哲学”而已。而且，由于无底空渊(durch Abgrunde)，它同它这个名号与其说在揭示，不如说在掩饰的东西，是完全隔离的。

26 [16]

只有深层次地遭受过那离弃存在之苦的人，并且与其一致，藉此从同样的高度对俯在还有预感的人，而且在有这样感觉的同时，在尼采的道路上按其真实的步伐行进的人，只有这样的人，才有能力把尼采传递给未来。在理解［尼采］时，最困难的任务也许是：在不降低尼采的原本的意愿的同时，超越那种近乎恶魔般的荒芜贫乏。这种荒芜贫乏是现时代挤到尼采道路上来的现代货色，它败坏了尼采的本质性内容。在表面上最粗糙的“生物主义”掌握着思想的话语权的地方，真正出场亮相的是另外的东西——但是这种生物主义却很容易理解，这样它就立在前面遮挡了本质性东西[1]。但是，人们自以为，这种［挡与被当的］关系存在于每一种哲学之中，只不过形式不同，乃至哲学史上传承下来的“形象”主要被立在前面的东西统治着——而只有很少的人知道思维活动的隐匿的历史。

27

高云舒卷的夏日，碧空广远，收割后的草场里的牧草刚刚吐翠，
326［17］天地之间，广袤的原野，在它们素洁矜持的高贵光华中——散落着的几处农舍，低低地垂下它们宽宽的屋顶——如同最素朴的思想一样。

28

任意性是偶然事件的奴隶。

29

时代们是能够开始的，在这些时代中，让创造成为必然性的那

① legt sich so vor das Wesentliche，英译为：supplants the essential，意为：排挤掉本质性的东西，或取代本质性的东西。——译者注

种艰急，一定会在其中得到真正得到表达。如果在那里还有作品的直接性尚可得到保持的话，那么这种直接性就是一种更高级的直接性，并且只有通过一种创造活动的超常巨大的力量才能达到的直接性。

30

如果思维愿意在另一个开端中去尝试，在追问过程中对存在之真理加以奠基，这种思维就是在做不可能之事吗？然而如果连这种意愿都没有了，那在真正实存之处还能有什么呢[1]？对可能之事的意愿——还是意愿吗？对我们而言，意志就意味着那种认知，因此也就意味着承受被抛进存在并且属于存在本身——这存在使用着我们，并藉此消耗掉我们。

这种使用和被消耗发生在那些小尺度——人们用来设置和评估目的、意图，以及计算用途的尺度——之外。

在这里所指称的发生过程中，我们——即被赐予存在的人们——被存在所据有（vom Seyn ereignet werden）。所以那种伟大者的被牺牲，从来都不是消失灭迹于非实存之中，而是主动-据有（Er-eignung），因而就是存在本身。（本有事件）。

31 327

相反，所有那些显得仅仅基于“理性的”“意愿”——只“意愿”可能东西的意愿——都将因此［凭借它是理性的］而把自己保护起

[1] was wäre noch an wahrhaft Seiendem，这一表达提示出：海德格尔思想中，存在之真理，即超物理之事，是以真正意义上的实存，即物理自然，为基础的。——译者注

来，获得安全。它规避那种据有（Ereignung）——并藉此规避存在。而且，它总是显得是能够成就某种东西的“真正现实的东西”。

而这种意愿和追求甚至是必要的——藉此使得牺牲者的艰急成为可能。然而，诚恳老实的经营和劳作都不必知晓这种必要性；其实，它一定能喜欢上分配给它的任务区块内的工作和绩效，自以为这些都是出于它的自由选择。而追问的折磨耗人的火焰一定是离它远远的。

但是，另一方面：

[19] 那些大叫大嚷的贫乏可怜之人，他们在把我们从表面的安全性中抛出来的真实追问中看到的是虚无主义，而且他们出于他们所谓的“贴近生活”，以为克服了这种追问。他们根本就无可救药，因为，他们的“健康的安全性”恰恰在于，他们并不想要清晰性，但是又强调下述要求：超越于直接的行为活动之外，成为“哲学家”，或者至少被称为“哲学家”。每个追问者都必须知道这样一个事实以及它的原因：这类虚假构造是不可或缺的，而且它们能找到属于它们的“公众市场”，或者成为推诿塞责的替罪羊。但是一个从事追问的人绝对不能被他们误导，去开始或者去从事同这种虚假东西的探讨商榷；因为，这样他就似乎已经承认了他受到了侵染，这时，唾沫飞溅——如果他一旦爬到高处——就是他的唯一所能；他肯定会对某个永远不许他步入的“层次”卑躬屈膝，前提是假定，他能确定分派给他的位置——尽管被许多昏暗不清所包围——是什么。

328 [20] 32

为了那受命的时代，要使得少数的——本质性的成为必不可少的(nötig)。那从事创造的人是否还能够再次回到必然之事(Notwendigen)的朴质单一性中，并坚守于其中呢？

33

这就意味着思想性的奠基将又成为一种格言辑录，以很好的保护它们免受闲谈和所有的匆忙浮躁的误读误释的伤害；这就意味着20卷或者更多卷的著作，连同附带的生活试探和表达（我指的是那些其它的“传记”和书信集）都将消失，而那种著作本身已经足够强大，且可以远离那些通过“私事”传说进行的解说——也就是被化解到庸俗化[①]之中——所造成的损害。

然而这件事预设了人类的什么样的转变呢？让人们不寒而栗的主要并不是，人们已经无力在去完成这种转变了，而是人类已经不再愿意去转变了；在也许还有可能遇到推动力的地方，人们已经止步不前了，不在这里将自身开放给另类的东西——对他来说那是无法忍受的东西——是不可能在那个地方存在的东西，在那个地方，
人们尚能够舒舒服服地把持他们所占有的财富，将一切都依据与其 [21]
占有物的一致与不一致肆无忌惮地加以估算。（我指的是那些“基

① Vergemeinerung。该词未能在词典中查到，英译为 generalities，未必是正解。词根 gemein 有“普通、平庸、通俗”，甚至“卑鄙、下流”之意义，名词 Gemeinheit 就是“卑鄙、下流”的意思；将其动名词化后加上贬义前缀，即成为 Vergemeinerung，我试译为“庸俗化”。后在网上查到：Ingrid Steiger-Schumann 在他的 *Jüdisch-christliche Liebesbeziehungen im Werk Leopold Komperts* 一书第 166 页，引用恩格斯的同代人 Karl Beck 谈论犹太诗人 Leopold Kompert 时说的话：“Was ich aber, der Mensch, der Dichter, in tiefster Brust hege, das Ideal, dieser Protest gegen die *Vergemeinerung* und Erniedrigung des Menschentumes（抗议对人类的 Vergemeinerung［庸俗化］与贬低），ist es...” 此可为我的翻译的佐证。——译者注

督徒”和他们的“基督教会”——只要他们还在继续经营他们的所谓“文化事业”的话)。

34

巨大的僵化——为真正的沉思而进行的斗争已经停止很久了——更有甚者:在不被大多数人知晓的情况下,面对沉思的恐惧
329 统治着人们,他们一个接一个地被推向、并自己想办法走向这种恐惧。于是从中就出现了那种判断的任意性,它从来不去努力建立标准,而总是只向着容易通行之处逃亡。年轻人现在评论里尔克的著作时认为,里尔克与“人民共同体”发生了异化,并且曾经是一个“个人主义者”,这到底意味着什么?

那些充满了“基督徒的谦卑”的人,那些自负到无以复加的地步的人,公开宣称——好像他们知道,尼采的发疯是来自基督教之神方面的对狂妄者的惩罚和打击,这又意味着什么?

如果我们的人民在世界观上主要有两个群体——从事“政治”“思考”的和从事“基督教”“思考”的群体,他们以这种形式带着我们未来的历史的最真实的原始资料走进“法庭”——这意味着什么?如果在他们之间的无所谓和无所适从,还要去屈就随便什么否定性的话,又将如何呢? 而少数人还把自己关闭于迄今为止所信仰的东西之中呢?如果无论如何经常还有许多善良的意志,甚至还有能力产生影响,以至人们可以讲出,那里到底完成了什么,而且以为“还不错”呢?难道这不恰恰由于尚可遇到的“真诚老实”,而把伟大决定的领域和狂飙给斩断了? 人类变得越来越渺小。

35

看上去，荷尔德林在《许佩里翁或希腊的隐士》[①] 的结尾说的关于德国人的那些话，似乎有了**终极-有效性** [②]。

在其中到底有什么呢？德国人保持着是为创造者的伟大事业做好准备去承受最艰难的痛苦的人民，这样——就总是重新导向命 330 [23]
运的**本质性**条件的出现。当这个人民有一天——因为一切都被缩小为平均化的平庸性——被教育成对一切无所不知的平庸之辈，“不幸”和厄运也就该降临了。最大的危险不是无教养和堕落，因为，这种状态可以推动人们出去，进入最外在之事中，于是把某种艰急推到前台。最大的危险是平庸性，以及一切东西皆均等地为每个人所支配，不管是以最空虚的经营运作的形式，还是以高尚但不再需要的忠诚老实的方式，都是一样的。

更深刻的考虑一下就会发现，荷尔德林的话并不是一般意义上的抱怨或者甚至责骂，而是对那种不可回避的反击的呼唤。

谁要是每次都能回想到这类必然性，并从中汲取出本质性的认知的话，那么这个人肯定能抵御向那些令人厌恶的处境和偶然性的毫无用处的谩骂的堕落。所有反对的言论，只能在对那对立加以肯定之必然性进行强调时，才能具有意义。而这就表明：为追问争执 [24]

① [Friedrich Hölderlin: Sämtliche Werke. Bd. 2. Gedichte-Hyperion-Briefe. Hrsg. von Friedrich Seebass. Propyläen-Verlag: Berlin 1923, S.282ff.]（弗里德里希·荷尔德林:《荷尔德林著作集》第 2 卷，《诗-许佩里昂-通信》，弗里德里希·泽巴斯编，Propyläen 出版社，1923 年，第 282 页及以下。）

② End-gültigkeit，由于有分隔符，也可以把两个部分分开来，译为，作为终结-而有效。——译者注

的基础保留空间，并由此而为推动人们去从事创造的推动力保留空间。(参见[111]页[①])。

36

为什么人类会变得越来越渺小？ 因为他自己放弃了可以向上长入伟大的活动空间，并且去阻挠对这个空间的进行奠基的努力。这个活动空间是这么样的空间？它就是被我们称之为達-在的空间、场所(Stätte)，在那里有不可改变的东西被保藏在敬畏之中，并在创造之路上展开为自由。何处有那种阻挠活动的征兆呢？各种阻挠中最清楚的就是，伴随着同时怀疑所有“恐惧”的那种面对追问的恐惧；最为可怕的征兆就是无耐心：面对被规定为过渡的规定性时表现出来的厌烦无耐心。

331 取追问而代之的是，那个还允许间或被称为“哲学”的地方，只有贫乏空虚的狂妄和吵闹不休的肤浅之间的联盟，把一切都扯到混沌阴暗和任意性之中。

37

我们早就步入了完全没有问题的时代。能够证明这一事实的
[25] 佐证不在大多数人那里：这些大多数人直接公开声明拒绝追问；相反，其佐证乃是在这类人身上：他们在对颠扑不破的(“基督教的”)“真理”进行所谓的“占有”的同时，还做如此行动，以致看上去好像是在追问一样，[然而]藉此并不足以使他们能够去谈论“勇敢”

① 第 118 节对此有进一步解释。

和“决断”。这些人是时代的真正的诱拐者：他们不愿意让事物如其所是地去是。而这些诱拐者根本上就是那些不去追问的人，因为他们需要标榜他们为真理而“奋斗”的形象。

38

本质性的区别在于，人类是否愿意去通过创造而站到神的面前，还是只是把“宗教”当作对于他的目的有用有利的东西纳入他的算计之内。

39

在《存在与时间》的思考中随处可见的涉及历史的论述所讲的，实际上都是前-史学的、超-史学的东西(das Vor- und Über-historische)。历史在達-在中有它的基础。但是由于我们这里，今天的“生活”早就被大量的表面上的“自然的”——其实从来不曾是 [26]
源初的——需求和欲求给爬满长封了，所以我们既不能信任所谓的自然的“生活”和它的潮流趋势，也不允许我们沉醉于单纯的破解 332
和怀疑之中，相反：我们必须，从对侪在的最高意愿出发，也就是说，在追问中，向本质性的决断的最艰难的艰急前进，也就是向着承认“我们没有占有真理”的承认前进。

排斥史学上的无所不知、死板比较(Vergleichung)和蹩脚总结(Verrechnung[①])是必不可少的，因为它们使得创作活动变得瘫痪和

① 这两个字的前缀都是 ver-，原本是带有贬义的，而前面的 Vielwisserei 也是有明显贬义的词，所以，这里的翻译与字典意义有偏离，突出了日常用法中所没有的贬义。——译者注

盲目。只是我们在这里误解过甚，以为依靠单纯的排斥就可以保障从事创造的力量的自由。因为在这期间，这种排斥本身已经能够通过“历史”的那种太过于计算化的“塑造活动”——通过历史主义——而被歪曲，甚或被掩埋，以至于，表面上看来直接冲我们而来的事情，却不是来自源泉。所以，只有当对“史学上的东西”的排斥（参见《存在与时间》中“解构”）是由行动者的沉思所孕育和引导的时候，这种排斥才是本质性的；对于本质性的思考活动而言，这就是说：只有当对于处在实存整体之中的人的基本位置做出决断的时候，只有当对存在之真理加以追问并且获得下述认识的时候，即：*人必须成为存在之真理的守真者*（der Wahrer der Wahrheit）[①]，且存在的唯一性要求人具有那种少数人的独一无二的独特性，就是在从事创造的过程中把真理改造成实存，并因此使得这些实存第一次被带入光明之中，并且要求实存具有完型之接合（Gefüge der Gestalt）——不管这一接合是刚被设置于作品中，还是在进行创造的认识活动中刚刚被揭示出来的，只有在此时，这种排斥才是本质性的。

40

哲学作为对存在之真理的思想性的沉思，对少数人来说，即对从事创造的少数人来说，所肩负的唯一任务，就是为认知和从事奠基的言谈去预先创造活动空间。在此过程中，一个人是否把握哲学的这种本质，是否将其视为与自己同等级者、非派生者，并认定

① 孙周兴译为“保存者”，见孙周兴译海德格尔《哲学论稿》，商务印书馆，2012年，第18页。

此看法为必然性，这一点决定了他是否能属于这些少数人的归属性——这种归属性是人们根本无法选择的，也不是通过努力争取而 333
获得的，而是作为巨大的负担而置于其肩上的。 [28]

41

对侪在之真理的思想上的沉思，**首先**是对**達-在**的奠基活动，即把它作为未来历史的基础加以奠基。

作为世界与大地之争斗的争斗活动（Bestreitung des Streites）的**達-在**。争斗作为为了自身隐匿而准备的开放性的从属者而自身展开的情况，以及那个達（Da）作为去-底深渊而被容忍的情况，决定了这种争斗活动各不相同。

这**達-在**必须与所有迄今为止的“生活进程”和这种“生活进程”的所有延续活动，保持一种疏离陌生的关系。

42

哲学的“历史”——只有进行创造的思想家知道它，然而“历史学家”对此从来没有认识。为了让对侪在的思考在更长的时间内，能够重新在一个轨道上平静的运动，必须有一种冲击存在，它可以同时在其它的更高且更深的轨道上变动（ver-rücken）。但是人如何能同时坚持二者：一方面承受这种冲击并把它继续传递给其他人，同时自己还要在开放的、共同的轨道上平静地共同行进？ [29]

这里只能是**二者必居其一**。

不是奉献自己去承受冲击之苦和冲击之默默的构型，期间似乎一直只在谈论过去的东西，但实际被想到的是第二次开端之完全不同的东西——

就是在指定的直接的轨道上行进的馈赠。

334 这二者都有它们自己的伟大和渺小。所有一切处于这些使命之下的人都必须认识到：他们别无选择，而对他们的称颂是，他们属于他们之不可改变的方向，并且忠实于它。

43

开端性的东西我们从来就把握不住，它必须不断地抽身而去，以便不要使得自己变成现成在手的东西，进而丧失了它的自己。因此，开端从来不让自己被表象，而是只去实现自己——即在后退的下行中实现自己，藉此真正地保持在抽身而去中。

（参见关于艺术作品的讲演①，以及1937至1938年冬季学期的讲稿，[12]页②）。

① [Martin Heidegger: Der Ursprung des Kunstwerkes. In: Holzwege. GA 5. Hrsg. von Friedrich-Wilhelm von Herrmann. Frankfurt am Main 2/2003, S.1–74, sowie Martin Heidegger: Vom Ursprung des Kunstwerks: Erste Ausarbeitung. In: Heidegger Studies. Vol.5.1989, S.5–22.]（海德格尔：《艺术作品的起源》，载《林中路》，《海德格尔全集》第5卷，弗里德里希-威廉·冯·赫尔曼编，美茵法兰克福，2003年第2版，第1–74页。也参见海德格尔：《论艺术作品的起源》，载《海德格尔研究》，1989年，第5卷，第5–22页。这是《艺术作品的起源》的第一稿。）

② [Martin Heidegger: Grundfragen der Philosophie. Ausgewählte »Probleme« der »Logik«. GA 45. Hrsg. von Friedrich-Wilhelm von Herrmann. Frankfurt am Main 1984,S.39 ff.]（海德格尔：《哲学的基本问题——"逻辑学"的"问题"选讲》，《海德格尔全集》第45卷，弗里德里希-威廉·冯·赫尔曼编，美茵法兰克福，1984年，第39页及以下。）

该卷没有中译，而第39–41页的文字对这个问题讲得十分清楚。所以，译者不揣冒昧，将其翻译如下："史学观察和历史沉思的区别。为了赢得对流行的真理把握的奠基，我们因此得回来追问和考察，真理把握在它第一次设定时是如何奠基的。为此我们就要被迫深入到亚里士多德的哲学中去。这就意味着：我们不是真正地从我们自己出

44

[30]

假如有一个未来的人他要去奠基历史，那么他能是谁呢？（参见[34]，[47]页）答案是：守卫最后的神从旁走过时所需要的寂静之守卫者——俘在之真理的从事奠基的守真者（Wahrer）。

这些寂静的守卫者应该从哪儿来，他应该怎么个来法呢？我们可以“培育”他们吗？不行！这些守卫者必须能够保持清醒，为此

发，并且为了我们自己，也就是说，为了去追问真理问题。这样我们就自失于史学的观察和关于漫长的过去的报告之中。这到底是怎么回事？这里涉及的回到历史难道是同我们追求的本来目标相反对的吗？不是！而只有在我们学会了对史学的观察与历史的沉思做出区别之后，我们才能理解，对历史的沉思现在恰恰本质上属于对未来之事的构型的意志。史学的东西意味着，就像这个词本身所指出的那样，只要它是从届时的当下的届时的视野出发——不管是公开声明的和还是未公开声明的——对过去的东西进行调查（erkunden）和表述，[它就是史学的内容]。所有的史学观察都是把过去的东西本身做成对象。即使是在关于当下之事的现当代‘史学’的叙事中，当下之事也必须是已经变成了过去之事。所有的史学（Historie）都是躬身向后，即便是他们按照时代的要求制作过去之事时，也是如此。而历史性的东西（Geschichtliche）所意谓的，并不是把握和调查了解的方式，它所意味的是事情的发生本身（Geschehen selbst）。历史之事并非过去之事，也不是当下之事，而是将来之事（Zukünftige）：那种尚在意志中的东西，那种尚在期待中的东西，尚处于操心中的东西。它根本不让你观察；对它我们必须去-寻思（be-sinnen，体会），我们必须去努力寻求那意义，那可能的标准和必不可少的目标，那不可避免的力量，以获取所有人类之事的发生进程由之开始的东西。这种目标和力量可以是那种很久以来就已经——只是隐蔽地——发生了的东西，并且因此恰恰不是已成为过去的东西，而是还在活生生地本质着的（noch Wesende），并且期望着（Harrende）它的影响力量的解放的东西。将来之事是历史的源泉。而伟大的开端就是最将来之事：不断抽身而退——退到最远——同时它又是预先向前把握的（vorausgreift）走得最远者。所有开端之隐匿的命运（Geschick）都是：表面上这些开端被那通过它们而开始并且跟随它们而来的东西的排挤、超越、驳倒。今后已经习惯的东西之平常之事将要变成开端之不寻常之事的主人。因此为了拯救开端并藉此拯救未来，我们需要间或打断平常之事和过于习惯的东西的统治。”

该书第41页，在下一小节的标题中他还写道：“作为从将来之事延伸到曾经之事，以及从曾经之事延伸到将来之事的历史。”——译者注

自己必须是最清醒并且最机警的。为寂静而保持清醒，不单纯是处于现成在手的人们之中的一种状态，相反，维护存在之真理的维护性要求一种人类存在的转变，以致它在其最大可能性中无非就是真理的奠基活动，而这种奠基只能作为達-在而发生。

335 此外，在这种转变的本质中已经潜藏着同俘在本身的关联——；俘在的突然袭来，一定会打入達-在的内部。因此，守卫者的到来指示着某种准备工作，一种就其目的而言也许在长的时间内并且在很大程度上被误解的准备工作。这种准备工作首先必须把俘在和達-在纳入到相互关联中先行加以思考，这样才能达及那寂静之处，那个地方恰恰是创造活动在其作品和行动中要占据的地方，在那里创作活动才第一次处于自由之中。直接对具有如此这般特效的人类典型进行培育是一种歧途，而且是真正的歧途，因为从其基础出发，**奠基人类存在与俘在之真理的关联**，必须是首要的，而且必须被保持为首要者，而一切教育都将服务于它。

45

是否有**更强大的人**到来：他们事先在思想上掌控着存在自身的秘密，以致未来的人能在其中找到它的中心？我们这些过渡者还不得不太多地去承载那些迄今为止的东西之通常空虚无物的负担，到其中去发现那隐蔽的分量，因为**单纯地抛弃**那些传承下来的东西只会误导那些尚无准备的人们，使他们把今天之偶然性的东西当作永恒的东西保存起来，而那里也许有的只是某个尚未被克服的早先的东西的十分纤弱的分蘖而已。但是难道那个被寻找的中心与“**在……之间**”不同：与神同混乱的争执正站在这“**在……之间**”中并相互对峙着的在之间不同?

46 [32]

本质性的思考活动也需要且恰恰需要长时间的经验;而且如果通过这种经验,思考活动会变得更加本质性,那么源初的预感[?
惩罚[①]]的力量和自信才会得到发展。但是这种经验关涉的并不是 336
直接的日常事物,而是在这种思考中被思考的内容,即:侪在之真理——史学从来把握不来它的历史——必须在它所有的隐匿的过程中穿行。因此哲学的本质性内容保持对单纯的“敏锐洞察”保密。侪在之真理的历史,指的是下述形式:就像人们为自身隐匿而接受开放性一样——在此真理面前抽身而去,陷在事先给出的某种事物中而不自拔——或者甚至只相信作为实存的自己,而这种作为实存的自己又或多或少地被扩大为社会、人民以及诸如此类的东西,以便从这里出发,或者回到这里来组织布置所有的其它实存。依据最后提及的这种形式,人从存在那里完全抽身而去,他误以为,这样可以把“实存”——“现实性”和“生活”牢牢地握在手中,踩在脚下,
含在嘴里。这样,在神降临于他或者拒绝降临于他的时候,他就能 [33]
把自己置于最保险的境地;他甚至在得知这第一等的决断[对他做出的]这种摈弃之后,也安然无所损失。为了到达可能的伟大的出现之地和超越一切有用性的必要的创造活动的出现之地,他必须穿过这一摈弃。

① Ahndung(ahnden)是惩罚的意思,疑似有误。若系 Ahnung(ahnen)之误,则可翻译为“预感”,查英译,为 presentiment(预感),显然同此看法。——译者注

47

在存在之真理的历史中进行着人类、存在和众神之间的斗争——但是还有那无斗争性。依据这一斗争(Kampf)的不同的状态,世界和大地所处的争斗(Streit)类型也就不同,而实存整体上依据争斗的不同类型,开放着自己,使自己可达及,被征服,被追捧或者被抛弃。但是那看上去似乎转向去切近“生活”并且将其设置为“是人”(Menschensein)的“原则”的地方,那把单纯继续维持这种“生活”设定为最高的目的的地方,恰恰预示了那种对实存的极端抛弃的到来。

但是上述斗争的场所本身从来不会是现成在手的,它本身总是需要去努力斗争才能获得,并且在斗争之中奠基起来。

337 [34]

48

我们必须学会去认识:作为实存的基础的存在不是以实存为支撑的,而且是不能从实存这里达及存在的;还得学会去认识:同样不可能的是,单纯的意志就有能力去强迫“存在”——甚至连强迫存在的真理也不可能。为此它需要最深层的东西:做出决断(做好准备),这同时又意味着向回生长到那种承担被抛性的承担者之中去。

存在既不是ἰδέα(理念)也不是它表面上的对立面:“生活”——而是???[1][关于这个存在]我们只知道:我们步入了历

① 海德格尔原文如此。——译者注

史的这个瞬间，在其中存在之真理第一次成为**那种**艰急，甚至是唯一的艰急和完全另类的必然性的源泉——而这个瞬间，则要求我们为它的准备而做好准备——而这种准备状态又要求我们有一个本质性的转变——从“是人”（Menschensein）进入“是-達”（Da-sein），一种新的责任——不是对“我们是谁”这一问题的答复。（参见上面[30]页）。

但是所有这种事先准备，我们都当作存在自身的暗示——该暗示是需要人——默默地加以尊敬。

49 [35]

人民——今天，对我们自己和我们的历史的沉思正处于人民这个名字的重影之中。如果我们有一天能够把这个词——它并不仅造成了谈话的不准确性，而且造成了立场态度与进程上的多重分立——的所有令人棘手的多重意义放在一旁的话，以下这个问题是我们必须仔细思考的：

单单是 6500 万人类大众这个数目，作为一种可能的[人群]构型上的类型之数目，不是已经设定了一个**界限**吗？以致，在这个共属性的数量级上不可能构成人民？或者：与此相应，在**这个**数量规
模上，肯定就不会有那种合乎要求的不同寻常的、使“人民”成为人 338
民东西——就是那种**超越**，进入到承担着并且展开着人民的存在之真理中去的超越。就构型而言这个数量级几乎等于多到无法计数，在此情况下，超越就肯定不会**冗余**（Übermaß）吗？——而且，为了度量这个**冗余**并把它制成标准，从事创造的人数应该不是越多愈好，而是宁可很少——最唯一的唯一性——吗？（参见[52]页）。

[36] 可是，恰恰是这些被带到他们“自身”的无数人，连同他们的要求和尺度一起，应该被引导去认识到，不仅认可那个作为最未来者的最唯一者，而且还要共同为这些最唯一者做好准备。如果我们不想逃避做本质性的决定，那么就需要对“是人民（Volksein）”的基础条件进行认真思考——但是这种思考只不过仍然是对西方達在之基础和真理的诸种更源初的思考一种辐射而已。

当然人们不应该被这样一种基本假象所迷惑——似乎通过每个人都可以轻松把握的、对利用生物学方法培育“人民”的条件的见识，就能达到本质性的东西——然而，本性粗鄙庸常的生物学思维方式的统治恰恰拖累了对“是人民”的基础条件的认真思考。——对这种条件的认知甚至创造，要求人民在自己本身的超越上保持有冗余，以便从所有关于有用性——无论是自己的有用性，还是共同的有用性——的算计中解放出来。就像表面上这种要求是如此必要一样，这种要求根本没有触到人民的本真的達在之必然性——而且单纯地诉诸基督教教会，不仅不能把握这种必然性，而且是只会歪曲这种必然性。

具有决定性的乃是，这种大群体-非人民（Massen-Unvolk）——尤其因为他们还受到严重的外部威胁——是否经受得了，在他们的群体和阶层各不相同的情况下，向起规定作用的基本情绪（Grundstimmung）的过渡，能否从敬畏和意愿出发，成长到为超越日常事物而做准备中——；这种超越既不去到彼岸，也不停留在此岸——而是打开一个进入俦在——作为据有之发生（Er-eigniss）的
339 俦在——之真理的攀登阶梯——在这个发生中将决定，最后之神是降临还是缺席。这个决定将是一个漫长的历史，而且将会把人民震回到他们的基础和无底深渊中去。

每个人都必须去赤诚地经验这个艰急，经受它的考验，并且要让和他在一起的其他的所有人都能去经验它。对这种离弃存在之状态的艰急的认可，首要的就是解放，因为，这一艰急已经接近了从事拯救者的最遥远之处。但是这个拯救并不意味着，拉到一旁，加以安慰——而是意味着，在对实存的从事改造的复归中的进行占为己有的据有活动（Er-eignung）。

但是多么漫长啊，这种坚持忍耐，以便获得在俗在面前的谦卑之冗余（Übermaß），而且是在为了外在的持存而毫无限制地疯狂追求对实存的单纯设立布置之中去赢得这个冗余。 [38]

多么错误啊，这个算计：首先想为外在的持存提供安全保障，以便然后——也许——再去弥补其它的东西。

因为啊，为俗在之真理而进行的战斗和奠基是唯一本质性的东西，尽管它“只是”为了——把它的伟大交付给过渡。

50

今天的西方世界是一个处于对现成在手之物进行“全面动员”的世界——人类的所有的存在（力量）都投入其中：这种动员茫无目的毫无顾忌地从一个进步奔向另一个进步，自己陷入其中不能自拔；造成这种状态的最深刻的基础，就是对存在的遗弃（Seinsverlassenheit），就是任俗在（Seyn）之真理从旁走过［而置之不理］。但是这种状态早在第一次开端之初已经埋下了隐患：这个开端首先把实存本身给抬高到经验（知识与学科配套［Gestaltung］）之中。

这种行为的结果中就出现了“文化”。文化分类之后衰变为那种“总动员”算计之中的“文化政治”。 340 [39]

51

真正的诗人——荷尔德林——孤独地站在那里；如果他如今甚至在“文化政治”的“行列”中被塑造成符合时代要求的东西，而我们却没有去思考：诗人们现在是干什么的——；那么荷尔德林还将被更加向后排挤，进到更加孤独的状态之中。因此，在他的著作中最富预感的是：诗人的吟诵（die Dichtung des Dichters）。但是假如不是同时从基础出发对遗弃存在之状态的艰急有体验的话，有谁能品评这些呢？

如果我们不是从这最深刻的基础出发，变成对它的克服的奠基者的话，将会怎么样？ 如果我们不是经常并且有足够的信心，去完成下述两件事：迈出在直接的困境的摆脱中的最源初的一步和最开始的一步的话，［情况又将如何］？

52

哲学之中对本质性问题——它在其唯一性中应该有能力和资格去奠基思维的一种新的历史——的初始性追问的缺乏已经有多长时间了？而一切都只是在对从事承载的问题的越来越严重的遗忘的影响之下，对已为开端性的答案进行的某种修正（das Zurechtrücken）。

[40] 53

为什么现在不再允许任何东西坚持于自身之中、坚持于它自己的本质之中？为什么所有的东西都必须被吹捧为、伪装成“文化”，至少要被解释为一种“文化因素”呢？这到底是在干什么？躲避事物本质的本征权重（Eigengewicht），回避自己属于该本质的这一必然性，却到制作伎俩中麻醉自己。

我们对地球的摧毁到了何种程度，在表面上看来对“技术”的被稳定操控下获得的巨大成就的背后，隐藏着什么样的混乱，我们到底知道多少？

回过来——实存为了升级超越，要求什么样超强力量 341
（Übermaß），才能驯服、掌控住制造伎俩和它释放出的麻醉力量，将其纳入到存在之真理之中？

54

制作伎俩自身根本没有目的设定之能力，但是今天的人们自欺欺人地认为，向前狂奔到制作伎俩中就是强大，就是有力量，就是对“生活（生命）”的掌控。一种下行的最短的道路的行进过程要求一种在本质上更高的，甚至是从事创造的力量，人们可能对此知之 [41]
甚少——因为只有出自面对存在之本质的坚忍（verhaltenen）谦卑，出自到存在自身的秘密中去的决断，才能坚持这条道路。

如果我们将反神性（Widergöttliche）的东西的加以神化和迷信话，神的示意怎么能与我们这些期待者相遇呢？但是如果神没有显现的话，我们又如何能从这种追求中解脱出来呢？二者——神与混乱——必须得到显现，必须有突破，以使这种下行可以发生，而之前这种显现的活动空间必须赢得它那开放性（Offenheit）之独一无二的广度和深度——也就是说，之前必须经验到存在之真理，并且对存在之真理的经验以及做好了充分的准备一直保持清醒——我们必须步入专属神和混乱的在……之间的独一无二的艰急之中——必须开辟和奠基该活动空间——这样那种在人类历史上能够完成的最艰巨的任务才会交付给我们。

[42] 但是那种在……之间就是作为存在——作为本有事件——之活生生的本现活动(Wesung)的真理。

因为,当谈论对实存的超越活动(Übersteigung)的时候,我们总是想起"超越者"(Transzendenz),而这总是把对作为现成在手之物的实存的经验设为前提,而"超越者"总是意味着从属于它的"神性"的实存。

342 然而对实存的超越(Übersteigung)总是意味向存在之真理的跃进——但是神如此鲜有当下是(ist)[下述事实],或者总是对其加以隐匿:恰恰存在之活生生的本质活动首先必须成为神之缺席或者降临的决断之所,并且必须长期保持如此。超越总是意味着摆脱(Hinwegkommen)固定僵化了的人类实体(Menschenwesen),这种人类实体,在没有把自身交给过任何本质转变的情况下,就把其目的"主动"(sich)与"躯体"缝制到一起。这恰恰发生在谈论"奉献"最多最响的地方,而在那里,奉献只是一种终极保险之及时的担保而已。

55

我们在哪里可以最真切地认识到,"思维活动"在今日之混乱和追问之无能?就在人们在意见纷纭中到处乱撞中,并且由此还形成了一种游戏:

人们到处传授一种最为粗糙的柏拉图主义("理念",价值),并且同时还传授那种所谓的"生活体验"(Erleben)和"生存"

(Existenz)——也就是，不是用尼采的思想，而是用尼采的用语，根据需要给时代打气，使其振奋。而在这些地方，尼采恰恰是柏拉图主义的反对者。由于尼采自己也未能成功地克服柏拉图主义，所以，这样一种混合的“思维”也许是可以谅解的。但是人们必须认识到这一点，并且认识到，从什么视角中看，这场斗争是没有赢家的，以及其原因是什么。为了认识到这一点，人们必须把握到，为什么尼采本人仍然属于柏拉图主义［的(des)］历史：因为在基础问题上，尼采未能走出那已经流行了极长时间的追问实存的指导路线。如果想要否定一切的哲学的人，不满足于仅仅尝试用这种方式从旁帮助那没有根基的假象哲学的话，与那“政治上”毫无瑕疵的哲学的自吹自擂的丑行相比，这些还是要更加真诚。但是，他们毕竟属于同一群体。今天而且长期以来，由于没有思想的空间和氛
围，任何一个思维步骤都受到了这种情势的损害，所以，所有的这 [44]
类追问都一定要弄清楚它所面对的哲学状况，以便不要误入歧途，343
让这类东西变成论辩讨论的对手。

56

德国人**还在寻找**他的目的。——他还真的在寻找吗？为什么这么问？因为，如果他**过去**真地**寻找过**的话，他早就找到了，因为，他的目的就是**寻找活动**本身。只有那精于计算者和追求有用性的人才会认为，这样便把无尽的无目的性当成了目的。然而假如这种寻找行动真成了**持续地坚持于**自身隐匿的切近之处(In-der-Nähe-sein)的话——所有的光顾于我们的急难、所有的激动着我们的欢呼，都是从这种“自身隐匿”之中出来——，那又当如何？如果我们最终

达到了这种持续的坚持性，并且不再总是反复被表面的从事肯定(bejahende)的立场所摧毁的话呢。

在哪里可以找到能将此做成德国人達在整合(Fuge)之最内在
[45] 的规则？ 俆在把我们当作寻找者来使用，思想者把俆在之真理抬举到已经奠基了的认知活动之中，将其嵌入到素朴简单的词语之中，这样的思想者何时到来？这种即将到来者创造着未来，而它的伟大则在于，保持作未来之事(die Zukünftigen)。

寻找活动作为目的——当然是最高级的意义上的寻找活动，是对俆在之真理的寻找活动。但是这样人类并不是把自己做成了某种目的，而是把他的那种作为達-在的本质的基础情调做成了目的，尽管这种基础情调确实把人带到自己本身(selbst)，但是恰恰也在这种自身性(Selbstheit)中把他带到了为混乱和神的“在……之间”之中。

但是为什么人必须要有目的呢？目的设定的必然性之基础在哪里呢？在于，人从根本上就是寻找者吗？这能算作答案吗？

能——因为这里宣示了转向——这样，如果他真实地坚定不渝地是(ist)个寻找者的话，人就属于这个转向，而这就意味着，他被作为俆在自身的活生生的本质过程的本有事件(Ereignis)所据有
344 (er-eignet)。这里我们预感到，恰恰“目的”以及“目的性的东西”
[46] 不是，且过去也从未是过最高级的东西，而总是事物的表面——当然这在源初的意义上是：这种表面上的前脸儿之事变成了“在……之间”的无底空渊(Abgrund)，在其中心，自身隐匿着并“显现着”被我们称之为神之提示(Wink)的东西和被称之为混乱的涌动冲击的东西。但是这些东西从来不可能降级为一种目的。目的恰恰是——在最深刻和最广泛的意义上——失目的-性(Ziel-losigkeit)的瞬间之场所(Augenblickstätte)之所在，是隐匿最深的无法算计

的不可逆转之事的瞬间之场所(Augenblickstätte)之所在。

目的奠基之转向(参见[55]页)可被简短地做如下把握:由于
人就是寻找者(参见[30]页),所以,目的是必须的。由于存在目
的的必然性,因此,**寻找活动**就是最高的目的。这是一种古怪的思
维方式,而且对于那种只用语词思维而不是在此过程中实施向伢在
之活生生的本质过程——向(本有事件)之转向中跳跃之人来说,这
是一种陌生的思维方式。这种思维总是要重新获知:伢在需要使用
人的逹-在,并且因**此**伢在之真理就恰恰并**非**(nicht)由人制作的。
在这个“非”(Nicht)中,活生生地存在着转向之事的反击以及下述
指示:这既不是进行算计的思维活动,也不是概念的“辩证法”可以 [47]
办到的事情。前者之所以不能,就是因为,从事算计的思维活动只
来回运动于作为手头现成之物的“实存”之中;而后者之所以不能,
则因为对于概念的“辩证法”来说,关键性的只是去建立矛盾对立
之**统一性**,将其作为一种被表象以及可被表象的东西,而且是把理
念当作真理,而不是把对被据-有了的(er-eignet)自身隐匿之公开
性当作真理。

57

哪里还存在(ist)**伟大**?是出自那从事联接的神显(Verklärung)
之力量的本质性事物之朴质单一性?我所能看到的仅有庞大,而这
个庞大从来不曾微小过:不曾是与伟大保持着关联的微小者;庞然
大物总是自以为它自己就是伟大,而实际它却摧毁着成为伟大的所
有可能性。(参见[106]页)。 345

面对伟大与庞大之间的裂隙,人类大众的眼睛是全盲的;从这

种人类大众中还能生成出什么东西？如果浮夸把所有的东西都拖入无差别性之中——庞大和侏儒于其中都一样空虚无物——且无处不在的话，那先知(Seher)又能如何呢？这个平台(Platte)以后还在何处去维护空间——在此空间中从事神显的拔高和从事拒绝的坠落
[48] 就是决断活动的定向极(Richtpole)——的测量呢？

58

缺失精神之伟大诱拐者(Verführer)——于是平庸者就愈来愈多。其中最认真，尤其最精明的一个就是比如神学家瓜尔蒂尼(Guardini)[①]。他以诗人和思想家的伟大形式把精神的所有可能性都演绎了一遍，从来不曾乏味，从来不曾是粗糙的天主教式的——总是用今天思维和言说的一切手段，与"真理"进行现代的"扭斗"。但是从来没见过[他]敢于去触及本质性的问题，更不用说去捕获迄今为止未曾提出过的问题——；有的总是已经固化了的对回答的占有：这些回答只是为了满足那些逃避所有提问意愿而重新进行辩护的需要。在思维懒惰和疲劳平均化中有"创造性事物"的假象，而且这一切就其形式而言，都只是对第一个基督教百年的教父们和护教士"实践过的事情"的某种非常巧妙的模仿。但是现在的"精神生活"是如此的无方向、无标准，以致在这类文章作品中
[49] (Schriftstellerei)不仅能找到他的满足者，甚至将其视为超越了前
346 贤的东西。

① [Romano Guardini(1885-1968)上个世纪20年代在Breslau大学和柏林大学教授"天主教世界观"。1939年被迫退休。他出版的著作中包括了研究荷尔德林(1939)和里尔克(1941)的著作。]

59

荷尔德林——如果我们能够使他完全摆脱今天的事务，以使他的本质性著作的**断片**得到评估和挽救，[那该多好]。把那些著作这样当作断片来体验，是要求一种最为强大的力量；因为这并不意味着，让我们去清理那些是未完成的篇章，去确定哪些是中断的残片，藉此确定其为“否定性的东西”——相反，我们认为，断片是最强大的冲击和努力，以**开进**(einzubrechen)一个——西方尚且完全没有预感到的——全新的领域，并且按照本质性的区域划分对此领域加以**拆分开发**(aufzubrechen)，并进而将其**先行算作**(vorzubrechen)第一个本质性形象。这些著作并非未完成的篇章——而是最高级的作品，是能够到达俘在之真理的创造活动的最深邃处的东西。巨大僵化和丧失性的残片，以及**压碎活动**的片段，表面看来这压碎活动又处在软弱无力的**词语**中。为了向他的最隐匿的真理解放诗人的作品，这里必不可少的会是什么样的重新学习呀。这是对所有迄今为止的东西和误以为得到保险的东西做了什么 [50] 样的牺牲呀。这是对十分难以消除的与其诗人的比较和比较形式何等的放弃呀。能使得那必不可少的同志能够预感到最未来之事的启动的力量是什么样的力量呀。可以使得作品中表面上看来十分罕见稀有的[片段]能够成为最丰富的财富之源泉，并开始喷涌的意志是一种什么意志呀。

60

如果在**哲学这里**那不可避免的另外开端想要获得成功的话，思想性追问就必须敢于同最简单的东西进行最艰难的争论辨析并且坚持下去。今天十分容易进行的关于包罗万象的“文化哲学”的表面上的思想财富的讨论，只不过是对追问的软弱无力的遮掩。然而，
347 为了使得我们的第三代人对于伟大追问的朴质单一性至少有所准备，使他们有持久的勇气坚持于其中，能挺过所有的徒劳和失败，我们应该建立什么样的教育，[才能使他们]面对语词的严肃有所准备，以便重新对哪怕是最小的思想步骤负起责任，对于真正的相互倾听做好准备，远离一切无所不知的浮躁草率。我们今天就必须悄悄地开始对于这种思想家的培养教育。而我的教学活动无非就是这种悄悄的行动，以便把他们导向简单素朴之事和持久之事。

谁要是想要在这里做准备工作，他就必须认识到，也许首先要通过很长的迂回道路，然后才能进入到甚至已经无法辨识其来源的单个的推动的影响之中。但是当汇编迄今为止的学术观点于一炉之风在所有学术领域正日益红火，当这种空虚的搜罗的技巧日益娴熟，而与此同时这类活动的釜底抽薪者以及对空虚的眼力的可靠性却日益减退之际，他们应该怎么办呢？尽管如此，再加一个尽管如此，他们却恰恰必须成为那种简单质朴东西的不可穷尽性的听从者。

但是什么是那种不容忍任何迷惘和任何纠葛混乱的最简单质朴的东西呢？那就是：存在之本质需要人类——但是在对这一关涉(Bezug)的上下求索的过程中，存在的活生生的本质进程首先是作为“本有事件的发生”自身得到规定，作为达-在的“为-人”
[52] (Mensch-sein)自身得到规定。

但是我们是在其最本己的财富中展示简单质朴者的，如果我们总是有能力更简明地说出它的本质的话。简单质朴者的最为灾难性的，并且总是容易被干涉的表面现象，就是空虚(Leere)。那规避

简单质朴者的阴险狡诈的刺激表面看上去是真正的要求：要“考虑照顾到”各个方面。

脊在与達在的关涉(Bezug)——此关涉就是本有事件的脊在的本质活动——在攀回到关于众神的决断之瞬间的处所这种形式中，自身包含着对只是“实存”的超越之最高级的冗余。(参见[35]页)。

61 348

只要一种哲学达到了对脊在之本质活动的追问——而且只有如此它才在未来能配得起哲学这个合法的名号——该哲学就一定必然地会针对(gegen)它的那个时代去进行思考。而如果有哲学所不是的、而且从来不可能是的东西，那就是：在思想(Gedanken)中把握它的时代(Zeit)的“表达”。

但是针对着(gegen)它的时代的那种必然的对手性 [53] (Gegnerschaft)也绝不可能庇护下述哲学：它在其时代面前只是紧抓住以前的东西和迄今为止的东西，迷惑且瘫痪了对未来进行构型的意志，以便把已经没有任何创造性的传承的负担当作标准压在意志的身上。

哲学的针对其时代的对手性并非源于什么缺陷和其时代(Zeitalter)的不良状态，而是来自于哲学的本质，而且在未来中意愿于该时代中赢得的构型和方向的越直接、越纯真，这种本质就越加必不可少(genötigter)。因为，总还是有本质性地对脊在之真理的苦思冥想(Erdenken)超前涌出(vorausgesprungen)，而且是对实存的建立、拯救和复兴(Wiederbringung)——所有直接的创造和劳作——等方面的脊在的思考。因此——假如(gesetzt)哲学从来不在“政治上”被评估，不管是在肯定的意义上还是在否定的意义上——哲学仍能够是上述这种哲学。一种“国家社会主义的哲学”既不是一种“哲学”，也不能服务于“国家社会主义”——而只能是作为一种令人厌恶的无所不知的炫耀而跟在这种主义后面乱跑——这种举止态度就已经足以证明它根本无能力成为哲学。

说一种哲学是“国家社会主义的”，或者说它不是“国家社会主义的”，就与下述的命题同类：一个三角形是勇敢的，或者，一个三角形是不勇敢的——也就是胆怯的。

349 62

任何**过渡性**的、实施过渡的**思想者**都必然处于对他来说是本己的两可性（Zweideutigkeit）的模糊性（Zwielicht）之中。一切都显得可以置回到过去的东西之中，而且从中可以达及一切，同时一切又是对过去之事的排斥（Abstoßen），并且是为了显得缺乏未来的东西而进行未来之事的任意的设定（Setzen）。没有任何地方“安置得了他”，但是这种无家可归状态就是他的于pro在之隐匿的历史中的不可把握的草根性（Bodenständigkeit，接地气性）。

63

尼采的《查拉图斯特拉如是说》是一种呼喊，也许是在喊叫——
向着㑗在之寂静？ 而这，是因为此处过渡已经上路了——其桥拱特
[55] 殊的柱石隐不显，因此，桥拱的摆动才牵动着它的轨迹更加摇摆。

64

在另外一个开端思维活动并不是作为某个“理念”的代现

(Vorstellung)的目的-设定(Ziel-setzung)——而是**目的-奠基**(Ziel-gründung),即那个跳入到寻觅求索的必然性基础之中的跳入;这个无底深渊性的基础(dieser abgründige Grund)就是侪在自身,这个基础就是把達-在之守护者的资格据为己有(er-eignet)并且这样就使得人成为了侪在的寻觅求索者。(参见[46]页)。目的奠基是**发现物之**(*des* Fundes)设定,也就是发现物的接收。在这里,目的并没作为“典型理想”(Ideal)站在人的面前和人的上面,而是站在人的背后和下面,作为从事奠基的基础和实施。(参见[65]页)。

65 350

创造活动的伟大时代既没有去追求“文化政治”,也没有把对“遗产”和种族上的基础根据的沉思做成一种“世界观”。这一切都只是追求批量生产的“主观主义”(Subjektivismus),都是cogito, [56]
ergo sum(我思,故我在)的最后的残留(Ausläufer),是创造上软弱无力的拙劣掩饰,而且首先是——并且这一直是它的唯一的本质性的东西,因为,它对未来进行把握——对任何伟大的决断的可能性的**阻挡和埋葬**:决断我们是否还能在本质中把握到真理,我们这里与侪在的关涉是否还有可能成为艰急的。

66

在这里,在我选定的定居地上进行我的工作的时间越长——无论好坏,——我就变得愈加清楚:我**不**属于也**不可能**属于莱茵河上游的那些纠结较真、又无建树的阿雷曼人[①]。我的故乡，我的母亲的村庄和农舍，整个被各种空气充溢回荡着、到处涌流着荷尔德林的清泉，完全具有黑格尔概念的那种坚硬性、穿透性和深渊性，被谢林的那种勇往直前、遥遥领先的“思辨”狂飙所掌控——与骗人的
[57] 力量秀（Kraftmeierei）——这种秀正在这块土地上寻找机会制造喧嚣噪音——毫无关系。如果他们认为自己是真正的“阿雷曼人”，并且宣布要脱离“施瓦本[②]”的话，对他们来说，这是最合适不过的选择。

但是——除了分派到从属于宗族和氏族之外——留下来的唯一具有决定性的是，一个人是否有这样的从属性，也就是说，他是否不仅“代表了”宗族的著名特征，而且他还通过他的作为和业绩——这些作为和业绩使一切关于对宗族的从属性的议论（包括进行解读领会的议论）成为了多余——去承担他尚未展开的任务以及新的可能性。

351 67

与时代的渺小和相应的吹牛成性相应的是以为，通过对过去之事吹毛求疵的“回想沉思”（Rückbesinnung），就可以把一个终老于关于过去的理念中的东西——一种“文化”——的开端，置于

---

① Alemane（阿雷曼人）和萨克森、伦巴第、法兰克等人一样，是日耳曼人的一支，居住在莱茵河上游，主要是今天瑞士一带，在德国境内的巴登地区及以南一带也有居住，并不直接含有贬义。在民俗文本中，阿雷曼人一般可能会指瑞士人生性狭隘的小气。Alemannerei 则直接带有贬义。——译者注

② 施瓦本地区是德国南部的与海德格尔故乡巴登比邻的方言区。黑格尔、谢林和荷尔德林都是这个方言区的人。该地区的人素以勤劳、精明、节俭、有创造性著称。但是节俭有时也被批评为吝啬。——译者注

"生物学的"基础之上，而不是去实际上勇敢进入到未来性之中，设
定实际的决断——也就是说，接收布尔什维主义的无神性，以及基
督教的衰亡，将其作为伟大的征兆：我们的确实际上并且自知是已 [58]
经进入到了"对存在的离弃"之时代。[不敢如此]取而代之的是，
一切都活动于某种巨大的欺骗性之中：一会儿以"基督教"的名义
咒骂布尔什维主义，一会儿又要借用一些学说的帮助去克服基督
教——这些从来就没有达到过应该在该领域中做出决断的那个区
域——种族只能是一个人民的条件，但是从来不可能是一个人民的
绝对条件与本质性内容。

68

所有的本质性的决断都被回避了，清楚地看到这一点的人是太
少了；与此相应的是：人们以某种从未有的不负责任，谈论本质性
的东西。一个已经在舆论上为宣传自己的"伟大"上而给自己提供
了担保的时代，一个这样的时代能够是"伟大的"吗？去当那些彻
彻底底的堕落颓废的大众之"精英"，到底意味着什么？要证明，为
了自身感觉"更好"而去向基督教做那种被捧热了的，但又如此胆
怯的忏悔，到底有多容易？ [59]

这个时代没有任何地方是伟大的——但是隐匿起来的事情的发
生是如此莫名的阴森恐怖(unheimlich)和独特，该时代必须用制造
伎俩来适应顺从(sich fügen)这个发生。伟大者就在这种隐匿不显
之中——一种历史逼近它的终结，而且过渡要求有桥梁。撑起桥拱
的第一根拱柱必须是从纵深处耸起的沉思，必须是对存在的离弃性 352
的真实急难的沉思——在简单朴质而且保持沉默中，这种沉思必须

坚持被无情地深深夯入其全新的基础——伃在之真理——之中，并且要承受住洪流冲起的所有淤泥的泛滥冲击——并且做好牺牲的准备，为首先期望通过真实认知和财富的进行净化的气流引导桥拱轨迹并到另一个开端那里去者做准备。如果这种未来之事被咒骂为人民的背叛者和不可信赖者，那只说明，它是处于今天的只会制造噪音的无决断性的“秩序”之中。

[60] 只有对历史性瞬间的隐匿不显、莫名的阴森恐怖的伟大的认知，才会赋予力量，使得可以长时间地承受这种独特的东西，而且从来不会把对今日之事的“批判”——[尽管]对于沉思来说它是如此之必要——视为有多重要。这里关键的是：看到：今天从真实发生的事情旁边匆匆狂奔而过，而没有看到——也就是说，出于对完全另类的——将来的事情——的认知的安全性考虑——要有充分的耐心，从他自己的方面去尝试必然之事。任何种类的“反对派情绪”和姿态都会马上沉沉降到各种习惯的底层——也就是说，它恰恰阻碍了，对真正的迷误——它远远超过了今天之事的一切制造伎俩，不管它是可以带来用处的还是只起腐蚀作用的——的把握，因为，对那种迷误的沉思也要求风雅高贵以及思想气质(Gesinnung)的未来性。

所以，关于什么是存在之迷误，此迷误如何属于存在的本质活动，以及为什么只能从源初性——此源初性是伃在之真理的任何持久稳定所要求的——出发才能经历到它，等等，想让习惯性的看法

[61] 和价值评估弄清楚这些，总是徒劳的。

这个迷误的认知和称谓不被所有的挑剔非难、闹心扫兴、抑郁沮丧以及任何抱怨苦恼所触及。为了从对实存的过去的说明的表象区域出发来说明白此事，[我们可以说]：他必须是一尊神，以便认

知，谁是魔鬼。 353

69

同样者（Das Selbe）—— 群众总是需要那些从来-尚未-有过的东西，以便不断更新他们的不断逝去的“亲历”。他们总是用“没什么新鲜的”这类评语将那些事置于一旁不予理睬，因此，对于普通的理解力来说，一切都是“没什么新鲜”的同样者。

然而同样者——在其总是源初的本质性中的简单朴质性——是从事创造活动者们应对其负有责任的秘密。

70

一个“哲学教授”要当哲学家，也许是一件最困难的事情。如果一个人是这种形态上的思想家，那他最好是隐姓埋名；因为，否则人们会把他当作“教授” [62]

71

Fragwürdige（值得追问的[①]）东西本质上与 das Fragliche（成问题、靠不住的东西）完全不同。后者包涵了不确定性：摇摆不定。而前者则唤醒了钦佩好奇，并在这类结合力量中把持续性与伟大结合在一起并且加以加固加强。Fraglich（有问题）是所有的东西都可能的事情，而 frag-würdig（值得追问、配追问）的东西是十分稀有，

---

① 德文原义是“可疑，有问题”的意思。但是该词的后半部分 würdig 是“值得尊重，令人赞赏”的意思。——译者注

只有本质性的东西才配。

Das Fragwürdige（值得追问的）东西同时赋予追问活动以进一步展开发展到独特的认知的等级。而Das Fragliche（成问题的东西）经历到的是一个人已经为自己加了保险的那种流行的追问方式。

72

现在在哲学这一名号之下——但是不再是“在”这一名号“之中”——所追求的东西，是已经固定下来的学科的框架之内的流传
354 下来的学术观点的变种（Abwandeln）—— 但是却是联系到今天的需求，而这就是其中的所谓“新的”，与此同时也就是那已经老去过时的东西。

无处[能找到]来自哲学最本己的必然性及其开端的突破，而无处[能发现]对艰急的预感：在此艰急中思维首先必须要后退一
[63] 步，以便来接受最深邃的冲击，并藉此才能为另外的开端去规定其出发的源初状态。

当下需要的不是“体系”，更不是延伸到什么用其范围的广博的、佯装出来的、廉价的整体概括，这里将要有的是源初性的被追问。（参见[144]页及以下[①]）。

如果假定我们只有那为未来之追问的开端性途径[而设的]最邻近的路标，以及服务于此的关于这一途径的必然的“先驱性”之认知的话[该多好啊]!

只有路标，藉助那于路标处做出决断的安排，燃起思想活动自

① 即152节对哲学的进一步规定。——译者注

己的运动。

我们只需知道，什么一定走到了终点，什么一定是过渡，另外的开端必须是什么样子的。这种认知本身就应该是哲学，然而却不是什么我们时代的哲学，而是那种已经超越了我们的时代的，但是又对此影响并无知觉，且无可能知觉的哲学。

但是这种哲学的形式就一定会非常纷纭多歧（vielspältig）且独一无二。也许这种哲学的要求是超人的（übermenschlich）——恰恰也由于此，它必须不去理会同时代的有效的和受尊重的以及人们所希求的东西，不去碰触这些东西，这样做恰恰是为了在将来能够发生影响。——

然而我们被分派的更加超前的任务是，唤醒对已经走到终结的东西、作为曾经是过的、还在起作用（west）的东西的回忆，但不是使它们以某种方式再次成为标准，而是为了给从事创造的克服活动做好准备。而在这个方向上，唯一必须做的就是：改变哲学教育的方向，不允许让哲学教育受到流行的日常需要的任何影响，以致分散注意。但是有多少人能在这个任务中坚持下去，而且不在他们自己的作为中最终还是堕落为目的自身（Selbstzweck）因而丧失了未来。

那个人在哪儿：那个完全只是从哲学的最内在的必然性出发去思考和追问，并藉此使我们可以聆听他并且能够参与到他的谈话中的那个人在哪儿？所有的一切都死寂无声。鼓噪不停的只在表面上是死对头，从根子上却是相互协调合作的一对兄弟。一方面是不值得一提的那些人，他们顽固地坚持过去的东西，并用这些将哲学做成一种学院式的繁琐学问，表面上看好似优于“人民哲学”的陈腐。 [65]
另一方面是那些面对哲学的本质同样天真无知的人们，他们让哲学屈尊去为“人民”“服务”，把哲学做成为从迄今为止的哲学资源中借来的内容与政治空话的混合物，以显示自己举手投足都符合时代的要求。这些人企望自己获得有效性，而且他们早就知道，为此应该“做”些什么。就这一点而言，这两类人是没有任何差别的。

在维护自身，反对把这种“立场”的脆弱的基础曝光这一点上，这两类人倒是一致的，甚至连对这种“立场”进行“讨论”的兴趣都没有。

如果思维活动的任何一种源初性和任何的严肃性都消失了，而如今写书如此粗制滥造，毫无节制，为前所未有，在此种情况下，有谁还能对什么东西去惊叹好奇呢。

一切都没有了目的——并不是因为没有任何东西被设定，而是来自于更深刻的基础：由于**目的的奠基**不再作为必然性而被亲自经历了。(参见[55]页)。

[66] 73

我们总是很难完全地并且不断更新地适应[①]与所有习俗的分裂。一方面，习俗为真正的、急需的行动和业绩创造了庇护所，但是另一方面它会让一切都成为“习惯性的东西”，从它们身上拿走源初的力量——除非是我们把我们的達在奠基于源泉那里了，即总

356 是保持在非-习惯性之事之中。

能够亲历和赢得这二者(即从事呵护活动的习惯性的善意，和来自非习惯之事的对习惯之事的统治)并把二者接合一起，是一种

---

① 原文是“gewachsen sind”(长大)，但是中文总觉得不顺，因此译为“适应”。——译者注

“幸运”——但是与此同时，就像荷尔德林早就知道的，它比“不幸”更难承担。

处于被遗弃于实存处的被遗弃性中的本质（Wesen）之上有什么东西比实存更加习常吗？在此本质那里，因此有什么比脊在本身更加不寻常吗？

所有这一切困难之事都必须不断地通过我们而被转变为进入不寻常之事的起始的推动和持续的推动。这种困难之事就是为神的 [67]
切近和遥远而准备的空间。

74

一旦事情进行到，最本己的工作都到了提交“学位论文”（Dissertationen）**的程度**，那么此时就到了关键的时间点：由于，很长时间以来，从未有过对此进行过把握的活动，尤其是从未有要去把握的意志。这个时刻的到来是必然的。

75

哲学与伟大的艺术作品的区别就在于，属于哲学的本质和为哲学准备的诗之本质都是：在两代人或者三代人**之后**才会被理解把握。谁要是刻意追求当代同仁的理解，那他就是把自己做成了**史学性的**，也就是某种过去了的东西，然而在那里他却又一定完全可以是**历史性的**——也就是，未来性的。

76

技术既不是“形而上学上的”——在脊在的真理和非真理之

357 中——被把握，也没有藉此而被掌控：即人们未将技术作为人生达在的"整体"的规定而设置起来。技术之所以必须变成这样，全取决于它的本质——但人们如何去经受这些呢？ 通过单纯的认可
[68] 吗？不——这样我们虽然可以避免成为错误的只会向后追思的浪漫派——但是却不能为目的之设定赢得展望（Ausblick）——尤其是当我们没有严肃地对待下述可能性：通过技术性本身的《全面的动员》（totale Mobilmachung）[①] 把一切都挤压向它的终结，特别是，当对这种发生出现之可能的超越之源泉从来没有被开启过的时候。为了使得开启成为可能，我们必须在历史的沉思中向回走非常遥远的路——达到 τέχνη（技艺），ἀλήθεια（真理、去蔽）和 οὐσία（实体）的关联。

只有从对伃在和它的真理之追问出发，才会在我们面前出现讨论辩论技术的空间——目前我们只是在对它们的平复安慰或者简单的笺注之中运动。为了在这里让正确的沉思运转起来并且使它获得权势影响，我们的思考在形而上学上还是太短浅。

77

技术作为制造伎俩飘荡于人们对存在的离弃性中，它在自己的无底空渊中继续向前滚动着，表面上还得到"自然"的支撑和验证，它只能够，如果它根本上还能够的话，受到来自"本有事件"的掌控（übermächtigt werden）。

---

① [Ernst Jünger: Die totale Mobilmachung. In: Krieg und Krieger. Hrsg. Von Ernst Jünger. Junker und Dünnhaupt Verlag: Berlin 1930,S.9–30.]（荣格：《全面的动员》，载《战争与战士》，荣格主编，柏林，1930 年，第 9–30 页）

本有事件更加源初，因为它比任何的“宗教”都更加初始 [69]
(anfänglicher)——伫在之真理的发生——作为对人类的完全另类的提升，作为无底空渊性的另类开启。

78　358

我关于“史学性”的讲课和“解读”都是**历史性的**沉思，不是对过去之事的史学性的观察研究。(参见现在 37-38 冬季学期讲稿，第 12 页[1])。

历史性的沉思让发生过程得到本真地体验——也就是在它的**开端上的未来性**中得到亲历。因此，总是来自从事创造的思维之历史性沉思，必须随时要为那曾经是的东西**完成事先-给出**(Vor-gabe)**之任务**，也就是说，指出其中的更加源初之事；并且因此使得这种沉思总是在史学上是错误的，但在历史上却是真的。对于那些只知道计较小事情的算计者来说，能对柏拉图和康德等等无所不知，就已经是令人满意的结果了。他们不知道如何敬畏伟大者，不知道，只有通过敬畏，我们自己才能为走向伟大做好准备。历史性的沉思之历史性的真理并不在于，对于过去之事本身的正确的描述，而在于，那曾经之事[2]——即便它是而且恰恰是胁迫性而且**无法**掌控的曾经之事中的未来之事——得以在它自己的进行事先把握、但是无法解脱的权力的掌控之中直接显现出来，也就是说，对我们而言，这是我们的任务，但是这却永远不应成为某种清算活动的对象。

---

① [Heidegger: Grundfragen der Philosophie. Ausgewählte »Probleme« der »Logik«. GA 45. A.a.O., S.39ff.] (海德格尔：《哲学的基本问题——“逻辑学”的“问题”选讲》，《海德格尔全集》第 45 卷，同上，第 39 页及以下。)

② 即对当下生活有着直接影响和意义的曾经之事。——译者注

但是有少数几个人必定会姗姗来迟。他们了解，历史性的沉思对于我们这些过渡者来说意味着什么。

历史性的沉思就是对史学和历史主义的克服，但是并不是向无时间性的事物和向被误解的“永恒事物”的可耻的逃避；在这类东西之下，有些人“想到”的只是单纯的无休无尽的持续，另一些人则“理解”为，单纯静止的、已经完结之事本身(an sich)。

与历史的这种不充分的(因为是外在的)关联(Bezug)——以这种关联在今天的历史学(这种历史学的结果就是历史主义)中发展出来的样子——不会通过逃出历史而被克服，而是只有通过源初性的跳跃到历史的发生出现[之中]才能被克服。

诚然——历史性的沉思需要最高级的严格性(Strenge)，但它远远落后于历史学的“精确性”，因为这种精确性只与科学认知形
[71] 式和由从此处得到规定的内容相关。

但是，历史性的沉思自认(sich ausnehmen)比历史学上的观察跨出了很大的一步。这是必然的——然而，为了超过“史学性的东西”且不要并永远不丢失历史性的东西，更加必不可少的是，持之以恒和高瞻远瞩。因此，如果历史性的沉思直接与史学的研究“进行交锋”，那会是一种错乱而且会使得一切都被腐蚀的做法，因而这种交锋会自然显得十分软弱无力，尤其显得十分“粗暴”(gewaltsam)。所有这一切都表明了思考中的一种完全的业余性(Unerzogenheit)，一种在追问层次的区分上以及在标准的坚持上的深层的无能。

因此与对历史性沉思的这类误认的斗争(Auseinandersetzung)是毫无意义的，首先是，这样做就放弃了(Aufgeben)自己本来的层次。

学生对老师的理解总只是史学性的，对于学生们来说，老师就

是还有当下意义的东西；但是这些学生**他们**要追随的，还有老师的那些已经正在消逝者和已经过去者。为了**历史地**把握领会老师，他必须首先“**不是**学生”。当然，“不是学生”还意味着，他们从来没有经过学派的培养，而且他们那里甚至缺乏把“老师”讲过的东西只进行“历史学上”的理解的前提。

真正的“不是学生”者，他**不仅**要不是学生，而且他自己要——**从自己本身里**——重新成了本质性的老师。但是这种人实在罕见。因此，一种哲学**最早**也要在它诞生百年**之后**才会被创造性地把握。我们德国人刚刚开始，为理解把握莱布尼茨做着准备。在这中间，特别是在其最前面，还隔着什么？

尽管如此，哲学史家们当然早就十分准确地知道了这一切，甚至对于绝大多数人来说，他们的头衔和招牌都已经准备好了。这样我的尝试据说应该属于“生存哲学”的范围，而那些守此成规的历史学家是十分乐意使用这个招牌的，因为，这种所谓“生存哲学”的 360
那些同代人一定知道的最清楚，当时它**到底是**什么东西。

这样史学就成了历史的持续不断、甚至必不可少的伪造和葬送（Verschüttung）。

只有“创做”（macht）历史的人，才有能力唤醒历史。 [73]

79

哲学的无影响性来自哪里？ 预先要解决的问题应该是断定：从根本上看，我们是否还有什么哲学。但是这首先预设了：一种本质性的追问的开始，完全另类的诸领域的开辟，以及因此而建立的另类的诸立场——这样同时还出现了对于这一切的麻木性

(Unemfänglichkeit)——一种不可用单纯的无教养来解释的逆反意志[反感]。这里一定有一种另类的权势在起作用,如果我们的[关注]指向那实践-技术的"利益"的冗余过度(Übermaß)话,我们就根本触及不到这种权势(Macht);因为,这类"利益们"首先是某种改变的结果,而这种改变也许必须作为对存在的完全离弃性——作为这种离弃性的爆发来把握和亲历。

在这种对存在的离弃性的爆发区域——这是整体实存的区域——中,没有任何东西会被饶恕放过。

80

在一个极为疯狂地追求快速发表的时代,在一个极为疯狂地追求为一切人在一切事情上做好准备的时代——把一个人民教育成一
[74] 个人民,也就是教它去克制自己的定数(Bestimmung,使命),还有可能吗?比如,在写作领域内——只写作和讲述最本质性的东西,且[仅当]它经过长期的准备之后,从其真正的成熟出发[才去写它说它]。这种自律(Selbstzucht,自己管束)的力量应该来自何处?
361 只有极少数的几个人有能力去这样做,这几个人何以有能力去掌控(Herr)大众和生产制造伎俩(Massenhaften)。起码是,这少数几个人必须放弃这种同类的——似乎可以帮助他们这几人进入"行动"的道路和手段。之所以必须如此,是因为,否则他们几个就会使得他们的最本真的东西走向其反面。

81

如果我们放弃用它们的手段与大众(Massenhaften)和生产制

造伎俩直接地进行遭遇，这只是逃跑和胆怯吗？或者难道这就不会是一种深长的勇气，这种勇气包括不被看见和被错误估价的坚持不懈的准备工作吗？——只有当它达到了其不可阻止的终结，以便其后真实发生转变，这种准备才完成。

当然——完全遭到破坏的危险并不因此而被消除，它将一直在 [75]
那里，以便给予为另类之事所做的准备更强进的推动，因为，历史的构型（Gestaltung）有它自己的规律——如果一事物真正发生改变时，必须生成一个另类开端，那么此事的进程就从来不可能与应被克服之事同步进行。*另类的开端必须发生在前，因此在今天的事物中，它必须使得自己看上去是落在了后边，并且听任事物无所专属，随便发展。*

但是了解把握这一点的人到底有多么少，而在这少数人之中又能有几个人，能够在这种准备工作中不会出于对当下之事的厌恶而重新变回到对曾经之事的看守者呢？

82

我们为什么有这么多的作家——其中不乏非常优秀者，而且这里面还有非常杰出者？为什么只有作家——却没有一个诗人？[①]因为，“人们”再也无力向往诗人了。但是诗人却能够没有这一切而
处于他的必然性（Notwendigkeit，艰急转向）之中；而且他早就是如 [76]
此——荷尔德林——只是，我们现在在史学上把他做成了适合时代 362
的，这样我们就再次把他那里的下述可能性——历史地成为我们的源初性的发生的历史——置于遥遥无期之中。

① 这两句话原文都不是问号。——译者注

83

我的思考的基础经验是：侪在对于一切实存的优势——实存的软弱无力：从它之中出不来源泉；然而侪在不是思考和表象展示的对象，而优势也并非对象化之条件意义上的在先性（Apriori）；所有的一切都只是刚刚开始的、但又马上明显的沉降下去的侪在的基础浅表（Vordergrund）和非常疏远（entfernt）的前期结果。在源初的真理——所有的实存都是出自此真理才得以、并且进入此真理之中才得以产生出来——中活生生本质着的侪在之优势。在时间-空间之弃底-深渊中的活生生本质着的侪在。

这种基础经验（Grunderfahrung）并不是什么“亲历”，而是跃入到历史中的踊跃（Einsprung），通过这一踊跃，它的隐匿着的发生才进入产生影响和提出要求［的状态］。开始是作为对第一个开端
[77] 的提问——然而同时侪在的优势要求对人的授权与表彰——但是应该怎么做呢？不是作为人——而是？这就是当时必须要首先提问的内容。而第一个回答就是：作为達-在的人——作为侪在之真理的奠基者——从属于弃基-深渊的奠基者。

然而这种基础经验，每当它想要进入自己本真的形态之中时，便依藉所有的隐匿不显的被确定性（Bestimmtheit，使命）而隐藏在迄今为止的东西之中，在其处做下标记，通过它而变得模糊且深藏不露。

而更严重的迷幻本应该是下述谬见的出现：《存在与时间》的第一次尝试已经把那种危险给克服了！身陷其中（Die Verstrickung）[①]

① 我认为，这里指的直接参与纳粹的大学教育改革运动。——译者注

现在变得更加危险，因为，对自身的主张正在僵化为对成绩的追求（Errungenen）。（参见［106］页）。 363

84

从对伃在的归属性中才能生长出来从实存到实存的存在领会。但是从我们这里再也发源不出对伃在的归属性了，除非我们徒步穿越伃在之真理的整个无底空渊。

不是去“体-验”实存，而是将自己委身赠与（sich verschenken）到伃在之中。所有的人都去“体-验”所有的事情，但是没人将自己委身赠与那唯一者——因为，不会有任何地方会强迫人去做决断[①]。［78］

85

技术的暴政——［这发生于］在技术面对自己感到不安全、动摇不定、收缩衰弱之处；很快通过自己而被超越，但并不能控制和玩得转这种暴政——这种暴政把什么样的人设为前提呢？为了忘情地迷恋上这种东西，那种拔根去根活动还必须走多远才算够了呢？因为这里涉及的不是那些也许各自以浪漫的方式进行着对抗，但却纷纷被连带着碾得粉碎的一个个的个人。

技术可以延伸、［其发展］可以延滞，并以这样或者那样的方式在可测量的东西中起作用——技术从来不可能去克服（überwinden）——也就是说，奠基（gründen）——技术自己会越来越成为那种不断被克服者，而这样它恰恰才可以长久地坚持下

---

① nirgendwo wird zwingendes Werk der Entscheidung，直译：“没有任何地方会成为那强迫［人去做］决断的工作”。

来——虽然它并不提供担保，特别是当它面对的是它自己的同类的时候。

86

在荷尔德林-时髦（Mode）中，时代的历史性的拔根去根活动和无拘束的游离性（Ungebundenheit）打上了它最清晰标记；因为人们不是错误地把荷尔德林算作是“祖国式的”东西，就是公开的玩弄荷尔德林，把他隐藏到“基督教的东西”里头。这样，荷尔德林所是
364 的那种决断，不仅仅是被规避开，而且根本就没被提升到认知活动之中。但是每一次在表面上都显得，荷尔德林的著作受到最高的评价，但是只是被做成史学性的东西，并且同随便什么有用性联系在一起。

87

技术与拔根去根。当收音机和所有的各种类型的组织不断破坏着乡村中的内在成长时，也就是说，破坏着乡村中的传统传承中持续的生长恢复（Zurückwachsen），并且藉此破坏了乡村本身时，人们为关于农民生活（Bauerntum）的“社会学”增设了教授席位，而关于人民文化（Volkstum）所写的书堆积如山。关于……的写作过程同收音机中关于农民的宣传（Aufreden）如出一辙：都是着眼于生活在城市里的陌生人的需要而做的。这些城里的陌生人渐渐地把村庄都给淹没了。

但是最灾难性的是，人们根本不愿意去关注这些进程，更不要说去关心这些进程的同一性和它们的共同的基础了。

88

技术及其它的孪生兄弟“**组织机构**”（Organisation）——二者都是同所有的“有机事物”（Organischen）背道而驰的——依据其本质它们二者都追求它们自己本己的终结——通过自己而掏空自身。[80]
我们这些附带被裹挟者，在做什么，也就是说，我们这些被这个过程吸引过去、走火入魔、并且继续被推向前去的人——我们在做什么？在技术和组织机构的意义上我们做着装备上的准备（rüsten）（一句话：我们在为生产制造伎俩做着装备上的准备）。我们在大地上做装备上的准备，以便——最终，为了开端，首先为了一切东西伟大的荒芜化和混乱化，而处在无任何装备的状态。

在大地上进行装备准备的还有那些想要对人民进行“生物学上
的”育种的、进行培育的人们，因为，尽管各种现象纷纭对立，但是 365
这种培育和它的要求仍然是生产制造伎俩之事本身（也就是不可克服的“自由主义的”进步思想）之前已经设置好的，毫无问题的统治之**结果**。

根本性意义上的未来之人，有必要在下述事情上得到识别认识：他们是为终结做着装备上的准备（rüsten），还是在为开端和过渡预先做着准备（vorbereiten）。在此期间，最为灾难性的东西就是他们手工作品的练习：一种人表面看来，一方面是为技术和今天的东西、同时**也为**“另类之事”做着装备准备，另一种人只想挽救过去之事，
不管是出于纯粹对权力的贪婪，还是出于对所有的创造活动的仇恨，[81]
还是出于创造上的无能。——从根本上，他们二者是同一类人。

因此，识别和认识谁是未来之人是十分困难的，特别是因为，

即便他们的确是这种人，他们也保持缄默不语。

89

我们对体在之真理进行追问，以便奠基一种［对它的］源初的从属性——或者我们继续前行，从实存出发对实存加以说明和“驾驭”（beherrschen）？这样的“驾驭”不是统治（Herrschaft），而是在一个必须走向自己的终结的过程内的被拙劣掩饰的奴役。

我们为什么应该去阻止那必然走向其终结的东西呢？但是那个终结从来不会是最后的东西，只要把这终结理解成是已经不可以掌控的开端之跑向终点（Auslaufen）的话。然而最后的东西在其必然性中是最初的东西的最高等级的变相神显（Verklärung）。

90

“文化”——就其本身而言，根本只属于从近代才开始的时代——今天仅仅不过是技术的附属物，一方面它服务于对技术之非
366 西方式的暴政的装饰遮掩，另一方面又用于对群众的麻痹：这种迄今为止一直失败的“文化财富”应该用于去满足这些大众的食欲。
[82] 于是，其结果就是：比如，在一场原本没有任何必要性的“哈姆雷特”演出中，人民的同志们咳嗽、吐痰、打盹儿睡觉，在根本不该笑的地方捧腹大笑——这就是所谓的“人民文化”（Volkskultur）。这就自身而言——一个完全无关紧要的过程，再加上从本质性的东西出发看，完全是肆意的瞒天过海和束手无策的征兆（Zeichen）——根本与“人民”没有一点儿关系，真正有关的是那些靠“文化”吃饭的人们。而且这本身又只是人被安置于其中的一般性的生产制造伎俩的

外在表现(Äußerung),而在生产制造伎俩中人必须保持同实存无任何关联——因为,侪在之真理并没有成为艰急[①]。

91

柏拉图——但是如果我们在没有真正理解或者甚至误解误读的情况下,只是重复前人说过的东西,只要求对“理念”的设定,这样并不会把我们导入一片自由开放之地;就如同把“理念”当作同通常得到肯定的感性相对立的、超感性-非感性的东西加以拒绝给予,不会把我们导入自由开放之地一样。每一次都不是与柏拉图进行本真的、思维性的交锋。只有我们强大到可以追问:“当把 ἰδέα(柏拉图的理念)设定为 οὐσία(实体或本质),把对 ἰδέα(理念) 的
νοεῖν (思考)指定为人的本质的基础规定的时候,到底发生了什 [83]
么事情?”的时候,只有此时,这种思想性交锋才真正开始。在何种程度上,这还算是那未被凸显的、未被追问的事件发生——也就是希腊人用 ἀλήθεια(真理、去蔽)这一称呼来指称的他们掌控的“事件发生”(与其说他们以 ἀλήθεια 对其加以显示指明,倒不如说是加以掩盖)——之一次最后的展开?

那种事件的发生,首先是开辟和奠基那个围绕着人的空间,使人得以把眼力取向(Blickbahn)首先指向其自身。那种事件的发生,是尚无人去把握(begriffen)的发生;但是当我们谈及達-在的时候,我们都是向着它去源初地扩张我们自己(ausgreifen,跃进)。有一种比第一次开端更有开端性的、比第一次开端之终结更有未来性的
东西吗? 367

① 这里揭示了实存与侪在的新关系:侪在之真理急迫地利用了人类,使得人与实存发生了关联——值得注意。——译者注

柏拉图通过他的“理念学说”恰恰还挽救了 ἀλήθεια，但是同时他也就彻底地把对 ἀλήθεια 的追问给结扎掉了，以至于连尼采走的道路也还是受到柏拉图的引领，于是也就阻挡了尼采向自由开放的场地的跳跃。

92

在此过程中，人们又一次让自己倒栽葱跌回到**那种**人（对人的把握）之中，这种人在追求最后的人——作为 animal rationale（理性动物）的人——的终结。

人们高度赞扬“世界观”，把它说成是赋有了更高的真理，因为这种世界观是“理性的”（vernünftig）！

[84] 人们又去追求去把动物驯养为这种“理性”的奴隶。从这里难道能出现对西方世界的拯救？

93

哲学的**历史**（Geschichte）——哪个更本质性一些：是进行追问地开辟源初追问的诸行动（Gänge）——还是对这些行动的表述（darstellen）？尽管这些表述从来就不能是对已经达及的东西的描摹——这些表述必定想开始一种革新了的行动（Gang），就像每个表述都站在那个比之前的更深的——更基础的和更无底空渊的层次上。

一个过渡行动（Übergang）必须走那些进程（Gänge①），才能来

① 过渡一词中的 gang 与行动或者进程的 Gang，都是这里的动词 gehen 的名词化，都是同一个“走”。要把其中的关联译出的话就应该是“过渡之走必须走哪些个走才能……”

到那个正在成长的、且已长成了的基础，以便可能由此基础而跃出到另类的开端之中？

这里必须谈及脐在，作为最陌生的脐在——；这个言谈必须呵护那陌生化，不仅是不要去侵犯触摸它，而且要加强提升它——而且还要把这一切提升到一种无矫揉造作的朴质性之中。有谁敢去做这些？有谁已经充分准备好且富有冗余（Überfluß）？ 368

所有那些花招和小算计——现在顺应时代的“哲学”正是由它 [85]
们制作而成——在这个范围内都是一种耻辱。

94

这种东西的数量在年轻人当中与日俱增，他们靠着匆忙捡到的“世界观标签”——他们拿这些世界观毫无办法——的帮助，就开始“从最高的立场出发”去反驳哲学的迄今为止的历史。当然实际的历史并不会为了这类陈词滥调而停下脚步。但是值得思考的是，如果现在比如笛卡尔受到一个小讲师的反驳，而这位小讲师从来没有亲历过自己的思想在其艰急必然性中的煎熬，甚至没想到过这种煎熬，更不要说有**下述思想**：它有资格同笛卡尔进行争论，有资格对**在哲学上**对这类争论的**准备**加以沉思，我指的不是那种争论在经营上-文章写作上做的准备。对此要思考的是：根本不再有这样的教师，去禁止这类空虚的狂妄自大，并进一步通过正确的教育，让他们学会敬畏，而根本不敢去贸然尝试此类东西。取而代之的是——将会到处看到—— 在哲学的“史学”（Historie）（不是历史
［Geschichte］）内部，人们把这类挖坟盗墓[①]的行径推到前台。它乐 [86]

① 直译：盗窃尸体。——译者注

见其成，以便通过这条道路让“世界观”来达到在“哲学上的”富饶多产。这种类型的斗士们在这种追求上将不会有丝毫犹豫动摇，因为，这是在“精明干练的自由路”中的最好并且最安全的道路。但是这一切到底驱向何方？

但是也许这一切都从属于平庸性和过度的喧嚣之不可或缺性的规则——那种规则就是：我们总是低估了它们[影响的]有效范
369 围，以至于陷入如此错误的期待，希望一夜之间，荒漠变成良田。

95

谁在今天的诸事之中能预感到*另类的*规则：最本质性的东西首先在*那种*它所要求的完型中被获得，即，首先再一次沉降到作为过早的东西而被隐匿之事中去而被俘获？ 而且此外：在一个只有可直接抓得到的“业绩”（Tat）——也就是有用和有成果——的东西才算数的时代——在那里上下求索的甚至根本不是真理，而只有绩效（Geltung），有谁还敢走那种蜿蜒曲折之路呢。

[87] 通向过早之事的蜿蜒曲折的修路人什么时候才会到来？（开始喧嚣的只是那鼓吹一切都太晚了的号角，它不停地喧闹，过分地喧闹，因为接受喧闹杂音的耳朵越来越大、越来越多——因为最后甚至人们除了能听见这喧嚣——关于有组织的拔根去根的迷糊汤之外，不*愿意*再听到任何其它东西）。

96

*如果*今天的人们，特别是那些“哲学”上的专业人士对尼采讲过的事实有一点儿把握理解的话，那么关于哲学的那些文章书籍的

写作以及关于哲学的谈话就应该马上终止，并且多年对此沉默不语，以此对外宣示：德国人开始，对他们的未来的思想家有所理解。与之相反，在“图书工业”（Schrifttum）出现了无法预见的生长——为什么不能，图书生产的数字——这个数字越大——关于“文化”不断提高的谈话声就越大。但是我们怎么又一次站到无节制的喧嚣的规则的范围之内了。

97

教育现在——在这个技术的时代——面临的任务是：“生产出” [88]
一种新“型”的人来；就像企业“生产出”一种新“型”的“摩托车” 370
一样。对于这种教育产业，甚至“希腊人”也会努力支持的。

98

当那些不成功的商店售货员和那些失败的工程师来创造“文化”时，将会出现什么情况（Was wird）？如果人们针锋相对，想让“过去的作品”重新发挥作用，以此来进行对抗，进行防范，那又是什么（Was ist）？为了在这里创造一种转变，必须怎么样（Was muß sein）？未来之人和不被注意之人，他们有能力返回思考伟大的开端，而又从来不会有在此过程中作为“错认者”而被逼到郁郁寡欢之中的危险，而且还能敏锐地观察所有的今天之事，以便看到，其中什么东西不仅是单纯的出现（Begebenheit），而是历史；因为，据猜测，今天之事还将有很长的时间要度过，而且要在多种多样的构型之下不断进行新的活动——因为，它愿意让自己重新成为“新的时代”，并且让一切保持是“近代”的继续——该时代的结束中的一段。 [89]

今天之事——我们以此所要指称的，不是某种特殊的政治上的“世界观”，或者随便什么“文化政治”，而是欧洲的运动和对立运动的整个状态。

而此处决定性的是：到处都在发生向迄今为止的“形而上学”的倒退，而且把人当作理性动物看法又一次复活（种族与理性）。（参见 1937–1938 年讲课稿，36 页及以下①）。从历史上来看，起初这种情况意味着陷入迄今为止的东西中不能自拔，尽管所有在具体的领域中和态度（Haltungen）上推动和努力，仍然如此。所有这些都必然停留于无创造性中，因为，没有哪个人敢于从开端之事出发来
371 做决断，并为其准备决断的空间的——也不愿意做某种准备。

谁要是看不到这是倒退：这种向欧洲人关于世界与人的看法上的共同精神财富之表面化了的残余的粗鄙的倒退，谁要是看不到，真正的［本有之事］的发生就在今日之事和明天之事中，那么他就根本还没有找到进行哲学上的追问的立脚之处——也就是说，这样，这种追问便根本无法同欧洲的伟大的思考进行较量：作为伟大思考的直接受益者，人们任由“进步事物”的可怜的妄自尊大。

所有同基督教的斗争都是以虚假的战斗为基础的，因为人们从根本上只是想把同样的东西翻转过来而已。

所有对古代希腊的呼唤引证都是空虚的炫耀②，因为人们根本拒绝并且无力进行恰当**相应**的追问。

---

① ［Heidegger: Grundfragen der Philosophie. Ausgewählte »Probleme« der »Logik«. GA 45.A.a.O., S.140 ff.］（海德格尔：《哲学的基本问题——“逻辑学”的“问题”选讲》，《海德格尔全集》第 45 卷，同上，第 140 页及以下。）

② Anmaßung，自以为拥有因而炫耀，massen 是由 Mass（量器、规范）衍化而来，因此作为副词，是“由于，在……程度上”的意思。Anmassen，有“凑上去，不自量，以为有人家的范儿”的意思。——译者注

史学上的了解之方便和把一切都巧妙地混合在一起的写作上的技巧——

对所有不是由个人努力产生的东西的肆无忌惮的抢劫——

诉诸“经历”，也就是思考的懒惰性——

所有这一切都创造了一种空气，就像它笼罩着某一片沼泽上一样，催生着那表面茂盛的疯长。

所有的鉴别能力都渐渐死去。而在还有鉴别的地方，仍然也是一般的空气起着决定的作用。贫弱的浪漫派就像（在“精神产品”中的）没思想的经营者一样，也喘息在这种空气中。

但是，如果它并不完全出现于接近终结的奔跑之运动方向和运 [91]
动方式之中的话，并且因此——这是决定性的——窒息了另类的开端的准备活动之觉醒（Wachwerden）的话，那么这种东西也就无足轻重的。

特别是在我们德国人这里，在不是思想性的、不是艺术性的、不是诗意性的“区域”中，同时有许多好的意愿和特别的力量在工作中，这使得现状更加值得追问（fragwürdiger）——因为，有一天人们一定会问：为了什么？如果那时，那些人并没有恰逢其时地、为此做足够长的训练，不具备接受这一问题的能力，怎么办？如果
[到时候人们]发现，那些新“智士分子”并没有掌控“智慧”（也就 372
是真正的思考），而只是一些疯狂写作的骗子，也许甚至是一些“最有知识和良知的”骗子，怎么办？

99

人们认为，愉快地参与到编织他们的生产制造伎俩和计算算计

中，这是在创造历史，并且只是在追求最后地戒除对伟大的众神［的
［92］追求］。如何还能在这里找到聆听存在之辞的耳朵呢？

100

科学总是与对象有距离的，并且由此才真正与实存有距离，而设置建立生产制造伎俩和计算算计需要消除这种距离。因此，科学的认知[①]是有非常严格的条件限制的，因此，恰恰从来不是“有说服力的”（zwingende）。

真正意义上的认知（Wissen）是从属于存在，并且要求跃入存在之真理之中。对这种从属的奠基过程就是作为历史的达-在。

101

存在的筹措规划作得越远，对本有事件的具有（Ereignung）的斗争就越加源初；这个斗争越深刻，亲密性的冗余就更加冗余。

在筹措规划中总有落后与剩余。

在被抛性中已经有一种超过和走完的东西（Zurückgelegtes）。

373 102

如果在过渡中提供一种伟大的东西能行得通的话，我们就必须持续地、非常缓慢地行进，不去顾及那些急迫的需要，并不去顾及

---

① Wissenschaft 一词的词根是 Wissen，和认知（Wissen）是同一个词；shaft 是名词后缀，表示属性，后来发展成表示该事物的“集成、集合”的后缀。科学其实就是认知活动和认知成果的集合、集成。所以可以直译为“认知活动及成果（即科学）之认知”。——译者注

对我们自己的爱护；因为，谁要是愿意储备自己以备伟大的东西之用，而不是准备将自己“牺牲”给伟大的东西，那么这已经是在否认伟大的东西。

“牺牲”听起来有些夸大其词并且有基督教的味道。但它指的是另外的东西。

由于真理的结果是决定性的，因此今天，如果对于认知和不认 [93]
知的初始立场马上在此种形式中得到评判，没人会对此感到惊奇。但是这就意味着，在过渡的时代对其独特性的完全的误判，因此只有极少数人可以分享到［下述事实］：在过渡的进程中将有一种无可比拟的真理本身出现。在这过渡的时代，比任何其它时代都突出的是，一切都将是出自接合（Fugen），一切都以追猎各种支持为基础，一切首先都要求对一切事情的真理——而恰恰这里，存在之真理只在极少数人中闪烁放光。他们从属于存在之真理的所属性就意味着：他们根本不知晓，自己是为另类事情在做准备。[1]

然而还有：又总是这个“还有”（dennoch）！因为每个作品作为作品——如此隐瞒它的来源以致—— 都只是那种破坏打碎活动（处在人——即他活于存在与外表现象直接的那个之间性——中的伟大动乱所要求的破坏打碎活动）所造成的一段残片。

就如同我们在不同的构型中，依据存在的不同层次——我们能
够据此层次而保持我们自己——而与我们自己相遇一样，我们的所 [94]
属性之构型也是如此。而构型的丰富性只有从逹在的不断生长着的深处被熟悉掌握，才能让它那进行变相神显的影响不受掣肘地起作用。 374

① 直译应为：而对此真理的从属性是：在认识辨认到，“它是为另类在做准备者”这一点上，它是“不认识自己者”（das Sich-nicht-kennen）。——译者注

103

尼采《趋向于权力的意志》——也就是说，我们在这个题目下作为“作品”所认出的内容，不是一段残片，而恰是**作品**：即把西方的哲学之**终结置送上**它的第一个程路上的作品。所以，所有把它按照其它著作形态的方向加以理解的努力——甚至包括尼采本人的努力——都是误解，因为，本质性的终结很少能像开端那样成为完成了的东西（Fertige）——而是必须保持是难以把握的、并因此是不可穷尽的东西。于是围绕这一作品的一切努力的目的，都必须是确保它在其历史性的完型中的那种最本己的“未完成性”，藉此同时让层次的多样性和视轨（Blickbahnen）的相互纠缠性到处发生影响，而不是让这一切失之于一种图式（Schema）的无聊单调性。我们只
[95] 能慢慢地为这个时代**去**做准备工作（*zu*arbeiten），因为一个德意志的种姓在追问的力量和沉思的严格性上已经成熟到了，去让这个终结作品成为另一开端自身内部的推动。当然，为了到达这一步，首先要克服的仍然是著名的与日俱增的对尼采个人的“传记性-心理学地”寻嗅刺探，因为，恰恰**这种寻嗅刺探**装得好像真的一样：只要人们掌握了心理学上的背景的话，人们就真的能对于该作品知道了些什么似的。但是这其实是不可能的，因为，在近代思想家中没有一个[像尼采这样]如此过分地强迫自己，通过思想内容（Gedanken）和沉思的规律来凸显自己本己的“个人人格”。另一方面，尼采总是不停地谈论自己，这也是前无古人的。在公开发表的作品中只交流通报“自身”，这并**不是反对**，而是支持刚刚讲的内容，因为，所有这一切都只是为其克服而做的准备；但是必须把这些讲出来，只是

泄露出，这个任务当时有多么地紧迫。它是如此之紧迫，以至于一个单个人无法单独坚持于此任务中，他必须将这为克服而做的准备呐喊出来。如果把这种呐喊看作是真正已经言说的和要被言说的内容的话，那是多么的不靠谱，而实际上这呐喊只不过是［让人们进入到］本来就赋予沉思的具体任务之中："现实性"从基础上的转变，［96］375
和对这一转变之前提的创造。

如果我们观察到，人们是如何盲目地到尼采的文章和"作品"中挑拣出"一些地方"，依据随便什么安排好的计划加以排列的话，那么，［就不难理解，为什么，人们］在尼采身上的错乱几乎到了无法理出头绪加以纠正的地步了。当真正的"作品"回归到对实存的"朴质简单"的解读，即，当把其"是什么"作为"趋向于权力的意志"，把其"如何是"当作"相同的东西的永恒的轮回"的时候，当对这些筹措规划的区域的相互共属性的基础之追问成为了唯一的本质性的追问，也就是成为尼采留下的"唯一的"（nur）追问的时候，一切关于尼采的谈话和书写——哪怕只是通过一个笺注而引发的现象所引发的书写和言论，都会逐渐销声灭迹。让我们想一想，这里要完成什么样的清洁工作？并且附带看一看，不断有人在成系列地、一部部不能少于 600 页之长的著作中，是如何"处理"和解决所有的问题，然后就会清楚：在思维上的沉思之领域中，我们尚未能从《宇［97］
宙之谜》[1] 的文献之时代——上个世纪的最后十年——跨出去哪怕一步——；只是这一切变得更为精巧的多，不再那么粗糙，不再那么一条道走到黑——但是因此更加难以对付，尽管在某种程度上也

① ［Haeckel: Die Welträtsel. Gemeinverständliche Studien über Monistische Philosophie. A.a.O.］（海克尔：《宇宙之谜。关于一元论哲学的通俗研究》，同上。）

变得无影响了，因为下述东西太多了的缘故：在极其无聊的变化中，所有的东西都表现为在一切东西上的同样无问题性，表面上看来，对那火急火燎的“各种问题”进行了详尽的讨论。

这个时代在思维上和构型上丧失了所有的标准和任何的立场，只剩下通过机灵精巧来保护自己了——在这样的时代中，还能有帮助的只有一个办法：把最为陌生的人，最为简单朴质的人，古希腊思想的最伟大的人物重新带到我们面前，但不是为了对他们加以改造，而是将我们从老化了的、变为习常和流行的东西中解放出来，
376 让我们找回对成为标准的东西的感觉。首先只有一小群这类人①，敢于对最顽固的东西发起攻击：对抗习惯东西的普遍化，对抗轻视贬低一切本质性的东西的灵活性，对抗与之紧密相关的对“思想财富”和“各种精神价值”求助引征②。

如果尼采不得不活到今天，实施他的達-在的话，那么他会坚持同样的思想，只不过会说的更加尖锐，更加激愤。尽管如此，对我们的思考的开端的更加源初的沉思还是必须加以实施的：侪在问题——不在被“知识论”和“唯名论”隔断错建——不再被“存在论”给荒芜化。

但是也许这种源初性的追问开始的作用，只是在未来中为尼采的著作创造一个视界（Gesichtskreis），以便由此视界出发让尼采著作得以在它的历史性中得到体验。——在那种从事联结的力量中，把曾经是的和未来的东西源初地合二而一，藉此从这种源泉出发跃过迄今为止的东西。但是在隐蔽的著作构型与文字表达出来的著作

① 直译“只有这类人的一条薄弱链可供启用”。——译者注

② Berufung 也可以译为“诉诸”。——译者注

的努力之间的区别，现在根本并不能与尼采自己发表的著作与他的
遗著之间著名的分裂相符合，就像这些身后的著作包涵了那些计划 [99]
好的著作似的。其实这里涉及的那种区别，既来自他生前公开发表的著作，也来自其身后遗著手稿。

那隐蔽不显的著作构型是如此现实真切，以致使得它成了一切思考和尝试的推动力，甚至恰恰迫使那些只是像闪电一样偶然闪过的作品性的东西，过早草率的公布。（特别参见：《善与恶的彼岸》，
比如“论真理”、“论宗教生活”[①]）。 377

104

一种令人激动不已的分裂掌控了所有的思维上的克服活动。这种克服活动起初必须来自应被克服者（比如形而上学），而且**针对着**这种被克服者进行思考时，恰恰要考虑到被克服者的存量状态和它们的区别以及概念（把握），并且在另外的东西中指示出来。但是只要仅有这件事成功了，那所有的克服活动就会像被一阵风刮过一样又被迄今为止东西吹回去，不让它们自由。克服活动只有靠了已经预先指示了的东西，自己达到了自身（selbst in sich erreicht ist），以致使得奠基活动自己本己的区域成为可能，只有此时，克服活动才得以实施。但是，同时它也摆脱了下述的尴尬和误解：似乎克服
活动只是对立、只是想拒绝、只是就想改变，事实上克服活动把要 [100]

---

① ［Friedrich Nietzsche: Jenseits von Gut und Böse. Vorspiel einer Philosophie der Zukunft. In: Werke. Bd. VII. Kröner Verlag: Stuttgart 1 921, S.7-37u.67-90.］（尼采：《善与恶的彼岸》，《尼采著作集》第 7 卷，Kröner 出版社：斯图加特，1921 年，第 2-37 页以及第 67-90 页。）

被克服的东西从它所依赖的所有东西中解放了出来，并且想把它置回它自己的伟大和必然性中——并且想要从其伟大和必然性中将被克服掉的想重新建立起来。只有本质性的东西才配这种克服。那些非本质性的东西和那些流行的东西由于它们的自己的空虚无物而走向毁灭。

105

告诉我，你选择了**什么样**的思想家，你是**如何**选择他作为“对手”的，我就能告诉你，在思想的领域中你自己已经深入到多远了。

106

今天在任何地方都很难找到哪怕是最微弱的努力，是指向那种
意志：首先指向源初的迫切急需：急需一种在主要线路上从思想性
的任务中成长出来的追问的基础立场（Grundstellung）的筹措、奠
基、保证。这种空虚无物指示什么东西？它指示出：没有任何一个
378 人对另外一个开端的本质性任务已经有了认知、能够有认知，而且
想要有认知。这是因为到处在追逐制作尽可能快速和可行的“哲
[101] 学”的行动已经开始，这种哲学要追求的是获得“政治上的可靠”的
嘉奖，并尽快成为有效有影响的哲学。除此而外，对造成这种状态
的原因，人们还能给出什么其它的解释吗？

107

当“世界”从接合中走出来、世界规划的激情已经衰退、一切必须仅为代用品的时候，“世界观”和它的颁布才会登场。

在人之已成习惯的行为举止、任务和生产制造伎俩的范围内，想要直接“发生影响”的意志，显得十分“自然”。因此，“思考”(Denken)也要想，而且更加急切地想追求这类发生影响的形式；然而作为一种“单纯”的思考，起初必须保持不带实践上的有用性。在发生影响的意愿之光中，如果所有的尝试都陷于误解、恰逢当前之事中和时髦走红之中，思考必然倍感“痛苦”。

但是为啥我却未能感受到这个过程是“痛苦”的过程呢？因为我模糊地知晓，恰恰对所有工作的这种误解（比如当作“生存哲学”）是对抗对本质性东西的过早误用的最佳的和最持久的保护。之所以必须如此，是因为，对所有本质性的思想活动来说，直接的影响 [102]
必定仍然是陌生的，因为这种本质性的思想活动必须要去防范，在它的真理中“识别出”同代人的东西，被当作同代人的东西来理解。因为这样就意味着，思想上的贞问被贬低为已经流行的东西。

这样一切都在最优秩序中——也就是说，一切都得到很好的隐藏、误读误释，并且通过可以理解的东西而躲过了粗重的手指和蹂躏破坏。但是相信对这种误读误解的必然性之认知，像其它对随便 379
什么的认识一样，是简单的承认和容易承担的，仍然是错误的；在这里，能算是困难的事情，对他来说只是，他要承担此认知，以便以此对抗他自己的时候变得足够坚硬，在对抗许多人——他们现在想要占有他们“反驳”的、并且可以宣布被他们“克服”的东西——的时候又足够柔弱。

108

一场伟大的战斗爆发于下述这个任务之间：该任务是**通过**第一

个作品来反对这一作品自己而成为必然的。如果这个任务的奠基成功了——如果对存在之真理的追问迫使问题发生转换，变成了对真
[103] 理之存在之追问，并且如果第一次在这个真理问题中振荡着存在问题的话，那么追问的真正的斗争就苏醒了，抵抗迄今为止的东西的最内在的抗干扰性就受到了保护，并且属于唯一者的从属性就得到准备，而另一个开端——就开始了。

109

有意的和无意的被贿赂的和未被贿赂的作者，能为一个估计会变得越来越小的后世提供什么样的关于当今世界的图画呢？

110

关于“人物”和“时代”的史学描述现在有了一种雄心：要将其自己的业务与“新闻传播学”等而视之，而报纸的文章书写已经接近了中学生次等作文的水平。史学在这条道上最后又能走向何处？为什么没有任何地方显示出向一种源初性的风格之必然性的努力呢？

380 因为没有任何必然性被经验到，有的只剩下“亲历”，并且所有现在有“权力”谈话和写文章的，在风格上都是昨天以前的，因此他们只是重新亮相而已；因为，昨天的东西恰恰还保留在那实在过于
[104] 新鲜的记忆中。

111

在很早就已经开始的、现在只是在不断加速的发展的过程中，

从“科学”里生成了什么？在这里，“科学”包括了自然科学和人文科学[①]。其中之一变成了“**技术**”，带着一个尚且不可或缺的附录：所谓的“理论”。另一个变成了“**新闻传播学**”，带着一个尚且不可或缺的附录：所谓的“文献资料学”（Materialsammlung）。

“技术”和“新闻传播学”这二者都有着“贴近生活”的“优点”，尤其是：它们使得所有处于制定标准的位置上的人们，不用再去做决断——这里通行的只有一个东西：对新东西的追求和通过最新的东西而获得的胜利。只要这二者，“技术”和“新闻传播学”统一在一起——这是很容易做到的，因为一个缺乏另一个有的东西（“灵魂上的亲历”和机械性的强迫），——就会生长出一种新型的“精神性”，关于它无需多言，我们只需称它为糟糕透顶就是了。

在所有这些东西中**最糟糕的**[②]不是，已经达到了这种状况，而是现在由这里出发——眼见得越来越——拔高下面的要求：与以前的时代的精神进行较量，而且甚至对此进行嘉奖。如果不是如此，[105]
取而代之的，将是所有的东西都暴露于光天化日之下，处于其赤裸裸的荒芜之中，然后起码会创造一种清楚的状态，附带为不可避免的决断做准备。但是这样，这种软弱无力就被以前的目的标准和各种要求所束缚，哪怕只是被束缚于一种被自己的无能所腐蚀的新闻传播之**精巧的**技术之中。这种欧洲的现状，是目前“政治”关系之 381
日常变幻莫测中唯一保持持续不变的东西。

112

还有一点很短的时间——人们尽管不会去斗争尼采，因为还缺

① 直译“精神科学”。——译者注

② Das Verfänglichste，英译为：most insidious aspect。——译者注

乏如此的武器，但是尼采将会被挤压到被遗忘之中。在人民共同体中，常人的可怕的统治所依靠的基础，就在于常人被有意识地加以控制引导；而且更有甚者，在这种控制引导中，后果最为严重的是：他们会想方设法，让人们不再言及一些特定的作品和它们的创造者。对遗忘性的有意识的培育——作为对中下等智力和那些为他们自己的空虚而担忧的人的保护措施。对这个现象的沉思并不是什么

[106] 新东西——而只是从规模上看是独一无二的过程，也算是对下述说法的解读做出的一种贡献："'男人'创制着历史。"①

113

什么是伟大？——根植于通过自身奠基了自己的基础的存在之建设（Errichtung）；从存在那里必须源涌出愿意成为进行实存的东西，存在对于未进行实存的东西一直保持为推动冲击（Anstoß）。（参见上面[47]页）。

为什么我们要对伟大之事加以沉思（besinnen）呢？因为我们是渺小的，而且我们想要克服渺小之事。那么似乎只有渺小性才是进入伟大的途径的基础了？当然不会如此；因为渺小和伟大以及它们在人类的影响和遭受中的统治，已经是疏远（Abständlich）和大批量的后果。但是伟大呢？它是发源于冗余吗？作为伟大之事的掌控和对它的唯一的坚持的冗余吗？而冗余呢？——它[又能]在哪里营生（waltet），如果不是在存在之本质之中的话？然而我们怎么去

---

① 这是19世纪下半叶著名德国历史学家，民族主义者 Heinrich Gotthardt von Treitschke（1834–1896）的名言：„Männer machen die Geschichte"，见于他的名著《19世纪的德国历史》（Deutsche Geschichte im 19). Jahrhundert, Band 1. Leipzig: Hirzel,1879, S.28。——译者注

说这种本质呢？在達之奠基进程（Da-gründung）中对人类进行据有 382
（Die Ereignung des Menschen）——在作为历史之基础的本有事件（Ereignis）之发生中，佇在突然降临在从佇在之处发源的实存的头上，但是此时，佇在自己必然再次成了陌生者。佇在的冗余强迫实 [107]
存进行反抗，并且这一争执依据達在（Daseinsmäßig）而奠基起了世界和大地的争执，此争执必然在独特的层次上于佇在之真理的隐蔽之中进行争斗纷争——并在作品中，在语词中，在牺牲中，在思考中各不相同，互相区别。（参见第[5]页和[76]页）。

114

達-在——未来的人类必然会踊跃到達-在之中——是从事构建（bauende）（这里构建是指：于实存中建立佇在）的守卫工作，守卫着最后的神的走过（Vorbeigang）。这种“走过”（Vorübergang）发生于这样一种时间-空间中：此时空规定着那个“達”的采光（Lichtung）。而只有当作为佇在之本质的本有事件活生生地本现着（west）时，这种“走过”才会发生；而且只有当佇在之真理在开端上被奠基了的时候，这个本有事件才会出现；而只有当真理本身及其本质成为了一种艰急，对佇在的遗忘性已经被动摇之时，才能到达那里。谁来评估，我们处在离这个历史的开端有多远的地方，危险在如何连续的生长着，使“近代”（又是“近代”）的“结果”和“进步”
推动着我们从开端和急需走向这个危险？ [108]

115

当普鲁士处于最深邃的艰急之中时，敌人已经占领了国土的纵深，所有的意志，尤其那种对必然之事的认知都已消失，这时东普鲁士的国王让更换制服和帽子，于是把所有的裁缝都调动起来了。
383 现在德国的大学和“科学”就处于和当年的裁缝同样的状态：敌人——即“技术”和新闻传播学，即对“无问题”的追求——它已经侵占了“国土”的纵深——以及对本质性东西和值得追问之事的缺失；取而代之的是设置“人民”-学教授和“关于农民的社会学”教授的岗位，去从事空间研究和把“科学”普及到“人民”之中。

我们现在要去穿过那烂泥潭最深的地方，还是一定要带着不断升级的遮蔽去达到更为严重的荒芜化，以便使某些人清醒起来？[①]然而也许整个状态的僵死化和大众化已经发展到如此地步，以致清醒者和被唤起者的冲击也已经于事无补。在这里——恰恰在这里才——保留着一种另类开端的唯一的可能性，在其结果中才有可能使得类似于大学组织这类东西发生改变。

只有认识到“科学”必定会变成什么：变成一种下属的技
[109] 术，它于是在本质上不再有自己的未来，而是只会是把自己消解掉，并以此走进人类的行为活动中，[只有认识到这一点]才会使对科学的沉思尚具有意义。科学于未来中的这种非本质性并不意味着，可以把非科学性(Unwissenschaftlichkeit)等同于无知性(Unwissenheit)，因为，本质性的认知从来不是首先通过“科学”才能获得和奠基的。

116

今天人类的基础状态是对一切历史的否认：在这些历史中首先

---

① 原文为句号，参照英译本，改为问号，以符合中文表达习惯。——译者注

必定是不可计算者和超强者在进行统治，所有的必然性作为瞬间-从事自由创造者都必定在其中源始而生。而现在取而代之的是，生产制造伎俩、规章制度、处理程序的分类等等东西的肆虐发泄——它们正去确定什么东西应该纳入它们的网链之中，以便能够规定，什么是被允许的、算数的，什么不是——它们自己纯粹想象出来的肆虐发泄掌握着权力。这就是对存在的离弃的最外在的结果，表面 384
上看来，似乎在那里“实存”确实事先已经受到另类东西的统治——的确是另类东西，但是这另类只不过是变质为不言而喻性的侪在之潜伏起来的后裔——它在作为 ἰδέα（理念）的实存性（Seiendheit）中有其来源，并且以此为特定的实存[1]提供了优先性。 [110]

117

中断生产制造伎俩的各种表现之肆无忌惮的暴力，是不可能通过任何下述东西来实现的：它们陷溺于生产制造伎俩中，舍此之外还偶或去诉诸引征“确定的”“**天意**[2]”；**因为**，**这种**“天意”也属于生产制造性的东西，就像为了平息喧嚣以达到所谓的安静而进行喧嚣一样。对“确定的”“天意”的诉诸引征，只是附带地被“援引”，并且是向“大众”的“体验”呼吁，这种“天意”只是对理性之事的无助信赖的最强的证明，也是信赖“启用”意志就可以办到此事的最强烈证明。

同样的效果也被赋予了对“**大人物**”的歌颂，因为，当人们想要

---

① 依据《存在与时间》，这个实存指的是人。——译者注

② Vorsehung，动词 vorsehen 是“前瞻”，但 18 世纪开始意为 goettliche Weltregierung（神的世界统治）。见杜登 10 卷本德语标准词典，第七卷，1963 年，第 633 页，sehen 条。英文本译为“providence”。——译者注

对无力再次从规章准则的纠缠中摆脱的无可奈何(Unkraft)避而不谈的时候,这种歌颂被宣布为“样板”(Ideal)。这两者,“大人物”和“天意”,都是诱饵,表面上看来似乎是更高的“精神性”的头衔名号,在它们的帮助下,人们有望把空虚的情绪化的最贫乏的宣传鼓动,塑造为一种“令人难忘的”,但是转瞬即逝的“体验”,因此,这种体验需要不断有机会由新的“体验”来替代。而对这种需求的
[111] 最保险的满足,就是把“体验”置于规章准则的管制之下。

118

如果你愿意为另一个开端做准备的话,那么你必须坚守一个终
385 结。但是,在终结中,有许多的失败、熄灭、失序——同时也有相对立事物的显像。所以,对终结的坚守必须做出许多否定,以便使其能够显得,所有的东西都可以化解到毫无结果的“批判”之中。只是,否定和对事物不充分的揭露,都源初于对时代的单纯终结的抗拒,并且已经源自对开端的准备工作,而且仅仅服务于这种准备工作。

从开端性的追问这里出发,一切被称之为‘实存的’(sseiend)东西,都变成了非实存的(unseiend)。因为,俦在之真理已经放射光芒,而且要求非实存事物向实存转变,并且迫使我们走上隐匿的轨道。(参见[23]页及以下)。

119

在开端中,思考活动必须放弃在圆融完整的著作中静养,就像历史发展路线的中心所可能做到和要求做到的那样。开端必须总

是——在隐蔽了自身的情况下——凸前到，所有的开始及其到来者的前面。这个进行凸前者只有在一种向上攀升中才能达到。因此，[112] 那开端性的思考一直保持攀升（和降落），这样思考本身才能把凸前者带到自身之前，且超过自身之上而凸显出去——让那山脉站-出去（ent-stehen，出-现）。

在另一个开端中的思考是攀入到（被理解为达之奠基［Dagründung[①]］的本有事件）的脟在的冗余之中。

120

开端性的思考，既不是“著作”，也根本不是“操作进程”（Verfahren），而是行走（Gang）：此行走会消失在行走活动中，然而却作为已经走过的、不可模仿的、全面的兆示（Weisungen）而保持下来——保持下来——当然只在一种持续性（Beständigkeit）之中：这种持续性每次都在追问的新的跳跃中找到它的位置。 386

121

在长时间保持缄默的沉思中，一个人必定会在一条没人走过的小径上来回行走，而这条小径会引向荷尔德林式的颂歌中的隐匿的立场方位上。在这里，所有固定下来的语词都是一种误解，因为，当为加固基地而准备的材料思想地散落在各处，被到处拖带的时候，这个立场方位只能在从事言说-进行指引的过程中，于奠基于

① 这里显然是指 Da-sein（達-在）之 Da 的奠基：于“人被脟在所具有”的状态之可能性的意义上的奠基。参见本书 429 页第 113 节最后部分。——译者注

它的时间-空间中的权力及失落性（Ausfälligkeit）中获得（bezogen werden）。因为，诗人在自己亲自进行奠基之中实现的達-在（Da-*sein*），我们永远没有能力通过反复不挠“重新体验”去达到；我们只有：在本己的行走（Gang）之艰急中，在達-在方面尽快成熟起来；在達-在中，有那么一次特例，赢获那种为众神的停留和走过、逃避和缺席而准备的开放性。于是我们就宁愿必然不断地重新放弃关于这位诗人的诗歌词语，尽管有各种的催促推动，也不去尝试报告什么东西——命题和提示，在所有这些东西上保持低调，不要被顺便算到什么“荷尔德林文献”之中去。在这里，难道不是任何类型的沉默不语都是与这类诗歌的最真切的关联吗？并非“加以肯定的”就特别“有意义”，就“最富成果”——而是，由于它太简单，并且它太过于唯一：唯一要求今天的人们去进行改变的缘故。于是就剩有一个出路：隐蔽地、宁愿在下行的东西的形态中去讲述某些东西，极其小心谨慎地为进入这种诗歌而准备入口。也许只有这样，才能够为关于荷尔德林的课程（《“日耳曼尼”颂歌》和《莱茵河》的诠解[①]）之重新加工的最初次尝试提供一些帮助，这样，在此过程中就
387 会全面考虑所有的错误解读，尤其是过于肤浅短视的思考。

122

我们拴接在一个漫长的来源上太过牢固了，此外，这个来源

---

① ［Martin Heidegger: Hölderlins Hymnen »Gerrnanien« und »Der Rhein«. GA39. Hrsg. von Susanne Ziegler. Frankfurt arn Main 1980.］（海德格尔：《海德格尔全集》第39卷，苏珊娜·齐格勒编，美茵法兰克福，1980年。中译文见：张振华翻译的《荷尔德林的颂歌〈日耳曼尼亚〉与〈莱茵河〉》；收入孙周兴、王庆节主编《海德格尔文集》，商务印书馆，2016年。）

被史学的知识覆盖的太厉害了，[以至于看不到下列事实]：完全可以成功地从它自己的基础中把本质性的思考发现出来，让它单纯从这个基础中生长成熟。因此，总还是需要在附带给出物(Mitgegebenen)的构型中对他者和给与的任务(Aufgegebene)不仅进行谈论，而且甚至要加以追问。(一个关于“谢林”或者关于“柏拉图”的讲演课，所涉及的内容尽管的确是被称呼的那样，然而它“[实际上所]是”的内容却为某种完全另外的东西)。在这种过渡性的工作中，我们自己需要一种帮助：这种帮助可以把我们从这种链条的束缚中解脱出来，而把另外的东西合乎标准地置于它的简单朴质性之中。

但是这里的危险还是很大的：附带给出物的构型一直单独保持 [115]
处于领导地位，讲过的东西又转回到迄今所熟知的东西之中，也许还被标记为是某种修正。如果此事还让“本源性”(Originalität)处于危险之中，那么，这种清算就会要深入到熟知的东西之中。只是，这里关涉的并不是“个人”，而是侪在本身之真理的另外的可能性，并藉此关涉到真理之侪在。

123

我们一直都运动在**不断进步**的时代——只是，这种进步在一个很长时间内被当作国际性的良善(internationales Gut)加以鼓励和追求，而今天又作为民族(国家)的竞争力被到处宣传：“最佳”影片，“最快的”飞机——“最安全的”工具，[使得人们]不用再滞留于任何地方，并不再生长攀附于任何东西之上——而是一切都可以在不经意间一下子就被占有，然后呢？在巨大的空虚中蹒跚踉跄，声嘶力竭地狂叫。

进步，被特意宣传为竞争力，现在已经成为更加锐利的钳子：它将人类死死地钳制在他的空虚之中。但是现在到底什么才是进
[116] 388 步呢？带来实存和带去(走)实存，而为此而真正有效的，则是出自于本来早已经急需的存在之真理。因为，我们只要睁开眼睛去看一看，问一问，比如，近代的自然科学到底向哪里前进呢？人们会说：三百年来已经[进步的]如此之快、如此之广，而且一浪接一浪地汹涌而至，以致没人再能无视这个运动。从关于自然的认知的角度出发来看，在根本上到底发生了什么？根本没有“向前”迈进一步，如果那种进步真的有能力的话，就不可能，也不允许是这个样子。因为，自然仍然还是：质点之时空运动关系——尽管有了原子物理学和类似的科学。

的确在一开始的时候，这个自然还是包容在一种实存的秩序之中——现在这个秩序也随着基督教信仰进一步的软弱无能而消失，在这个位置上取而代之的是自然研究者们“个人的”“多愁善感”。当然，面对上个世纪的[远比他们]更加诚实和真诚的“唯物主义者”，这些研究者也承认，“此外”——在他们的业务范围“之外”——还“有”(gäbe)“内在的东西”。

进步依托的基础是对存在之遗忘，所依据的是不断地对“自然”
[117] 之花样翻新的、任意性的、计算性的榨取利用。用不了多久，生龙活虎的自然就会改变到如此之程度：自然将被计划的钳子拿住并且受到破坏。但是这个过程之所以是无所谓的，是因为，该过程——只要它在不断追求破坏——总是带来同样的东西，因为它所能做的那些事情，已经在其开始之初就被汲出来了——通过利用而把自然接纳到人类的计算算计和分派到自身保障的态度之中。此外，在

不断增长的大众中出现的“仅-［关心］-自身-安全保障”（Nur-noch-sich-sichern）和panem et circenses（面包与马戏，即生活必需与娱乐）[①]的提供，把自己扮作文化业绩，以便能提出，文化的进步从现在起已经有了保障。人们看不见的是，那些在这个框架内牺牲了的东西，以及一种已经实施了很长时间的，把实存从侪在中连根拔起的去根活动所带来的不断重演的荒芜化。 389

为了让历史真正再次发生，必须发生什么事情？

124

在今天的诸事物中，造成混乱的东西，形成障碍的东西，要求持保留态度的东西——对任何清楚明确的初始立场均加以拒绝的行为——，它们出现的原因在于：在这里或那里总会有真东西被经验 ［118］
到，有本质性的东西被认知，内容丰富的事情被做了，必不可少的事情得到了支持，——而且这一切都像大洋上的散落的小岛一样，分散在各处，互不相连，并迅速又被公众场合的各种事件重新遮蔽。

想把这些业绩收集在一起是毫无希望的，就像思想上蔑视它们，想不承认它们的“价值”不可能一样。或者我们还缺乏长远的眼光以识别出：它们是过渡过程的附属物，无论如何都要回避它们，而去支持更远处的本质性的东西——开端性的东西。总是不断有人

① 拉丁文：面包与马戏。bread and circuses: sustenance and entertainment provided by government to appease public discontent；（古罗马）政府提供面包和马戏，即生活基本必需品和娱乐，以平复公众的不满。见 *Merriam-Webster Dictionary*。最早是生活于公元1-2世纪的罗马诗人德齐姆斯·尤尼乌斯·尤维纳利斯（Decimus Iunius Iuvenalis）。今天这一表达指的是：“政府的目的是要保证公共福利”这一思想。——译者注

尝试，最终把远远超前的(vorausgeschickt)开端性的东西，混同于今天的这样那样的许诺的东西，将其看成同样的东西；此种尝试来自何方呢？

一个开端通过它的**排他性**，只能是其所是；但是它仍然面临着巨大的危险：被误认为是终结的好的剩余物，并且被认为，在它这里可以找到生长点。

如果对此的诱惑源于恐惧，为何单单就坚持于开端的排他性中以及它的所有不可能中呢？如果没有这种恐惧，那么在实施中总是

[119] 在不断更新的向开端的踊跃，会是什么样子呢？一种几乎算不上游戏的游戏，它肯定不会有任何影响和收获。

这样就必然被认为，在思考活动的领域中，在本质性问题上，一切能够帮得上忙的，就是那些目前还能许诺获得成功的计谋：把迄今为止的思想都涂上一种“政治性”哲学的颜色——用不断变换的技巧和不同类型的纠缠渗透。但是对此还需要再次指出，最早也

390 要等待到第三代人的时候，人们才会成熟到进行创造性的思考吗？因为，这个未来的第三代人也需要进行漫长的准备工作——可是如果这第三代人只会玩弄从别处借来的思想垃圾，那又该怎么办？那就还要取决于今天之事了，而且恰恰因为，对于帮助本质之事来说，今天之事是根本指望不上的，不说别的，仅就它与迄今为止的传统东西的连接来说，比这些“新”哲学家们想象的要牢固得多，隐蔽得多。

[120] 那么应该去做些什么呢？去做一向就是你必须做的事情：坚忍不拔地去练习对伟大思想家的解读这门简单的手艺，习惯于做漫长的思考，并且独立地自己去思考——隐匿中——练习你最必要的事情。

125

希腊最古老的思想家们（阿那克西曼德，赫拉克利特和巴门尼德）具有的可能的冲击力为什么会如此地取之不尽，而且——他们离我们愈加遥远——独特东西的神秘性就愈加浓烈，这是为什么？因为我们没有占有他们的“全集”，尤其是我们没有他们的“书信集”，无法到他们的“灵魂”和“人格”中去进行挖掘；有的只是赤裸裸的、坚硬的词语；这些不让你到“心理学上的东西”中去找其它的出路和庇护所，而是要求每次都重新做同样简单的彻底思考。由此我们能得出结论说：只有断简残篇让我们遇到历史的秘密，最终使我们学习到某些如何把思想性的著作带到我们面前，并且把它继续传给后来者的方式方法？ [121]

126

在今天，为什么语词在简单的称谓-言说-追问上如此无能呢？为何它仅剩下去传达，去招呼，去号召的份儿了呢？为什么它不再有能力，去冲击到实存和存在之真理之中，并且作为源初的简单立 391
场的基础而在那里进行统治了呢？为什么呢？大概因为，大侃特侃和对语词的滥用，从各种可能的角度去看都已经太恢弘、规模太大了吧？不对！因为，这种状态本身就已经是真正本己的基础的远端后果。就是因为“形象”（Bild）和“腔调”（Ton）——直接性的——快速和强有力且同时又暂短易逝的可清晰听闻者，在语词面前占了上风吗？不对！因为清晰听闻也是真正本己的基础之后果。而这个基础是**真理**在其本质中的泼撒掩埋[①]，藉此而成为语词、真理和存在

① die Verschüttung der Wahrheit in ihrem Wesen，英译为 the obstruction of truth

之间的关联之完全的封闭性——然而这种关联，其活生生的本现活动（Wesung）要求另类的人之存在（Menschsein）作为这种关联之历史的场所，以致形象和腔调的优势地位无力且无法以任何形式指向或预示艺术的必然性在这个范围内的成长。

[122] 但是我们如何才能来到，并且还能再次来到进行奠基的语词的朴质单一性中呢？ 这将是一个漫长的生成之路，而且必须首先完成许多的前期工作，以及做出伟大牺牲，放弃习惯和流行的东西。

而首先就是长期的——从事创造的——**缄默**，去为未来的作品预先构建所需要的空间。而这个缄默本身必须是生长起来的——不是制作的并且不是被强行如此的，为此它必须是业已奠基的，并且靠着某种力量来实施自身的展开和建立保险性。这种力量的培植者在哪里——如果他们甚至还在忙于接管处理那些冲突，以为通过词语而实现缄默做准备的话？

127

至今还从来没有人真正地去刺探询问过，在实存的实存性（Seiendheit des Seienden）身上，古希腊人经验过并展开了的东西到底是什么。但是，我在我的著作文章中，特别是在课堂讲课和讨论
392 班上传达的关于这种沉思的那些内容，在这期间已经渗透到记述者的大众之中，并且被看作是不言自明的东西。而有一天我将会陷入一种处境：作为这种新宣布的各种发现的“剽窃者”，尴尬地被晾在那里。但是这是一定要承受的。但是几乎不可忍受的是：这些辛苦
[123] 建立的新观点没有**产生任何效果**，相反倒是人们只会拿它们到处叫

in its essence，把 Verschüttung 理解为障碍，未到德文语义根据。——译者注

卖，成就他们生意上的业绩。得到证明的是：人们并没有理解把握这些观点——而且将来也不会理解把握，尽管他们张口叼住的方式既迅速且敏捷。因此，我们可以安静地继续前行，把其它的事情留赠给那些匆忙的记述誊写者。

这是一切缄默——这是言说中必须做出的抉择——的不可避免的附带现象。

128

但是这样，如果一种哲学只有在它**被认可**(gilt)的时候，才会发生影响，那么，它就不是什么哲学；因为，哲学必须在它**没有**被认可之时，在完全依靠自己的情况下，就能发生影响，而且还要，在哲学处于它的最伟大之中时，还有能力尊重更加伟大者，但是又不会对它“卑躬屈膝”！[①]

129

今天什么是人呢？是他被认可的内容(Das, was er gilt)。他被认可的内容，恰恰是从到处流传的关于人的问卷的回应中抽出来的东西的总合——人就是巨量的、广为传播的关于人的统计结算的结果——卡片的牺牲品。这种人还将有机会碰到神吗？或者问的更清楚一点：还会有那位神，愿意降临到这种人组成的霾区吗？ [124] 393

① 黄裕生先生的翻译：“但是，如果哲学只有被认可才有影响，那它根本就不是哲学。因为哲学应当在不被认可的情况下完全依靠自己就能够发生影响，同时，哲学在其最伟大之处也仍能(保持)敬重那更伟大者，却又不使自己屈从于它。”——译者注

130

对历史进行奠基的是：那种必须经过最漫长的等待才**能够**去完成之事。还有什么东西的等待能长得过对**开端**的取得呢？因为，开端必须同时排除灾变：通过开端并从开端出发，也就是走开去并且走向前。

开端的取得之发生极为罕见，并且首先要**通过**另一个开端，而且只有通过它。

131

没什么还能救我们 / 不是在一切都无所谓的持续中，而是 / 在伟大中——它可以是俯在的某种必然性之唯一性的简朴的奠基活动。

132

史学家们都是他们的“今日之处境”的真正的奴隶。在向后回顾的过程中，他们认为自己高于“今天之处境”，并且是它的教育者，而他们所发现的东西，仅仅总是他们的今日之事——他们依今日之事将未来有力地隔离出来。

[125] 在过去的东西中来回折腾，以便把自己从十分困难的任务——即去洞见他们的今天之事的无目的性——中“解救”出来——［今天之事］在“政治上”以及其它方面好像有“目的”，但是从根本上看，他们不知道任何东西的底细缘由[①]。“今日之处境”——特别是

---

① 原文简约，参考了英译本“but basically does not know the ins and outs of anything”译出。——译者注

现在——发生了突变，多么好呀；因为，否则，哪里还会保持进步的可能性呢？

133

哲学——它的本己的东西，并总是未言说出的内容——只对少
数人保持开放，这些少数人被哲学所使用并且被它使用殆尽。哲学 394
之浅表和广泛的外表(Anblick)只是跟随着哲学的一种必要的修长的影子，许多人在这个影子里寻求康复和精神上的时间消遣，或者寻求某些随便什么用途。在这个范围内，十分容易且随时都可以便捷地出现每人都可以追求、能够作为对象与之进行“分析讨论”的“哲学”。 而且为此，还出现了一系列的、十分安全可靠的、能够满足各种口味方向的哲学的“历史”，从这种哲学的历史中，通过各种混搭，人们可以组合成不同的意见看法，而用不着到真实的历史中去把当时的真实问题强夺回来：在真实的哲学历史中，那极少数
人的出现是非常缓慢且十分罕见的，在那里根本上总是一个开端 [126]
跟着另一个开端发生着，以便知道自己是那同好者、唯一者、罕见者，并且把对手只作为一种肤浅的权宜之计来认识。为了侪在之真理而坚持一个瞬间，在熄灭中使得火焰醒目可见，这就是一切惯常的计算永远不能把握、永远不能“理解”的东西。但是这根本上也就不是，那少数人仅从自己出发能够赋予自己的东西；他们在其中所发现的不是他们的孤独[①]和他们轻蔑所有“基督徒”的骄傲——而是侪在本身的鲜活本质活动——它的时间性：时不时地(von Zeit

---

① Abseits是足球比赛中的“越位”的意思，但是，中文意义不明确，参考英译apartness，译为“孤独”。——译者注

zu Zeit)他们在火焰的光芒之中必须进入到他们的自身隐匿中。这是多么可怜，尤其是其低级的但是精心修饰的经营活动的基础就在于最高的实存(summum ens)①之中，它为所有有害的东西付出了百倍的代价，因此得以被分派到成为真正实存的资格。如果它不是这个 summum ens (最高的实存)的话，那它就是这种类型的其它偶像(Götze)。

然而，所有的“文化”恰恰都是对实存的关照护理，而所有的
[127] 侟在都只能成为这种关照护理的补充。

395 134

有些人认为，应该从原本已经死亡的大学中把“哲学”取消，用“政治科学”取而代之，从根本上上说，他们是对的，尽管他们根本不知道，他们在干什么，以及想要干什么。虽然说哲学并没有因此而被取消——这是不可能的——但是那些表面看似哲学的东西被消除了——而这样哲学有被歪曲的危险。如果这种取消真的做到了，那么哲学就从这个方面“否定地”得到保护，——这样将来就会很清楚，哲学教授的替代人就必定与哲学没有任何瓜葛了，甚至连哲学的假幌子也不用打，前提是，那个替身不再沉醉于哲学的假象之中。哲学将从公众和教育的“关注与利益”那里淡出消失。

① 这是中世纪哲学描述上帝存在时的用语：神是最高的善(summum bonum, das höchste Gute)，最高级的伟大(summum magnum, das höchste Große)最高的本质(summum essentia, das höchste Wesen)，最高的存在(summum esse, das höchste Sein)，最高的实存(summum ens, das höchste Seiende)。参见德文维基百科 Sein 词条。其中说，summum ens 是安瑟姆的说法。见 https://de.wikipedia.org/wiki/Sein。——译者注

这种状态恰恰与现实性相适应——因为现实那里根本没有啥哲学了——恰恰，如果有什么东西当下是（*wenn* sie *ist*）哲学的话，情况才会如此。

那么为什么我们还不去出手促使哲学的取消呢？在我们阻断了后继者的培养的可能性（不再招收博士生）的时候，我们已经在
做了。但这只是顺手捎带而已，特别是：这已经来的太迟了。人们 [128]
已经打算重新［设立］那种教授哲学，想要做这种工作“新的”候选人业已报道——这些人，他们还携带着那些必不可少的“政治上”娴熟，正好作为新手现在来确证认可迄今为止的东西，并把它们固定到它们的空前性（Bisherigkeit）中 。因为所有这些人都离任何的追问尚十分遥远，都“承诺”去做 sacrificium intellectus（理智的牺牲）[①]，面对这样的牺牲，中世纪人们［的承诺］根本算不上什么，因为，中世纪根本还无力继续源初的追问，也不知道其必要性——对于尼采在认知活动中凸显出来的内容，当时的人们根本不可能有任何经验。但是［尼采凸显强调的东西］对于今天的人们来说也只是一种紧急措施，如果有需要，就是宝藏，但是绝不是那种可以强迫人们将其当作严肃之事，并对其进行沉思的东西。

是的，人们“有”（hat）了真理。证明：人们现在行起事情来， 396
就像［真理］必须被研究一样。每当而且只有当人们自知占有了真 [129]
理的时候，人们才去对“科学”的加以肯定，让其有效。而“科学”走过的路从来没有像今天这样顺利过。只需要对“知识分子”进行一段时间的谩骂——只要这段时间长到人们自己觉得，对于人们

① 这个思想源于耶稣会奠基人 St. Ignatius Loyola：要求耶稣会士牺牲个人的理智，绝对忠于耶稣。——译者注

自己去占领这些“知识分子”原来的位子来说已经足够广泛且足够大量了，就可了。我们自己不要被“新”科学的无法预见的空前性(Bisherigkeit)所蒙蔽，——绝不要错认了这些科学的无根基性和它们与一切哲学的疏远。而且我们知道，对此的认知，总只能是顺便附带之事，因为我们知道：俘在之真理的历史发生在历史之本真的领域内，而且有它本己的“年表”。

135

我们这些过渡性的人（从属于过渡的人）中谁是从事**过渡的**人呢？谁有能力把第一个开端置于另一个之前，把另一个置于第一个之前，使得相互共属的二者，更加源初地、更加开端地耸立出来呢？只有那个人，在他那里有过这样的事：消失于两个耸起之间的裂隙之中——他想要说：在裂隙处奠基“**在之间**”的那个人。

[130] ## 136

只有少数人是从事**追问的**。大多数人只希望答案，而且更有甚者：他们愿意成为回答问题者，而且能为此而有所回报，哪怕只是用他们的声名鹊起(Berühmtheit)为回报也好(**哪种**“Rühmenden”(鹊起)？——顺便问一句)。只有少数人，他们能在长桥之上引起的桥拱的拱架发生振荡[1]，并且坚持在振荡中，而无视桥墩的状况——只有少数人，能认出并且钟爱追问的从事开启-从事奠基的
397 力量，蔑视从事封闭和从事阻挠之答案的软弱无力。对于这少数人

① Bogenschwung in die Schwingung bringen，其中 Schwingung(振荡活动)是 schwingen(振荡)的动名词形式，而 Schwung(震颤)是有过去分词变来的名词。

而言，最值得追问的东西就是最真的东西，就是所有财富的源泉。

137

我们必须要懂得(lernen)的是：这就像掌握一种棋艺一样，需要一个非常漫长和彻底努力，才能掌握思想上的手工艺术(Handwerk)。因为只有这样之后，我们才敢于去思考本质性的思想内容，并藉此才敢于进入历史之轨道，也就是进入思考的未来的轨道。当然那些学来的关于哲学的史学知识都是无用的，是一种负担，如果它们不能马上并且不断地融化到历史性的必然性中 [131]
的话——其前提是：我们全身心地去处理来自思考的历史性的艰急——置一切日常的“艰急”于不顾。这样手工性的(handwerklich)工作和来自最高级东西的强制，就一直保持被分配于(*zu*gewiesen)彼此相互交往的关系中。没有哪个能够在离开另一个的情况下，达到什么本质性的东西。

如果我们这里二者都缺的话，情况会如何？是呀，如果之后真正的渴望冲动，被无所不知的知识占有，以及被对一切都轻而易举地加以表述的假象所窒息的话，会怎样？为了补救，首先必须要做的是什么？置于在伟大的榜样(Vorbilder)之前吗？当然——但谁能做此事？尤其是，能够看出这类样板(Bilder)的眼睛在哪里？能够让思想上的追问(不是关于“世界观”的那些文章和书籍里的东西的单纯模仿)之必然性得以展开的空间在哪里？

138

人站在哪里？在被组织起来的亲历体验(Erlebnis)那里：作为

对组织机构(Organisation)的亲历体验那里——这个位置要被理解为整体状态:它先于任何政治态度、超出了政治态度之外,规定了现在的人。

398 [132]

139

伟大(Das Große)从来不是“量上之大小(Größe)”,不可能像它那样通过如何多-如何少来得到规定。在量上的多寡(Größe),只能让伟大(Das Große)被误解和受轻视[①]。所有的“最高级”都只能是把伟大向下拉。属于伟大的东西有:俦在之真理的源初性和正在凸显耸立的活动——满足于“依靠自身而立[②]”的东西,并且是自由之事的断然决定了的东西,它们能在其中发现它们的必然性的规则。如果我们追问,什么是“量上的多少”?那么我们就拒绝了所有的“量上的多少”(allen »Größen«)以及对它们的具体度量和计算。

140

在论及实存(对于人们来说还会成为非实存的实存)时,多数人都忘记了俦在。而从事创造的人们从俦在出发去认知实存,藉此他们就把俦在之真理置于“作品”之中,并且把“作品”置于实存之下,以便使得实存在俦在之处变得更加实存性一些。因此,对于多数人来说,必须不断有“各种宗教”——但是对于个别人来说,神就在那儿(der Gott ist)。

---

① Hintangehalten,直译:受阻。——译者注

② in sich stehend,英译:standing in itself,直译:站在自身之内。——译者注

141

历史性的沉思是对史学性的东西真正的摆脱。

142 [133]

当你的努力在社会公众舆论中得到的结果是被挂上了一块招牌（“生存哲学”[Existenzphilosophie]）的话，那就到了你从社会公众舆论中消失的时候了。不要通过停留于现在的“哲学”的“发展”和“进步”的尝试，错误地去寻求，让这种成问题的“被冠以名号”一直保持鲜活。 399

缄默地承认每一个本质性步骤的**本征时间**[1]。哪种思考性的步骤，比作为**追问侪在之真理**的步骤会更加本质性，并且更加具有唯一性？它公然对抗形而上学：侪在根本不成为问题——就像真理不成问题一样——的形而上学；而且它的根基只建立在对实存的解释上：而且是从那种“不成问题”之清晰性出发作的解释。

“形而上学”的软弱无能的最后结果是针对其自身的——对什么东西会必然出现的毫无所知，就表现在下述出路中：它是真诚的但却根本缺乏任何类型的手工技艺上的创造力，于是便把“形而上学”降级为“体验”的“玩具”。

雅斯贝尔斯——的确，他是现在可以站出来反对我的唯一努力

---

[1] Eigenzeit 在《新德汉词典》中译为“（相对论中的）原时”，在《电动力学简明教程》（俞允强，北京大学出版社，1999 年）的“狭义相对论基础”一节中称为“固有时间”。但 Eigenzeit 在相对论中的用法和这里讲的内容无任何关系。这里译为“本征时间”，就是指“构成本身特征的那个时间”。——译者注

[134] (俯在问题)的最极端的人。但是由于他的哲学和我的“哲学”都被算作了“生存哲学”,藉此恰恰充分地证明了,这个时代的无思想性。

令人吃惊的是——人们占有的风格-认知是如此贫乏——以致不在对待哲学史的整个态度之中，就已经预感无底空渊性的区别性。但是今天的文章著作，它们的渺小性就表现在：即便有可能向它们指出这种不可逾越的对立性，它们从来也没有能力认识到，在雅斯贝尔斯和我之间还存在着一个“共同的东西”：决定性的思考，它一方面与所有的哲学上的博学相反，另一方面它又与“刻苦勤奋”的世界观学院派相对立。这两者在开始之前，就已经放弃了在思考上的任何作为。但是这种“共同的东西”作为思考活动的条件是如此宽泛，而且是最宽泛，以致它能够允许极端的对立包含于其下，并在其中实施这种对立：雅斯贝尔斯的思考完全属于“形而上学”走向终结之流程；在他之前没有任何思想家像他那样需要“形而上
[135] 学”——为了“生存”(Existenz)的缘故。假如没有“形而上学”，一切都会分裂分化为空虚的“心理学”——也许它就是心理学。对
400 于我的努力而言——就是对“形而上学”本身的克服——朝着这种克服的方向进行追问——就是基础性前提。

在雅斯贝尔斯的仍在对“哲学”进行规定的第一部著作《世界观们的心理学》① 中，哪里还有存在问题，哪怕是它的踪迹呢？雅斯贝尔斯只是拒绝了“本体论”(Ontologie)，却没有克服它。他根本就不理解，“基础存在论”是达到这种克服的本质性的第一步——带着必然附着在这类尝试上所有的成问题性(Fragwürdigkeit，值得

① [Karl Jaspers: Psychologie der Weltanschauungen. Julius Springer Verlag: Berlin 1919.]

追问性）。

对他的“思考”的最尖锐的异议就是他的文章著作的广博性：其中找**不到任何一个**思考上的本质性的**问题**——那里有的只是，把历史上曾经有过的答案和立场，当作完成的东西加以处理，以服务于“进行号召”之目的。尽管如此，这种努力的严肃性还是胜过一切其它的博学，尤其是胜过一切世界观-学院派。

143 [136]

一种本质性的思想必须要经历多少缄默中的记录描画（Aufzeichnungen）和弯路，才能达到它的朴质性之中，然后才真正保持不可言说。

144

为什么本质性的思考没有了从事奠基、培植完型的（gestaltpflanzend）力量？因为对思考而言，缺少了作为本质性活动空间的**真理**——只有在此空间中，同实存的关联（从事联结以及从事成功创造的关联）才能把思考活动树立成为思考的世界本质性，并把思考交付给大地。因为真理的**本质**的奠基至今为止仍然尚未成功；源于**正确性**的统治，制作伎俩和“体验”必定得以四处蔓 401
延，世界的贫瘠化和地球的摧毁被作为真正的进步，得到支持赞扬（befördern）。所以，一切都取决于真理的本质的奠基。但是真理作为自身隐匿活动的公开性就是存在自己的本质过程。因此，历史的另一次开端——如果它到来的话——必须来自对存在（不再是对实存）的追问。

[137] 145

今天还在把哲学的最后残余伪装成世界观学院哲学的人们，为了让自己符合时代的要求，他们最起码也应该在思考上获取足够多的洞见和正直，使得他们能够将神圣的托马斯·阿奎那抬高为他们的——只适合于他们的——保护人——以便在他身上学习，人们如何在一种伟大的风格中，成为无创造性的，并且如何非常机智的让本质性的思想去服务于宗教信仰，并且能够为此给出一种决定性的基础性接合。为什么没有出现这种情况？因为这些人甚至缺乏成为思考的这种廉价的不独立性的力量，他们也缺乏，他们尤其缺乏的是手工上的自信（Sicherheit）。这种错乱是如此之严重，以致人们根本认识不到，这种“政治上的”和“忠于人民的”哲学，只不过是经院哲学的可怜的摹仿而已。

当反对天主教教会的“斗争”与所有这些错乱会合到一起的时候，这场滑稽剧就完成了。这种“斗争”是一种尚未找到、且不可能找到其对手的斗争，只要它仍然如此渺小地、如此短视地思考构成这个教会的基础状态的东西的话：西方思考活动的不断流变的形
[138] 而上学本身，这种“世界观斗士们”陷入到这种形而上学之中是如此之深，以致他们无法预感到，他们与其对手在何种紧密的程度上，共享着同样的破碎的基地［存在之“不值得追问性”，真理的无基础性，人的本质规定］。

402 146

但是，从事创造的人最大胆的认知是这样的：用他恰恰还可以

理解的东西，去帮助本质性的东西以及其它的东西——那些必然妨碍他去直接经验的东西——进入光明之中。因此，从事创造的人必须被从事创造的人所克服，藉此总会又有一个人得以进入被阻止者的光明之中，以便为此提供确证，并在孤独者的孤独的谈话中抛出那从事缄默的语词。

147

在“精神性的”“文化”方面，我们面临的［问题］还有——［首先］通过对荷尔德林的误用，使得前天的“精神性的东西”进一步“加深了”它的“体验”，也就是说，最本质的东西——尚完全不可触及的东西——经过巨大的弯路才得到把握——经过一个漫长的成熟过程——［其次］前天的“精神性的东西”用它的“饱和了体验的”语词之完善性黏住了本质性的东西。而这种“文化”的拯救者比所有 [139]
的已成为必然的野蛮还更具灾难性。这些拯救者没有把握这种文化，而只是通过逃避使这种文化继续生长。

如果任何一种口舌如簧的、精于体验的长短句的制作者，都被放在与荷尔德林同等的位置，并且让他们去冒充荷尔德林的完成者的话，又当如何？①

148

如果所有的语词——不仅通过报纸——还通过“精神性的东西”——都被用滥了的话，如果那表面上看来不可回避的、对传承

① 原文是陈述句。英译本亦改为问句。——译者注

下来的遗产的精心拯救，却只是退化为在文学性的经营性的“体验”中的堕落(Herabzerrung)的话，如果根本不再有对下述认知——即我们不再占有“真理”这一认知——的坚守，更没有什么真理的本质的话，还会有什么样的从事认知的人，敢于诉诸文字呢？但是这
403 时候，不恰恰是那些从事认知的人应该——冒着变成随便什么“体验”的对象的危险——“表现自己”吗？为了什么目的？只是为了重新“经营”这种误读吗？ 不！那些从事认知的人了解他们的时代，他们必须能够在他们的不言中期待，直至活过他们的同代人。

[140] 那种一窍不通的人，他们认为，荷尔德林“尚不完善”，随便什么蹩脚诗人，在他偷偷溜进了荷尔德林那里的语词完善性，就能逞一时之能，去完善荷尔德林。他们这是一种什么样的愚蠢和厚颜无耻的“美学上的”算计呀！

这种“走-向-终结”的诗人之行走，直至进入关于众神的逃避和到达的决断活动之空间的行走，有什么比这种行走更加完善呢？——有什么能比这种奠基：为还根本没有知觉的空间进行的奠基更加完善呢？肩负了完成这个任务的作品，难道不应该保留在一种构型之中：这种构型对于所有的“美学方面的”艺术评论家们来说必然显得是“不完善的”——只是因为，这些艺术评论家们的“完善化”依据的是他们的外在的标准和“体验”，将其作为最终之物，因此对作品自身中到底发生了什么、据有了什么东西，就只可能一无所知。

149

人将在他的势不可挡的巨量大众中继续开辟他的各种道路，为

此他要不断地重新发明他的目的和成果以及满足。他将知道得越来
越少，总有一天甚至根本就不再知道，他曾意外地放弃了本质性历 [141]
史的可能性——或者他不得不放弃？

以前那种面对实存的极高的冒险的勇气之必然性——与存在本身一起的战栗和他的那种处于实存之中时的激动人心的 Χάρις（魅力[①]）——这一切都早已消失于遗忘之中，一切都转变为性情恬然的博学的对象、一种填充物，以备偶或去填充空虚之咄咄逼人大口，和他们向一切“体验”的逃避。

为实存准备的标准变得越来越小，其结果却越来越大，自我欺 404
骗也越来越完善，“能力”（das Können）越来越可以计算，所有这
一切都越来越公众化、普及化。或者这就是过去的总是习惯性的
人之无品（Unwesen[②]）——只不过我们迄今为止没有看清楚过：我
们缺乏必要的冷静，以便把它作为必然的东西包括到人类的历史
之中；取而代之的是，从主观臆想的个别时代的最高峰那里往下评
测、贬低这种必然之事。于是也就根本没有去评估，是否恰恰由于 [142]
这种过量的无品，欧洲人才在他的历史中被赋予了未来之事和唯一
之事——也许是那最伟大之事：即最后的神的从旁走过，对此无人
有能力为任何人给出相关音信，以致在最朴质的静谧之中，在世界
和大地的“之间”之中，存在于最光明的亲密性中颤抖，它作为对
所有实存的据有事件（Ereignis）而回归到存在自己本身处，这样它
也就据有神。因此，最为必然之事就是：的确有为此而做准备的人，
他们把存在问题从迄今为止的漫长的被遗忘性中解放到它的源初性
中，并且为此把所有的伟大的业绩带回到它的本质性之中，将其重

① 西方语言中有以此为词根的字：charisma。——译者注

② 也可译为“干坏事的东西”、“捣乱的东西”、“不是东西”。——译者注

新带到未来之事中。但是，为此还必须决定去拒绝所有的半瓶子醋(Halben)，而协调平衡也必须足够坚定；它不能够惧怕那种出自错误的担心——为在“精神事业”的所有习常“行为”中早已变为空虚
[143] 无物的“优越傲慢”而担心——形成的浮躁激动和戾气。

150

在这样一个受到正确性——其实在它那里早已经失去了真理性——的重压的时代，也许只有我的那些迷失错误还具有一种冲击的力量。

405 151

任何的历史都自身创造着它的史学，或者让自己成为史学。可以这样说吗：一种历史越是有历史性，就越是非史学性的，一种历史越是非历史性的，就越是具有史学性？

应该说：一个历史陷入存在的奠基过程，并且处于实存之中的人之源初性构型过程，越浅越少，那么它就将越加多地、愈加响亮地、愈加广博丰富地是史学。而对史学性质的内容的过度吹捧和夸张，就是当下在宣告自己和夸耀自己，这些活动就构成了一种条件，使得有可能所有的东西只能以对象化的方式为走向，不再顾及什么存在的奠基活动——因为，存在已经离弃所有的实存，任实存自己去干它的生产制造伎俩上的对象化，而不屑一顾。

[144] 152

今天的所谓“哲学”，如果允许对这个名号加以误用的话，就是

1. 由对迄今为止的东西的学院式、学究式的加工[后构成的]博学，这[被认为]是一大进步：对一切都有所改进并进行了校正这个意义上的一大进步。

2. 以对尼采人道主义的半瓶子醋式的理解为基础的弱智(Schwächliche)浪漫主义，混之以格奥尔格[①]式的帝国-“意识形态”。

3. 肆无忌惮的，但是伎俩上十分小心谨慎的——完全靠着迄今为止继承下来的东西维持生命的党派-*官方学说*的各种变种。就像以前的托马斯主义者(当然跟托马斯没关系)和司各特主义者(当然与司各特本人无关)一样，那里有着同样巧妙的制造者，但是他们什么都没做成，因为他们只想着并且将要为自己做点儿什么。

在今天的这种整体情势之下，就出现了那种普通的偷巧性和浮躁性(Geschicklichkeit und Windigkeit)，他们能应付一切，而且甚至表面上看去，好像是在巴结过去时代的伟大思想家。通过这种手 406
段就加强了这种假象：一种自然的“从未听说过的”“精神生活”正在生成中。但是根本没有提到什么艰急，必然性完全是按照有用性 [145]
而量身定做的，而这种有用性作为共同的有用性已经为自己的有用性保留了足够的空间。

从根本上讲，这一切都没有被看破，对于广大群众来说，反而是比较好的：等有那么一天，大众终究还会对他们的哲学家感到惊叹不已的。

---

① 格奥尔格(Stefan George, 1868-1933)，德国著名诗人，反对文学艺术上的自然主义，提倡为“艺术而艺术”(kunst für die kunst)的唯美主义，曾一度风行于德国，形成了“格奥尔格学派”。他本人神秘隐居30多年。他本人和他的圈子一直对“纳粹”运动持批判态度，但他死后，其思想仍然被纳粹的政治宣传所利用。——译者注

但是对于从事认知的人们来说，这却意味着：对于其中空无一物的，而且从来就是空无一物的东西，无法进行反方向的保护，甚至是无法进行反抗性的尝试。

这种中世纪的经院哲学——据说居然是靠着某种丰富的精神生活——统治了多长时间？就我所知，统治了几个世纪——而且它有柏拉图和亚里士多德的后盾——尽管是非常外在的？今天的官方经院哲学，已经是思想弱智，要完成这类统治任务，我猜可能因此需要更长时间的统治。很好，俘在之真理并没有让这种哲学来打扰自己。（参见[62]页及以下）。

满足需求的直接需要，现在导致了“科学”的不可或缺的洞见。对科学的赞歌到处飘荡，到处都涉及到科学，到处都是它匆匆的脚
[146] 步，科学的粘杆儿的出现恰逢其时、牢牢粘到了最合适的地方：然后，这种粘牢之需就被“生活体验”为科学“的”权利（Rechts）的证明。到处被思想的统一和兴高采烈的情绪统治着。最壮丽辉煌的时代，将在一种新的构型中远远胜过奠基的年月——而下行人们[①]的下行之必然性为过渡做着准备；该必然性将变得比它所有的过去都更加伟大—— 而“人们”却无力对此有哪怕是稍微一点点儿的觉察。

407 153

我惊恐地注意到，今天的“体验”的快捷性已经延伸到了“发生出现”（Geschehen）之处，而且“发生出现”也幸运地升入到“体验”之中。

---

① Untergehenden，直译：走向没落者。——译者注

这样，凡是人们应该谈到本质性的东西的地方，“发生出现”一词也就不允许降临了。但是本质性的东西还用[①]去说吗？

154

绝大部分史学家在思考时都是非历史的，如果他们还进行思考的话。可以说，在他们那里，在发展中，在前一件事情与后一件事情的相继之中，他们俯瞰到了（übersehen）一切；他们可以并且必须把一切都导回到这一切之中，并且在这个过程中，本质性的东西的唯一性和历史的创造活动都在以前之事和以后之事的不可避免的附带流逝中化为乌有。同时他们还认为，不可能俯瞰到的事情（Unübersehbare）就是“活生生的”历史现实。如果他们想要从整体上对此加以把握——也就是人们称之为历史哲学的东西——那么人们就会误入到下述“观念”中去：依据这一观念，历史是自己发展的。或者误入到关于人民与个人的心理倾向和“类型”的心理学之中去。为什么历史会向史学家关闭自己？因为他们不是进行创造的人，而是对过去进行记录的人。

155

千万不能把下面二者混为一谈：一种是作为显摆学问的学院式吹毛求疵的“哲学”，一种是思想上的手艺（Handwerk）之精通（Beherrschung）。前者是目的，后者是手段；但是被转变到被创造的东西中的手段——经常只是一个句子和一句成语。

---

① 原文为 soll，直译为“应该”。——译者注

408 156

通过“存在论”，对于俘在之真理做不出任何决断，那里也没有任何可决断的东西，因为，以其本性，存在论并不了解这个问题，也
[148] 不可能了解这个问题：“存在论”阻断了这个方向上的各个道路，在可能遇到这个问题的地方，必然会对其加以误解。人们不能一面否定“存在论”，同时又去肯定某种“形而上学”——因为二者的共同基础是(ruht darauf)：从整体上对实存本身加以追问；这种追问立场已经把实存的实存性(Seiendheit)作为附加成分(Nachtrag)设定起来。

也许(制造伎俩和体验的)对存在的离弃性的时代，恰恰对“形而上学”和“存在论”——尽管是以伪装的方式——可能有很好需求，因为它恰恰是生发自“形而上学”，而且它只有于此处才能坚守一个位置(einen Stand behalten)。所以，当这些已经处于过渡中的我们，想要承认真相的时候，真理的历史、人类的历史和俘在的历史的隐蔽的向后转向，变得更加紧急，更加持久。荷尔德林还必须继续等待他的未来的到来，这个事实本身就是一个符号：越罕见，指示得越清楚。

157

我们处于**双重危险**之中：一方面，史学内容在不断更新，而且越来越多，只要那些新近被证实了的丰富的知识自己积极配合这种
[149] 可能性，宣称自己朝着应用性的方向发展。另一方面，在另外的地方，博学的仅仅-知道和一切-都能-解释均被拒斥：这些都不是来

自对历史的认知，而是一切都被引导到某种虚假神话学之中，然后，这种虚假神话学一定会在某个位置与史学相遇。那么二者威胁什么呢？受到威胁的是，我们将来通过简朴的东西还可以遇到、冲击到的本质性东西的可能性。对简朴东西的强大的敏感性将会彻底丧 409
失，坚持于本质性内容之中的瞬间将会终止。

158

近代的“科学”现在才来到自己本身：因为它现在才变得切近生活了，同时它可以前所未有地顽固坚持它传承下来的东西（Bisheriges）。它现在使它传承下来的东西成了艺术技巧。同时既“切近生活”又“孤独”，这二者再加上对计算大师们的不可避免性的不断增长的颂扬，估计他们还将使其产生“宏伟巨大”成果。

如果“生活”（也就是说，同实存本身的本质性关联）根本不存在了的话，又将如何？这种情况下，“切近生活”和“远离生活”以及它们的离合活动的艺术技巧，还有什么意义？ [150]

159

对于“**科学**”而言的危险，如果这种危险对于这种东西还有足够的价值的话，它的危险就不是在于它从科学那里拿走了“自由”，这就是说，不是仅把强制性的形式给排挤掉，而是在于，科学自己不再有能力振作起来，以便认识到，它将被融合到制作伎俩的过程中。然而对于科学来说危险不是这个过程本身，而是那种对这个过程的不断倒退的误认误解：此过程中真正表现出来的东西，似乎正是人们寻求的那种对某种东西新的“立义”（Sinngebungen），这些新立义已经不再“ist”（**现在是**），暂且不论一种意义-设立本身的就是十分可疑的。“科学”缺乏勇气，去ist（现在是）它作为近代构建物已经是的东西。

一般情况下经常显得，不管是作为无处不在、无孔不入的海量
410 存在物，还是作为它的不断变得日益强大的组织设施和它的应对迅
[151] 捷[①]，在开启俘在的时间-活动-空间——对于源初性的创造而言这是不可或缺的——的方向上来说，都不再是可以克服的了。但是，如果显得**如此**的话，那么，我们已经总是在用制造伎俩性的“价值”和尺度来进行计算，而恰恰忘记了，这里计算完全排除了所有的沉思。因为俘在和它的真理是不可通过计算得到的。——但是，这本身也要求一种准备，也许一种非常长久的，也许是一种中断多方面关联的准备工作。除了为俘在之真理的保护做好准备之外，还能在人类的历史中开辟什么道路和创造什么等级吗——？除了尝试——其第一次开端让人变成了有理性的动物——把必然没落的结果带到一种进行创造的解决活动，以便最终预感到实存的离弃存在的状态，以及在其中隐藏的对俘在的本质的提示之外，迄今为止的西方的历史还应该有什么别的隐匿线路（Zug）可行吗？ 我们并不需要把什么深不可测的“意义”发到历史之中——我们必须做的只是，在其基础特征方面（Grundzug）足够朴质地经验这个历史，以便认知到，什么东西还能为它提供尚未被装备起来的未来。

通过一击迄今为止的所有思想都被抛入到昏厥无力之中，而且所有的单纯的中介活动和平衡补偿活动都彻底扑空，通过无所不知而变得麻木不仁，根本听不到俘在之真理的稀有的、简朴的谐音回

---

① Schlagfertigkeit，字典意义是“机敏应对”，但英译为：importunities，义长。中译参照了英译。——译者注

响：这谐音回响（Anklang）——缄默中——指派给人类一种独一无二的看守任务（Wächterschaft）。

去体验这种分派的优势吧！而且为众神保留一块时间-活动-空间（Zeit-Spiel-Raum）——那些有能力于此事的少数人，将在公众事务（Öffentlichen）之中 成为任人摆布者。因为他们的力量消耗在艰急防卫（Notwehr）之中，通过这种防卫，他们——在对分派活动的艰急进行防卫的过程中——才得以点燃存在的离弃状态之艰急。此外对他们来说，存在作为保持缄默的据-有过程（Er-eignung），是不可理解的，因为存在作为自身隐匿者静静的光照——它恰恰解放了进行创造的去隐蔽活动的最高级的力量，并且使得人 411
类从有理性的动物蜕化变形为達-在的奠基者——预先就受到了禁绝（verwehrt）。

但是被创造物——特别是那些被我们称之为艺术作品者——自 [153]
己创造着一种关于艺术的伟大决断，以至于，当它正确地做出了——那个决断，“艺术”这个语词就会变得远不够充分了，变成了对有理想的动物以及它的技艺（τέχνη）的单纯回忆。因为：

“被创造者”是否只是一种已经现成在手的东西（在认知和信念上），并且愿意一劳永逸地被认为是被证明了、被确认了并根本上“得到表达”和“确信的”东西，这是一回事；而一个作品是否开放一个取之不尽的源泉，创造一个出乎意料的惊雷轰击的领域，则是另外一回事。

160

如何——什么时候能够成功做到，在最朴质的单一性中，在最美丽的简洁性中言说存在?

而如果存在之真理把来自不可把握的语词和更陌生的作品的一切烦恼和传说都给照亮照透的话，就一定不会面对制造伎俩和“体验”的“实存”而跌倒崩溃，作为非-实存(Un-seiende)而沉没。

完全陌生于我们，就已经足够简单了吗?

[154] 161

哲学的“**历史**”：最壮丽的、经过长期精心准备的、完全自由了的、走向并离开另一个开端的进发——并且这样便有一种非本质的认知，也一起重新被纳入那种作为光芒四射的存在之自身主动隐匿
412 的被隐匿之物中。

总有那么一天，在无从辨认的情况下，在它同这种抽身而去者的关系中，那种认知一定会成长为作品。

在这种历史中会出现巨大的孤独性的一种形式多变“让自己孤独”，以及在其中自身准备起来的那种可怕的静寂，这种静寂甚至还吞噬着神明路过时的雷鸣。(参见[18]页)。

存在(来自这种静寂的本有事件)隐蔽在孤单的实存中有多好和多深呢?

思想家呢?

一个大孩子，追问着大事件。

索　引

［本索引页码为海德格尔手编的黑色防水布笔记本的页码，
也即本书页边［　］中的页码］

思索六

物之本质强力的静谧。

苦思之忍受力的冷静清醒。

達-在之守护的决断性。

出自认知的对放弃的坦然

放弃即对于拒绝给予的待命状态。

拒绝给予即侪在之馈赠。

***

思考之激情的无底深渊性质

的唯一性就是根源：

本质性步骤的扼要的简明性之根源。

1

一个人必须能够站在最偏远的地方，以便找到勇气，去打破对于最切近的东西（存在）的沉默。但是，这样也使得那讲出来的内容保持是最遥远的、永远不可能变为意见的东西。

在这个时代，谁一定要当创造者，他的"著作"就不能是著作，而只能是为一种另类"著作"-世界的接合活动准备空间的工作。

处在存在之接合部的昏暗之中的实存，总是越来越疏朗透光（lichter）；在这种采光（Lichtung）之中内立状态（Inständigkeit）[①] 变得越来越简单，而在其采光中进行发光的，并非是属于我们的东西，而是属于实存之本质暴力（Wesensgewalt）；为了唯一者的陌生性（也就是为了存在——也就是为那废弃的、遭到破坏的"实存"之家中的安静灶火）之待命状态的基础构型的拒绝给予[②] 变得越来越必然。最为昏暗的就是火焰与炽热的余烬——

[1] 2

从所谓"**众神**"中解救出来：想要说的是：从所有的"目标"和

---

① =Existenz，见本译本第 43 页注释①。——译者注

② 这里，对存在的待命状态的基础构型的"放弃"（Verzicht）之必然性云云，开始译者并不理解，后查《哲学论稿》中译本 25 页（德文全集第 65 卷第 22-23 页）："但如果存有（Seyn）作为拒予而本现，如果这种拒予本身要进入其澄明之中而耸立起来，并且作为拒予而得到保存，那么，对于拒予的期备就只能作为放弃（Verzicht——译者注）而存在。不过，放弃在这里并不是单纯的不愿拥有和弃于一旁，而倒是作为最高的占有形式而发生的，其高度乃在那种对于拒予的不可设想的赠予的坦率热情中得到了决断。"也就是说，这里的 Verzicht 是一种特殊形式的占有。——译者注

所有的“肇事活动”和“肇事者”，从制作生产伎俩之所有的形式和“目的”：“那种[①]”科学，“那种”技术，“那种”普遍的运用，“那种”人民，“那种”文化——，从所有的一切都属于偶像崇拜的东西中解救出来——

为什么要这种解救，什么东西支持着这种解救？来自于侪在之真理[的支持]，藉此所有的实存才又重新找到返回它那朴质性基础的道路，并且在所有这一切中，侪在的无底深渊们便被展露出来；只有这些无底深渊还能够成为决断的之所，去决断：侪在是否只允许那实存处的实存性(Seiendheit)，还是说，它自己还会提高自身到最不保险之事的震颤(Erzittern)上去：最后的神的到来或者逃离[之震颤上去]。

3 421

侪在。——我们这些过渡性的人，在拒绝给予活动中经验到了，侪在从它自己那里涌出的提升(Überhöhung)。——

在这种提升中，出现了“在……之间”这种运作空间，“在……之间”让拒绝给予作为達-在得到的分派而被据-有(er-eignen)。在这种被分派性中，那个“達”作为侪在之真理，超出了拒绝给予活动本身，而达及了从属于拒绝给予活动的那种震颤行为的无底深渊性。

从人民的**基础**出发，从它的历史出发，以及从它的历史的基础 [2]
出发，从達-在出发，去出言**反对**人民——反对那从来未认知过真理

① 定冠词 der，die，Das，这里在强调的意义上表示，后面所涉及的对象，是真正的意义上的、实际上的、独一无二的。——译者注

的人民。只有这样才能来到它的“空间”！当然藉此我们总只是在清理地方(Platz)，以便让聚集在一起的大多数人得以在此处扩展。但是如果有一天，这个地方被给回予我们，尽管空间持续缺乏，甚至也许正好爆发大规模空间缺乏的话，怎么办？[①] 当人民仅有的唯一目标就是“是人民(Volksein)”时，当它只是保持它已经“当下是”(ist)现成在手之物的话，那么，这个人民也就没有意愿去作不带空间的人民了？——不带空间就是，没有筹措规划的区域，以在该区域的无底深渊中，让这个人民得以找到那个自身成长的高度，并发现那个深度，以在黑暗中去追求扎根，并以据有一种自身封闭者，作为承担者(真正的一种大地)。或者我们可以认为，如果“地方”得到了保障，空间自身就会降临到人民处？可悲的迷失？对于数量与日俱增的过于众多的人来说，那个“地方”首先必须真正地使得任何的空间-缺乏完全窒息消亡，藉此使得一种从事历史性创造的、
[3] 坚实扎根大地的可能性完全窒息消亡。因此，那少数人的沉思必须远远地超出现在的唤醒，以便从远处出发，使得沉思能碰到一种长远的目的，保卫沉思不要通过现在之事而陷入迷失。(参见[30]页及以下)。

422

4

我们不要去作空虚无物的各种古典主义的牺牲品：它们靠了规模的巨大和手段的完整性使得人们信服了它的“创新性”(Neuheit)。空虚以及缺乏形成一切的力量与空间性以庞大形式的虚伪和谨严深深地隐藏着，我们对此不要变得麻木不仁。这些庞大

① 原文是句号，英译本也改为问号。——译者注

形式在极易升级的熟练性那里，变得越来越容易学习掌握。而陌生性的东西却找不到任何可以突破发轫之所。“味道”变得越来越好，品味能力——对“仍-未预料者”的事先-预感之能力——变得越来越稀缺。

如果美丽的本质基础——作为存在之真理的真理——如此彻底地规避着沉思，尤其是“真理”的占有已经变得不成问题，因而使沉思备受厌恶和阻滞，我们又应该如何去预感那美丽的东西呢？

5 [4]

对史学主义[①]的单纯的反对，顶多可以导致制作伎俩上的“体验”的非历史性，但是永远不会引导到一种本质性的历史的奠基活动中；因为，正在到来的时代被各种事变所充满，而这些事变被解读为“发生”，仍没有将其奠基为历史，因为对此来说最急迫的是，急需一种源初的真理，这种真理是可以改变人的真理，能将人安置到存在之时间-工作场所的真理。

6

思考——它总想自己把握自身，想以此把抛投到存在中的速度
掌握在自己手里，为此而一直受到诅咒吗？ 还是说，存在之真理的 423
思考活动，是那样一种从事创造的思考：一种不再需要关于自身的概念的思考，因为，在思考需要自身概念之前，它就一定把关于自身的概念抛出到自身之外？但是，这个问题的提出不是使得思考又

① Historismus，通常译为“历史主义”，但“历史”已经被 Geschichte 所占，所以，只好改译为“史学主义”。——译者注

处于概念之中了吗？

7

作为一种把一切东西都归于“生活体验”的“设计方案”的“心
[5] 理学”，它对今天的人做了一种全面性的把握，以至于只差扩张到
对人进行变型这一步，就可以说，它对“体验”之万能有了全面的
了解。“生物主义的”思维方式不仅没有打破“心理学”的统治地位，
反而还使得这种统治得到了加强；因为对心理学的粗糙化，方使得
随便什么人都可以接近它、利用它。这种思维方式的后果就是，所
有的“著作”均进入到各个民族（Völkern，人民）和各种名人的分
泌物的阴霾笼罩之下。真正的著作去发生影响之可能性的任何前
提都已经消失了—— 因为，著作恰恰是当它正在发生影响时，才会
赢获被调配到完全不同的其它东西中的可能性，才通过本身而赢获
经过奠基的空间。*但是所有的生活-体-验都是对这种调配和这种
调配的要求的对抗。*“生活-体验”未经说明地诉诸“这种”“生活”
（Leben）：它是某种对自己是安全的、为自己提供不可触动的标准
和区域的“生活”。今天人们为这种“生活”悉心安排，使得人人都
醉心于此，还有什么生活比这种“生活”“更加真实”呢？“生活”
向“全方位生活”（Allleben）的提升是任意的，同时又是无思想性
的。这种提升会带来什么样的灾难，尼采已经指出了。[由此可以
[6] 看出]尼采离着生物主义是如此之远，看来，尼采的生物学思维方
424 式去证明的，恰恰是这种思维方式的表达方式的反面。

8

所有的“意义”都变成了无意义——如果“意义”意味着：“理

念”、“价值”和这样的真实的或者不真实的柏拉图主义的东西。为什么？因为，这种思维方式的基础——也就是整个的西方形而上学本身——都被动摇了。或者，甚至“意义”本来就总是无意义的——作为实存之实存性的规定的 ἰδέα 的真理只要一直保持不被追问的话？意义的无意义性和作为自身隐匿的存在，是西方形而上学的历史之尚未被发掘的宝藏——它们被分藏在许多房室中，而且由于很多变型它们的素朴性无法被辨认出了。

9

只有极少数人才能把意义的无意义性当作为伟大的光照(Leuchten)加以忍受：这伟大的光照宣布了另一个升腾。与此相反：所有的狂热者都愤怒地反对“虚无主义”，因为虚无主义被非常粗鄙地加以误解，而其实最简单的背景就是，在虚无主义面前那种作 [7]
为世界观的无思想性可能会遭到废除。

虚无主义在作为粗鄙的“唯物主义”而起作用的地方，排除了所有的危险性(参见[12]页)。但是，除了虚无主义已经被克服了的形式之外，那些狂热者还远没有像尼采早已清楚认识到的那样，对所有的唯心主义有清楚的认识。这类唯心主义的最为灾难性的品种就是那种“英雄式的现实主义(Realismus)”①，如果我们固守制作伎俩和过程，而不是固守那些“头衔”和“口号”的话。

① [Vgl. Ernst Jünger: Der Arbeiter. Herrschaft und Gestalt. Hanseatische Verlagsanstalt: Harnburg 1932, S. 34.](参见荣格：《劳动者。统治与格式塔》，Hanseatische 出版社，汉堡，1932 年，第 34 页。)

425 10

许多东西都是从“下层”得到改善，恢复正常。“生活标准”就得到了提高——“人民”由“下层”升入“上层”。但是，没有什么东西会从上层向着下层发展。因为在上层中已经不可能再有什么事件发生，还因为，这种上层和下层仅仅是那种总是固定不变的临时性的东西[①]。但是，也许所有这一切会变为为某种我们根本不认识的历史而做的整体准备活动：以使得开始萌发那为唤醒人们去进行决断而进行的撼动和强迫并且开始使其产生影响，在这些地方，到处都要求现在这一代人的肯定(Ja)。

在这所有的事情中，有一件——可怕的——但必须承受的事情
[8] 就是：首先到达的人总是更勤奋且还更出人意料地沉溺于他的制作伎俩的持续不断的“轰动效应”之中；他的“体验”还必然不断变得更加刺激；所有这些都会变成对他本人的业绩之最本己的占有，并且将一种满足置于这种类型的“生活”之中；这样，那无需求(Bedürfnislosigkeit[②])就变得越来越巨大，同时也变得越来越不可认识——如果在存在之不可测度性中的紧迫尚可以称之为需求(Bedürfen)的话。

所有的“生活”都把自己包裹在自己的被遮蔽的界限之内，所

① Vorläufigkeit 的词干 vorläufig 是跑在前头的意思，也就是，打前站、做准备的意思，因此，进一步衍生为字典意义：临时的，所以和接下来的 Vorbereitung(准备)意义上本来就有牵连。——译者注

② 日常意义是“不讲究”、“朴质无华”，但海德格尔用其词根 Bedürfnis 与下文的 Bedürfen(需求)相联系，显然不是讲得“朴质无华”，而是对存在真理的无需求、无兴趣。——译者注

有的“生活”在每日度过自己的生活时，次次刷新，此次首回，次次唯一。但是“生活”就是俯在吗？ 特别是，当俯在既不是生活之彼岸之事，也不是生活的今后之事，而是共时无底空渊呢？而各种无底空渊均为最孤独的王国（Reich）。它们是由最为陌生者——他似乎不太需要“生活”——来承载的。因此，我们绝不会**直接地**去把“实存”从制作生产伎俩中解放出来，不会去保护它们不受体验的强
求之威胁。在绕过俯在之无底空渊的那个巨大弯路之上，首先是实 [9]
存（das Seiende）——仍然只是“对象”或者是“自在的实存”的实存——在重新实存着（seiend）——在俯在中震荡，让俯在震透自己，让它把自己送出到分切隙裂（Zerklüftung）之中。（**生活的无需求性**
和那巨大的弯路。） 426

11

实存——以及对其有效的东西——可以忘记，对俯在沉思——而不是停留于顽固地坚守它的对立面：追求实存以及对实存有效的东西，并且忘记俯在。

12

技术。——人们设立技术 | 提出要求，要给出它的“哲学” | 在过分简单的非此-即彼的形式中：不是人臣服于技术，就是人统治这技术。在这里，技术本身似乎就是一架“机器”，或者就像一件工具似的，而不是对于实存的基础立场的本质后果，这种立场在实存之离弃存在中不断扩散，并且把这种离弃存在真正地建立起来，巩固起来。这里似乎是在谈论“人类”的臣服和统治似的，[实际上]在

这里这个人类自身被同样的基础和无基础所统治，而这个基础恰恰就是技术的来源。

[10] 技术之问题的这种变得越来越常见的“解决办法”，正好适应“新闻传媒的”惯例，当然技术同时被解释成属于神的圈子里的东西，以便不要沉醉于下述的看法：技术起源于使用。当然技术既不是起源于使用，同样也不是“神”的圈子里的东西。或者说，只要技术是其中的一个，它就一定也是另一个。这二者都是浮在表面的东西。

技术在真理的本质的坍塌中有它的根；通过这种坍塌，真理沉降为表象活动的正确性，而实存则下降为具体对象。所有这些沉降又都被经验为提高，稍后又被发展成进步。而这种坍塌则是俦在本身之本质在其历史的开端处的第一次动摇。我们必须下降多深，才
427 能把握那种“技术”，也就是同时把握从属于技术的人，进而为过渡创造必要的前提：这种过渡是某种不同于“统治驾驭”活动，最起码其结果不是通过自身而把自己弄花了眼的奴役制度下的那种“统治驾驭”。然而一个只是今天之人的人还能够会相信，技术这种如此巨大的东西——不是它的“产品”——终究有一天——哪怕只是能够——**消失**吗？属于这种相信的基础是**认知**：有能力去敢于认识实
[11] 存和俦在的权重［的认知］。

13

对哲学的最严重的深度误解，就是下述这种意见：我们能够而且应该直接并且持续不断地移民到哲学开启的无底空渊那里去。这肯定会失败，因此我们便认为，哲学——俦在的无底空渊——被

驳倒了。然而，这些无底空渊是之前的所有的浅表基础和背后基础——我们在它们之间来回地求逃避、求安全和求满意——的基础。但是哲学到底应该对我们有什么用处呢？直接的意义上，百无一用。如果我们能摆脱对它误解，并且藉此得以在实存中预感到侟在之无底空渊之事的话，就已经十分满意了——我们已经为它做好准备，如果创造活动的任务——不管在什么领域中——能落到我们身上的话。

14

在**历史中**，起决定性作用的不是最先发生的什么，而是最终能达到的那个最终者：它能把之前的一切都包括在内，并将其照的通透。这种最终者首先揭示出开端，藉此它自己也就显示为对开端的侵犯（Übergriff）。因为真正的开端设置了，与人相适应的终结的界 [12]
限，阻止了单纯的毙命。

15 428

关于第[7]页。——虚无主义如果以最粗鄙的唯物主义形式显现，就能摆脱所有的危险吗？是的——只要人们不要再直接堕落到它之中去，而是知道自己是优于它（sich überlegen）的话。只是——这里难道没有隐藏着更大的危险：现在这种优越性是太容易得到了：这种优越者的高度一直被取为标准，来评测那被克服者的低浅程度。这一“斗争”中所有的一切仍然隐藏着，另类的东西只是来自“斗争”的对立，而且，对手多长时间、在多大范围里出场，它就在多大范围和多长时间里凸显出来——直至在这一切中，在这一对立之前的源初的东西这种意义完全消失，变为无人知晓的。我们的思考走得越远，我们必定对**这种**危险看得就愈加清楚：对走向另外一个开端之行进的动摇；这个开端永远不可能从对手之形式里面生成，尽管同时它显得必须在此对立之形式中来准备自己。

[13] 16

被荷尔德林的著作引来的无底深渊性的(abgründig)的悲伤——它仅仅是尚对我们封闭的生殖繁衍的余音呢，还是说，它是基础情绪的更加本质性的先声：我们无法将这种基础情绪分列到常规的“目录”中——这种情绪把侟在——作为关于众神进行决断的缄默不语的区域——抬高到踌躇不决的真理之中？或者这种余音只是这种先声——一种我们无力掌控的谐振之声(Einklang)，因为我们是从被克服者这里出发去进行思考的。荷尔德林显得还是这样运动在德国唯心主义的“形而上学”之中，然而他的诗歌却在本质上是对所有“形而上学”的第一个克服。而只有当我们已经在思想上克服了形而上学的本质的时候，我们才可能把握这一点。

[429] 17

侟在——拒绝给予：作为最后的神的神通显现所引起的震颤。这种震颤是那种开放的保持——它甚至是为了達-在而开放的達之时间-运作-空间。

[14] 18

侟在——逃避中的众神神通显现的踪迹——赢获采光的踪迹。

这种采光给了拒绝给予——作为对達-在之分派——以自由；通过達-在，采光得以奠基起来，人类得以变型，实存得以是实存的。神通显现留下踪迹，本身就是这种分派，但这种留下踪迹被把握为据有活动（Ereignung）。——称谓痽在——就意味着："思考"**据-有之事**（Er-eignis）。

19

在另一开端的思考并不是为了公众的。当公众还能对这种无用性给予某种关注，还期待无论如何会作出什么答案，作为一种对获得"满意"之希望的担保和证明的话，公众就会遇到所谓"哲学"。对于习惯性的思考来说，没有什么东西能比落入无用之事的步履更加陌生和可疑了，因为，那里——依据寻常的算计——能算计到的只有损失。拒绝给予活动的采光之**无保护者**，是一场在痽在自身中吹拂的**风暴**——据-有本身就站在这个风暴之上。——暴力——驯服、破坏和没落是痽在的朕兆。但是这种据有事件（Ereignis）的风 [15]
暴是痽在之震颤中的神通显现之亲密性（Innigkeit[①]）。

如果未来的思考**不**为它的任务的**这种被陌生化**（達-在之奠基活动）之实施做好准备的话，那么它就会错失下面的一切：哪怕只是把对痽在之真理的最临时性的追问置入被接合的（gefügt）语 430
词中，并期待那少数人的聆听能力，且让他们远离那些隐秘邪路（Schleichwege）。

关于这种思考活动的可能的传达到底说了些什么呢？

---

① 这种"亲密性"同风暴与震颤的意义联系，也许只有联想到交配活动的剧烈性才好理解？——译者注

20

只有当達-在诗意地-思想地从自己内部出发去发现它的另外的开端的时候，历史性的達-在才能避开并超越我们的政治性的意志。所有对政治性意志的单纯跟随，都是不充分的，从来就是与我们的历史使命的独特性不相适应的。我们首先必须要从中解脱的思考和表述的传承的错乱，是一种什么样的错乱呀？在其中备受煎熬
[16] 的失误错乱盘根错节，除了与开端之完全另类的东西的临时结合，
还会有其它更好的出路去达到这种解脱吗？

21

当届时的从事创造活动的区域的源泉愈加本己地处于它的开端之中，并展开它的统治时，从事创造活动者对于其被赋予之使命的从属性就越加亲密。创造活动的统领性是对其服务性[①]的唯一成熟的保证——如果对此的思考和要求还是必要的话。

人们习惯上总是把“服务”认作只是臣服和服从。最纯粹的服务就是统治。

但是什么东西有可能在统治上面支配管理侤在：那个在其中实存才能成为实存性的东西的侤在呢？人是如何奠基这种统治的？奠
431 基者必须成为被转变者。

22

“科学”。—— 它将无法从自己的业务的服务性中摆脱出来。

---

① Dienstbarkeit 也可译为“臣服”。——译者注

而它的这一特征是其近代本质(对所有事物的可计算性和可说明性 [17]
的追求赢获)的结果。服务性得到加强，“成果”和“荣誉”现在变得更加伟大——除此而外，一个仆人还能追求什么？而“成果”和“荣誉”的程度大小已经得到了保障，因为一个仆人已经贡献出了非常前途无量的服务：自然科学在为科技的使用而工作，而人文科学则追逐着“德意志[的需求]”。人们每次都是为“人民”服务，当然是在坚持纯粹的“理论”任务口号之下，并且激动地反驳所有专业学院的反对，并且保障，人们很快就会回归到纯理论性的“问题”上去。

而在事实上对“成果”的不可预见性很快就暴露出来——认知将变得愈来愈非本质性，因为，人们在一种新“建起来”的——从根本上讲是 1890 年代建立起来的——业务中再次有了舒适感，特别是现在人们发现了许多东西，是上一代那些“自由主义的”先生们根本没有想到的。在这种气氛中还要思想性的追问干啥？还从来没
有发生过从“科学”中发源出哲学这样的事情。哲学是从哪里来的？ [18]
从哲学自身。关于这个源泉还有什么可思考的？

23

在侪在的所有的惊诧性闪烁的极罕见的各个瞬间之间，在它们之间坚持着自身的那漫长的过渡时代中，站在那里从事创造的人是谁？

24 432

“**时间性**”——他们仍然一直认为——[这是指]变换的进入

和前后相继的奴隶制。

然而时间性毕竟是“时间”的**驾驭掌控**，而没有逃避到空无的死寂和永远相同之中去。这种驾驭掌控就是时间性：作为内立于存在之真理的开启之中的内立性(Inständigkeit)。

时间——自行接合为接合部的时间——作为自行隐匿的采光而本质着的存在之震颤。(参见[13]页)。

25

到底是什么原因使现在**罕见者**不再能够存在，使为罕见者挺身而出的强大者的缺失？因为，一切首先被化为中等平庸，因为一切都被做成触手可及的东西；因为一切都是可控的，一切都会马上变
[19] 为无人不晓的东西。

这里例数的，只不过是些无力为罕见者做准备的软弱无能的结果——[这些罕见者]经常并且长期拒人千里之外，而且在这种拒绝给予中自己返回来向自己提示自身。这种无能是无力测量提示的作用范围的无能，是无力不加保护地走进这种测-量的无能，是无力对提示进行追随的无能。最罕见者还处在一切东西和每个东西之中——而存在——比虚无更加陌生，因为，它自己把虚无作为自己的影子抛投在自己周围。

26

估算“史学毁灭历史”的可能性，就意味着：史学只让那些作为值得描述的东西有效算数，这就主动窒息了任何一种对从属于历史之隐蔽之事和唯一之事的要求：[也就意味着]**历史正走向没落**，制

作伎俩和体验的中国风（Chinesenturn）已经开始；把所有的实存都
挖空（Aushöhlung），并且把历史性提升为不可想象的东西；完全忘 433
记了历史的没落的进程。在一个什么都没有发生，只是把史学性的
东西，当作迄今为止的所有历史的最伟大的“事件”来宣传的地方，
那里可能会有历史吗？历史正在走向没落的时代，就其本质而言，［20］
估计是一个非常漫长的时代；它是如此漫长，以致对它的任何回忆
都成为极为令人厌恶之事，并且会重新变回为“年代学”，变回为对
闻所未闻的“经历”的闻所未闻的系列的记录。

不是西方将走向没落，而是西方的历史受到没落的威胁；而西方自身则受到制作生产伎俩上的和无历史的持续现存状态的威胁；当人变成愈加渺小，愈加不需要回忆，愈加无能力沉思的时候，这种状态就可能使自己变得不那么令人厌恶了。

27

人们把荷尔德林算作“经典”的这种要求还会坚持多长时间？
只要人们还认为，经典是某种最高级的东西，而且它首先以此证实，
一种同古希腊传统的关系是确定无疑的，［就会继续如此］。这种
荒谬可笑的文化误算，在必须拒绝“人道主义”的今天，有着某种良
心不安，于是人们发明了一种现实主义的古典主义。假如只有这种
不同“文化类型”游戏性相互对比的话，那这种东西根本不值一提。
但是这种“精神历史性的”（狄尔泰只是以某种粗糙的修改外表的
方式，对它进行了粗糙的摹写的）“文化形态学”只是人们已经将其 ［21］
抛在身后的臭名昭著的19世纪的思维方式的后果。因为，**依藉**这
种史学性的谋算和预言的自以为是，对历史性的无知也就同时日益

膨胀，于是这种经营追求就有了它的自由活动的场所，起码是在政治上还能“及时”得到掩护的时候。（参见[22]页）。

434 28

今天本质性的传承中的许多东西必须被牺牲，可能是因为这是不可避免的，且并非必然是一场灾难。相反更加阴森可怕的是另一件事：再一次对这种损失的巨大进行沉思的可能性变得越来越小，并且面对沉思软弱无能时，用厌恶反对一切的沉思活动，最终使可能性完全消失。（通过史学、现在是通过所谓的真正的“正确”的史学而达到的历史的没落。）

这种可能性的消失是一种僵死的和粗鄙的历史学的泛滥的出现。而这种东西的增强又只是实存之隐蔽地对存在的离弃性的一个
[22] 后果。

29

“文化形态学”是19世纪的遗产之一，当时人们曾经认为，它本身能够去建立并且导出一种关于（文化类型）的体系，而如今人们有更多的洞见，而且自己站在某一种特定的文化类型的立场上，从那里出发去决定，是超过其它文化还是反对其它文化。这显得非常“讲求实际”。但是从根本上看，仍然是停留在古老的缺陷之中：逃避任何的本质性的沉思。人们对此有一个辩解，并把这种辩解作为深思熟虑给晾出去：人们放弃了“方法上的东西”的讨论，藉此而在关于“方法”的思想上缺失了“方法上的东西”，而这种“方法”是在新康德主义和实证主义的“科学理论”的“方法论”中出现和流行

的。人们并不知道,作为真理奠基之途径的“方法”是对事物的——人们要说是哲学的事物,也就是说,对存在的——所有沉思的最本质的一块。

30 435

一个“时代”,该时代的人变得越渺小,渺小化的发生过程就越不引人注目、越迅捷——起码在该时代自己的眼里——这个时代就越伟大。这个过程产生了一个必然的结果:任何一种沉思都被“体验”为一种反驳、一种单纯的怀疑,甚至被体验为一种对抗。在 [23]
把这种价值评估提升为原则的地方,所有的平庸性和思无力都得到了它们安全的保护和永不言败的辩护。沉思现在成了懦弱和怀疑成瘾的标记。与此同时,人们又把以前的沉思成果和业绩作为某种不言自明的东西给接受下来,如果不是甚至将其当作自己的发现的话。时代的真正伟大,首先失去的是其榜样性的力量施展自己的活动空间。但是具有本质性意义的却又不是对这些事实的确证——而是要认识到,那种服务于自己能激励刺激自身的生产制造伎俩上的“体验”之真正的气候氛围(Luft)——在其中首先一切其它的“生活”不知不觉地被窒息而死——是如何构建形成起来的——还要认识到,所有这一切不是通过今天人民的偶然的失败而造成的,而是数个世纪在这里走到了它们的尽头,因此,对这些过程的简单的否定性的贬低,只能错误地导向最大的迷失错误。

为反对这种看法,就必须从本质上认清楚这种状态,并且将其把握为:服务于过渡的每一步骤的不可阻挡的出发位置。

[24] 31

现在“哲学”还能是的为：

1. 史学上的和理论体系上的丰富学问的堆积。(为什么不能去除两千年的思想传承中所有的错误，最终通过十分勤奋的教科书编辑工作，总括汇编成一本“正确的”“著作”)。

436 2. “经院哲学”(Scholastik)——当然是对那些来源各异的“思想财富”之发掘性的护教性的加工工作的最新版本——服务于基督教教会——把相对来说还算正常的“水平”的混搭，当作总汇的基本规则。

3. “经院哲学”(Scholastik)——但这是还在以寻求它的亚里士多德，以服务于政治上的世界观的哲学(基本原则：掩盖和拒绝承认这种哲学所发源的“来源初处”)。作为偷窃原则的“结盟关系”——对最可能未被教坏的人的择选——应该把一无所知的人当作“听众”，对他们进行演讲。花样翻新地进行奖励表彰的组织。

4. 作为对哲学的咒骂和它那早已落伍的世界观胡扯的“哲学”。[25](基本原则：所谓的反对基督教的斗争——不用自己本人是基督徒，并且不用非得去进行彻底辨析分析。)

5. 对所有种类的“哲学”进行加工处理的新闻媒体那样的灵活性，依据情势的不同施用不同的计量的灵活性 ——(《法兰克福汇报》和其它报纸的写手们的牙慧)。

大量无关痛痒的琐事——就本身而言——；但是它们共属一体(直至公开的认可)并非偶然，在此共属一体中，“哲学”的所有这种孬-种还都是“精神上”和“文化政治上”的处境的具有本质性的内容。所有这些加在一起有着共同的以及各自的、隐藏得十分拙劣的利益，排除对第一性的决断和沉思穷追不舍的真正的追问，尤其是面对偌在的值得追问，面对实存的任何无保护性，紧闭双眼。因此这种非哲学的“同志集体”时刻准备着采取行动，以服务于巩固实存之对存在的离弃性和它的雏形——虚无主义。

但是假如所有这一切不仅被评价得过高，而且被完全颠倒地评 [26]
价的话，一个人就会藉此而被引导到一种公开直接的战斗之中，尤 437
其因为这种“哲学”仍然是平庸性所必不可少的手段。所有平庸的东西，就是本身没有任何分量、从来不会生根的东西，它时不时需要一种对其不可避免性的紧迫证实，以便能总是保持平庸且可用。

上述这种类型的“哲学”现在还可以是：只去证明，几十年以来，哲学就已经是被抛出了它的第一次历史的伟大轨道之外，因此不敢再去冒险，不敢通过转弯重新进入轨道，去从事本质性的切磋辩论——通过这种切磋辩论，哲学将看到它自己的无根基性。（对实存的引导性问题——如果还有人问及它的话——并没有基础，除非这一问题是从对偌在之真理的基础问题中生长出来的。）

当然凭藉这个问题而被提上来内容，要求人的变型，并且要求所有哲学中之唯一的和最高的东西，即，哲学要在偌在之真理的奠基活动中从偌在里给出自身的源泉，并藉此去拒绝任何的
拐杖、依托和任何证书——。这是最难于把握的：对偌在的苦思 [27]
（Erdenken[①]）敢于从無（偌在的影子）出发思考源泉：作为实存的实存整体。偌在被大胆［思考］[②]——是否是对偌在之真理从事奠基的

① 英译为 the productive thinking。——译者注

② Das Seyn ist zu wagen，中文无法表达这个被动意义。——译者注

人，在这种基础和基础的坚持中——也就是展开中——自己发生了变型。哲学与该任务的接手和准备共兴衰。

在这个任务中重新回到哲学，就意味着，放弃任何**靠着**尚有效的和在被经营的东西，或者只是从这种东西出发以及从它的对立面出发，去进行直接理解的尝试。但是从流行的观点和它的维护者的角度出发来看，这种放弃还会跌入最为棘手的孤僻和固执之中。

这种放弃不可能显示出它的本质性的东西和第一性的东西以
[438] 及承载性的东西：源初性的被据有的转向侪在之真理——达-在的内立性。

32

对于所有未来的工作来说，荷尔德林式的作品的**唯一**使命(Geschick)就是，唯一预先规定作品对于历史的从属性。因为这种作品并不契合单纯寻常误认误识，亦不契合因其困难而［引起的］单纯驾驭无力——这种作品涉及的唯一东西是：在未来之中远远超
[28] 前地铺垫决断活动的领域，并且恰恰因此，同所有的从事算计计算的当下，持保距离；且就像过去的东西一样，成为依据时代精神而不断变换的解读的牺牲品。

33

在通过单纯的知识癖好所推动的**史学**之泛滥(Übermaß)的误导下，我们看到的历史只是历史(发生的事件)跑去和跑过。对于先行跃入到［历史］的发生的预感，以及对于由此发源的、漫长的、隐匿的、最本质的东西的滞留活动的预感，以及从这个空间(从先行-

跃入的滞留活动之空间出发)去为历史性的伟大制定标准，我们无法胜任。(参见[102]页)。

34

一个作品必须要多强大，才能持续地在自身(不是由于当时的同代人的无能)保持反时代潮流呢？这种“反潮流性”是任何真正的，也就是，总是看不见的、间接的“影响”的前提。衡量一个作品的强大，是看它首先在多大程度上驳倒它的创造者——这就意味着，奠基与其所是的内容——他必须自己曾站在其中，并且曾经必须站在其中的内容——完全不同。因此，所有的“传记”和“心理学”以及“生物学”和“社会学”对于该作品和它的“影响”来说啥都不是。这些根本不取决于被理解，如果被理解意味着：一个时代的理解范 [29]
围的可解说性。

一个作品(Werk)的“工作手段”(Werkzeug)经常是：在作品中重新识别出人们自己，找到他的理想图景实现，人们可以依照这个理想图景来塑造改变自己。这个作品成了一面镜子。而这面镜子，通过把作品当作一面镜子而将成就它之所是。这样，作品就被降低到是其-可体验性之标准制定者的水平。

对于一个作品的真理而言，什么叫变为成熟？“艺术理论”向我们指出的作品是什么？如何是的？“仅仅”还在记忆中？或者对于长高到伟大之中者来说，记忆是唯一的空间？我们应该让一切去适应“恢宏伟大”吗？我们之所以追问这一切，就是因为我们这儿“诸作品”四处败北，这个作品[亦无例外]？因为可以效仿的可能性已变得太大且无边界？而我们越把历史看得渺小，我们对这些变得更加杰出的成就就越满意。

35

在现在从事的一切东西——如果它还有什么东西比某种政治上
的新秩序多点儿什么的话——的背后，一定对我们尚不认识的东西
做着准备、一定对所有创造性决断性由之被规定的东西做着准备：
[30] 真理的本质之变化。

36

“凯撒的物当归给凯撒，神的物当归给神”《新约 · 马可福音》
440 [12∶17]。这个“口号”现在成了一个“政治性的”口号，但是它是
基督教的口号。在“凯撒”的位置上出现的是人民政治的世界观，
但是神还是基督教的——就是说，是基督教会的——即罗马教会的。
分配“世俗”与“天国”的资格（Ansprüche）和“权力”本身——依
据其接合勾连——就已经是基督教的。谁要是赞成这种分配，并且
让他的行为与其保持一致的话，谁无论如何就必须站在“正能量基
督教①”的基础上——前提是：在其背后站着的仍然是一种决断性，
而不是启蒙性的谎言。换句话说：一种完全另类的“世界”和“真理”
的源初性的创造的可能性，藉此便彻底地被截断了。但是，也许这
种视野并没有带来什么陌生的东西——因为，人民政治的世界观把

① 所谓 ein “positives Christentums”（正能量基督教）实际上是德国“纳粹”运动的副产品：主张积极配合“纳粹党”的种族主义反犹政策和各种政治独裁主张和措施，以换取基督教的存在。——译者注

自身理解为“永恒的”、“已经完善”的东西。从“皇帝”和“神”的方面,以及这种区别本身来看——人们到处都有“真理”。所有的[问题]都被解决了,都有了答案。完全的无问题性的时代降临了。所有的追问——所有的“难题”都完全转换到“世界观”和“信仰”的 [31]
贯彻、设置、传播、巩固的领域中——与此相应,在“艺术”、诗歌、文学意义上的“创造活动”领域只具有表达、验证和证实的功能,因此,本身已经得到安全保障。这里只存在一个“难题”:这一切如何才能办到让自己“统一地”服务于“人民”并将自己带到“人民”之中?

完全彻底的无问题性是这样一个世界的基本特征,而且是这一“世界”的必然的特征,在该世界中平庸性应该占着统治的地位。但是平庸性从来不会凭借自己就能达到统治,而是需要与之相适应的伟大业绩。这些业绩中应该有平庸性的荣耀:它让(关于存在和真理以及達在的)本质性的决断无条件地不被触及——而且相反——坚持在传承的习惯区域中。

完全彻底的无问题性的时代必须从自己出发挤向“永恒性”——因为,在它这里除了它自己的**持续性**之外还能剩下什么?这种持续性维护着所有东西的**下述内容**,以一定的形式在任何一个 441
时间点、在任何情况下仍然会有一种“未来性”出现。

这个时代现在可以——违背自己的意愿——去为新的开端的而进行的完全彻底的颠覆做准备。为什么呢?因为基督教信仰——尽管有个人的严肃性——将所有的创造性的力量和这种力量的影响力都消失殆尽(通过近百年的适应处境的手段和护教策略),并且还因为政治上的净化和集中开辟了一块基地,由此出发可以使得与无问题性以及超出它之外的状态相对立的另类的东西出现。到底将要发生什么,谁也不知道。但是有一点是肯定的:在传承下来的东西中进行平衡的态度，以(基督教眼里的)世俗和天国为基础对真理的考量必须被破除，如果真的有那么一天**真理还能**再次**成为真理**的话。

37

所有的创造活动都服从下述规则：稀有且善，且这善品十分难得；而不是：众多，低劣且廉价。但是现在新的东西刚一出现，就显得是最终的东西，因为，似乎发现了一种可以摆平一切的规则：众多且善，而且一切都廉价，这是如何可能的？

事实上这是一种可能的要求。如果它能获得垄断的有效性，那
[33] 么**罕见者**便被扼杀了。罕见者——并不仅仅指时间上的罕见——为漫长的时间间隔中的缺席者。罕见者首先是非寻常的，是困难的，鲜有人能接近者。但是平庸性的善发源于哪里，如果不是源于罕见者的**不-再-可及性**的话？这种善品总是仅仅停留于“不-坏”并必然以廉价和大批量[的形式]作为对唯一者的补充到处扩散。

该要求：众多，低劣，廉价——作为“生活塑型”(Lebensgestaltung)和“生活态度”的基本原则——扼杀了它自己的可能性，
442 如果它同时想否定罕见者和唯一者的话。但是为保持自己的权威性角色，它能不如此吗？的确非如此不可。这种好的和最好的平庸的不宽容甚至是有其必然性的：藉此以使罕见者和困难者能够同时保持为可及性上的困难(schwer)。这个创造活动的“规则”以及它的影响在**历史**本质中有其基础，而历史本身又是奠基于该创造活动中的。

历史：总是不到场者的各种相互陌生的展露(参见[19]页)。陌生化本身就建立于历史的关联之中。总-不到场者——并不是某种空虚的同样者——而是存在之最丰富的基础之基础的莫测不可探

究者（Unergründliche）[1]，在这基础的莫测不可探究者之中，实存将 [34]
遇到并离弃神的神通显现（Göt-terung des Gottes）。只有当我们忘记了史学，当我们完全摆脱了作为思想方式和计算算计方式的史学的时候，我们才能体验到历史的这种本质。

38

有两条道路可以达及**历史**（不仅是过去之事的历史）：一是作为基础而不可被研究的东西（Unergründete）以及对我们而言尚完全陌生的东西；一是作为众神之尚无决断之神的最罕见的并且唯一的神通显现之无底深渊：实存的完全垮塌，以及伃在的变型。但是每一次都靠了人类的達-在力量——该力量通过垮塌和变型而调整自己的情调并且让其规定自己的形式——去决定有无此幸运：達-在力量仍有机会上场发挥作用。

垮塌的道路是短促的、突然爆发的，具有仅仅是“新”和“前所未闻”的东西装腔作势迅速荒废的巨大危险。

沉思的道路是漫长的，隐匿的，在表面看来一直是无影响力的。443

或者两条道路都是必然的，而且二者根本不该相遇？这意味着
什么——这两条道路相互之间的互指性到底意味着什么？就意味 [35]
着：今天我们已经完全离开了真理和伃在，只去追随传承下来的和可计算的东西——需要从事颠覆**并**从事变革的大事件，以便把人类再次置入到诸物之静谧的本质强力（Wesensgewalt）**之前**，并置于从事创造的激情**之中**，并且把这种开放奠基为拒绝给予之采供的那个

① Unergründliche 和下面的 Unergründete 也可以译为“不可论证者”、“不可被论证者”。——译者注

达，并以此达到那离基深渊之时。

39

真正的优越性是辐射性，而且是**等级**之不可见的辐射性。等级——本质上不可以逐步得到——属于**達**-**在本身**。因为只有達-在才有能力把本质强力的伟大留给诸物，并且在其伟大的光照之前惊诧。所以，真正的优越性来自伟大化诸物的力量——；这里所谓的伟大化指的是：给予伟大、让其伟大（参见［83］页）。非真的优越性靠诸物的渺小化而活着；这种渺小化把平庸性的恒定当作前提。（关于伟大，参见思索五，［106］页）。

［36］ ## 40

我们站在何处？——当我们提出这一问题时，我们**直接**追问的是我们所认为的人所共知的可以概览的历史空间中的“位置”，它本身被认为是手头现成的。这种看法是一种错误，但是对于一个仍旧还在受“史学”、“心理学”（以变换了的形式）培育的时代来说，这种错误是很难且需要很长时间才能被看清，特别是在随时都可以很舒服地对时代在“精神上”、“政治上”和“文化上”的“现状”做
444 出规范界定（Umgrenzungen），并且相应地将很多认知价值相互混淆在一起的时候。下面这一点是最不值得在这里认真加以考虑的：在这种“心理学上的”和“文化鼓动宣传上的”地理学方面，一种对于“历史”和“处境”的先入之见仍然有很大的必要保持其决定性影响，并且使得所有这里算计计算都变得成问题。但是（我们站在何处？）这一问题的这种半吊子（das Halbe）和完全不充分的东西，

以及腐朽堕落的东西，弄虚作假的东西也许恰恰因此而被最真实地摆在我们面前，如果有那么一刻我们能**驻留**（aufzuhalten）在“何处”之直接倾倒中和规定之中的话。这种停留（Anhalten）是通过下述 [37] 的简单思考而达到的，即这里还留下另外的东西需要追问：**我们**在何处？“我们”？谁是我们（Wer wir）？表面上看起来这好像是很清楚的、很确定的，好像只需要告知“为我们”的具体的处所？但是难道不是一切均取决于那根本未经追问的“我们”吗？ 也许是对我们寻找的我们站立的“**何处**”之回答？那样的话，那经常使人觉得如此深刻和如此彻底的问题，将真的不再成为问题了——而仅仅是淹没在“史学”中的人类的最后的手势——这个人类还自以为他是历史的统治者呢。

于是当某个问题应该在这里得到追问，沿着这个思路，这个问题就必须是：不能够逃避对某个何处加以规定的我们到底是谁？然而这个问题把我们抛回到更源初的问题当中：在问谁的问题中，为什么**我们**必须追问我们呢？在规划问谁的问题的时候，已经被开启肇始的是什么东西？答案是：来到问题中的那个自己性（Selbstheit）。但是什么是自己性，以及属于自己性的“何处”呢？难道自己（das Selbst）不是对“人格”的“表达”，而“人格”又是“精神性东西”，并因此是与空间陌生的东西（das Raum-fremde）吗？

但是这里所讲的“何处”是习常所认为的“空间”吗？而自己性 [38] 与其说是表达，不如说是“人格”的基础——此基础是如此地本质，以致当自己性被把握的时候，对“个人”和“人格”的克服就已经完成了，并且藉此也完成了在肉体、灵魂和精神的区分中对思想的克服，难道不是吗？

那个逼迫我们去对“何处”加以规定的我们到底是谁？是達-在 445

的奠基者吗？我们(现在)是(Sind)这个规定吗？或者我们去尝试进行奠基的第一步，去追问下述问题：我们站在何处？我们如何转变？在这个地方我们预感到了某种抛投的力量和一个真正提出的问题的转变之强力？

“我们是谁——以致让我们……如此？”① 这个追问与直接问“我们是谁？”相比是完全不同追问。只是，这个问题，不管以何种形式提出，能有望让自己的提问指向答案吗？换句话说，一个时代能认识它自身吗？还是说，只有后世才能认识它？可是，这里所说的“认识”又是什么意思？问题——正确的理解——根本不是问某个现成在手或者过去的具体的人，以及他的类型。这个问题是如此独特，以致必须首先问，哪个是被打听者(Zu-Befragenden)，必须
[39] 首先将其询问清楚(erfragt)。这种追问总之是在表明人的一种不寻常的处境：对此处境专门加以描述是不可能。我们站在那里？——如果“站着”作为对于人的存在之标识其意义比现成在手更加丰富的话，我们站着吗？如果“站着”所意味的是实施与坚持达-在中的内立生存(Inständigkeit)，那又是什么情况呢？我们尚未站着，而是依附在有理性的动物的活力和理智性之上。

谁愿意去争辩：这里不会“发生”什么了，而且这种发生的影响是如此巨大，以致就目的而言，甚至最终就真实之事的真理而言，它使得我们成为多余的了。(参见[84]页及以下)。

41

为尼采这部作品的所做的一切工作中，时代精神的适应性

---

① »Wer sind wir- daß uns ... ?«

(Zeitgemäßheit)之风不断吹拂，现在越来越占上风。这样也好。但是为了使作品本身向它的真理开放，这是远远不够的。

也许该作品在从喧嚣之中解放出来之后，还要通过被遗忘，才会得到更新。瓦格纳与张伯伦[①]现在胜过了尼采，这并不奇怪。这 446
只能解释为是面对公众舆论而对该作品的一种保护。 [40]

42

每个从事创造的人作为创造者必然与任何类型的“世界观”都处于对立之中。但是这种对立因此对于他而言总是非本质性的东西——从来都不曾是动机，更不要说是目的了。

43

德意志种族的[②]世界观在一个历史总汇任务的范围内，有它自己的必然性。依据它的视域，它能够直接并且很容易就把它的“整体”的特征凸显出来，展示清楚，起码就一切创造活动而言是如此。人民是地基，一切创造活动都是在其上进行的；如果把创造活动看作过程，那么人民甚至就是根(Wurzel)：创造活动从之长出并站立起来。人民最后还是创造活动之影响的目的和区域。

不管这一切显得是多么确定无疑，但肯定仍然是表面的——只 [41]
要这个世界观围绕着的人民还没有进入真理之中，还没有被置入到对存在的追问之中，并因此还没有被挤出(hinausgerückt)到其本质

---

① [Houston Stewart Chamberlain(休斯顿·斯图尔特·张伯伦)(1855–1927)，是《19世纪的基础》(Die Grundlagen des neunzehnten Jahrhunderts)(1899)一书的作者，1909年与瓦格纳的女儿Eva结婚，是反犹太主义者，希特勒的早期支持者。]

② völkische，纳粹时期的专用语，指德意志种族的。——译者注

的侥幸-相遇性之中的话。一个“人民”(Volk，民族)的特质，使这一“人民”成为适合承载(前述多种意义上的)整体(Totalität)；这样这种特质，当它被有意识地看作是唯一者的时候，就在自身中潜
447 藏了一种危险：在自身的唯一性中，人民就不再有能力容忍自身加以追问时保持尊重追问(Frag-würdigkeit)，而陷入其“整体性”之中不能自拔，于是乎就对存在之“整全”(das Ganze)置之不理，这就使得自己面对诸种决断——在这个范围内人民也许有一天会被要求做出这种决断——而犹豫不决。(参见上面第［2］页及以下)。

44

当那些可以临时得到理解的对某种“唯理智主义”的不信任，意外地将自己固化在一种在本质性思考和认知上公开的软弱无力之中时，会怎么样？当无所事事的思考的静谧力量的预感消失了，会
［42］怎么样？如果把“科学”当作技术的不可或缺的形式重新并以加强的方式加以肯定的话，以致使科学首先只传播歪曲的知识概念，从而真的阻碍本质性思考的更新的话，到了那个时候，该怎么办？

但是，有谁愿意去决断，是否必须继续这种本质性沉思，甚至应为它创造一种唯一的可能性，让它再次去进入工作。总之——谁在干扰思想的工作？无其人。——干扰该工作——在其较弱的尝试中，自己通过贪欲而只追求自己的一种错误的公众有效性。

通过对真理的本质的冥想思考(Erdenken)，实存让自己完全消失了？单纯的“思考”，从其匆忙草率的奉献与作为来看，能够干得了什么？如果“思考活动”像当初那样思考本质性的东西，并对真理重新进行奠基的话，“思考”为什么会无能为力呢？如果思考活

动的目的和要求，它的评判和估价没有了场所（Bereich），它的广泛
的效应和运营又能是什么？从一种十分古老的、已经被忘记的、许 [43]
多人根本无力记起的真理之本质的奠基出发。無作为单纯的無根本 448
无力消化掉这种绝望，如果没有真理的话。

对真理的本质进行思考的思考活动之源总是得不到人们的关注；它不让人们对它进行标示——那种直接的宣布在它这里失效而且必然失效，因此，所有思想活动的内容越是本质的，就似乎越是完全无影响力的。威胁思想活动的危险不是来自于外部，相反，思想活动是通过自身而被威胁，通过它对直接性东西的拒斥而在对于它来说是必不可少的自身保护性（Selbstsicherheit）上的失败而被威胁。

在俯在的本质和它的真理的思考活动中，重新追求，让许多人意识到其本质性。而自身保护性上的失败之所以总是发生，就是因为思想活动向前跳跃的还不够远，罕于大胆去为陌生之事，而过早地去致力于可理解性。

45

我们需要一个新神！不！而且“不”不是因为，古老的神尚够 [44]
用，还可以充当神，——而是因为，这个神根本就不是可为我们使用的神。这另类的神需要我们，这不是把以前的关系简单地翻转过来——而是一种完全的陌生的东西的征兆，一种神化（神的到来）（Götterung），曾经的众神——“古代”和基督教的众神——都对它的可用性领域的建立爱莫能助，尤其是当我们把纳入到传统的诠解框架中的时候。

我们是——在未来我们必定是——被使用者——这些人在奠基活动中**坚持**让脊在在它的本质的真理之中开放并且不断展开——脊在，自己显露为达-在之据为-己有（Er-eignis），并且藉此而变成合
449 适于（geeignet），自己去奠基其真理（那个達）。神需要**我们**——但是不仅仅是需要现在的和只是当下在手的人，站立着的人，行走着的人，也不仅仅是需要随便的某种聚集起来和加以改善的人——而是需要“我们”，也即**这样的**人，他们在追随脊在之真理的过程中才让自己的本质被决断，且从这种本质出发做出决断——以便不要一种只是不同的、更高级“类型”的人——这里所指的是人之存在的
[45] 基础：它出自与脊在本身的极特殊的关系、是迄今为止必然封闭着的（作为達-在）的人之存在的基础。

这另类的神需要我们——这个句子也可以用下述形式加以表达：脊在，作为据为-己有而撤回到它的真理之中的脊在，作为居间者，为了神化（神的到来）和“实存”而强迫人去置身于達-在和它的守护事业之中。人还将能“强大”到足以成为这种被强迫者吗？——这就是说：他还将对脊在的离基深渊性有兴趣吗？或者他将最终彻底地固化在他的“本己”之上——即固化在“制造伎俩”和“亲身体验”之上？

被需要、使用，在这里是高于“需要”（急需）的。这另类的神需要我们：他**急需**達-在的奠基，并将其消耗于实存之救助（Bergung）的最短路径中及其被接合之朴质单一性中。

46

现在从事创造者的“孤独性”也已经成了流行的口头禅，在脊

在的辐射圈内，还有什么东西能保持为单纯、优良、不受污染？ 但
是——关于“孤独性”的谈论变成了公共的精神财富这一事实，它
触及到孤独性本身了吗？对，触及到了——只要它现在*更加*孤独，
而且自身仍然彻底不可及。孤独性——正如人们知道的那样——并 [46]
非发生并存在于同其从属性的*脱离*（Wegbleiben）。而是？而是由
于到达了某种另类真理之中，发生并存在于“单纯-陌生之事”的丰
富性的突然袭来之中。因此，这种孤-独性从来不能被从外部“消
除”，而且从不想，也从来不能从中逃避。 450

在要放弃形而上学，从侪在的真理出发去进到实存之处——更好的说法：从此真理出发，使实存到来，需要的必须是什么样的孤独性呢？

47

*伟大*这个标示（参见《思索五》）从来就不是指其引发的业绩成
果之单纯数量巨大方面的宏大，而是指——决断之不可重复的朴质
单一性。在*思想活动*的领域，这种决断是本质性的、因此是罕见的
追问，是一种最为安静的勇猛冒险：在侪在之值得追问性上去奠基
人类对自身的主张。如果考虑到这类追问的罕见性——一个已经提
出并马上被熄灭的追问，来回拉扯，消耗了多少个世纪——而我们 [47]
意识到：可能只有这类追问之闪光的光束才能使有机会再次变得可
见——而这种闪光是十分稀少的——在考虑到哲学是什么——那么
我们对下述情况就毫不奇怪了：我们——甚至我们在哲学历史学上
极度的全知全能——完全地而且可能在一段很长的时间内被排除在
哲学之外。面对侪在而麻木不仁毫无准备，和在实存（任何人的现

实性）面前双膝跪地、滑行和舞蹈，难道就是产自于上述这种运道（Geschick，运气）？由此看来，今天的“思想家”以各种隐蔽的方式都只是“心理学家”——以前想到的思想的人类学的解说者——不管这种人类学现在是“生物学的”还是“人文历史的[①]”——也不管这种人文历史是狄尔泰式的，还是“人民的[②]”？而依据“典型”和种类对历史及其力量和构型的误算，也是由此而来的吗？难道一切都基于这种黏附一切者、对所有追问均无能为力者，并因此毫无挂碍地就是从业者和“创新者”：以致任何沉思的尝试都像在沼泽
[48] 地一样，哪怕是最简单的一步都碰不到一点反作用力，因此首先自己就被吸入到一般性的泥沼之中不能自拔？

451

48

“诸理念”——被视为存在之真理的“诸理念”——就是“最佳”的理念，如果它们没有自己直接地去“变为现实”的话。

相反，作为应该存在的诸表象的“诸观念”，就其本身而言，一直是无能之辈。然而存在之真理不允许占有权力，因为，这一真理——一切权力的基础——本身设立了：我们除了到存在本身中，不可能到任何其它地方去寻找权力的本质，以便去认知，存在之本质根本不再需要诸如权力这类标示了。

49

我们看到的空间、通道和小路可不少了，達-在之某种奠基在

---

① Geistesgeschichtlich，直译为：精神历史的。——译者注

② Völkisch，纳粹专用语，“人民的”是字面意义，前面依上下文译为“种族的”。——译者注

其上振荡着、狂奔着、攀登着、下滑着、跌倒且固定着，并且在放弃中成就着它的最伟大之事。那种对"心理学上的"与"生理学上的""数据"最精巧的凑合堆砌，以及对"外在的"和"内在的"生活状况和影响的误判误算，在这里能干什么？对行为的"创造性"的暗示又是啥意思？所有这些说明一直失策，难道这有什么不正常 [49]
吗？然而当这些说明没有被这样理解，相反，在这些说明中，人类的"亲身体验"本身应该被带到纯粹的再-"体验"上去。因此，这些说明是失误(fehlgreifen)吗？难道人不是那种"有理性的生物"吗？——所有的"生物学"和"心理学"以及整个的"道德"不都是为这种"有理性的生物"而设置的吗？当然——但是这种"心理学"以及支持着它的体-验(Er-leben)的统治，相反却是一种旋涡，它把对人类的理解把握越来越多地吸卷到自己之中，对之扭转并加以硬化。

在这里，灾难性(Verfängliches)是对人类的最古老的规定之固化并一直保持不变吗？——它是最古老的吗？它的起源是人类的认知的丰富，还是这种认知的失败？这种人对自己的解读是从哪儿 452
来到人这里的？相反，对人的深刻的不信任到底什么时候才会最终到达人这里呢？人如何才能到达这种必不可少的不信任之源泉，即 [50]
到达对存在之真理——唯一可能成为人类之本质源泉之地的真理的——追问呢？

50

"体验"——这个词不是今天被用滥了，变成了单纯的空虚口号；我们必须将其看作一种灾难。这种滥用现象只是后果，其真正的原因是：事实上只剩下被**体-验**；现在人们在 cogito me cogitare（我思考我在思考）这种最肤浅的形式中联合在一起——现在，并且以最为隐蔽的形式，体验的确定性成为了现实性的标准，并藉此成为了真理的标准。其结果就是：也许很快“体验”就被“出事”（Geschehen）所代替掉，这样在继续下去的攀升中，一切都被倒进体验之磨中碾得粉碎；这种现象愈来愈被视为**唯一**的现实性（*die* Wirklichkeit），“一切-生活”都将依据此现实性之标准进行设计规划。

对“体验”和“亲历”（Erlebnis und Erleben）的使用已经升到不可忍受的程度——但是这如果没有告知亲-历作为一种人的存在
[51] 形式——也就是说近代的人类作为虚无主义的组织者——在使用中得到加强的话，这一使用就成了根本不值一提的。

51

人们使各种机械的速度天天在提升，汽车的里程天天在攀升，电影院的票房数和收音机的听众数与日俱增；各项数字越来越惊人。如果我们有那么一次去估算一下，我们有幸不能做什么：在被固定的过程中和对巨额攀升的“需求”不断提升的过程中，我们距
453 离实存和物的本质力量到底有多么遥远，那里实存的什么样的空虚陷阱在周围蔓延，情况会怎么样？——这个已经在几百年前就开始准备的过程捕获了所有的“文化”和“文明”；这个过程本身在走向自己的终结，在今天看来，这个过程确实也许还会持续很长的时间，其终极状态的固定化会变得越来越难于辨认，从其类型来看，它仍然给人已伟大“进步”的外部印象。

52

尼采——也许是尼采真正的著作——就其本应保持它未经重塑
的样子——本身充满了决定性的力量，只是我们无力直接面对它。[52]
一部完成了的著作允许人们对它加以概括和自以为是的掌控，并藉此达到通常的“解决”；然而一部未完成的著作会诱导人们去对表面上看来偶然的片段进行任意的组合，这样就导致另外一种意义上的任意性占得优势。每次这类赢获中尚隐匿不显的、思考性的运动——这是追问，对其大胆涉足的未开垦的领域的追问——都仍是不自由的（unbefreit）。当然思考活动也得到很好的保护，并一直保持开放，直至那足够强大者的到来，把它拖走。

在这期间，人们将津津乐道于“尼采形象”，而且通过尼采-文献的整理而使尼采的作品降格为越来越坏、越来越失去方向的“博士论文”练习场所。

53

值得我们关注的，并非所有实存的不断发展的空虚化，也不是 454
与它并行的，甚至超过了它的对任何事物和任何语词的夸大和关
注，值得我们关注的应是发生之事（Vorkommnis），它指明了上述所 [53]
有这一切都只是伴随者，而事物本身尚未出现。我们应该怎样称呼它呢？所有的历史和它们的事变之流行内容并不能给予我们任何适合于我们的框架和区域。我们是被胁迫者——终于——被胁迫去将这尚未-出-现-者（Nicht-vor-kommende）从其自身中抛投出来，藉此去打碎我们那些迄今为止的东西。

把作为错乱到非实存中去的“实存”掏空且夸大，是实存陷落与制造伎俩——由此便决定了实存的命运并且从此实存性便打上了预先被征用性的封印——的结果（ἰδέα）。到非实存中去的错乱根本不愿意对自己有认知，相反一定会否认并伪装自己以便去攻取“生活”的真正的现实性。这种对自己的炫耀出自于最隐匿的担心；对于做好准备，去面对能引起巨大震荡摆动的、能撕裂出一个区域——在其中（已经成为非实存的）实存脱离伶在——的恐惧而言，
[54] 自己过于虚弱。如果这一事件具有它的声音和决定性的威力的话，离弃存在之状态这一事件的出现就佐证了伶在的离基深渊性。当然这绝对不是对许多死赖在其中的人而言的：他们长久以来，而且还会在很长时间内，去把握一切，去达及一切伟大的事物，以便将其做成渺小。

54

只有少数人还有能力去跨越制造伎俩之庞然巨大与伶在之沉默不语之间的裂隙。尤其是，谁有能力坚持于此裂隙的极端的对立性和必然性之中，以便认知神灵的突然到来（Ausbruch），并且这样便占有——放弃——作为被拒斥者的被拒斥者呢？[①]

---

① 这句话十分费解。为此译者询问了《海德格尔全集》主编 von Herrmann 先生，他于 2019 年 1 月 3 日的回信全文翻译如下：“亲爱的靳教授，现在我得到了马丁 · 海德格尔的遗稿（藏于马尔巴赫德国文学档案馆）中您提及的全集第 94 卷相关页的手稿复印件。通过对手稿和全集第 94 卷印刷页的比对，结果如下：本卷编辑 Peter Trawny 把一个词读错了，因此做了错误的转写：这里不是 ‘Ausbruch', 而是 ‘An-bruch’（带连接符）。这里海德格尔想说的是：‘……为知晓在其中神圣化的启动，并且这样把那被拒斥者（也就是神圣化的启动）作为被拒斥者加以占有——（并且如此对神圣化的启动）加以放弃呢？’［其中括弧中的话，为 von Herrmann 教授的解释性补充。——译者注］海德

55 455

为了能对重量有所感觉，他必须自己有重量。

56

有一种奴隶市场，在那里奴隶们自己经常就是最大的贩奴商人。

作为数量上的质量的庞然巨大。

如果毫无前途（zukunftlos）的暴力性和意欲倒退的精神性使这 [55]
个时代成为一种完全无问题的时代的话，而且当这二者——有着相同的来源和相同的未被认出的目的——还在将自身伪装成彼此对立的话，如果由此出发使達在的无真理性到处去传播，并且一切征兆都指向那种长期以来坚持的终点的话——那么开端必须从何处动手呢？（参见［60］页）。

57

基督教的“教会”——很久以来——就已经变成了服务于启蒙的，同时也是浪漫主义的世界基督教信仰了；这种信仰竭尽全力把自己装扮成某种东西，使荷尔德林和尼采（以及他们的后人）的思想性上和诗意上的创造性备感受折磨的东西。其目的就是**彻底地阻止**

格尔这里想说的是：An-bruch（开端、破晓、露出）意思就是 das Anbrechen（启动、到来、来临），比如 das Anbrechen des Tages（一天的开始）。在海德格尔这里：神圣化的启-动、来-临，将作为它本身而被知晓，但是恰恰因此又遭到拒斥。这样，这个神圣化的启-动、来-临就必然遭到放弃。来自马丁·海德格尔的影响地的弗莱堡衷心之所（Herzliche Stätte）。您的 F.-W. von Herrmann。”——译者注

追问，把俗在之所有的值得追问性都压回成无人知晓者和无需-关注者。而所有这一切还都是在反对布尔什维主义的斗争，反对任何形式的“整体性”(total)要求——虚无主义的庸俗化——作为它的最危险的形式——的盾牌的保护下进行的。

[56] 456 ## 58

技术——经常出现的误解导致了荒诞的立场。人们认为，技术以及它的统治是一种无文化修养(ungeistig)，是“物质化”的[表现]，并且猜测，这是由于，技术必然与材料性的东西绑定在一起。但是技术本身是“精神”——认知活动和决定性——的一种非常独特的形式。

因此技术的统治就具有一种独一无二的重要意义，因为技术自己就给出了一种构型，靠了这种构型，技术就操控了迄今为止的精神形式，并且，当精神的内在控制力下降时，这种[情况]就越加咄咄逼人。可是我们尚没有占有一块地盘，以便由此出发去实施对技术的掌控。目前我们正在对技术的单纯的偶像崇拜——不管是否定性的(斯宾格勒)还是肯定性的(荣格尔)——和把技术装配到种族的(völkische)或者任何其它方式的整体的目的设定中去的活动之间来回摇摆。

但是对技术的单纯偶像崇拜本身就已经是技术潜在的统治的结果。只是对这种崇拜我们不应该从其可把握的实施形式方面加以
[57] 评估，而是必须把握到，它是(作为确定性之)真理的近代本质的独一无二的实现，并且认识到，它是把实存性的本质规定性作为制作伎俩加以奠基的。(参见上面第[9]页和第[80]页)。

59

《偶像的黄昏》针对的就是这一点。但它不是作为其沉入深夜的先兆，而是作为向着自己的白昼坚定不移地迈进的宣告。这不是晚上的暮色，而是破晓晨光的刚刚到来。偶像的得逞是众神长期的最终的逃离的朕兆。侪在自己进入了一个新的的时期——作为拒斥的侪在就成了大肆喧嚣的日子中的最隐匿的炉火。

60 457

对神的论证(如果暂时容忍这种荒谬的东西的话)：为什么依据基督教的标准没有“神”了？它早就应该挺身而出去反对那泛滥成灾(riesenhaft)的偶像崇拜了。由于这种偶像崇拜在此过程中已经算好了，它如何去进一步超越其边界和无节制性，并且为此而摇旗呐喊——而基督教的神正好可以就此继续做它的生意，结果就是，它**不再**存在，也只是个偶像，继续做生意。

61 [58]

由于必须被贞问的不再是在其实存性中的实存，而是在其真理性中侪在，因此，所有的描述活动、显示活动、说明活动、整理活动与推导活动都失灵了。认知形式不再可能由任何方式的博学多才来规定了。所有的科学都决定退回到它所属的领域中——技术的领域中。哲学第一次进入到西方从未遇到过的同“科学”——一切“世界观”也都从属于它——的最决绝对立之中。

如果哲学过渡到它的无品之中，它就成为一种“Scholastik”（经院哲学）或者“世界观”。但是这种未来的Scholastik（经院哲学）不再是ancilla theologiae（神学的婢女），而是servus anthropologiae（人学的奴隶）。这里她[①]以男（雄）性的方式称谓她的服务性和伺候人的角色，以便显示出她的“英雄性”特性。问题：什么是这种哲学的“英雄性”呢？某种思考活动吗？但是一种思考活动，当它禁止对侪在的追问，尤其是禁止侪在的值得追问性时，它如何是“英雄性的”？它如何还能只是思考活动？“英雄性”在这里只是servus的
[59] servitudo（奴颜婢膝之行）。当然，以servitudo（奴颜婢膝之行）来衡量，罗马高级教士们sacrificium intellectus（思想上的牺牲）[②]还算是纯粹的自由思想游戏（Freidenkerei）。

458

62

大都会的文人们，在深入血与土地的、“英雄的”“思想家”的面具下面，无所不能，但是从来没有靠某种独立的思想“引人注目”过；在所有的钟磬上都敲一下，但是从来没有在那里过（gewesene）[③]；到处去催促前面的人，从所有的水源里汲水？

---

① 西方语言中，philosophia或者Philosophie（哲学）均为阴性，而将其称之为“婢女”，与其性别一致，所以代词为“她”。但在中文的翻译中，照顾的内容，我们一般不将其翻译为“她”，而是译为“它”。因为“servus”（奴隶）一词为阳性，这里强调了这种性别区别。所以，将代词的性别译出。——译者注

② 最早指，天主教知识分子绝对臣服于罗马教皇对教义的解读，后来泛指，在强权面前放弃自己的独立思考。——译者注

③ 此是字面的意义。von Herrmann先生来信提示，它的实际意义是：大都会的文人们，是所有的题目为公众知晓（= 在所有的钟磬上都敲一下），但是并没有在自己亲身体验过中了解这些题目（= 从来没有在那里过）。——译者注

63

人是神失策（Fehlgriff，错抓）的结果，还是，神是人失策的结果？[1]——尼采问道。

或者**二者都是伫在的抓失**（Mißgrif），二者都被纳入到近代基督教的信仰之中。伫在的一个抓失，因为从思考的第一个开端起，实存就把伫在的所有真理和真理的所有伫在，都错误地置于观念（Idee）的实存性之中——伫在的一个抓失，但该抓失并非由于伫在，而是由于，迄今为止伫在一直被禁止，去成为居间者（das Zwischen）：实存与关涉众神的决断平台（Entscheidungsspielraum）之间的居间者。但是如果我们能够成为历史的这种离基深渊——**伫在**之抓失——的证据，又将如何；就像在实存中那“最伟大”的事变 [60]
堆积一样，随意地单纯飘落。

伫在之抓失——难道该抓失没有暗示出伫在自身的 Ausgriff（抓出去，抓出来）特征——抓-失（Miß-griff）：即，作为从事据为-己有（Er-eignis）的伫在-尚未-达到-抓出去（来）？[2]（在这里抓-失难道并不涉及什么具体的人为之事，而只涉及伫在之本己所有中[3]所有人类的一切？）

64 459

绝对无问题的和编制好的英雄主义的时代必须——让人们这

---

① ［Friedrich Nietzsche: Götzen-Dämmerung. In: Ders.: Der Fall Wagner. Umwerthung aller Werthe I. Dichtungen. Kröner Verlag: Leipzig 1919, S. 62.］（尼采：《偶像的黄昏》，莱比锡，Kröner 出版社，1911 年，第 62 页。）

② das Nicht-zum-Ausgriff-kommen des Seyns als Er-eignis.

③ im Eigentum des Seyns.

样去期待——是任何的基础规定的敌人，或者至少是以这类敌人的身份登场，这类基础规定是从惊惧和忧虑（Angst）（不是胆怯，Ängstlichkeit）的基础中升发出来的。只有少数人有能力认识到：坚持完全无问题性的偏执狂无非就是*面对伫在的值得追问性而忧虑的过分呐喊*。而更加稀有的首先应该是下述认知：这个完全无问题性的时代必然去培养一种行为立场（Haltung），其最高的，并且因此是无需明言的（nicht ausgesprochener）基本原则，规避任何本质性的决断（恰恰就是关涉真理之本质的决断），并且把这种逃避诠释为意愿强大和无条件性，诠释为对“永恒性”-价值的信仰。对无艰急
[61] 性的担保同时把自己推荐为对文化的拯救。

在**伫在**的历史中那些罕见的冲击时如此陌生，与所有的实存都截然不同，以致即便“最伟大的历史事件”在其面前也会化为实存上的乌有。因此，从这种实存出发，根本不可能伪造出什么思想性的眼光，或者居然会误打误撞地去坚守那唯一的决断之场所。即便是这种认知没有得到任何的赞同，甚至也没有任何人达到这种认知，从实存出发，也不可能有这种眼光。为了什么目的？于是，对于伫在本身的从属性就可以被超越了吗？

65

在自身内部还锁闭着生成力量（Werdenskraft）者，必须生长到
[62] 其本己的刚开始外向生成（entwerdend）的空间中去。

460

66

围绕着“科学”的所有努力都病于，当它们业已把自己当作“文

化业绩”的时候，它们仍然未能认清，尤其是不允许去认清“科学”的本质性的非本质性[①]。

67

思想活动届时所达到的高度，首先而且按照习惯是依据它超过克服了什么来衡量的。当这种“被超过克服的东西”变得低级且荒废时，最高级的胜利凯旋也是一种失败和一场灾难，尤其当它无力认识，首先也不愿意认识，它自己是什么的情况下，因为，它不得不因此而坚持认为自己是一种无条件的完美终结。

68

如果我们提出下述要求——把“在偖在中发生了什么，以及作为偖在发生了什么”取为对本质性的历史加以评估的标准话——并且把“实存”（“现实”）置于不顾，不管它有多么的喧闹、如何纠缠不休，那么，我们就被迫去承认，在我们这里还缺少这种**真理**：源于这种真理的采光，偖在作为据为-己有之事（Er-eignis）收服了我们；在据为-己有之事的分派和支配中，神通显现悄然而去，就如同匆匆过雁——对于一个决断的——**那个唯一**（der）决断之无决断性[②]的一个瞬间的暗示。 461

69

不厌其烦地反复抱怨，“精神**智慧**（Geist）”处于“危险之中”

① die wesentliche Unwesentlichkeit.

② in die Unentschiedenheit einer- *der* Entscheidung.

[63] 的那些“才华智慧之士”，他们自己就是那些被威胁者，不，是失败者；由于他们根本就不知道什么是精神上的决断，因为他们早已经牢牢地寄生（festgeborgen）在一种“真、善、美”“教育”“培养出来的”财富（Besitz）之中。而且，此外：“精神”——假定它还作为精神存在（wäre）[①] 的话，——只可能通过精神而被带入到危险之中。然而这种危险完全不存在。这里，只是有些地方围绕着“精神”还有装模作样的战斗。

70

浅表之事（“人民”，“政治”，种族）的“整体性”和对在真理和侪在之本质中为决断之可能性进行的任何奠基以及对它做的任何认可之摧毁。那些不在这个区域预先向外拓展之事，就停留在浅表，并且越要求无条件，对其业绩就越有摧毁性，这恰恰因为它在表面是对建设和革新的支持。

71

只要侪在之真理尚未奠基，其结果就是人的本质仍是为决断的，那么科学这种派生的知识形式——不管可能会具有什么样的构
[64] 型和有什么样的用处——就保持为无基础［状态］。“实存”把自己交付给了大众冲击（Andrang）的任意性而任其摆布。人类大众越是难以阻挡控制，“科学”就越是必不可少。必然性的这种形式得到的支持赞同越多，它本身包涵的对“科学”之本质不断传播的掏空

① 虚拟语气，表示，它实际上已经不作为精神而存在了。——译者注

和贬低就越多。由此出发，就可以测量出，现在四处蔓延的对“研 462
究者们”的满意到底意味着什么。靠了这种满意，研究者们就可以标榜对他们的业绩和任务的不可抗拒的认可赞赏。他们的可怜的知足感——原本是认知（即对侪在之值得追问性充满的热忱和沉思）的敌人——出卖了他们自己。

当然，在这种态度中他们自己也就不再自由，而是某种不可抗拒的东西的奴仆；而这种态度之所以不可抗拒仅仅是因为他们无力看到它的本质，因为他们被无穷无尽的成果所左右，因为这些成果是制造伎俩到处抛撒的巨大的诱饵。

对时代的观察的难堪，如果这种观察止步于比较和“类型化”，[65]
而不是从一开始就从沉思出发的话。

72

只有认知者才会追问。为了让侪在之值得追问性保持存在，需要一种作为对拒绝给予活动（Verweigerung）之揭示的对真理之本质的认知。坚守于这种认知的任何的“信仰”都还是一种怀疑。科学无法触及且对于科学也毫无用处的这种认知——处在据为-已有之事中，且在从事追问的时候奠基了作为拒绝之基础的（Versagung）的离-基深渊

拒绝（Versagung）是一种最高的馈赠——对于认知者的——对于追问者的。“基础”作为借来的地基是对需要和实用无问题的无-知者的安慰。真正的问题只寻求已经在认知中的陌生者，而没有胆量出于其外并且这样才在真理中进行拓展。追问就是置-换到据为-已有之事中去。（参见 67 页及以下）。

463 [66] 73

只要我们还热衷于"亲身-体验"(Er-leben)的话，我们就会不甘置-换到真理中的方面失败。然而确实是正在不断扩大的飞速增长的"体验"使真理成为不可能，并且藉此助长真理的传统占有者，基督徒，成为了一个新型统治者？基督教生育了它的顺从于它的对手，这样基督教又一次获胜。对其对手来说，剩下来的唯一的可能就只有人对基督教的学说的翻转。然而这种翻转充其量也就是对本质性的关联(对基督教来说与创世之神的关联是本质性的)粗糙化和结扎。翻转就是颠倒和倒退——但是从来不会是作为解放的克服超越。

74

想通过将某种本质性的真理回收到"形而上学"中去而把这种真理重新还给"科学"的尝试，有一天(对我来说这一天已经到来)定会被视为是徒劳无益。因为任何回收到侪在的值得追问性之中的尝试都意味着"科学"的瓦解，而与此相对，"科学"会竭尽全力对之进行反抗，而不是宁愿选择一种新的服从性，以使"文化价值"得
[67] 救，而挽救这种"文化价值"对于"文化政治"来说是本不会遇到任何阻力的。

75

与尼采的一眼就看清楚的"格言警句"相比，一种精心构建的无所不包的著作(比如黑格尔的《精神现象学》)显得是对思考的一

种巨大的挑战，但是，事实上这也只是显得如此而已。只要我们没有真正实际地去思考，如何在思想的界内为思想（Gedanken）划出界限，而是只会不动脑子地把那些唾手可得的“内容”编纂成“格言警句”，以此去搪塞掩盖缺乏“体系”的缺陷，我们就不得不沉沦 464
于这种表面现象中而不能自拔。跳向本质性的命题（句子），将其潜在的真理释放出来，要求一种缓慢和确定地成熟起来的认知，以及对沉默中的事物的意识。能感知到这沉默之风——围绕着稀有命题（句子）的罕见之风——的吹拂之人有多稀有呀。而这一沉默要发生影响又是多么困难呀，因为它比任何被明确说出来的东西的歧义都要大。

过于习惯于已经奠基好的东西，过于听从坚守者的要求[①]，过于臣服于“现实的东西”，而且过于偏好手头现成之物，我们仅把 [68]
握到基础之不出现（Wegbleiben）和非手头现成性[②]——这样离基深渊就向我们打开（在-那達儿[③]）。要经验和维护这个离基深渊——这一离基深渊是对奠基的拒斥和对被照耀到的据为己有之事的馈赠的拒斥——我们行事还是太重短效，我们还太不成熟。（参见第［65］页）。

如果这种馈赠击中你，那个達（Da）就会激发出闪电，而且作为被击中者、把握者，你就被据有到達-在处。但是同时你还得在思考上知道：这个闪电绝不会这样击中，使你在不断的沉思中使自己附属于简单事物的本质暴力（而且比如，你会具有关于器具的本质的

---

① 英译为 all too directed to what holds good（坚持为善的指导）。——译者注

② das wegbleiben und die Unvorhandenheit eines Grundes.

③ das Da-sein，達-在，但是这里的意思强调的是，那个深渊已经在那里向我们敞开，我们已经开始在深渊里，尽管不是主动为此而为。——译者注

认知)。电闪之光只会在其拉拽内容的朴质单一性中，在最宽广的广袤的全面张力之中，才会引发电闪。

76

在到一次性去的勇敢与向“永恒性”的逃亡之间不存在将其桥接一起的东西。这种逃亡需要大众——起码作为诱饵。而勇敢则属于罕见稀有之人。但是还有就是，历史的领域是被关死的：在这个
[69] 领域中，要求一次性的东西不是与“现实的东西”一样，而是要求它与规则制定者相同，要求放弃对一次性东西和其它东西的唤醒。(参
465 见[89]页)。

77

艺术——这里要追问的不是，艺术是应该自由还是应该受约束；这里要追问的是，艺术是否能够是艺术。受到约束的艺术就像一只看护农庄的护庄狗，尽管驯服，但却是听命于一根长长的锁链：它长到随时可以让狗在各个方向上跑到庄园的各个角落。为什么人们不把这称为“自由”，人们甚至承认，这种自由比之于无(任何)约束性要有用处的多，因为无(任何)约束性只会把驯服的专用犬带入惶恐不知所措的状态，使之毫无用处地乱跑？但是如此被定型的自由艺术从来就不是艺术，假定我们给这种艺术指定其它的东西[为目的]的话，比如，雕在寻求高峰时向我们显现的那有难见的东西。

(狗还是雕？)如果在有用上是一次性的——那又有什么用处——最优良的种族——如果只有狗种(族)是，而与之相关的决断

又是可规避的，那么，**谁**应该配获准，并且有权利去是那优良的种(族)呢？

78 [70]

你属于哪儿？——属于熟练地反复咀嚼迄今为止的东西，属于永恒的影子，或者仅属于其"永恒性"已经确定无疑的明天的东西，或者属于过渡性的东西，属于那种失去的东西：它在已经习惯的东西中从来没有位置，然而却参与了来自侪在之震荡、并且因此而成为未来空间的一次性的基础者？

79

从一个开端到另一个开端的从事启动的过渡时代之对**自身的**
沉思是一种独特的沉思——因为在此从事准备工作的自身获取，必
须要在下述方面变得十分强大：放弃迄今为止的东西和流行的东 466
西，特别是其中那些被视之为被隐瞒的、现在第一次向大众"开放"
并藉此再一次被确定为某个时代的"文化遗产"之类的东西。这种
对自身的沉思总是并且恰恰处于它所认识的最强大的敌人，即"心
理学"的阴影之中的情况下，它会在这种情况下遇到其特殊的困
难——未来对自身的沉思必然会仅仅是一种置-换(Ent-setzung)：
它必须使现在被肢解为"个人"和"集体"的人，从这一表面的和次 [71]
生的区分中解脱出来，并处于关于真理及其本质的决断区域之中。

这样看来，人民的临时聚集必然有两种含义；它**能够**产生近代的，彻底转嫁到人类自己身上的生产制造伎俩，这种生产制造伎俩通过各种设施和亲历经验能"制作"一切；它想要把这种任务当作

"永恒"的状态（人类迄今为止的文化活动包括在其中）加以维护。

这种聚集——开始必须以这种形式——只能够是一种准备，以便通过一种决断领导"人民"——也就是总是威胁人民，借助于此，存在之真理的源初领域才被重新开启并得到奠-基。所有的对自身的沉思都必须在这种决断中于置-换上做出决断，因为，只有做了决断的人才能决断。

然而做了决断的人又有两类：向后做决断者，他们把固定的规范
[72] 作为最终的东西加以辩护（种族，集体）；以及向前做决断者，他们要
467 跨越到存在之值得追问性之中去，为那尚无从预感的东西做好准备。

80

关于"**大学**"的"问题"现在达到了很久以前就是的［水平］：事关经营设施。从根本上说，每一个在那里从业的人都愿意心无旁骛地在其研究领域中工作，都期盼其研究的成果。没有人愿意严肃地转去关注**一个东西**——属于 Uni-versitas（翻转-为一）的东西：转向并忘神地进入认知之真理之中——在这里且为此必须有敢作为的勇气不可。但是人们恰恰激烈地**反对**专业化学校，这种专业学校在非常薄且破绽百出保护伞下以为自己是安全的。

为什么人们**反对**这种解散方法？人们想要大学向公众开放、"社会化"，同时还要给人一种印象，大学有"文化决定"权力，甚至"精神上的"决定权。人们还想要——自然是依靠全体人民大团结——大学配套"高等"学校，并且人们还要依藉这种对"更高级东西"的从属性，为对平常的有用性的过于清楚直接的追求，创造出
[73] 某种神圣的光环。

但是人们完全**不**乐意且不能乐意的是：**自身主张**；它会成为一种自我–冒险。对此迄今为止的传统缺少的是勇敢和能力，今天的人们缺少的是对冒险的需求，因为他们认为，政治上的伟人会勇敢去做，他只需我们的首肯，其余的事情就会自动去做的。但是在精神活动中（不是在科学中）比在政治事务中**更缺少**行动。在这里，行动就是**追问**——这是一种漫长的，也许是永远能够–保持–无“满意”答案–的行动，和想作为从事创造的力量去拓展的意愿。

但是从以前和现在来看，这只能被看作“浪漫幻想”，实际上也就**是**“浪漫幻想”，只要如下这种看法还继续存在，如下这种态度还起决定作用：在大学本身中还设置有某种**反对**大学的东西。这不但从发挥影响的角度看是不可能的，而且首先其目的是错误的，尽管 468
洞见到这一错误会非常缓慢。（参见关于科学的一组命题[①]）。

这种洞见只是源于今日大学之失败的转向尝试的经验知识——假定，二者都受到某种本质性认知——它先于所有的“科学”并且从一开始就处于科学之外——的支持和引导。

81

历史。——以从事奠基活动和劳作活动（Werkenden）为基础，发生的影响只能是：它们通过自己独有的来自传统的回爱（Rückliebe）而到劳作影响之区域中的东西。这种对曾经是的东西的届时的重新奠基它本身又只能属于被接受的未来之事的区域之

① ［Heidegger: Beiträge zur Philosophie. (Vom Ereignis). GA 65. A.a.O., S.145–158.］（海德格尔：《哲学论稿（从本有而来）》，《海德格尔全集》第65卷，同上，第145–158页。中译见《哲学论稿（从本有而来）》，孙周兴译，商务印书馆，2012年，第153–165页。）

中，而且它不会成为一种公众性的史学和公共场所性之对象。正是通过这种历史，以前的奠基者和所有的后来者是同时的。过去曾是之事只“影响”到作为必然和与之旗鼓相当的敌手——争取对本己的而且延伸到对奠基者的规定之时的敌手——那当下瞬间，这种规定起初滞留于黑暗中，并且从来不可能为同代人所宣传。

在历史中根本不存在“因果性”。但是，如果有那么一次，有那么一些从事认知者和言说者，他们在历史中按照因果性朝前、向后地进行计算，就像在自然中，把因果性作为浅表性的、通过实存的和作为正确性的真理之制造伎俩上的本质，作为将人从存在之真理

[75] 中的千百年的排斥，加以解决，情况会是什么样？

464

82

尼采。——讨论同时代及以前哲学的丰富知识对尼采思想的影响，只是一种附带的工作——是为科学信息服务的工作。对于历史性——不是史学性——地认知尼采来说，本质性的是，认知荷尔德林、莱奥帕尔迪① 和司汤达② 之不十分明显的，因此更加持久的转变。确证其依赖性在这里根本说明不了任何问题，它只能是转而进一步去追问其它东西的出发点，即去追问：伫在之离基深渊中的对话的最隐匿的历史运动动力。

幸运的是，哲学史志学和“报纸”行会的师傅没有长倾听这种谈话的耳朵，因此他们就更加热衷于知道，如何去唤醒对闲话的“关

---

① 莱奥帕尔迪（Giacomo Leopard，1798–1837），意大利诗人和思想家，浪漫主义者，尼采喜欢的作家之一。——译者注

② 司汤达（Stendhal，原名 Marie-Henri Beyle，1783–1842），法国文学家，小说《红与黑》的作者。——译者注

切”，以及藉此去认知这些思想家的思考活动之“人性的”解释的表面现象。如果只是把这种东西带到更接近“人性的”一点儿的话，今天有什么东西会不涉及到“人性的”解释呢。

83 [76]

哲学。——哲学在不可达及之路途上创造自己的本质，它的歧义就越难处理、越难扬弃。哲学表现为，像是无助的怪兽的无关宏旨的、没有影响的、游戏性的想法。哲学是对侪在之本质活动的唯一的认知担保，以此“真实”的是：开始根本不需要什么实际效应。在一种情况下，人们会到人的繁忙工作（科学也属于其中）的公众视界中去寻找和评价哲学。在另外一种情况下，哲学作为侪在之真理的奠基（哲学也从属于侪在）已经拒斥了实存之设施中的任何指令。
只有并且只有哲学现实**存在着**（ist），这两种情况才会连连为一体， 470
并使届时的哲学的状况成为圆满的。

我们把握到这种状态的唯一性的机会十分罕。更经常的是我们在公众中给哲学某种荣誉，给哲学一种几乎是无条件的东西的特质。哪一种情况都不会被纳入它的决断性之中。人们逃避到平衡对抗的中线上解脱自己。

哲学对自己的本质感到不安的时候，恩赐性的容忍之气氛对于 [77]
哲学就是一种灾难。哲学于是摇摆于科学和世界观之间，而这两种构造物都没有能力对哲学的本质加以规定。

哲学就是——哲学不多也不少。但是哲学也常常摆脱上述两种对其本质的误解的陷阱中，并因此不得不让自己与科学与世界观和平相处，特别是当它努力为自己提供一种有效性的时候。如果哲学放弃了这种追求并且出于自己内在的优越而这样做，那么它就必定也能够等待，直至取自它本身的本己本质（Eigenwesen）变成为人类的达在创造性的财富为止。

84

在所有的操作中，在所有的熟练中，在所有的设施中，在所有的鉴赏中，等等，我们在传播平庸水平的同时，又到处寻求对平庸的“水平”的提升。也就是说——人们决定——超平庸水平者也必须达到更高的高度。

[78] 但时从许多角度来看这是一个错误的决定。

1. 超平庸水平者如果要具有制定标准的水平，就不能被从底层挤向高层，而是必须有自己的来源，而且是无条件地与平庸对立。因为，如果从平庸出发、甚至从被抬高者出发来估算，那么本真的
[471] 超-平庸者完全能够是——回落和倒退，因为，平庸者的标准不可能是超平庸者的标准的制定者。超平庸者设定了完全不同的另类标准和另类的本质。

2. 平庸者所达到的水平越高，它就愈加不需要面对超平庸者，对达至超平庸的尝试就越持怀疑态度。对平庸者的抬高恰恰是对超平庸的阻碍。

3. 平庸者向超平庸者的更高高度的提高的表面上十分清楚的结局是，它暗地里标示着一种态度的计算特征，这种计算性态度不能把握等级设定的本质和源泉，因此也不能以正确的方式准备这
[79] 些等级。进步在这里也总只是沉沦——也就是对离弃存在加以固化——之面具。

85

所有的东西都以组织设置好的可及性和可制作性为左右；所有的处理活动都将其视为为规范标定的形式，并且否决活动能力(Tatkraft)上的任何另类的改变；现在这种东西现在难道不是像一种瘟疫一样，通过所有的人类的活动[①]在到处传播？

人类按照已确立的可计算性和可制作性组织所有东西的习惯，人类在其中看到所有的活动的规范标定的形式，以及否认任何另外的展开的活动能力的习惯；这现在不是像一种瘟疫一样通过所有的人类的活动[②]在到处传播？

创造者——如果还有这类作为从事奠基和开创的存在[③]的创造者的话——应该屈服于时代走向可计算性、利用和培育的压力，将自己的本质的东西转移到这种领域和形式中，以便彻底消灭不可制造性和不可培育性吗？不！但是，那就需要完全另类的认知的态度的决断性和持久性，以便成为真理的馈赠和拒予，以及意外者与陌生者的守卫者。

86 472

你必须能够放弃用尺度衡量自己，即便是用一定要被克服者的

① Menschenwesen.

② Menschenwesen.

③ Sind.

[80] 最高尺度去衡量自己［也要放弃］。

87

新的政治是“技术”的内在本质的结果，而且这不仅仅从技术所引起的过程的手段和途径来看是如此，而且这种政治本身是人民为了达到最大可能的“业绩”的制作伎俩，在这里人们依据生物学的基础规定性，在本质上被把握为是“技术上”-制作伎俩的，也就是，可培育的。这种本质关联的结果是：“技术”从来不可能通过人民政治的世界观被掌控。从本质上就已经是奴才的，永远不会变成主人。

然而，只要我们不是时代史学地把握这种关联，而是依据存在的历史（与存在的制造伎俩上的无品相对应）把握这种关联，新政治的这种出自技术本质的诞生就是必然的，因此它并非短视的“反对派”通过求助于迄今为止的“世界观”和信仰立场所可能获得的对象。只有诸源初可能性的合拍共振和参与创造的沉思的冲动才是必然的——今天这种沉思与百年前当时可思考的完全不同。（参见［56］页及以下）。

[81] 88

这两种迷误相连就会变成一种真理了吗？不会；会成为第三种
473 迷误吗？不会，而是成为更加危险的东西，因为更顽固的是，真理的假象，而且大多数情况下确实看起来像是不言自明的假象。

89

为什么所有现在且以前已经应该是共同的精神财富的真东西，

突然都成为非真的东西？这只是由于人的缘故吗？因为人没有能力去抓住真东西，没有能力坚守在真东西之中？确非如此，因为，在对一个“真理”的共同坚持之中，这种真理一定会显现得更加纯粹，而共同体中每一个人都已经为纯粹性出了力，每人都应为承载一切的东西添砖加瓦。

或者这是由于真理的本质的缘故，因为这里真理仍总是非真理：个体尚未成熟到胜任真理之事，恰恰因此，涉及坚守真理的整个本质（这包括它的非本质）之时是非常罕见的？显然上述提问提得很不充分，因为这些提问在述及“真理”时，已经预设了，有（sei）本质，而且是（gäbe）纯粹“本质”。

但是——我们根据什么来评价真理的“本质”和“本质”的真 [82]
理呢？

如果我们有一天，不是出于“心理学上的”原因，而是出于存在历史上的原因，彻底地不信刚出现的直涉其事的看法时，在从事追问时我们必须朝向什么方向而站，而又能朝向什么方向而站呢？

90

经常出现的到处叫卖的、到处夸奖的东西，总之，总以某种形式是公众的东西从何处达到“真东西”的层次的？也许因为“公众性”仍是真理之丢失了的本质的贫乏的残余，作为实存之开放性而残存着？因为——这种东西鲜活本现得越少，真理的传播就愈加困难，作为正确性的守卫举止就越加异常，并将自己固着在不同的构 474
型之中。

91

献身于**哲学**的思想家面对着一个**敌人**(实存的非本质，它在实存上拒不承认自身)，这一敌人在从不放弃敌意的情况下，极力表明
[83] 自己是**属于**思想家从根本上必须与之**为朋友**的东西(依在的本质)。而且由于没有规避这个敌人之路，由于对朋友的信任就是一切，所以思想家对自己唯一的故乡有着一种**矛盾情感**，这是**不可承受的**却又恰恰**承载着**他的**矛盾情感**。坚定的本土性在哲学中是无条件的，因为哲学一直扎根在依在的时间-活动-空间中。(参见[92]页及以下)。

所有从外部到哲学这里来的人，不是剽窃它就是找它的毛病，不是利用它就是为它的无用而发怒；他们都一定会好奇，一个思想家是如何**站起来的**，因为他们永远找不到自己的立脚“点”——而且根本不会想到：承载思想家的“点”确实是这种矛盾情感。一个人如何能站在一个矛盾情感之中，一个人如何能同时站在此中**和**彼中。如果他能够如此的话，他就属于离基-深渊的奠基者了。在这离基深渊的诸边缘，所有的被宝贵者和被收藏者才配为离基深渊之最本己的内容，而离基深渊的奇迹能被派发到来自其本质的封闭性的持续的片刻之中。(参见[35]页)。

只有当哲学哲学地得到把握——它本来就应该如此——的时候，哲学的立脚点，每一种在自己的本质找到自身的哲学的立脚点，
[84] 才是可及的和可见的。当然——今天人们能够，而且比任何时候都更加广泛，非常容易地对任何时候从西方历史走出来的任何哲学的
475 人类学前提及与其世界观相关的前提进行核查。

特别是自孟德斯鸠以来，这种狩猎游戏的玩法变得非常完善和

显而易见。这种对前提的复核，是每个“博士论文”的书写者自然而然要做的事情，于是它逐渐加强了同代人的印象：似乎这种前提复核就是接近一种哲学，甚至到达“哲学的背后”的本真途径——向“深处”和“背后基础”挖掘的途径。但是谁还会惊奇，现在这类关于前提的证据已经足以去公开宣布放弃哲学——比如康德哲学，而不需要人们去花力气，参与思考的工作和[踏勘]它的没有终点的——导向深渊的——道路。赢获自己参与的努力可以变得如此陌生，以致一块人们除了知道它是骨头之外对其毫无所知的史前的骨头，也被看作是人们所认知的某种文化的确定证据而发挥影响。但 [85]
是这种人类学的-心理学的计算算计的实体和狩猎的实体，有那么一天，会如何理解自己呢？幸运的是——它有幸享受此等幸运——这种“英雄式的”思考活动缺乏任何超出自身去追问的力量。有什么样的惊惧[①]一定能蔓延过所有人类学“背后”裂开的虚空？

首先，思考活动必须站到所有人类学和心理学的彼岸，如果它想为下述追问做好准备的话：谁会是人呢？因为，只要人类学地且总是人类学地对人（在这个基本的领域中，不管是单个人的“主体”还是“人民”，情况都是一样的）进行“追问”，并且一切都与人扯上关系，那么，关于什么是人，就已经有了决断，也就排除了从其它关联（与侪在之本质的关联）去贞问人的本质的任何可能性。所有关于人的学说（比如基督教-犹太教的学说）都直接从与“神”的关系出发来规定人，都是人类学的——因此，在非基督教的人类学中和那些想是但无力去是基督教的人类学中，起决定性作用的恰恰必定 476
是**基督教的**人类学和它的学说义理，那怕仅以颠倒的形式起作用。

① Entsetzen，英译为 displacement（替代）。——译者注

相反，在《存在与时间》中，基督教的人类学和一般西方的人类学（把人规定为理性的动物）与達在的奠基的关系，是完全不同的另一种关系，因为，对人的追问是通过**存在问题**来规定的，而所有人类学从根本上，也就是，从一开始就被克服了。所以，基尔凯郭尔，甚至奥古斯丁在这里可扮演一定的“角色”，不过是在另外一种完全不同意义上的变型中发挥作用，完全不同于近代人类学所可能的，近代人类学**作为**人类学——形而上学地看——是站在基督教的基地之上的，不管它们的举止行为是多么的离经叛道。（参见［36］页以下）。

92

对哲学的沉思经常被人们称之为“关于哲学的哲学”，因而必然被打上“反思”古怪的标签。但是现在对哲学所做的沉思中，第
［87］一个问题是：通过“反思”的方式和走向，对哲学做沉思的哲学站在什么地方，或者被置于什么方向。

在这里对哲学所做的沉思关涉到的是，哲学自身是从哪里发源的；关涉到：侪在之真理和侪在之历史。这一沉思可以是任何东西，唯独不是空洞的自身联系（Rückbezogenheit）——它是所有方面都是完全独一无二的东西，只属于向另一种开端**过渡**的哲学的当下“处境”——它是对这种作为存在历史——所有史学都不可达及的存在历史——之领域的过渡本身的沉思。

在今天的意见之视野中的东西（它们到处都停留于心理学之中），看起来像单纯的自身解剖一样，只要它被对存在之真理的追问
477 所承载，就不是“关于哲学的哲学”，而是对侪在自身之本质的深入

思考。

（也许我们必须从这个方向对尼采所做的努力做多方面的解读，尽管对于他来说还有许多别的东西在起作用，参见《瞧，这个人!》。）

93

近代人理解的中世纪应该是什么样子的？它的“经院哲学”有什么样的形式？天主教廷-教义方面对思想家的各种命题的谴责是 [88]
以何种方式进行的，如果确有这种谴责存在的话？近代的教会权贵们和中世纪的修院院长们具有什么样的共同形式（Gestalt）呢？

94

其放纵的形式中的官僚主义在既是技术的本质性后果，又是技术的刺激与激励。

95

难题——为什么一个完全被技术承载和规定的，并藉此使机械论以脱缰失控的形式存在的时代，还能够把自己强解为是organischen（有机的）世界观，因为“Organismus”（有机体，组织）恰恰意味着有生命者活生生的生命特征——也就是非机械的意思。

但是“Organon”的意思又是工具的意思！但是这里还没有决定，甚至还没有真正追问：“Organismus”（有机体）是否能够规定活生生的生命体的本质，是否能够触及活生生的生命体的本质。也许机械的和Organismus（有机体）本来就是同一种东西——而且也

478 许在现代技术——机械——的极端夸张形式中显示出的东西，恰恰
是 Organismus（有机体）所特有的——即能够感受到刺激：它把自
己对自己的设定规定为它自己的诸条件，对这些东西的感受刺激
[89] 性。任何技术上的事件（Ergebnis）都刺激激发对自己的克服。机械
的这种严丝合缝的啮合就是“Organische”（有机的，有组织的）。

在这个过程中根本不出现的东西，是鲜活生命的基础特性：生长。在机械中——用“有机的”方式来说——连死都没有——因为它连一丁点儿生命迹象都不具有。

96

谁要是严肃地进行**生物学式**的思考，他一定知道，生命的构型固然要求时空，但是最终并且从来不会是“永恒的”。“**永恒的东西**”只不过是这些人的借口：他们不知道如何来对付时间——也就是说，他们从来没有理解过时间。因此，基督教的垄断就是那永恒性；而“永恒的人民”既不是生物学上的思想，也不是严肃的基督教的思想——而是什么呢？（参见[68]以下）。

97

对于人民的**历史**本质而言，“永恒的”规定附带的修饰完全是
偶然的，而且是对人民可能的伟大的贬低。这种伟大恰恰由某种唯
一的，也许是暂短的进程之唯一性构成（看古希腊的历史）。不过，
[90] 也许“永恒性”是不可或缺的诱饵，以便使人民的本质更加接近
“人民”。

98

公众性“真理”本质上是歧义的——如果它还想保持为“真理”的话。所以，对这种歧义的提示并不一定是对“真理”的对抗。 479

99

但是，如果侔在放任所有的实存（表面上是为了让它们去是[sein]），如果单纯的数字和它的计算占了上风，如果数量巨大和对它的满意度必定成为所有“统治”的指导原则，并且统治是由底层所确定，如果侔在为了其本质的这种颠倒需要伪装，以便能持续地面对自己，如果渺小者，空虚者，无决断者，无所畏惧者，其算计的和确定的构型变得巨大且有规定性，因而大众的标准被固定了，那么这一切就不可能被简单地判为沉沦，这一过程也不能自身解释为：从自我夸耀的肤浅层次向上攀升，以便有可能返回到沉思的领域。

这一过程于是就更加独特无二：以前时代的所有伟大之事通 [91]
过这一过程，在过去历史的快速和廉价的供给（这种供给恰恰使史学的事业成为可能并予以鼓励）的帮助下，都可被设置为背景，并可藉助特定的光而被照耀，由此所有的标准都变成这一过程的表面的财产。因为，依据它的类型，这一过程不能容忍以前东西的伟大和本质凸显出来，也就是说，不定什么时候就对现在的东西发出疑问——也许所有曾是的东西都只不过是安排好的、可以取来为任何人的随便的使用的一种衬托。

这一独特无二的过程并不是随便哪个单个的、异常卖力的制造者的所造物：这些制造者偶然地失去了所有的标准，且具有制造伎

俩的所有瑕疵——而是且这些个体和许多人只是这样一种波浪最后
480 软弱无力的冲击，这种波浪的浪潮只能到存在之本质和从属于此本质的人那里去寻找。*存在的历史*回溯到这样一种状态中：这种状态
[92] 是我们根本不可能依据日常的事变和人为制造的公众性来加以评估的，因为，这些东西已经是结果，而且甚至恰恰是不让根据基础而完结的结果。

100

作为计算算计活动的通常思考是如此算计的：人愈加实存，人愈加接近作为这种实存的自身，愈有能力同所有的一切建立联系(人愈加“体验到”人[是什么])，那么他就愈加确定并且更加有保证，他一定会成为*存在*(Sein)。

为什么我们对于完全另类的东西知之甚少，即：存在发光越早，人就“实存”地越少？人必须能够*不*是(*nicht*sein，*不*存在)，以便去把握存在之真理，并由此从实存的本质力量角度对所有实存之实存性进行评估。因为，人也是属于实存的，而且甚至人越来越适应这种“从属性”，他去存在真理之路段落式的开放着，但是还是离得太远，因此，对他来说，难以企及。但是这种对道路的求索和开拓因此就是他的最高荣耀和他的本质激情的燃烧。——

对各种实存的放弃，总只是向另类的、自然是的“最高”的实
[93] 存的逃亡，通过这种逃亡人绝不能成为实存的主人。这意味着：[绝对不能成为]存在之值得追问性的守卫者，[也不能成为]生存于离基深渊之奠基者(参见[82])与下行大师之间的裂隙中的内立者[①]。

① 参见译文 29 页注释①。——译者注

“**下行**”与“终结”——对于所有的“自然之事”和“健康之事”而言——是一种恐怖；由此看来“乐观主义”（以及所谓的“悲观主义”）的所有防御反抗都是一种下行情调（Untergangsstimmung[①]）。这种情调如今在大多数情况下是疏离于对下行之本质的任何认知的。这种情调将这个下行——盘算计算它——当作同实存的关系——当作实存的终止，当作实存的单纯道路。但是**下行**——在同 481
侪在之本质的关系中被把握为历史的最大的胜利——完完全全不是“负面的东西”。下行在是必然的且从属于存在历史的地方，不会通过粗鄙且大量的传播十分可疑且十分短命的“乐观主义”来防卫-保护自己。

作为**存在历史**的一个瞬间的“下行”，只属于强者：他们强大到足以无需作“英雄主义”的鼓噪。（参见［99］页）。

101

19 世纪最重要的东西是赫尔曼·洛采[②]这样的思想家在 19 世纪中叶带来的——他是一个对德国哲学的丰富传统进行呵护，按照他那个时代的新的、“实证主义的”哲学对之进行转变的贵族；而且他对柏拉图哲学做了最后的真正解读并非偶然。新康德主义只从洛采那里取了一杯寡淡无味的清汤，将之传了下来，而对这位思想家沉默的“丰满的血肉”（Substanzialität）——在其著作中他那个世

---

① 也可译为“没落情调”。——译者注

② ［Hermann Lotze (1817-1881),《逻辑学》(Logik)(1843)和《小宇宙。关于自然史与人类史的观念。一种人类学的尝试》(Mikrokosmos.Ideen zur Naturgeschichte und Geschichte der Menschheit. Versuch einer Anthropologie)(1856-1864)的作者，在 20 世纪——特别是对新康德主义——有重大影响。］

纪的所有界限都变得非常清晰起来——没有任何感觉。洛采是我从学生时代就喜爱的思想家，而且尽管与他思想的对立有增无减，我还是很喜爱他；因为，伟大的思想家们是不能被喜爱的——那必定会围绕着这些思想家的、只有他们进行追问的斗争才能将其打破的极度冰冷的孤独，拒绝任何停息休整和保全维护的关系。

任何哲学都是非人类的，而且是一把耗尽一切的火[①]。只有想要多于自己之所是的人类，能将自己短时间地置于这种烈火的火焰
482 和光芒之上，以便然后在极长的时间内在一种相互理解的保护之光
[95] 中，完成他的业绩[②]，找到某种幸福。

在洛采那里，在一种对一切进行怀疑的善意的谨小慎微的光明中，闪烁着伟大哲学的强烈之火的光焰。洛采今天和将来是否会得到正确的解读，而不仅只是被分解到史学性的关系之中——是否还能成为开始步入思考活动的青年人的指路人和朋友？或者，这些青年人很久以来就失去了进入这类思想家那静静地扩散的沉思中的勇气（对于这类思想家来说语言同时就是他缄默克制的平均性的古琴抚奏）？

102

现在德国作家和作者的数量、可信性和能力都有十分明显的提高，有谁会不为此而高兴呢？至于他们能否使对人民进行构型的力

---

① 经中国社科院马寅卯教授提示：语见《圣经·旧约·申命记》(4:24 和 9:3)，通常译为“烈火”或者“吞噬的火”。《申命记》(4:24)：“因为耶和华你的神乃是烈火，是忌邪的神。”《申命记》(9:3)：“你今日应当知道，耶和华——你的上帝在你前面渡过去，如同吞噬的火，要除灭他们，并要在你面前将他们制伏，使你可以赶出他们，速速消灭他们，正如耶和华向你所说的。”——译者注

② Wohlgeratenes 一词本义有：做得很成功的烤肉！——译者注

量成为大潮主流，他们是否不仅仅是保存缺乏时代感的田园诗——
在今天的现实性的狂飙和激动中，有时这种田园诗恰恰常常在未被
规定的情况下为人们津津乐道，玩味不已——还很难说；因为，“从
事构型者”（Gestaltend）——如果允许我们暂时误用一下“Gestalt”
这个金贵的词语的话——今天是电影院；低俗拙劣的美国电影在 [96]
“塑造”着那些尚可塑造的人，不仅是外在地——这随时可用随便什
么“统一的形式”非常容易且很快地被遮蔽掉——而且——用通俗
的说法——“塑造”其“灵魂-精神上的关切(利益)”。电影业的进
一步繁荣一定要达到什么样的程度，才能使与日俱增的空虚，根据
与之并行的假象得到填充，以便拖延那巨大的贫瘠荒芜的爆发？也
许不会发展到这一步；也许人的大规模群众性的规则就是：人这样
被压平到他的本质中，以致在他看来，任何障眼法都显现得好似一
种“抬高”（Erhebung）。而且总还是有许多优秀的作家，他们甚至 483
会去到更大的团体面前去作报告，而对于许多人来说，这成了一种
经验。

这种状态的最内在的严重危险不是：电影还是战胜了作家们，
并且二者一起都把自己化解到了“体验”的平浅静水之中——更加
可怕的是另外一种东西：恰恰可信性，尤其是优秀作家的巨大数量，[97]
越来越排除**诗人**到来的可能性，因为这种大数量需要巨大的艰急和
逼近到那些领域中去的勇气的自由——那些领域经过近代越来越被
排除出了现实性。

恰恰现在以这种真诚可信的作家为榜样，把成长中的诗人正在慢慢被伪装改变成为作家的话，应该怎么办？也许人们会再一次自我沉思，在这一进程中，他们在出版商和出版工业那里扮演的这种二分的角色！

103

随着“体验”和“体验”癖的大潮之不断上涨潮涌，“**美丽**”变得越来越美——也就是说，愈来愈招人爱——而在真理（它当然不是今天的和昔日的表象活动非常古老的真确性——而是为自身隐匿而揭示——拒绝给予的开放之物——侔在之真理）中去发现其本质的可能性却愈来愈小。向真理之本质的跳跃，同时就意味着对近代人类的克服。

[98] 104

将所有近代的和今天的看法排除在**历史**和历史的认知之外的基础迷误，就是认为，历史的发生进程是“发展”（Entwicklung）。
484 所有本质性的历史中**从来**没有的东西，就是发展。

但是这种发展的思想一直是所有史学的温床，而且由于这一“思想”被当作研究的指导线索加以应用，导致了不可避免的“成果”，所以，这一思想的正确性以及相应的对于历史的看法（Vorstellung）几乎是根深蒂固的了。

105

《西方的没落》[①]？——为什么斯宾格勒是不对的？并不是因为

① ［Oswald Spengler: Der Untergang des Abendlandes. Erster Band. Braumüller Verlag: Wien 1918，Zweiter Band. C.H. Beck Verlag: München 1922.］（奥斯瓦尔德·斯宾格勒：《西方的没落》第一卷，Braumüller 出版社，维也纳，1918 年；第二卷，C.H. Beck 出版社，慕尼黑，1922 年。）

英雄主义的乐观主义是正确的，而是因为斯宾格勒这一思想想把近代置于永恒之上，想把这个完全缺乏追问的时代从根本上提升为一种持久状态。如果事情真的发展到这一步，并且持续下来，那么没落（下行）实际上并不“可怕”；因为，历史性的没落（下行）的本质前提是伟大之事——但是历史的伟大只有在存在之值得追问性在 [99]
本质性的构型中成了历史的基础的地方，才有可能。西方**不**会没落（下行），这首先是因为它**太弱了**，而不是因为它仍然很强。（参见上面[93]和下面[99]和[103]页）。

106

史学在其近代性的本质的完善完结中将成为以**向后看**为走向——对过去之事“进行加工”的**宣传鼓动**——的报纸科学（Zeitungswissenschaft，新闻学）。①

107 485

今天的西方时代是**近代**决定性阶段的开端：将其本质拓展到自己特有的巨大之事和强迫之事中，这是作为存在之制作伎俩的组织机构的实存的所有区域的巨大之事和强迫之事：西方历史下行到另一个开端之前，最长的、持续最久的停顿。

108

下行——对于进行计算和充满占有欲的知性来说总是某种

① ［第一个报纸科学（新闻学）研究所 1916 年建于莱比锡。在弗莱堡大学这种研究所建于 1925 年。报纸科学是信息科学的先驱。］

无-价值的东西——是所有伟大之事的唯一性和孤独的不计报酬的背书。

109

[100] 本真的历史是在自身中对自身进行认知的各种下行之路——这些路还并不自知——的封闭王国。(参见[33]页)。

110

如果哲学在存在历史的现在瞬间认识到自己唯一的任务是，将自己置回到存在历史之中，并且从存在历史出发来言说，实存处发生了什么(离弃存在状)，如果哲学对下面这一点也有某种认知：这种言说本质上先于所有的文化批评，从根本上先于任何批判，而且自己是走向佇在之真理的一个决定性的步骤，哲学就会放弃对一切
486 博学的追求，放弃继续去丰富知识，就会让自己完全被缄默的沉思所统治。存在着为这种境界服务(Haltung)以及达到这种境界“教育”？还是必须自己主动去放弃这些——因为在这里只有无条件的跃入才能获得有效性？

111

哲学的历史——哲学的历史该如何首先达到权力，如果最伟大的思想家的本质性的真理以所有可能的形式得到传播，而有没有“说出”这些思想家，并且如果“关于”这些思想家的一切文字材料一下子都完全不起作用了的话？

112 [101]

战战兢兢地尝试，甚至到公开场合去证明，的确还有一个“大学”存在，这不仅十分可悲（这还是可以忍受的），而且首先是完全对立于时代的走向、时代不可阻挡的拓展。另外一种完全超越时代的先行把握，就是对存在之值得追问性和真理的沉思——但是在被称为“大学”的“保护伞组织”下聚集的东西恰恰没有这种认知和追问上的而非组织机构上的“自身主张”所要求的力量、意愿，尤其是知识。

113

任何对当代的批判，只有作为对未来的必然性之认知的间接说明，才有权进行。任何抱着误解不放的做法都使投向本质性东西的目光变得模糊；使批判失去它唯一的承载者：辨别能力，这是从对
仍是非现实的，也就是说，仍是非现成在手的，但因此而已更加源 487
初地实存着的等级的决断出发，以此为基础而进行辨别的能力。因此大多数情况下，真正的批判如果从外部评判的话，也受到单纯和
最令人恼火的“说不”的误读的挟制。一个时代，当它“史学地”变 [102]
到宏伟巨大者之中，也就是，将所有的算在该时代之上和它的进步之上：那它就只有通过最为源初的批判，也就是，通过对等级的接受，才能把自己带出到关于存在之本质的决断中。

如果这种批判认为，必须去适应当前的事物，而不是去把握当前之事的必然性，并且批判认可，并为其努力的宏伟巨大保留着开放的关注（Blick），那么这种“批判”就消耗了它最内在的力量。

114

荷尔德林——**什么时候他会成为先-驱**？ 今天他变成了当下过去的证人。先驱们并不是以前的人和被超过的人，相反，他们是不可超越者，是最终者。因此，先驱们是十分罕见者，因为，他们被规定为，是只讲极端稀少者的人，只讲那些躲避任何应用的东西。——

从哪种前-驱者那里才能走出最后的神？

[103] ## 115

作为近代的“终结”的标识的**庞然巨大者**。但是庞然巨大者不是“量上的”，而是**这样一种特殊的**性质：这种性质使在自身中的量——也就是在其根本无目的性和无标准性中的量——“具有了”“质”。只有的数量性的东西才达到了其莫名的阴森恐怖的可
488 怕性，即空虚和无决断性之莫名的阴森恐怖的可怕性。庞然巨大者是伟大者之真正的反神者（Widergott）（参见［99］页）。因此庞然巨大者也是历史上的“伟大者们”（Größe）的某种**独一无二**的形式。

116

人的**大规模群体性**来自他的**无目的性**，还是相反——还是说，二者都对，因此要求更深的基础？哪种基础？

117

如果人以确保其持久的方式，把自己设置为目的，那他就成为了无目的的东西，于是有一天，亲身-体验（Er-leben）本身就会必然

成为“最伟大的”体验。如果在这种对“自我主张”的所有行为和思虑的安排中，所有的一切都是正确的，如果这种正确性变成了这种自身安排的本质结果，那么，“生活”的**所有的真确性**也许仍然建立 [104]
在非真理之上。

118

在近代的冲击性的鼎盛年代的可能非常持久的延续中，历史的时钟已经举起了敲响决定性时刻的钟锤。钟锤的重量在阴森可怕的缓慢和昏暗中扬起自己。

（当我还是一个小男孩的时候，我曾经常一个人在［教堂钟楼上］古老的钟铃的巨大厚重的钟架里天天观看实际的钟锤的扬起——现在就像以前一样。） 489

119

这个时代和将这个该时代带来的所有的东西，不需要这种巨大的保护，即让它远离所有值得追问的东西吗？因为在该时代的视野中，值得追问者只能是瓦解的东西。有谁会从必须奠基达-在的东西出发，去单纯从事瓦解呢？

但是，如果所有对侪在的追问都徒劳无功的话，又将如何？如果实存就像现在这个样子并且将继续如此：在它失神忘我的安静中感觉十分舒服，并且异常成功地得到发展的话，又将如何？如果对 [105]
侪在之追问甚至是一个失误的话，又将如何呢？即便如此，人们也必须忍受这个失误，以便实存甚至能够通过这种多余的徒劳无功证实它的权利。或者这只是侪在之本质的遥远表象——拒绝给予的表象，而这是近代人总是决定加以否定的东西？

120

这种热情在哲学的“难题”处发现了一种业务，甚至连“存在”也没有放过，并且对此还制作出了系列的著作；这种热情是从哪里获取营养的呢？即使这些业务停下来，而且哲学的丰富学问的名字和传承被忘记了，即使这一切真的停止了，对侟在的预感仍然必须继续保持自己的有效影响。而且这个“非”似乎已经足够强大，否则就只有那些渺小的东西能够传播。但是如果这类预感不再有权威，而作为一种“业务”的哲学仍然存在着，那么丰富的学问和它的惯性定律就不再能够为解释提供充分的基础了。也许这一本身已经是无不足道的过程，只是离弃存在的更进一步的尝试：使自己变得
[106] 越来越面目全非，并藉此使自己越来越顽固、越来越无可挽回。

490 121

*侟在*决定选择它的源初的本质——拒绝给予——了吗？该本质是如此源初，以致侟在缺乏这种本质的真理？那么，最高的大事件也许就会藏身于拒绝给予的缺乏之中。而另一次开端也许就会移到某种悠远之中：我们对这种悠远的尺度和方向均一无所知。诗思活动和思考活动的所有伟大之事和稀有之事也许现在才被置回到它的空间中，在其中只有等待之静谧给它以延扩的财富。对于大事件的从属就只有缄默不言进行决断。不过，这种缄默不言是最难认识的。但是为什么侟在不应成为最根本的困难——最终的东西呢？为什么这种最困难的东西不应该成为另一种开端中的哲学的基本原则？

如果伟大——简单地静息于自身的拒绝给予将自身置于在存在之上，而被存在离弃的实存只会在它自己的喧嚣的小股气流中振翅，如果渺小者最终计算出了适于它的巨大和它自身的庞大并且为 [107] 之担保，那么，人会成为什么？答案是：成为一种实体（Wesen）：他知道一切，能做一切；这种能够和知识又完全受他的掌控，以致没有任何现成在手之物和过去之物能逃离他。现在的一切，包括他自己，都只能朝向一个目的，就是防御唯一的和也许仍不断增长的危险：人类本己的无聊对于人类来说变得不再是无聊。这种防御必定去追求，实存越来越"美丽"，一切越来越有组织有安排，藉此各种组织安排过渡到成为防御方面的组织安排活动的对象，通过这个过程，人就能使自己相信，自己能够不断地开拓不断地提升，能够开拓更高级的活动领域。然而——无聊将会愈来愈空洞、愈来愈难熬——因为无聊是唯一的和无法排除的存在之阴影、在实存的离弃 491 存在的空间中仍然能够被抛出的存在之阴影。

在这其间，当下**有**（ist）伟大者的向伟大者的呼唤——它们**现在是**（sind）未被认识者，它们捕捉到了这种缄默的呼喊，并且为了存在之最静谧的时日而将其深藏于孤独的心里。我们还不知道，为了 [108] 理解存在的从属性以及奠基一种完全不同的——从存在之真理出发去进行追问的——基础，人的个体化还应该跃出多远。

122

作为主体（垫底者）[①] **的人**。——为什么人们"思考"**人**，而且总

① Subjectum，拉丁文，原义是"垫底"的意思；被笛卡尔哲学解说成为"主体"，后成为了流行的含义。——译者注

是只依据现成在手和早就现成在手之物来“思考”人，依据处境和条件来“思考”人？ 为什么不从无-条件（它不是被人们称之为“预见”的计算，而是 存在）出发“思考”人？

现成在手之物和它的现成在手的条件是从哪里得到它们的吸引力的，以致这些条件被视之为“现实者”，并且是对实存及对 存在而言的“现实者”？人们恰恰在认为已经完成了对迷信去魔化时，成了这种魔幻的牺牲品，此时人是什么？

人们把人当作最典型的摆在那里的东西和已给出者（Subjectum，托底者），在其上，人可以去处理所有可及的现成在手之物，可以去填平任何还能让人预感些什么的间隙：预感到，这里管辖着一个“之间”，这个“之间”也许会作为 存在自身而发生——，
[109] 这个“之间”——的开放性使实存的简单的本质权力显现于光明之中，使 存在成为真理。

人们把《存在与时间》读成且处理为“Subjektivismus”（主体主义）。然而人们尽管不承认或不知道，但感到这本书对所有人
492 类学的威胁吗？除了对人加以谬赞，将人固化为 Subjectum（垫底者）——与所有其它现成在手之物发生关系的关联媒介的现成在手之物——之外，人类学还能是什么？

123

道路有时比伪装成目的的“结果”更有决定性。什么更本质：在自我肯定的层次中四处奔忙，对那里的所有东西的一切联系加以利用，或者自己决断，去攀登越来越孤独的山间小径，不管攀登者是否曾经看到过顶峰。但是他难道不知道在**攀登活动中**，他走向的

目的从来不处于停靠点的层次上？在攀登活动中他是被高于他的高处所承载，他总是停留在更高的地方，从上往下看。怎么才能与那里的层次取得一致呢？只有在攀登的空间中，顶峰才作为“目的”
之无法把握的担保高耸入云。 [110]

124

如果**哲学**应该重新达到它的本质之中，也就是说，如果这种本质应该再次被抬高到一种源初的开端之中，那么，哲学就必须发源于存在之真理，尤其发源于对此真理的决定性的追问。但是，这并非存在是唯一的，哲学必须单纯地对其进行规定的对象，——存在从来就无力是对象。相反，存在本身规定着哲学去追问的东西以及这一追问——因为，作为据有之事件的存在直接“当下就是”(ist)追问和被追问的东西的基础。

现在为哲学做准备的唯一可能是，极少数人去掌握哲学历史之本质：阿那克西曼德的箴言，赫拉克利特的格言，巴门尼德的“学
说”，柏拉图的《斐德罗篇》，亚里士多德的《形而上学》Z-Θ 章，笛 493
卡尔的《沉思》，莱布尼茨的《单子论》，康德的《批判》(三个)；黑格尔的《精神现象学》，谢林论自由的著作，尼采的主要代表作《遗著》。应该**在**它们的唯一性**中**同它们当下对话中占有它们，而不要
陷入史料学的博学和算计之中。这类掌握只能发源于源初性的追 [111]
问：这种追问出自存在本身之艰急，首先出自实存的对实存的离弃，而去转向艰急(Notwendigkeit)。其结果就是完全脱离哲学迄今为止的所有形态。

在此期间，在哲学-业务中，“解说”变成了**真正的**时髦。整个

世界都在“解说”——现在在这样做时恰恰忘记了沉思：向着什么去“解说”，出于什么样的必然性（转向艰急）和依据什么权利去进行解说。

125

如果坚持继续此经营业务的各种动机突然消失，如果通过对迄今为止的东西反复计算而制作出“新的东西”的可能性也突然消失，如果有效的只是，从哲学本身的本质必然性出发去进行追问，那么，被吹得很大的哲学业务也将会一下子消失不见。这样就会暴露出，对哲学的伟大历史的把握是如此之少，而且所有的处理都只是在“科学”、“世界观”、“生活指导”的视野之内，完全不是出自哲学
[112] 的本质：而是出自总是闪亮的有在再次熄灭于实存中。

所有“作品”的制作都使我们越来越不能把握存在问题——因为立即向着博学中逃避的机会就在身边。

494 126

如果实存首先分派性地把存在保持在对象性中，尤其是如果这种对象性被认为是“实在的”，有在就像在路上可以找到的手套一样能够随时被捡起且直接地被研究，那么，就十分清楚，实存已悄悄地被降级为现成在手很久了，由此对存在之真理所包含的东西的意愿，对作品和行动的意愿，对沉思和对放弃的意愿，都受到了阻滞。

127

如果那些现实存在的思想家必须整个地经验这一切，那么他们

的追问如何由存在承载和照亮呢？如果这样，会发生什么？

128 [113]

一种为被悠远的思虑的预感到的完全另类者而进行的斗争，正期待着有为此进行准备者；这另类的东西：从来没有支撑物和固定的道路，没有来自任何地方的照耀引导，完全没有任何确认——只有误解和——更加不可忍受的是——同情的善意。这种被预感者，如果不能成为存在之真理，就会作为时间空间的奠基活动照亮这一真理的本质——达-在。在此时间空间中，人作为Subjectum（托底者）而毁于其中，并且被迫去建立一个场所，即使仅仅是他的下行的场所。

如果人自己摧毁了下行的可能性的话，又当如何！

129 495

“操心”——人内立于达之中的空间——在其开放性中，从事隐匿者作为隐匿者拒绝给予，且在这种拒绝给予中显示自己，于是便永远不会成为对-象（Gegen-stand，对面-站立）。操心——它几乎意味着与“人们”平时所知道的“操心”之所是——表现于欲望和追求中的急功近利、锲而不舍——完全相反的东西。操心——它
意味的是，人的来自无欲望的简单的——同存在之从事创造的关联 [114]
性——专注性[①]之朴质单一性——几乎就是泰然任之之性，但却是处于其紧张张力之中，但是又不是泰然处之之性——因为它（紧张

① Gesammeltheit，辞书未见，英译为concentration，孙周兴译为“凝聚”。——译者注

张力）是非-从事创造者。

操心——此名号是为了［指称］：我们尚无能力——无力——去称谓在达-在之中的人之奠基，而且在这样的地方亦如此：在这里这类名号敢于被称谓，一切都来自于迄今为止的传统，而且还愿意从其出发而被说明（cura[①]）。然而这一切都是从另外者出发来着想的——存在之真理已经成为被贞问者：人不再是托底者（Subjectum）；实存不仅不是对象了，而且真的不是自-在者（das An-sich）——人首先不是存在的源泉，因此不是错误地解读存在者——最终把存在错误地解读为某种可被计算的敏锐看法所捕获的四处流浪的无家可归者，可被关闭于一种范畴系统之内的东西。

但是，也许已经非常习惯于这种错误的把握，也许这个新时代
［115］整个都根据这种习惯而生活，以致——通过思想活动的努力——把思想活动从这种木质化（Verholzungen）中的解放出来，成为不可能之事。但是，也许会有某种先声-前奏，如果它能够以最可能的平和加以演奏，而且，首先不突显任何要求，不要求将其算在哲学业务之内，或者甚至算作世界观学院派之内。但是有谁能够以不同于通常的方式去听一个“报告”或者做一个“报告”呢？也许只有某种对
496 “另类”和“新奇”的渴望？

130

真理从来不是目的和“理想完美者”，而总只是自我隐匿的开端，向下-深掘奠基的基础。因此，与真理疏离的危险是完全不可克服的，因为人们认为，作为目的的真理——在自己面前，这样他

① 拉丁文：操心，关切。——译者注

们恰恰完全错认了且忘记了真理的本质。如果真理是开端，那么也仅仅对于伟大的决断之罕见的瞬间来说在**当下是**(ist)，它仅仅**当下是**(ist nur)决断本身的从事接合的空间之预先设计(Vorwurf)。而这些决断呢？它们紧紧地绷紧在人类对存在的从属性的[下述两种情况]之间：人类是否有能力承担起存在之场所，或者，人类是否让自己满足于实存。

131 [116]

保持其伟大的**伟大者**可曾发生过影响？为了发生影响，它就必须让自己渺小化。"影响"对所有的伟大者都是不相宜的。伟大者不需要我们的担心，它独自就具有纯粹的、唯一的，从根本上是无关联的关联。

132

如果不可能者——逃离计算的东西——变成不可能的，那么人类就把他的最小的渺小性伪造成伟大者。

133

不言而喻性是"真理"之"最幸运"的占有之形式。但是这里的"幸运"是什么？这里的"真理"是什么？

134 497

而存在——在它的本质之中隐匿着自己，它那离基深渊之不可

触及者便这样隐匿着——如果思想活动通过放弃所有对象性的东西，通过预感到侟在之缄默性，认识到侟在不是抽象的和空洞的，
[117] 认识到“实存”根本不再有能力，在自然、历史和人类的一般化形式中，为侟在之昭示（Erwinken）做点什么了，认识到相反**只有决定性的领域**——众神之切近或遥远的未奠基的开放领域——才允许勇敢地迈出进入侟在之真理的最初一步。

然而我们到底离那个领域还有多远——我们的眼光被误导到了何种程度，尤其是我们认为我们的眼光囊括了一切的时候——还剩下什么？人类——人民：生命欲望的巨大怪兽，它追求文化政治，将自身宣布为永恒的，将所有历史都被贬低为仅仅是“它自己”的准备和前奏——人类，它无力去投身于值得追问性的自由之中。

135

如果进行历史性思考的力量仍然存在的话，那么这种思考就只能完成一项事情：在思考的完全陌生之中建设历史的伟大，从这种陌生的高处，评判任何沉思的不言而喻之浅薄和平淡——近代计算所表现的不言而喻以及由之对沉思的拒斥。

[118] 最莫名阴森的是，平淡和空洞表面上变得厌烦自己，开始去发现伟大者，教导伟大者之事，并且冒充伟大者的呵护者。这时有渺
498 小者彻底的暴政，错乱变成了无法理清的乱麻。

136

这一切都一定会发生，以便**侟在**对世界的时刻再次做出决定：在此时刻侟在分裂的欢呼响起，所有计算和制造——它第一次也是

唯一的一次相互分离——作为一种无足轻重的嗜好而消失。

然而谁要是有能力在真理之隐藏的某种从事自身构建的处所那里接手那个决断，谁就能够首先全部获悉这一决断，把所有所学都贡献给那完全另类者的接受。

吹动人类去克服迄今为止的传统的劲风从何处而来？然而恰恰这种情况和史学的准备更加允许人类，享受任何种类和任何时
代“美好的东西”，从这种享受核算出某种绩效，这样就把文化政 [119]
治当成了“文化”，而这种“文化”必定已经是对存在的离弃。现在依靠任何哪怕是最微不足道的技巧，［人］就能毫无阻碍地轻松制作随便什么东西，并发现了这些叫卖推销者——就像人类期待的恰恰就是，用这类效仿而继续去娱乐，甚至在其中看到追求“修养”(Bildung)的倾向。

“修养”被讥笑为每个阶级的财产优先权，这当然不无道理；然而，如果人们与此相反想使整个“民族”都有修养的话，那么，人们首先肯定的是对“修养”的歪曲理解；区别只存在于在勘定传播的广度之边界的区域中——这种边界勘定现在恰恰应该是无界的。

没有人能让一直被排除在外者得到“修养”。但是这对于“人民”的“修养”来说是无所谓的。那么到底什么是修养？沉思地向从事创造的精神之进行接合的隐匿处隐退［就是修养］——修养首先是沉思——对脔在所思虑的隐匿者进行追问的亲身-忍受；修养
作为沉思是对变革的待命状态，而它作为这种待命状态是对于一种 [120] 499
从属性的不安的“操心”：这是从属于作为脔在的东西关于人类的本质性决断的催逼——在此决断中，人取得他的源泉，得到他拒斥的东西，为之而牺牲的东西——；但是这并不是为了人类的缘故，而是为了達-在之故，为作为脔在的世界时刻之时空的奠基之達-在

之故。

处于“修养”中，成为那种从属性的从属者——这是困难且鲜见的。——

而且“修养”不是“占有”问题，而是性情调定问题。而且接下来被调定者必定步入一种陌生的当下，而对被调定者来说此“当下”只能是通过之当下，不可能是驻留之当下。

137

如果人类只有在“文化”中才能发现他的视野和他的业绩领域，并且把文化“价值”的“维护”当作他的目的，那么有一天这种“文化”就会成为坚持-低下消遣[①]和“人民”享乐的工具。“文化”是“体验
[121] 活动的举办。这种举办活动的能力就成了一种标准：用以判定人民是否是“有文化的”-人民。但是举办体验活动总是有目的的，这种目的隐蔽地是所有“文化”的目的——通过对实存的经营让对存在的沉思成为多余的，并且努力达至无沉思性，将之当作普遍的满意。

人们在这里不是要暗示：到处都是“良善”和“高雅”，业绩斐然，并且与前一个时代相比，取得了进步。这些计算太正确了——但是它停留在文化事业的计算之内；计算恰恰是通过这一事实［达至］：计算的开张、实施证明人们根本就没想到，对文化本身，也即人类近代的存在方式——这是“文化”一词所表达的但并没有被奠
500 基的——进行怀疑追问。因此就发生了［下面的事情］：缺乏了那对“正常事物”关心努力，因为人们只想在近代人类的来自远方的约束的状态内部逐步改变，并且把每个原创性的沉思都只当作消除

① Unter-haltung，没有连接符的 Unterhaltung 是“娱乐”的意思。——译者注

这类“不良状态”的辅助手段加以利用而已。但是这种不良-状态恰 [122]
恰是作为托底者(Subjectum)的人的状态和地位。

如果连第一次世界大战**这类**事件，也没有使人们脱钩，而是让他们更加具有他们作为托底者的“本质”，情况会怎样？或者这次世界大战像下一次一样，只是近代人类的结果，而且尽管有个别人缄默的牺牲的伟大，它仍然没有在实存的冷酷中抓住侨在自身？

那么，如果人类必定被拉回到其本质的不停地渺小化面前，必须发生**什么样**的事件？如果人的渺小化必定会显现为在庞然巨大的构型中的巨大，人自身如何能重新开始启动呢？

不管这里做出的决断是什么样的，“最优秀者”(ἄριστοι)只
要活动于为文化，为“修养”而努力的计算算计层面，他们将来行 [123]
事就会与他们的“最佳”意愿相对立。他们必定会更加努力朝向今天人类的僵化，更加兢兢业业、专心致志地去发掘以前时代的一切“良善者”、“姣美者”，并且通过将其做成雅致美观的形式而使其容易接近。情况当然是大有“改善”。然而这种改善只是习惯和适应了变得越来越隐蔽的对存在的离弃和完全的无反思。这样到来的也许就只是变得“有文化能力”的基督教之某种拙劣但却非常狡猾的、手段上无所不用其极的天主教教廷的再一次的收获期；破坏性的和引人误入歧途的力量把基督教当作“文化”的前面-开路者派到前面。

138　501

“人们”**不再**愿意，或者**甚至附带地不愿意**是诗人的和思想家的“人民(民族)”，这一点难道不是证明了，人们走在对于近代的本

质**没有任何保留地**“肯定”的路上——在其中破坏性的力量首先能够完全自身巩固并加以扩展蔓延？如果德国人通过自我放弃而走入
[124] 隐藏最深且最不受攻击的状态（这是迄今为止为他们设置的状态）中，情况会如何？这起码使放弃诗意的-思考的本质变得非常容易，藉此人们“在文化政治上”支持电影明星和钢琴手以及各种类型的作家们。谁不乐意看到这些人有好日子过，谁不乐意他们为“人民”提供精心准备过的体验材料呢？[1] 尤其是，在这种多层次的文化产业内，让“诗人”至少“自然地”在其位置上发挥作用，是不够的。——

然而，这里我们碰到了对一个问题沉思：这个问题，如果说出来就是，首先把一切都移到最基本的决断的管辖范围之内：如果“人民”的“实体”从内到外都受到威胁的话，诗人和思想家又“有什么用”——难道不是首先必须去加固保全这一实体，同时使“文化”得以继续下去？但是，什么叫加固保全“实体”？首先人民只是“有生命的一堆活着的东西”？——在它之内且在它之上可以建构文化，还是说，这里存在着没有认识到如下情况的基础：恰恰“实体”本身
[125] 需要确定其权利和类型，需要按其本质来安置——，这里人民的“本质”——对于德国人来说——在于思考存在本身到底对德国人有何企图？

如果德国人发现了他们的本质，并且想去挽救了他们的“实体”，难道不是所有的思考活动都曲折迂回地摆脱人是理性动物的观念——也就是今天追逐文化的生命共同体的观念吗？“实体”的特征以及“托底者”的特征难道不是必定作为一种误读误解要被纠
502 正吗？而人必然要被置于存在之真理的自由开放之中——被置于他

---

① 原文是句号，参照英译本和中文习惯，改为问号。——译者注

的规定性（Bestimmung）的值得追问之中吗？此规定性不允许成为可以加以照料培育的现成在手之物，而必须是过渡到现实的——也就是源自本质意愿的——下行的过-渡。如果对“下行”的畏惧干扰打乱了本质意愿，并使朴质单一者成为不可能的，情况又会如何？

直到此处，沉思必须自己冒险前行——而且沉思并未必须长时间及更长时间地滞留于此，也许在这个位置度过一整个时代——并且思考实存是否在此——意外地——而非“文化”——从佇在中出 [126]
来进入生长？然而我们不想在此处进行算计计算，而是从佇在之本质的知识出发——等待，或者也许只有等待者的记号。

139

一种哲学越是本质性的，也就是说，越是开端性的，它就越必须超出“内容”和“形式”，更有决断性地去追问追问活动的出发点和方向，因为，这个追问活动且只有这个追问活动创造并拥有思考的空间，对于那些必须再次进行追问的人来说，是否能把握这一空间是非常重要的；而对于其他人来说，他们从哪个“方面”，在什么“视角”误读误读误释了哲学——也就是以他们的“思想”习惯解释哲学——是不重要的。

140

作为 Er-eignis（发生-本有事件）的佇在“当下是”（ist）时间-空间的奠基，并以此［奠基了］所有的何处以及何时——因此，佇在从来没有“在当下”（ist），也不会在任何地方以任何方式“有效”——因为有效只是充作价值的对象，并且作为对象而充作实存性的非

[127] 本质。

在我们——贪恋于实存的人——看来，从来且在任何地方都不
503 会“在当下”的东西，——但是它却从达-在里抛投设计了那最唯一者（Einzigste）和最能调定性情者（Stimmendste）和性情被调定者（Bestimmteste）——与此相对的，所有的“逻辑”都是关于“准确性”和“清楚明白性”的结巴。

侪在既不是“研究”的对象（Gegenstand），也不是“辩证”计算的“对象”（Objekt），也不是加密编码①——这种编码工作仍然只是对被置于“体验”中的复算，并且带有预先的让步：这种复算将不会核算出任何接过来（“失败”，Scheitern②）——处理的“东西”（Ding）。

141

如果《存在与时间》完整地面世的话，它一定会导致什么样的误解——因为在那里，那趋向于源初者的意志被周围的“研究”和“揭示”的外表包裹着。尽管如此——只要思考活动说话——它显得自己僵化在那里，为那可以不断重复那一件事情、但每次都是创新的伟大的诗作——实行着节约。那些思想性的句子是如此的干瘪

---

① Chiffrierung 是信息编码，特别是信息加密的意思，对应的英文应该是 ciphering，但是英文本翻译为 deciphering，即解码、破译的意思。正好同原词的意义相反。为此译者专门致信 von Herrmann 先生，他回信说：“侪在不是对无的 Chiffrierung，而是针对 Karl Jaspers 的。英文将其翻译为 deciphering 是完全不对头的，因为海德格尔在这里说的恰恰不是解码，而是加密。因此，人们必须把 deciphering 作为 encoding 或者 coding 来理解，也就是加密。这就是海德格尔这里的意思。”——译者注

② [Vgl.Karl Jaspers: Philosophie II. Existenzerhellung, Julius Springer Verlag:Berlin 1932, S411.]（雅斯贝尔斯：《哲学 II. 照亮生存》，柏林，1932 年，第 411 页。雅斯贝尔斯在该处指出：“人在世界中必定会失败（scheitern）”。——译者注）

和空洞——而且这些句子恰恰拒斥那届时的源泉和那从事调定情调的——会与那存在的本质活动邂逅冲撞的——瞬间。 [128]

142

伟大者——它的不同构型（参加上面 46［页］）。

庞然巨大者：那种坚决把实存纳入制作性伎俩，拒斥不可能者的计算。

巨神者（Das Titanische）：选择了反对众神之暴动的不屈不挠性的暴力。

开端者：将其最简朴者的源头奠基在其唯一性和不可超越性中。 504

143

最纯粹的坚定性之最高的力量赋予最值得-追问者——**存在**——以切近性。不过，接近作为拒绝给予的存在的过程是一个自己抽身而去的单纯关联，在其中切近的一切丰富内容得到了认可，所有的冷漠无情和贪得无厌被克服了。

谁要是被抛入到存在之历史的道路之中，谁就必定有一天只从拒绝给予的时-空出发来说话，并且放弃所有关于业绩和财产占有的计算算计。如果人类对为他所保留的本质（Wesen）——**变成**存在之真理的奠基者——有些预感的话，那就必须有一个伟大的断裂 [129]
的到来，它要去打碎把近代人绑缚囚禁于对象性及其求索之中的锁链。人类需要的不是**新**的价值，人类需要的是摆脱作为人类之“理想”——这些理想只有在人类摆脱了（作为 φύχις 的）存在之本质，并且摆脱了(作为 ἀλήθεια 的)的真理之本质之后,才是可能的——的无背景的对象化的各种价值。凡是还有“各种价值”之处,凡是“价值还受到关注”之处,人类就仍被困在计算算计纠缠之中,并且是如此地不能自拔,以至于认为,由于他以“价值”为其目的,所以他已经摆脱了所有单纯的“利用”和“算计”。

在这种情况下,仍然有虚假的哲学甚至为人算计出“价值”的当下现成在手性,就像它们是对象那样!它们确实是“对象”——人们以算计的方式把它们置于自己面前,而且它们能够站在人们面前。——因此,所有关于“价值”的“哲学”都是假象,并且对于敏锐的耳朵来说都是对哲学的曲解;这种曲解与“人类学”对哲学的敌意“来自”同一个地方,正因为如此,二者相互非常“理解”!“重新评估一切价值”——无论是哪种类型的——都只是越来越盲目地
[130] 陷落到近代的本质之中,陷落到离弃存在的本质之中。

505 他们并不认识值得-追问者,只是处于“难题”的怪胎变形之中。值得追问者是最深层的被禁阻者,永远不会被抓住。尊崇对于提问(Frage)的尊崇——就叫追问(fragen)——置于开放之处——这样那开放就奠基并培植(erbauern)起来了。尊崇是与“价值评估”根本不同的东西:价值评估总保持是一种计算。——

尊崇(Würdigen)——步入尊严(Würde)影响圈中——就是——其尊严和最高的等级显现于:为自身而要求提问——要求被贞问——要求真理及其本质之奠基——要求侪在——要求其真理——作为其最本己的本质——去自己据有自己(sich er-eignet)——无非就是去作为这个去是[存在]:作为据为-己有(Er-eignis)去是[存在]。

144

实存之**离弃存在之状态**——即便如此，在这里侪在之本质仍然在实存之上得到了保护。而且这样它似乎表现出，唯一的必然之事就是：在实存处（就像现在被解读和算计总结的）赢回那侪在——或者，将其从对象性和制造伎俩中解放出来。

但是——如果侪在自己对实存转身置之不理，退避三舍呢？而感染在这种抽身退避中留下的标记是：侪在未来只让自己的本质按自己的真理来评估、认知；因此今日人类的所有标准对于侪在永远 [131]
都是不够的，只能够满足人的"体验"［之需］，人类在对"体验"的追求中，像逃避自身的无聊之空心球，在自己周围滚动。

如果事情是如此——那么就只有任侪在处于隐匿状态之中，甚至首先在其中奠基。只有非常少的时候人类的意愿和承受能力能够接受这一沉默的礼物，让侪在之离基深渊来定期情调、在最静谧的物中经验達（Da）之开放性的据为-己有（Er-eignung）：从自己出发去经验侪在的本现活动（Wesung）。 506

145

单纯的计算算计将未来之事当作站在-前方的已经固定好了的目标——当作对象，达到它的道路是可以被计算出来的。但是当它出现时，未来之事变成为**无法**-预测估算的家伙。然而未来的奠基却是另一种过程，对我们来说还十分陌生的过程，在此过程中，被奠基者变成为尚未涉足的基础和离基深渊，因为，只有跳跃才能掌控这个过程。跳跃跃过离基深渊，不过在那里这个跳跃而过不是**越**

过-离去的设置并且使自己固定在彼岸（这也许恰恰是对迄今为止的东西的颠倒：重估所有的价值），而是超过-那-离弃-基础-之跃（das Über-den-Ab-grund-springen），并且任其去是其所是那离基深渊。

[132] 谁有能力去为此事？那些任其去任所有的基础的奠基者，而在这种听任性中（Verlassenheit）另类者，不对，只有他们自己［原文如此］审问自己，并且在据为己有的活动中经验到哪最朴质简单的所属性，并且将其置入思考性的言说中，置于诗意性的，从事耕耘和从事构建的作品中。

146

“大学”。[①]——今天的大学教师：他们既不想源初地去追问完全是另一个的历史性开端，也不想要一种决断性的眼光去透视近代科学的本质、近代科学运营中的本质充实，以及拖延了很长的终结。他们既不想开端也不想终结，而是想要把二者都给虚掉的迄今为止者和它的永恒化。他们想要作为符合时代要求者而有影响力，同时又期望超“时代”的隐退。他们不愿意去进行沉思，而是愿意保有“自己的安静”；“科学”需要安静，以便它自己能够运动。在其中，他们一致同意，和睦行动和相互扯谎：政治上可靠且方向朝后。但这种虚假谎言只是记忆上无能的表现。

507 [133] 147

“艺术与科学”——这种语词组合必须配上瓦格纳的音乐才能

① Universität，全面学习之所。——译者注

得到表达。

但是，“艺术与科学”/首先是对艺术的贬低和对科学的高估。然而，这种不真的向下-和向上的设定，只是为把被纳入到文化事业圈子的一切及其“价值”统统整平而做准备的结果。

148

教育与培训。——**教育**：让人升入伟大者的魅力境界（Bannkreis）中。

培训：使算计者在渺小事物和可算计的东西中派上用场。

149

大与小——渺小者暴露其渺小性最清楚的地方在于他对其对手的选择上，因为，被选为对手的只有那些他预先认为可以处理得了的：能够计算得到，通过对其的蔑视能赢来喝彩者。但是谁轻蔑，谁就在被他轻蔑的东西处变得渺小。只有能够克服轻蔑者，才不再需要具有优越感，以便去是伟大，也就是说，去**是**（sein）且让其它
东西在其所在，如其所为。 [134]

谁选择了较伟大者和伟大者为对手，谁在斗争中确实可能处于劣势，但是他在其所有的劣势中都不会变得渺小，只要他坚守他自己的选择；因为，这种选择本身已经对他的做出了决断。

150 508

宣传是一种他们自己都感到不保险的“污蔑”的背面。

151

人们在躲避所有**沉思**的基本原则的地方，通过把无沉思伪装成强大和健康——与把这种解读“在实践上”认作为正确以反对合伙人相比作假要容易成功得多——以为自己创造了“善良的良知”。

152

思考活动。最困难的是，在俘在之本质中认出**非本质**，并且**同时**把非本质把握为(不仅是“辩证地”)本质的必然性：设定**非-本质**并且在设定中远离任何否定。一个思考者的“发展”在于展开为非本质进行奠基活动的能力。当然在习常的看法及其“乐观主义”看
[135] 来，这种对非本质的肯定，立刻就包含着“悲观主义”的现象。

153

沉思：去知道自己的独有前提，去探究自己独有目的的空间的**勇气**。去**尊重**真正的求索和敢于冒长期迷误的危险的**力量**。

但是大多数人需要的是无沉思；因为，对于有些事情的发生，无沉思性是必要的。实存从来达不到达及存在的**一条**道路。但是以
509 对所有事物的完全无问题态度的肯定的形式的无沉思性，永远无力进入沉思的位置中，如果人类想要停留在历史之中的话。

154

今天谁宣布哲学是多余的和不可能的，谁就在诚实性上具有了

优势，首先是在所有从事“国家社会主义哲学［纳粹哲学］”的人们面前 具有了优势。此类哲学比“天主教哲学”还要不可能，并且还更加多余。

155 [136]

通过笛卡尔，为“外在世界”的稳固持存而操心的“哲学”才被第一次被带到要去证明“自在的”实存的“实在性”的状态并第一次有可能去证明。

156

“文化”。青年们已经不再有可能在追问之中走入迷途，并且穿过黑暗和假想的自明性坚持斗争。如何才能使从事创造的力量进入到急难之中？哪里还能让一个沉思的人用 10 年或 20 年的时间去冒险，以便通过斗争也许取得一小片光明？[①] 他们都变得坐在那里沉睡、等待，直到某一天，有人会把米粥喂到嘴里。

生产越少，土地就越少，采摘者和开垦者以及迷路者越稀少，那么文化政治就越多，关于戏剧和电影、演说和新闻写作的研究所和“协会”（Akademien[②]）也就越多。 510

各个单独的民族之所以“制作文化”，从根本上就是为了藉此 [137]
不至于在其它“文化”民族面前抬不起头来。“文化”已经成为了经营上的一种竞争和业务。它就像两个天真的村长在从事“文化”活动那样精神振奋。但是，人们只要有了他们的宁静和一点点在公

① 原文为句号，据文意改为问号，英译本同。——译者注

② Akademien 即我们所谓“科学院”，但是在德语中，除此之外，还常指一些专业协会，艺术类的专业学校和演出团体，甚至演出活动和场所。——译者注

众场合的声誉，对它的忧虑就再也无人顾忌。德意志人这种好脾气的、“作风正派”的精神上的如此程度颓废堕落的基础到底在何处？因为在对以前所创造的东西的传播、重复和更新中到处都是业绩“优良”，而且人们甚至认为，如果人们坚持从事在这种单纯的重复工作，只要足够长久且足够广泛的话，那么就一定会有那么一天，人们自己就会成为“创作者”。也许：有一天“小提琴手”和“钢琴手”成了唯一真正的艺术家——而诗人只是一个普通人，一个能为“电影”和“轻歌剧”“提供”剧本的人。

“世界战争”席卷了地球，但这显然只是一个非常小的急难——
[138] 因为，“世界战争”并没有产生出创造活动的必然性，它带来的只是采取措施的机会。

这种迷失偏离自己的本质的基础到底在哪里呢？在于：我们已不再愿意沉思了吗？但是这种不-愿意是从哪里来的？但确实是把我们压抑在无创造性，然而总是“不太坏的”东西之贫乏肤浅的[死]水中的好的平均性之阴森不可名状的力量？由于这种力量带着一种正被寻求和被渴望之物的假面具，什么东西能把我们从这种力量下解放出来呢？做出什么样的牺牲才能一下子完全终止这种无决断性？或者——恰恰是——在最浅的小水洼里大家同时共享水花，以及少数个别人静默地沉入到未知的大河之中——是德意志人的不可
511 扬弃的本质吗？

这样这种本质就会陷入下述这种危险：这种“水花”获得了一
[139] 定的“深度”，而“大河”会得到疏导，并变得通常可被行船所利用。

157

在一切事物上的技巧之熟练灵活已经如此地普及，以致人们可

以把任何东西拿来进行加工，然后将之作为“新”的东西交出去。这里的关键是：自身不再首先向着其本质性和决断性的伟大而展开，不再瞄着真正的对手而提升自己。因此也就没有了伟大的对抗，这样被一种陌生的东西掀翻的可能性也不复存在。所有本质性的东西不是被攫取到非本质中，而是被攫取到平均化的无本质性之中，其结果只能是：所有时间和空间的延伸都以最大的确定被攫取。平均性的东西由于其非本质很容易就获得优越性，并且拥有逃避本质性的东西的灵活技巧，因此就据有了制作“善”的印象的特殊才能，而**这种**善早已经为什么东西可被视为最好的东西而准备就绪。

一切实存中的平均性是众神最厉害的对手。基督教的神也许是——仅仅是无条件的平均性，并且因此是西方迄今为止的最持久 [140]
的平均性。——此外，基督教的神就像是为近代量身定做的，因为人们可以同他进行“计算”、与他进行“谈判”。这样，这位神甚至还变成了有世界观能力的“主上帝”、“天命”，向他（或者向其它什么东西？）的“忏悔”甚至形成了一个“阵线”，并且他在“力量来自欢乐-游轮之旅”[①]中才“本真地”被“体验到”。

158 512

要辨认出哲学在现在的时刻（哲学处在其第一次终结且处在没有另一次开端的时刻）首先**不再**能做什么了，需要长时间的沉思和曲折的道路，尽管恰恰在现在，由于史学性东西的流行和所有“心理学”的机智，使到处散播的“古典主义”（通过学识渊博而对迄今

① ［Kraft durch Freude（力量来自欢乐）缩写为K.d.F.，是“德意志工人阵线”（DAF）下属社团；而“Kraft durch Freude-Schiffen”是有该团体组织的团体旅游项目。——编者注］

为止的哲学进行学院式的，首先是正确的——无错误的——加工处
理）之可能和诱惑，有了极为有利的机会。在这个视角的错误，以
[141] 及以“坚韧持续的工作”口号将青年人拖离追问，其危害性远比粗
暴地和明确地把哲学的学识渊博清除出大学严重得多。在为另外一次开端做准备的方向上的任何迷误——越是源初就愈加富有成果——都是有益的和令人激动的——都不存在了。人们变得过于聪明和有知识，以致不能大胆有力地冲出去，在思想性的追问之必然性中迷失。当然——关于必定**不**再发生之事的知识，对于这个“**否定**”的占有，比学识表面的“多产性”——它总佯装成对哲学的“肯定”（Ja）——的平静的堆积，更加困难得多。

159

自从为《存在与时间》做探索性的准备工作以来，我在几个方面有所前进，这在哲学上总是意味着**后退**。对意义的追问，也即对筹措抛划之区域的追问，并藉此对供在之真理的追问——在其必然性上变得更加简单，与伟人的历史性对话变得更加本质，另外的开
端变得更加明了——但是在所有超越时代且不适时宜的表达**面前**
513 （vor），彻底思考的**各种道路**变得更加陡峭、更加漫长、令人更感幸
[142] 运——如果人们愿意把这些道路的孤独性称之为“幸运”的话。

160

把握：在言说中与不可言说者相遇——而且将其转变到源初的追问之中——在这类追问中突进下述这个领域：该领域被所有习惯性的答案逐渐地用围墙封闭了起来。

161

人类学和笛卡尔。——由于必须而确实非常多地利用了迄今为止的哲学，但同时它却将这种利用**看作**哲学而宣布为是多余的人类学有优势，知道自己对哲学有什么要求。只有一样是人类学做不到的，那就是克服笛卡尔——当其结果强到足以对抗在其对手中仍承载着自己的东西时——这种克服——在对抗其基础中——之收效极其有限。

162

在平均之事的特有美好之中去对平均之事进行的探究，将平均之事引向一种特殊持久形式。为此的力量并不是源初的流入。这种力量的构成是：不要将自己消耗在无问题中，而是一直越来越多地为坚持这种惬意而节省力量，这种惬意在对抗所有与其不适合的东 [143]
西（特别是对追问的尊重者）的活动中变得越来越保险，而且通过一般性的意见也变得越来越持久。

163 514

人们听说，德国人由一个“诗人和思想家的民族”变成了一个“诗人和战士的民族”。[①] 同一个讲演者在几年前为了沃坦的缘故把

① ［Baldur von Schirach: Vom musischen Menschen. In: Ders.: Revolution der Erziehung. Reden aus den Jahren des Aufbaus. Zentralverlag der NSDAP, Franz Eher Nachf.: München 1938, S.187.］（“论音乐性的人”，见于该作者的《教育革命。建设时代的讲演》，国家社会主义德国工人党中央出版社，慕尼黑，1938 年，第 187 页。）

基督教的“亲爱的神”也给废除了。但是这位讲演者在天主教的奥地利归并仪式上的讲演中，“亲爱的上帝”又突然再现。如果上帝都可以根据需要任人随便呼来喝去，那么，“战士”甚至是思想家就更是如此了——如果演讲者在他的演讲中也许必须谈论“思想家”的话。

此外：在德国人这里，就我们所知，在德国人这个明智的词**之前**——还有战士。这样，尽管有了这种“宣布”，**其后**，在德国人这里还有“思想家”。但是这类说教如何能不持续地引起“青年人”迷惘呢？

[144] 但是，也许青年人不再那么严肃地对待这种根据情况而不同的讲演了。

164

狄尔泰：他不属于哲学家，更不属于史学家；他是历史思想家，是雅各布·布克哈特在19世纪实现了其最大的形态那类历史思想家。

165

另外一个开端。对西方哲学的初始问题加以**重复**就意味着，**另一个**开端的开始。而这一开始要求：唤醒追问。而这意味着：进入到值得追问者的视域之中。

515 下述意见是与此完全不同的：另外的开端是绝对能够通过一种“学说”来设立，在一种“著作”的协助下来完成。然而我们完全没有想到，达到第一次开端能够以语词表达出来，曾需要什么样的准备工作。对实存的追问如何能在现在找到倾听它的耳朵——各种

"存在论"都是真正的聋子——在"存在论"那里，进行表象和生产的计算在作为"客体"的实存和作为"主体"的人之间来回摇摆，并 [145]
且实存之存在早就变成了生产制造伎俩，任何一种真理都受到无决断性的压制。

如果我们总是仅仅不断地反复思考荷尔德林的命运——这样我们就会被抛弃到误解之中，就会完全被剥夺所有的未来。——

但是命运就是：我们根本未对这个命运进行过思考，我们没有考虑过，锁闭在其中的东西到底是什么。而且一切都来得太早，过快地被吞噬到史学的东西之中。

166

人对一切认识得越多越快，记忆消失得就越彻底。而**回忆**是某种陌生化的东西，某种人无法驾驭的东西。"文化"成为野蛮的基础形式。

在西方的东西中被重视的就是这种零散冲击，用隐匿不显的存在代替表面的存在的最后的冲击。

167

向死亡跌落的陡峭度可以用切近俯在的等级之高度来测量。而这种测定的时-空就是达-在。

168 516 [146]

如果**伟大者**必须有如下的形式：拒绝将其伟人给予任何人——也就是说，只允许它作为"陪衬"和先驱而起作用的话，会发生什么事情？或者，这种现象属于一切伟大者？

一种混乱的歧义性：难道不是在思考伟大之中所有的东西都必然是渺小的和微贱的？在这种思考中后者那里可能藏匿着**伟大的**必然性，既不是侏儒也不是伟大——而是为本质性的决断而进行的空间创造和时间准备？

169

艺术作品：我们缺乏相关于艺术的伟大艰急［急迫性］，而且没有做好被一种完全另类的真理突然造访的准备，只有当我们比“体验”到这一点更确定地经验到这一点时，只有此时，才可以从历史出发对**艺术作品**进行史学“观察”和“欣赏”。但是这种对“艺术史”的史学的观察如何才能**间接地**准备这类经验呢？因为这只能间接地发生，因为人们是依据时代的态度**非**间接地对所言说的东西进行
[147] 总结清算，并藉此将其弃之于“体验”之中。当“艰急”被“体验”的时候，这艰急已经失去了生殖力，根本上再也无法去生育必然性(Not-wendigkeit，转向艰急)

170

如果未来时代的**哲学**是一座陡峭且遍布断裂的山脉的话，那么，就一定会有人迷失于其中并且总是处于失联状态。

517
171

问题：如果按照其世界观，近代的返回实存(也就是返回到存在之真理)力量和可能性一定会消失，如果该时代的强大恰恰在于

将自身建立于完全无问题性中，该时代没有为自己准备了一种急速的终结吗？ 没有——最平均的东西最长寿。本质的东西总是瞬间的。只有作为近代（新时代）之先锋的史学才给出这种印象，因为它捉住过去之事不放，藉此也抓住了“伟大者”，使得“伟大者”“**似乎也成了**”过去；由于人们据说能够“体验”到它，于是人们自己也“伟大”了，或者至少触及到伟大者，并以此属于伟大了。非史学的时代都避免了这种诱惑。

172 [148]

哲学和语词。——由于哲学把存在自身**奠基于**存在的真理之中，所以哲学的言说本身就必须成为痞在的发源活动。该言说并不描述痞在，也不去讲述实存。但是由于——依据习惯——所有的语言**似乎**都只能用于实存，于是任何的言说都是在这个意义上被把握的——于是，在哲学所言说的任何内容尚未被思考之前，对哲学的误解就已经发生了。

对于哲学来说——尤其对于那种克服所有浅表的形而上学的哲学来说——**语词和它的构型**就是痞在自身的据有之事（Ereignis）。因此，在这里少数几个句子的最不引人瞩目的后果就必定有一个接合构架，这种接合构架的规则不是从实存那里摘选出来的，而是对痞在的适应配置（fuegt）。语词源初的称谓能力必须被转变以便能导向思想性的言说，不能从“单纯的语词意义”中引导出“某种东西”。因为思想性的语词总是在思考痞在，而痞在在本质上本现为
（west）一种非-本质（Un-Wesen），而且本现（west）于平均性的无本 518
质性之中，因此，思想性的语词从来不会完全覆盖**一种**意义，而是 [149]

覆盖言说内容之本质的整个且相互对立的本现活动(Wesung)。比如：当真理被称谓且被思考的时候，非真理和平均性的意见看法也附带被思考了，不仅仅是在“辩证的”，而且是在啮合到其抛划领域的意义上，以及其风化断裂(Zerklüftung)的意义上——这种风化断裂从来不能以“既如此-又如此”的形式通过一种单纯的扬弃被掩盖。如果哲学被称之为非本质的话，那么，就可以在进行说明的日常评估和经营的视域中，把非本质把握为低价值的和应被反对的——但是哲学永远不能拒绝非本质，而是恰恰必须去认知非本质的必然性，并且依藉此必然性和无本质的东西，才能认知本质的离基深渊，及其全部本质性。

尽管艺术本质上不同于哲学，然而也许完全“非哲学的”艺术家能很容易把握思想性的言说和它的从事奠基的类型。不过，另一
[150] 方面，由于哲学作为认知与“科学”靠得最近，但“科学”不是由认知出发得到规定的，而是认知由正被经营的“科学”出发得到规定，因此“科学”的“思想活动”同预感哲学中到底发生什么相距最远。仅此一点，那些在大学内部进行哲学思考的尝试，都是有意识地跳向不可避免地误解所有哲学之域。这种误解甚至不需要仅仅是初始性的解释。它受到下述倾向的支持：把“哲学”同“世界观”结合到一起，并从世界观方面对哲学进行价值评估。最后，这一误解将终结于下述可回溯至中世纪的追求：使“哲学”变成对“基督教世界观”做适应时代的翻新和装饰有用，这样自然也就同时是对哲学的“拒斥”。

或者，也许恰恰由于对哲学的多重误解之可能都堰塞于大学之
519 中，所以今天的大学才成为了陌生化的东西总是敢于不断出现的场所？这种冒险变得容易起来，就是由于“哲学”预先被做成了面目

全非的东西，只要哲学步入丰富的哲学学问之中，并且总是不断地 [151]
拓展为某种什么“业务”，而且甚至有时候还能带来某些应用的话。

173

今天“初学者”或者已经“学完了”，以致把一切都做得十分“正确”了，而且“解决”了“最高的课题”，甚至在他们的博士论文中已经抓住了伟大思想家和诗人们的错误——或者，在另外一种意义上，只要他们还只是鹦鹉学舌般地重复，把听来的东西做成了某种“学术”(Scholastik)，他们尚没有开始。为什么我们在任何地方都遇不到，从某种小题目和浅表问题开始，但显然是受到一种火样激情驱动的[研究]工作呢？也许这类工作就在那里，只是他们出于某种理由，将所有的业绩都隐藏起来了！

“关于哲学的哲学”现在已经变得不可能了，因为，那种能够“对”哲学进行哲学思考的真正(die)哲学，已经不存在了。但是，从事哲学思考，藉此为另外的开端进行准备工作的哲学，存在吗？

174

看起来，似乎德国人应该不会再尊重那些被所有神离弃者。当 [152]
我们历史学地竭尽全力重新发掘出德国人，以便使我们可以进一步
把德国人的本质推进到一种空前规模的颠倒(Verkehrung)之中——
因为这一切都不再把捉根，而且也没有了生长的空间——没有地、
没有天——有的只是安排设置活动(Einrichten)的“无休止性”和 520
无条件性，在这种设置安排背后隐藏着空虚和躁动不安。此时应该
怎么办？

如果现在还想——在这被设置安排彻底摧毁的“世界”中——生成某种潜藏着伟大的命运的构成者，难道不应该让源初性的据为己有之事到来，让关于历史和存在的更加本质的表象出现吗？

175

只要还由对手来规定武器和战斗的类型，也许就可能有防御，但是不会有创造性的克服：为此需要的是，一种来自最静寂的创造活动之最隐匿的欢乐之艰急的古老自由。

176

如果我们对权力的本质知之甚少，我们对于权力的源泉又能知道什么呢？

[153] 177

如果俘在从来不让从实存的任何区域中摘选出自己，尤其是不让从思考活动的规则和步骤里推导出自己的话，那么，当哲学把握到俘在的时候，哲学被置于何处？这种经验的实施和组织提高，自身就包含了为俘在的空间奠基。

人是否会在某个时候将自己展露于俘在之前？他有为此的道路吗——以及他的届时-变型-尝试之道路吗？这种变型对其冲击的经验是：存在之历史在人的历史中第一次变得“明显可见”，而人类时代的本质第一次不是史学地加以规定，而是的历史地加以规定。舍此而外，这种变型对它自己带来的冲击的经验还能有什么别的不

521 同的东西吗？

178

为什么**最离基深渊的东西**——瞬间——热爱**最容易消逝的**东西呢？在这里俯在之真理的最朴质的广阔——但仍是**未**奠基的——在何种程度上被穿过了？在这里时间与空间在其最冲突的本质中是如何进入到它们的源初的——流行的概念根本无法领会的——同一性的？

179

人民——对于“人民”的本质的多义人们首先接受“人民”实现了人类的主体特征。近代坚持“人民”的这种意义却没有意识到这 [154] 一点。只要这种并未言明的主体性特征一直是人民的支撑者，人民的本质永远就不能成为源初性的历史性的权力；而且所有涉及人民的思索在这个“土地”上顶多只能达到把这个词的不同意义摆列出来而已。只有当人民自己的本质在其多层次的内在之冲突(依据这一冲突人民的本质必定成为命运之处所：作为大众的人民，作为生命基础的人民，作为历史的从属者的人民，作为被吸收到存在中者的人民；所有这些意义不是“还是”之间的并存——而是同时与达-在必须将其奠基为基地的东西之间的相互对立）——之中得到认识的时候，“人民的(种族的，Völkische)”才达到它的本真的，也就是总是**有条件**的真理。

但是[情况并非如此]，取而代之的是，“人民”一词成了专门指称“总只是同一”的东西、“进行统一”和扬弃对立的东西的名称。**这样**就遮掩了它作为命运之处所的最本真的本质，并且还在社会共

[155] 同思想的面具下，遮蔽的它迄今为止的“主体性”-特征；这一思想只把“主体性的东西”算作“自我的东西”，这样就自己将对它本质的先前解释纳入到沉思性的眼光之下的可能性。

但是［人民］的主体性特征通过对人民实体所做的生物学（实际上是非生物学①）解释——对群体做“生物学”解释特别流行，因此也必须经常顾及到它，将其凸显出来——的优越地位，得到了特
522 别的巩固。

这种不充分的（不仅是“理论上的”）解释对人民的本质的遏制，比起自莱布尼茨以来在德国“形而上学”中对人民的相对源初的解读，具有更大的危害性：在那里已经有足够多［其它］的可能性。确实——那些解读保持着——“形而上学性”，因此对于克服主体性特征来说，在本质上是远远不够的。

即便我们说：人民不可能是无限者，而是有条件的有限者，我们不仍然已经是以不真实的方式在“形而上学地”思考吗？——只要我们把“人民”预先作为对象来看待的话。

也许这一切都不过是概念游戏——不过我们也许可以学习去预感：西方的**决断**意指的只是——人们或者把自身经验为“伫在”所需的，为“伫在”而牺牲者——或者经验为假设的“永恒”的制造伎俩的庞大游乐场。

[156] 180

近代基督教作为一种形式的失-上帝状态。

① 生物学（实际上是非生物学）原文是 biologischen (d.h. in Wahrheit unbiologischen)：biologisch 一词中的 bio 源于希腊文 bios，即生命的意思，但海德格尔认为，科学中的生物学并不是生命之学，因此，有这种说法。——译者注

跟中世纪的基督教已经没有丝毫关系的天主教。

“信仰战线”：德国清教中的罗马教廷制度；文化基督教的最新形式：作为去维护一种已经衰败破碎的世界统治之面具的基督教信仰。

德国基督徒：德国人对非基督教的、反基督教的误解。

还有：基督教有精神的力量去唤醒和创造纪律和风纪，它们是 523
西方历史中不可忽视的，特别是由于，尽管只是以颠倒的方式，它们仍然发挥着影响，仍给许多个体以“支持”。

但是：这里并未做出重大的决断。基督教早已经丧失了任何源初性的力量；它把它自己的历史做成了史学性的东西。

在去基深渊的德国历史的前景下史学时间纪年的戏剧和怪 [157]
异性：

1806 年荷尔德林走了①，德国的联合开始。

1813 年德国的起飞达到了它的高潮，理查德·瓦格纳诞生。

1843 年荷尔德林离开这个“世界”②，一年之后尼采来到这个世界。

1870/76 年尼采的《不合时宜的观察》出版。

---

① 这一年荷尔德林精神失常。——译者注

② 荷尔德林去世。——译者注

1883 年《查拉图斯特拉 I》问世，理查德·瓦格纳死了。

1888 年 12 月底：在精神崩溃之前尼采“回光返照”，以及——

(1889 年 9 月 26 日[①])

① 这是海德格尔自己的出生日期。——译者注

索　　引

［本索引页码为海德格尔手编的黑色防水布笔记本的页码，也即本书页边［ ］中的页码］

编者后记

随着《马丁·海德格尔全集》第94卷的面世，《海德格尔全集》第四部类中被海德格尔自己称之为《黑皮本》(Schwarze Hefte)的第一系列与读者见面了。

在《海德格尔全集》第95卷中的《思索十》中，也就是《黑皮本》第15册中，我们会发现关于《思索》之特性的表述。他说这个思索涉及的不是关于“生活智慧”、“格言警句”，而是“在一种尝试的整体中并不引人注意的前哨观察点和后卫观察哨；这种尝试是一种尚无法用语言表达的沉思：它要为那重新开始的、与形而上学的不同的、自称为存在历史性的思考之追问——赢得一条道路”。[①] 这里“起决定性作用的不是”“什么被展示出来，什么被整合为一种思想的体系(Vorstellungsgebäude)”，起决定性的“仅仅是如何被追问，以及是否根本上是在追问存在”。

在他的“笔记”——也就是《思索》——“尤其是第二本、第四本以及第五本”所走的“道路的回看”中，海德格尔以相近的方式也提及了这个问题：在它们之中，“部分地也总是”坚持着“追问之基础情调和对思考上的尝试之最广大的视域的指向”。[②] 这里对“追

---

① Martin Heidegger: Überlegungen X, a.(海德格尔：《思索十》)见于：Ders.: Überlegungen VII-XI.

GA 95. Hrsg. von Peter Trawny. Frankfurt am Main 2014. 这里给出的页码均为笔记本手稿的页码，也就是《海德格尔全集》的边码。

② Martin Heidegger: Besinnung(海德格尔：《沉思》)，见于：GA 66. Hrsg. von

问之基础情调”强调加强了下述提示的意义：在《思索》中涉及的是一种“思考上的尝试”。

在这种意义上，我在首次问世的《黑皮本》的前面加上了一段晚近的，估计写于 70 年代初期的一段提示。这段提示中讲到：《黑皮本》中所涉及的不是为“计划好的体系而作的笔记”，“就其核心
530 而言”，而是关涉到“一种进行直白称谓的尝试”[①]。令人注目的是：关于《黑皮本》的所有三段话中，“尝试”一词占有着一种本质性的意义。

在阐释分析存在的思考活动中，作为从事“前卫观察点和后卫观察哨”，也就是说，预先的考虑和事后的观察，《黑皮本》构成了一种形式，这种形式是在已经出版的海德格尔著作中未曾见过的。如果对它而言，决定性的（也）是“如何被追问”、对“存在的意义”的追问如何进入语言的话，那么，我们在《黑皮本》中所遇到的写作就有着一种新的“风格”。而“风格”这个概念在“笔记”中经常被反复思考过。

在已发表的 20 年代的作品——讲课稿、讨论班提纲、文章、讲演以及关于存在历史的作品之外，我们现在《黑皮本》中看到海德格尔思想的另外一种表达途径。所有这些不同的言说方式之间的连续是什么，这个问题也许是尝试从整体上理解海德格尔思想的工作的最重要的任务之一。

《黑皮本》呈现了一种形式，就其形态而言，不仅对于海德格尔，而且对于整个 20 世纪的哲学而言，这种形式都是独一无二的。从

Friedrich-VVilhelm von Herrmann. Frankfurt am Main 1997, S. 426 (495 页)。

① Martin Heidegger: Überlegungen II–VI（《思索》二至六），GA 94. Hrsg. von Peter Trawny.Frankfurt am Main 2014, S.1 (第 1 页)。

一般流行的文本类型来看，它最接近“思想日记”。但是这个标签会把它之下统辖的大多数作品挤压到全部作品的边缘。而《黑皮本》的意义应该联系到“开端性的追问的道路”一起加以考察。

根据遗著管理人赫尔曼·海德格尔和1972至1976年之间海
德格尔的私人助手弗里德里希-威廉·冯·赫尔曼的信息，《黑皮
本》是于70年代中期被送到位于马尔巴赫的德国文学档案馆保存
的。就此机会海德格尔表达了他的愿望：《黑皮本》应该作为整个 531
全集出版计划的最后一部分出版。在出版之前应该（由冯·赫尔
曼）“进行所谓双重加密封存”。任何人都不许翻看和阅读。现在
遗著管理人做出了有违这一指示的决定，这是由于不想让尚未面世
的其它卷帙出版的拖延，伤及整个海德格尔思想的出版计划的顺利
进行。

现在的问题是，为什么海德格尔想要让《黑皮本》作为全集的最后几卷面世。这个问题的回答可能涉及到大家已经知道的出版计划。依据计划，关于存在历史的著作应该在整个讲课稿问世之后才能出版。因为，这些讲课稿有意识地没有论及，存在史的作品到底包含了什么内容；存在史作品中进行言说的语言不同于已发表讲演中使用的语言；而讲课稿又是对存在史作品之言说的准备工作。

在我们面前摆着34册《黑皮本》：题为《思索》的14册，题为《笺注》的9册，两本《四册本》，两本《守卫》，一本《小夜曲》，两本《提示》，四本《前期准备》。此外还有两册，分别题为《Megiston》和《基本词汇》。最后两本是否属于，如何属于《黑皮本》，尚有待进一步澄清。以后几年将相继问世的《海德格尔全集》第94卷至第102卷将包括上面说的这34本手稿。

《黑皮本》生成的时间跨度延续了有40多年之久。摆在我们面

前的第一本册子《暗示十思索(二)以及提示》的第一页上写着日期:“1931 年 10 月”。在《前期准备(三)》中提及到“1969 年莱托镇(Le Thor)”, 这也就是说,《前期准备(四)》一定写于 70 年代初。现在缺了一本册子, 即应该写于 1930 年期间的《暗示十思索(一)》。

* * *

532 印刷出版的《思索》占了《海德格尔全集》三卷的篇幅。第 94 卷是第一本。它包含了《暗示十思索(二)以及提示》、《思索与暗示三》以及另外的《思索》四至六。第一本《思索》的写作始于 1931 年。本卷中的第六本《思索》提及到 Baldur von Schirach 的讲演[①],而这一讲演是在 1938 年 6 月魏玛节庆汇演的开幕式上发表的,所以, 第六本《思索》也应是这个时期截稿的。

这个《思索》系列跨越了海德格尔在弗莱堡出任校长的时期,即 1933 年 4 月 21 日到 1934 年 4 月 28 日。《思索与暗示三》开始于“1932 年秋季”, 其中包含了大量的他任大学校长期间的记录,保留了对关于当校长的说明。这些记录很清楚表明: 他很早就对接受这一职位决定——尽管有所有革命的支持——产生了怀疑。而且也清楚地显示出, 思想家内心对历史事件保持着内在的疏离。十分明显的还有,他如何坚信不疑地认为,由于“革命”哲学陷入了终结,而且必须果断地同那“历史性的人民‘的’元政治(Metapolitik)”[②]分离开来。

在此还与下述思想相关联着: 要把一种“庸俗社会主义”[③]同那

---

① Martin Heidegger: Überlegungen VI(海德格尔:《思索六》), 143 页, 见: Ders.: Überlegungen II–VI. GA 94. Hrsg. von Peter Trawny. Frankfurt am Main 2014.

② Martin Heidegger: Überlegungen und Winke III(海德格尔:《思索与暗示三》), 第 22 页, 见: Ders.: Überlegungen II–VI. GA 94. A.a.O.

③ 同上, 第 52 页。

种“精神性的民族(国家)社会主义”[①]区别开。这种“精神性的民族(国家)社会主义”不应该作为一种理论同时间分离。要给这个很少使用的概念一个意义，唯一的可能性就是，海德格尔在理解民族(国家)社会主义的时候遵循着他自己拓展出来的“元政治”的思想。533
而这种“元政治”从根本上无非就是海德格尔的存在史上对从“第一次”开端到“另一次”开端的思索。

所有《思索》的一个本质性特征就是：海德格尔尝试从“民族(国家)社会主义”日常生活的“标记”[②]或者“标示”出发，在“科学”、“宗教”、“政治”和“文化”中赢得存在史上的洞见。这个特征在《思索》是如此强大突出，以致它至少是参与构成了整个作品整体形象。从期望看，海德格尔在30年代的日常生活事件中，找到了被不断描画的日益灾难性的“对存在的遗弃性”之“标记”。此外，很显然，在日常生活中去寻找存在史的踪迹的进程中，海德格尔强调的史学与历史的区别一直在起着作用。

需要指出还有：最晚到1936年夏，海德格尔对于现实中实际存在的民族社会主义产生了距离感。因此他能够识别出“贫乏且粗鄙的‘生物主义’”的“世界观”，[③]并且能够对它进行批判。同时，他从一开始就反对民族社会主义对所谓的“唯理智主义”[④]——即一种假想在理论问题上无意义的过分夸大——的批判。在这段时间写

① Martin Heidegger: Überlegungen und Winke III(海德格尔:《思索与暗示三》)，第42页。

② Martin Heidegger: Überlegungen VI(海德格尔:《思索六》)，第15页，见：Ders.: Überlegungen II–VI.GA 94. 出版信息同前。

③ Martin Heidegger: Überlegungen IV(海德格尔:《思索四》)，第31页，见：Ders.: Überlegungen II–VI.GA 94. 出版信息同前。

④ Heidegger: Überlegungen und Winke III(海德格尔:《思索和暗示三》)，第103页，见：Ders.: Überlegungen II–VI.GA 94. 出版信息同前。

下的《思索》中我们可以清楚地看到，这位思想家如何从他早期的民族社会主义的党的立场中一步一步地摆脱出来。

这种对民族社会主义日常生活的存在史上的解读，恰恰构成了所有我们在海德格尔于这段时间写下的作品中所看到的思想的背景:《哲学论稿(论据有)》(全集第 65 卷，1936-1938)，《沉思》(全
534 集第 66 卷，1938-1939)以及较晚的《俯在的历史》(全集第 69 卷，1939/40)，《论开端》(全集第 70 卷,1941)和《据有》(全集第 71 卷，1941-1942)。在《思索》中我们总是不断的遇到这些著作的回音。

* * *

发表在《海德格尔全集》第 94 卷至第 96 卷中的《思索》涉及到 34 册或者 36 册黑色防水布笔记本(其形制特殊，136×192mm)中的前 14 册中的内容。这些笔记本的原物存放在内卡河畔马尔巴赫德国文学档案馆中的海德格尔遗物之中。编辑者拿到的是分别用蓝色带子捆着的副本，在每一本副本的背面都写着题目。

《海德格尔全集》第 94 卷的内容是由下述文本构成:

暗示十思索二以及提示，140 页;
思索与暗示三，144 页;
思索四，124 页;
思索五，154 页;
思索六，157 页。

再加上海德格尔为每册笔记本编制的索引。出版时就像现在读者看到的样子，索引被分别附在每个笔记本内容的最后。

手稿经过精心整理，没有几乎没有笔误，没有经过任何先期加工。

《暗示十思索二以及提示》以及《思索和暗示三》是由 Dr. Luise Michaelsen 夫人打字机誊录的、《思索四》至《思索六》是由高级教育参议员 D. 海德格尔先生用打字机誊录的。赫尔曼·海德格尔先生对誊录稿进行了校对。

参考着已有的誊录稿，我把所有的手稿又重新转写一过。然后 535
我又对我的誊录稿进行了校对。最后，长条校样和清样又由我的女助手和学生 Sophia Heiden 夫人校读了一遍。

《思索》是有海德格尔本人把各个不同的观察思考变成号码的，也许是依据尼采某些著作的样子做的，也许是对自己存在史性质的著作计数。但是到了《思索十四》发生了改变。《思索十四》和其后的其它《思索》不再编码。海德格尔用字母（a,b,c）来标示《黑皮本》最初的几页，其后就开始以序数编码。这些字母和页码都放在每页的边缘。行间相应句子字词后的竖线标示的是笔记本原来的页码。方括号中的问号［?］标示出的是识读存疑处。海德格尔文本中的所有注释性数字标示都是页码。海德格尔自己使用的符号 ▫ 是“手稿”的意思。海德格尔自己的文本中的所有下划线都按斜体印刷。在引用文本中可能包含的斜体印刷一律按下划线处理。

与《海德格尔全集》的其他卷帙不同，在这几卷中我对有些特定表达加了更多的注释。主要涉及的是有关历史事件的表述中的表达。这可以帮助读者了解思想家在什么时间记录下这些《思索》的。对于年轻读者可能生疏的人名和组织设施等，我也加了简短说明。但是很清楚——在作者“最后手定”的著作中——这些说明是不完善的。

对于海德格尔自己的一些特殊写法和带有个人风格的句子结

构依据规则进行了修正，当然修正是非常慎重的。但是对于一些特定的特点，比如属于主要名词的辅助词也开头大写（就像 Große
536 Feind[1] 或者 das Gründende Schwingen[2] 等等）我都有意识地加以保留。海德格尔使用的用连接符连起来的著名的自创语词，没有统而化一，而是——除了极个别的情况之外——一律保留了它们在手稿中出现的形式。

* * *

我要感谢赫尔曼·海德格尔先生对我的信任，把编辑出版《黑皮本》这样的任务交给了我。我感谢 J. 海德格尔夫人对本卷的校对工作和清样的校读。我感谢高级教育参议员 D. 海德格尔先生的初次誊写工作。感谢 Dr. Friedrich Wilhelm von Herrmann 教授先生就编辑工作中遇到决断困难时候的多次有益的谈话。同样的谢意也要送给 A. 海德格尔律师先生和 Vittorio E. Kloster-mann 先生。感谢 Vittorio Klostermann 出版社的 Anastasia Urban 夫人长期、杰出且友好的合作。感谢内卡河畔马尔巴赫德国文学档案馆的 Dr. Ulrich von Bülow 先生在手稿提供上给予的帮助。感谢 Sophia Heiden 夫人精心的校读工作。

彼得·特拉乌尼

2013 年 12 月 13 日于杜塞尔多夫

---

① Martin Heidegger: Winke x Überlegungen (II) und Anweisungen（海德格尔：《暗示十思索二以及提示》），第 7 页，见：Ders.: Überlegungen II–VI. GA 94. 出版信息同前。

② 同上，第 41 页。

译后跋语

海德格尔的哲学语言的翻译之困难是众所周知的。正如法国哲学家利科曾经指出的：当海德格尔尝试将生存论和存在论的发现诉诸语言表达的时候，他不得不构造新的概念，甚至去自造新语词、新语汇。而这样做的代价就是失去了可理解性和文字的可读性。面对这一问题，海德格尔选择的做法是：充分利用德语词汇之间的语义关联，而被他利用的这些关联经常是在词汇库中还保留着，但是在今天德语的日常应用中已经被遗忘了；或者把一些几乎废弃的德语生僻词汇或者古老词义重新激活，拿来使用。这样做的结果是，他的哲学语汇很难翻译成其它语言，甚至很难翻译成现代日常德语。所以，翻译海德格尔的著作是知其不可为而为之的工作。多亏有陈嘉映、王庆节的《存在与时间》中文本为海德格尔哲学概念的汉语化打下了坚实基础，创造了一大批已成为标准译法的基本词汇；更有孙周兴教授这样的专家，几十年如一日潜心研究、翻译海德格尔的著作，为汉语界包括本人在内的其他海德格尔译者提供了极大的方便。即便如此，海德格尔著作的翻译仍然是一项艰辛的工作。我本人知难而退，很少翻译海德格尔的大部头作品。这次由于北大外哲所同事的极力怂恿，才斗胆接下了《黑皮本》中14册笔记本中《思索》的翻译任务。现在交给读者的是《思索》前5册笔记本的中译稿（其实只能说是“试译稿”），供读者批评。

《黑皮本》中德文原文的有些段落常常缺动词，少主语，这也许和海德格尔此书"直白称谓"(einfaches Nennen)的行文追求有关。为使中文成句,译者尽量酌情予以补足(补足的文字放在[ ]内)。尽管如此,仍有个别段落,如果勉强补齐,似乎有篡改之嫌,因此不敢妄补,保留残句。另外,海德格尔此书中的个别概念有一词多义的情况,难于用一个中文词对译出来。对于这些概念,我们尽量在脚注中给出它们的其它含义。除了个别情况外正文中只选择一种含义。由于海德格尔思想艰深,行文佶屈,经常自己造字,加之译者的水平有限,尽管到处直接使用了或参考了孙周兴先生的成熟译法,译文中各类错误仍在所难免,望各位方家和同好不吝赐教,以便修改订正。此外不带括号的边码标示的是《海德格尔全集》94 卷的页码;带[ ]的边码标示的是海德格尔手稿所用的笔记本原来的页码。《海德格尔全集》94 卷正文中编者加的注释,保留了原书中的[ ]。译者的注释的后面都注明了"译者注"。海德格尔连接符的使用并不符合当前的现代中文的使用规则,但是,我们按德文版的处理,一律予以保留。《黑皮本》正文中编者加的用以标示原笔记本翻页的竖道全部省略。

2016 年 Indiana University 出版社出版了《黑皮本》中《思索》前 5 册的英译本:*Ponderings II–VI: Black Notebooks 1931–1938*。译者理查德·罗伊舍维茨(Richard Rojcewicz)可称为海德格尔翻译家,翻译了《海德格尔全集》第 19 卷《柏拉图的智者篇》、第 22 卷《古代哲学的基本概念》、第 45 卷《哲学的基本问题》、第 54 卷《巴门尼德》、第 61 卷《亚里士多德的现象学解读》、第 65 卷《哲学论稿》、第 35 卷《西方哲学的开端》、第 71 卷《据有之事》等。另外,早在 1989 年他就翻译了胡塞尔的《大观念(Ⅱ)》。就其现象学翻译工作而言,大概可称之为美国的孙周兴了。但是为了尽量保证中译文直接译自海德格尔本人的思想，所以译者有意识地尽量不参考英译本。只是在理解德文原文遇到歧义和困难时，才参考英译本。当然英译本给予的这些帮助，作者还是十分感谢的。

在海德格尔术语中最难译的实际是 Sein 一词，特别是该词的异体 Seyn。由于译者对后期海德格尔思想鲜有研究，未能把握二者之间的区别，所以翻译中常常踽踏不安。为此我请教了当时正在德国留学，现在已在北京师范大学工作的刘万瑚博士。他回信说："按照我的理解，它们的区别在于，后期海德格尔认识到：传统形而上学所讨论的 Sein 其实是 Seiendheit（存在者性），而非存在；出于区分，他用 Seyn 来指示存在本身。他认为，之前的形而上学以及他自己早期所探讨的 Sein 往往不是存在本身，而是存在者性（Seiendheit），即所有存在者的共同性或者统一性，比如，亚里士多德所说的存在者（τὸ ὄν）诸含义之间的类比的统一性。这个 Seiendheit 在研究中往往会被看作存在者的某种属性，或者被追溯到某种存在者（比如，亚里士多德的 οὐσία）（参考 GA 65,75）。海德格尔自己在对《存在与时间》的评论中也指出，那时研究的 Sein 其实是 Seiendheit（参见《存在与时间》第一节第一个偏见的页边注 a）。后来他意识到了存在和存在者性的区别，因此，他使用了 Seyn 这个概念来指代存在，以区别于实际上表示存在者性（Seiendheit）的 Sein。Seyn 指的不是存在者的共同性或者统一性属性，即存在者性，而是指存在者得以成为存在者的根据：它使得存在者得以存在，但它本身不是某种存在者。因此，海德格尔说：'存在者存在。Seyn 本 现。'（GA 65,74："Das Seiende ist. Das Seyn west."）。Seyn 是存在者得以存在（ist）的根据，因而，不能说 Seyn 存在（ist），否则它也变成了存在者；Seyn 是自成其本质的，因而是本现（west）。在

Seyn这个概念中，海德格尔更强调它所具有的历史性和动态性，因而，有些英文译者（比如，达尔斯特罗姆〔Dahlstrom〕）将其翻译为historical being（但是，更加通行的翻译是be-ing和beyng）。”刘万瑚博士的回复，既准确又简明，附在这里，以飨读者。

近两年由《黑皮本》中的“反犹”内容引起的对海德格尔的批判、质疑不断发酵。其实，这对中国海德格尔研究的发展是件好事：把研究由译介、接受、使用，推向独立分析、批判性思考的正确方向。批评、批判是西方哲学的灵魂。越是大哲学家，越要受到严格、深入、激烈的审视和批判，这是哲学发展的常态。过去我们的海德格尔研究中批判较少，现在批评不断加强，这是我们哲学思维开始发达的表现。

在这种批判中，也有一个附属问题值得批判地思考之：哲学家实存层面的政治、伦理生活，在对他的哲学审视和批评中到底应占什么地位，占多大分量？我们的文化中有因人废言（解放后前30年中的胡适、周作人的作品，如今的陈伯达的作品）、因人废艺（赵孟頫）的习惯，但它的合理程度有多大，标准尺度如何掌握，长期困扰着译者。这是否也可以算作一个低层次的哲学问题呢？

译者

2019年6月12日

识于Superier

图书在版编目(CIP)数据

《思索》二至六:黑皮本:1931—1938/(德)海德格尔著;靳希平译. —北京:商务印书馆,2021(2022.9重印)
(中国现象学文库. 现象学原典译丛. 海德格尔系列)
ISBN 978-7-100-19519-5

Ⅰ. ①思… Ⅱ. ①海… ②靳… Ⅲ. ①海德格尔(Heidegger,Martin 1889-1976)—哲学思想 Ⅳ. ①B516.54

中国版本图书馆CIP数据核字(2021)第030327号

中国现象学文库
现象学原典译丛·海德格尔系列
《思索》二至六
(黑皮本1931—1938)
〔德〕海德格尔 著
靳希平 译
梁宝珊 校

商 务 印 书 馆 出 版
(北京王府井大街36号 邮政编码100710)
商 务 印 书 馆 发 行
北京通州皇家印刷厂印刷
ISBN 978-7-100-19519-5

2021年8月第1版 开本880×1230 1/32
2022年9月北京第2次印刷 印张19
定价:112.00元